普通高等教育“十二五”规划教材

U0734137

教育学教程

JIAOYUXUE JIAOCHENG

凌道明◎主编

西南交通大学出版社
SWJUP Http://press.swjtu.edu.cn

图书在版编目（CIP）数据

教育学教程 / 凌道明主编. —成都：西南交通大学出版社，2011.6（2015.10 重印）
普通高等教育“十二五”规划教材
ISBN 978-7-5643-1216-9

Ⅰ. ①教… Ⅱ. ①凌… Ⅲ. ①教育学 – 高等学校 – 教材 Ⅳ. ①G40

中国版本图书馆 CIP 数据核字（2011）第 109153 号

普通高等教育“十二五”规划教材
教育学教程
凌道明 主编
*
责任编辑 张华敏
特邀编辑 颜小文 陈长江
封面设计 原谋书装
西南交通大学出版社出版发行
四川省成都市金牛区交大路 146 号 邮政编码: 610031 发行部电话: 028-87600564
http://www.xnjdcbs.com
成都蜀通印务有限责任公司印刷
*
成品尺寸: 185 mm×260 mm 印张: 16.625
字数: 412 千字
2011 年 6 月第 1 版 2015 年 10 月第 4 次印刷
ISBN 978-7-5643-1216-9
定价: 35.00 元

图书如有印装质量问题 本社负责退换
版权所有 盗版必究 举报电话：028-87600562

前　言

为了进一步贯彻落实《国家中长期教育改革和发展规划纲要（2010—2020年）》，推动和促进少数民族地区教育事业发展，提高教育教学质量，突显民族地区高师院校教师教育的特点，阿坝师范高等专科学校组织编写了这部《教育学教程》作为教师教育专业公共教育理论课教材，得到了教育主管部门的认可，被确定为本校“十二五”规划教材。

本教材着重突出了教师应怎样教，强调教师教学的主要行为策略，力图培养教师教育专业学生的教师职业技能，全力打造适应未来教育事业发展要求的基础教育教师。

我们在编撰这部教材的过程中得到了阿坝师范高等专科学校领导的鼎力支持。编写过程中引用和借鉴了诸多教育专家、学者大量的研究成果，参考了许多教育理论著作，在此，我们谨向各位领导、专家和学者表示诚挚的感谢！

本书的编写分工如下：米庆华同志编撰第一章、第二章；凌道明同志编撰第三章、第五章；韩云洁同志编撰第四章、第十章；郑国庆同志编撰第六章、第七章；焦莉莉同志编撰第九章；郑宇明同志编撰第八章、第十一章。全书由郑国庆教授统稿，凌道明副校长任主编。

由于本书编写时间较短，特别是个人水平有限，书中缺点甚至错误在所难免，敬请各位批评指正，以期完善。

凌道明

2011年5月于古城

目 录

第一章 绪 论……1

第一节 教育的产生和发展……1

一、什么是教育……1

二、教育的产生和发展……4

第二节 教育学的产生和发展……12

一、什么是教育学……12

二、教育学的产生和发展……13

三、师范生学习教育学的意义……20

第二章 教育的基本规律……22

第一节 教育与人的发展的关系……23

一、怎样理解人的发展……23

二、影响人的发展的因素……23

三、教育与人的发展的关系……25

第二节 教育与社会发展的关系……29

一、教育与社会生产力的关系……29

二、教育与社会政治制度的关系……33

三、教育的相对独立性……36

第三节 义务教育……37

一、义务教育的概念……37

二、我国实施义务教育的历史……37

三、《中华人民共和国义务教育法》及其实施……38

四、义务教育的特征……40

第三章 教育目的……42

第一节 教育目的概述……42

一、教育目的的界定与结构……42

二、教育目的的特性……43

三、教育目的的类型……44

四、良好教育目的的标准……44

第二节 教育目的的学说……45

一、个人本位论……46

二、人格本位论……46
三、文化本位论……47
四、生活本位论……48
五、伦理本位论……48
六、社会本位论……49
第三节 我国的教育目的……50
一、我国教育目的的历史沿革……50
二、对我国当今教育目的的分析……52
第四节 教育目的、培养目标与教育目标……54
一、我国中小学的培养目标……55
二、教育目标……57
第四章 课 程……61
第一节 课程与课程理论……61
一、课程的定义……61
二、课程的类型……63
三、课程的组织与实施……66
四、课程理论的主要流派……69
第二节 教育发展与课程标准……72
一、教育改革的背景……72
二、我国教育发展的宏伟蓝图……74
三、教育改革的理论基础和基本理念……75
四、我国基础教育新课程标准……76
五、课程资源的内涵、类型和特点……77
六、课程资源的开发理念和原则……80
七、开发课程资源的基本途径……81
第五章 教学的基本问题与原则……85
第一节 教学中的师生关系问题……85
一、教师与学生的主客体关系……85
二、教师与学生的人际关系……88
第二节 掌握知识与发展智力的关系……92
一、掌握知识的目标……92
二、发展智力的目标……94
三、掌握知识与发展智力的关系……97
第三节 认知与情感问题……101
一、教学是认知过程……101
二、教学的情感过程……104
三、认知与情感的相互关系及其教学意义……107

第四节 教学原则……109
一、教学原则的含义……109
二、教学原则体系……111

第六章 教学行为策略……120

第一节 教学目标行为……120
一、教学中的目的与目标……120
二、目标领域与学习水平……121
三、编写教学目标的基本要求……122
四、教学目标的具体编写方法……123
五、教育目标分类理论……125
六、教学目标的运用及其限度……128
第二节 教学材料处理行为……129
一、教学材料概述……129
二、教学大纲的处理……129
三、教科书的研析……130
第三节 教学内容信息呈示行为……132
一、讲述行为……132
二、板书行为……137
三、声像呈示行为……140
四、动作呈示行为……143
第四节 师生对话行为……145
一、问答行为……145
二、讨论行为……150
第五节 教师指导行为……154
一、练习指导……155
二、阅读指导……157
三、活动指导……159

第七章 课堂教学管理……163

第一节 课堂教学规则……163
一、课堂教学规则的功能……163
二、课堂规则的制定……165
三、课堂教学规则的执行……167
第二节 课堂问题行为管理……169
一、课堂问题行为的特性与类型……169
二、课堂问题行为产生的主要原因……171
三、课堂问题行为的管理策略……175
第三节 课堂教学时间管理……181

一、课堂教学时间的研究……182
二、课堂时间与学业成就……184
三、课堂时间的优化管理策略……185

第八章　辅助教学技能……188

第一节　培养、激发学生的学习动机……188
一、动机的过程模式……188
二、内在需求的培养与激发……189
三、外在诱因的设置与运用……190
四、自我调节能力的培养……191
五、结果成败归因的训练……194
第二节　师生教学交流……194
一、师生教学交流的模式……194
二、教学信息的编码与反馈……195
三、课堂言语交流……197
四、非言语交流……199
五、课堂倾听……201
第三节　教学强化技能……201
一、教学强化的基本策略……202
二、常用的教学强化类型……202
三、教学强化的安排……204
四、教学强化的误用……205
第四节　教师对学生的期望……206
一、教师对学生的期望效应……206
二、教师期望效应的实现过程……206
三、教师期望效应的特点……210
四、积极的教师期望策略……211

第九章　德　育……213

第一节　德育概述……213
一、德育的概念……213
二、德育面临的问题……213
三、德育对人成长的意义……215
第二节　德育的任务和内容……217
一、德育的基本任务……217
二、德育的内容……217
第三节　德育过程……220
一、品德的形成……220
二、德育过程是知情意行协调发展的过程……222

第四节　德育的原则和方法……225
一、德育的原则……225
二、中小学常用的德育方法……231
三、德育的途径……233
第十章　班主任和共青团工作……234
第一节　班主任工作……234
一、班级管理……234
二、班级、班主任与班集体……236
三、中学班主任工作的内容和方法……240
第二节　共青团工作……242
一、共青团的历史、性质、基本任务……243
二、共青团活动及指导思想……245
三、共青团辅导员的职责和基本条件……246
第十一章　课外活动和校外活动……248
第一节　课外、校外活动的意义、任务和特点……248
一、课外、校外活动的意义……248
二、课外、校外活动的任务……249
三、课外、校外活动的特点……250
第二节　课外、校外活动的内容、形式和要求……250
一、课外、校外活动的内容……250
二、课外、校外活动的形式和方法……251
三、课外、校外活动的基本要求……253
参考文献……255

第一章 绪 论

教育问题越来越受到关注。国家关注教育，加大教育投入，办民众满意的教育；百姓关注教育，追求享受优质教育资源，接受良好的教育。国际人权组织认为，受教育权是仅次于生命权的最重要的权利。耶鲁大学的校长列文博士在与北京大学的学生交谈时提出："对于青年人来说，没有什么比接受良好的教育更重要的事情了。"关注教育，从学习教育科学开始。

第一节 教育的产生和发展

作为人类社会现象之一的教育活动，几乎与人类社会具有同样悠久的历史。而学校教育是社会与教育发展到一定水平与阶段的产物，研究学校教育的产生和发展，能使我们对现代学校教育的发展有更清晰明确的认识。

一、什么是教育

(一) 教育的概念

教育是人类社会特有的现象，它是培养人的一种社会实践活动。一方面，由于教育这种社会现象是随着社会的发展而发展的，在社会日常生活中运用得很广泛，人们对教育的认识在不断地深入；另一方面，由于教育本身在不断发展，因而关于"什么是教育"，中外教育史上人们的认识是见仁见智。从词源学上看，"教育"一词与对儿童的培养有关。在我国，"教"、"育"这两个字最早出现在甲骨文中，"教"解释为用一种强迫的形式或手段让年轻一代学习生产知识，也可理解为儿童在成人执鞭监督下进行的习文之事。"育"其本义是妇女生育子女之事，又解释为年长一代使年轻一代成长。在先秦古籍中，"教"和"育"连用的很少，大都只用一个"教"字来论述有关教育的事情。例如，荀子认为："以善先人者谓之教"；《学记》中说："教也者，长善救其失者也。"东汉许慎（公元58—147年）所著《说文解字》中的解释更为完整："教，上所施，下所效也。""育，养子使作善也。"最早将教育二字用在一起的是孟子，他说："得天下英才而教育之，三乐也。"由此可见，我国古代学者赋予"教"字之意为教育者的教诲和受教育者的效仿，"育"字则有受教育者在教育者的诱导下向好的方向发展之意；而"教育"一词有管、教、养、示范、学习、培育等多种含义。

在西方，教育一词含有"引出"之意，即教育者引导受教育者使其固有特性自主发展。捷克斯洛伐克教育家夸美纽斯说："只有受过一种合适的教育之后，人才能成为一个人。"法国著名思想家卢梭认为:“植物的形成由于栽培，人的形成由于教育。”“教育应当依照儿童自然发展的程序，培养儿童所固有的观察、思维和感受的能力。”瑞士资产阶级民主主义教育家裴斯泰洛齐认为:“教育的目的在于发展人的一切天赋力量和能力。”德国思想家康德认为:“人只有依靠教育才能成人，人完全是教育的结果。”赫尔巴特又说:“教育的全部问题可以用一个概念——道德包括。”

上述中国与西方有关教育的认识显然存在着差异: 西方注重“内发论”，即强调教育在于引导受教育者固有本性的发展; 我国注重“外铄论”，认为教育即外力对儿童的塑造。但二者都把教育说成是培养人的活动，是促进人的身心发展的过程。这种共同的认识正确反映了古今中外的教育所具有的共同属性: 只要人类社会存在，教育作为培养人的属性是不会改变和消失的。教育是人类永恒的范畴。

(二) 教育起源说

教育是怎样产生的? 人们对此有不同的认识和看法。这里介绍几种教育起源说。

1. 生物起源说

教育的生物起源说由法国社会学家、哲学家利托尔诺提出。他在《各人种的教育演化》一书中认为，教育现象不仅存在于人类社会中，在人类产生以前，已经在动物界存在。大动物对小动物的爱护和照顾便是教育行为。不仅在脊椎动物界有，甚至在昆虫世界也有教师和学生。人类的教育不过是继承了动物界早已存在的教育形式而已，就其实质而言，与动物界并无差别。生存竞争是产生教育的基础。动物为了保存自己的物种，本能地要把自己的“知识”和“技能”“传授”给小动物。英国教育学家沛西·能在《教育原理》一书中说:“教育从它的起源来说，是一个生物学的过程，不仅一切人类社会（不管这个社会如何原始）有教育，甚至在高等动物中间，也有低级形式的教育。”教育是“扎根于本能的不可避免的行为”，“生物的冲动是教育的主流”。生物起源论者认定，教育是由生物进化而来。动物为了保存自身和群类，就必须顺应求生本能并将这种本能传授给下一代，这种活动就是教育或者教育的基础。这种观点在提出之初曾有过较大的影响，但这种学说有意将人的社会性与生物性等同，有意模糊人与动物的界限，因而教育的生物起源说很难得到普遍的认同。

2. 心理起源说

教育的心理起源说（或称心理模仿说）由美国学者孟禄（1869—1947 年）提出。他从心理学观点出发，认为生物起源论者忽视人的心理与动物心理的本质区别。他根据原始社会尚无传授各项知识的教材和相应的教学方法，断定教育起源于儿童对成人的无意识模仿。他在《教育史》中写到，原始社会的教育“普遍采用的方法是简单的、无意识的模仿”，“原始社会只有最简单形式的教育”。“模仿既是最初的教育形式和手段，也是教育的本质”。这种观点淡化了人的生物性，突出了人的主体地位，奠定了教育必须具备心理前提的理论。该观点强调研讨教育的起源必须从人的心理发展史入手，这是有一定道理的，但并未真正解决教育的起源问题，因为该观点本身未解决人的心理的起源问题。

3. 劳动起源说

这是苏联学者于 20 世纪 30 年代提出的，是恩格斯“劳动创造了人本身”这个命题的延伸。长期以来，我国教育界均接受了这一观点。劳动起源论者认为：教育是一种社会现象，它起源于人类社会的生产劳动，植根于人类谋求生存和发展的需要，反映着原始社会低下的生产力和简单的生产关系的客观要求。人类在创造工具、使用工具进行生产劳动的过程中，形成一定的技能、技巧，积累了一定的经验。为了维持人类的生存和发展，必须把年长一代所掌握的技能、技巧和经验传授给下一代，这种传递生产劳动经验的活动即为教育产生的基础。

人类和一般动物一样，首先面临着生存的重要问题。但人类的生存斗争和动物的生存竞争不同。动物，即使是高等动物，也只能依靠遗传的本能去适应环境，维持生存，完全受自然规律的支配。当自然环境发生大的变化而不能适应时，就有可能被自然界所淘汰。人类则不同，人类的生存不再是纯粹的适应环境。历史唯物主义告诉我们：人与动物的根本区别在于人会制造工具、使用工具，从事生产劳动。人们通过自己有意识的劳动，以获取维持生活的物质资料。在生产劳动实践中，人的体力、智力得到了发展。人们积累了大量的认识自然和改造自然的经验，诸如制造工具、使用工具的技能、技巧，有关狩猎、渔业、农牧业、手工业等各种生产知识。年长一代为了维持和延续人类的社会生产和生活，使新生一代更好地从事生产劳动，就把积累起来的生产斗争经验传授给新生一代，这便是最初的原始教育活动。人类的劳动是社会的共同劳动，人们在从事物质生产的过程中，必然会建立一定的生产关系。在一定的社会关系中，形成了一定的劳动纪律、风俗习惯、道德规范，积累了社会生活经验。年长一代在传递生产斗争经验的同时，也把这些道德规范、风俗习惯以及宗教禁忌等经验传递给年轻一代。这些思想观点和知识经验的传授，也促使了教育的发生和发展。年长者就是教师，生产劳动的场地就是学校。

4. 需要起源说

胡德海在《教育起源问题刍议》中，提出了教育起源于适应和满足人类社会生活需要的观点。生活需要起源论者认为，教育与劳动同属人类生存所必需的实践活动，二者不是主从关系。原始的劳动解决的只是人与自然之间的关系问题，教育解决的则是人与人之间的关系问题，劳动生产物，教育生产人（社会化的人），不能认为生产人的教育起源于生产物的劳动。教育不仅传递劳动经验，还传递生活所需的其他经验，如人类集体活动的规范、风俗习惯、图腾崇拜等知识。对于每个人来说，一生中学习的开始并非是在生产劳动中，而是在日常生活中。个人首先学习的是生活而不是生产，因此，教育起源于整个社会活动的需要。它既包括了社会作为整体的存在、延续和发展的需要，也包括作为社会成员的每个个体生命的生存、延续和发展的需要，即包括社会生产劳动的需要和生活交往的需要。

5. 交往起源说

交往起源说认为，交往和教育活动有相似之处。在生产劳动中，人活动的直接对象是“物”，不论是制造工具的劳动，还是生产物质的劳动，都是如此。原始劳动是人与自然之间借助于人自己创造的工具而产生的一种特殊的关系方式，不是人与人之间的直接关系方式，因此，它不可能成为以人对人身心的影响为直接目标的教育形式的起源。教育起源于交往是因为交往总是由双方组成，交往总是包含着内容，交往也需要有一定的媒体。由此可见，人与人之间的交往，即使是原始社会中人与人之间的交往，已经具备了教育所必需的基本要素，即教育者、受教育者、教育内容、教育媒体。当然，交往并不就是教育，但它蕴含着产生教育的要素，当交往的双方相对特殊化，并形成一种以传递经验、影响人的身心为直接目的的活动时，交往就转化为教育。从这个意义上来说，教育是人类交往的特殊形式。交往与教育的关系是一般与特殊的关系。

(三) 现代意义上的教育

1. 广义的教育

教育作为特定的科学概念有广义和狭义之分。

广义的教育泛指有目的地以影响人的身心发展为直接目的社会活动。这种活动对象是多层次的，既包括少年儿童，也包括成年人；其组织形式是多样的，既有固定组织形式的学校教育等，又有无固定组织形式的社会教育、家庭教育等。

2. 狭义的教育

狭义的教育是指学校教育，即由专职人员和专门机构承担的有目的、有计划、有组织的以影响入学者的身心发展为直接目标的活动。学校教育的出现比广义的教育要晚得多，作为“有目的、有计划、有组织地进行系统教育的专门机构”的学校，是在奴隶社会时出现的，它是人类社会发展到一定阶段的产物。本书所研究的教育，主要指的就是这种狭义的教育。

二、教育的产生和发展

(一) 原始社会的教育

人类最初的教育产生于原始社会。原始社会的生产力水平很低，人们的劳动只能维持最低限度的生活，没有剩余产品，生产资料是公有的，人人劳动，共同享受，没有阶级，没有剥削。上述特点决定了这时期的教育只能是原始形态的教育，其主要特点有：

1. 原始性

教育内容、手段、形式都极为简单、贫乏，没有文字，教育手段只是“口耳相传”、“实际模仿”等简单形式。

2. 全民性

原始社会没有阶级、没有剥削，每个社会成员都享有平等的受教育权利，除了性别差异外，教育对象具有广泛的全民性。

3. 非独立性

由于教育是生产斗争的一种手段，所以教育的内容与生活的内容是密不可分的。只要是生活所需的，就必定是教育所采纳的。人们活动的舞台就是施教的场所。教育活动不受空间的限制，凡可进行劳作、战争、祭祀、婚配的地点，均可作为无墙的校舍。

(二) 奴隶社会的教育

原始氏族公社瓦解后，人类社会开始步入奴隶社会。奴隶社会是人类的第一个阶级社会，对于教育来说，奴隶社会是教育作为独立的社会活动的形成时期，这首先表现为学校的出现。有了学校，就意味着有专门的教育者和受教育者，有预先确定、相对稳定的教育目的、内容与方法，即培养人的活动专门化了。据史料记载，最早的学校大约在公元前 2500 年，出现在世界上第一个奴隶制国家埃及。据我国史料记载，我国在夏朝时期就有学校。欧洲最早出现学校的地方是古希腊的雅典，大约在公元前 8—7 世纪。学校出现在奴隶社会并不是偶然的，因为奴隶社会已经具备了产生学校的条件。

1. 学校教育的产生

学校教育的产生是奴隶社会教育的一个突出特点。学校教育是形式化教育与非形式化教育的分水岭，它产生于奴隶社会时期。学校教育在奴隶社会萌生有其现实的条件：

① 社会生产力水平的提高，能够提供相当数量的剩余产品，为学校的产生提供了必需的物质基础。

② 脑力劳动和体力劳动的分工，为学校的产生提供了专门的从事教育活动的知识分子。由于生产力的发展，脑力劳动和体力劳动开始分工，出现了专门从事教育活动的知识分子，使教育从生产劳动和人们日常生活中分离出来。脑力劳动和体力劳动的分离，在一个相当长的历史时期内具有推动文化教育发展与社会进步的作用，是学校产生的必要条件。

③ 文字的创造发展和知识的积累，为学校的产生提供了教育内容和专门传授知识、技能的社会条件。文字的产生和发展是学校萌生的直接条件。我国殷墟出土的甲骨文是中国最早的文字。古代的埃及、巴比伦和印度等出现了早期的学校，这些国家正好也是较早产生文字的国家。知识的积累也使学校教育的产生成为可能。

④ 国家机器的产生，需要专门的教育机构培养官吏和知识分子。国家的建立，意味着阶级对立的更加深化。在奴隶社会中，拥有财产、不劳而获者，只能是少数，并且往往是处于权力顶端的少数，他们有权、有闲、有钱，进而分化出了一批特殊的教育对象，统治阶级迫切需要把这些人培养成为本阶级的继承人和统治人才，以加强对劳动人民的思想统治。这些需要促使了学校的产生。

2. 奴隶社会教育的特点

（1）阶级性

由于阶级的产生，学校一开始就被剥削阶级所垄断，成为统治阶级的工具。统治阶级控制着教育权，把学校作为培养奴隶主阶级和封建统治阶级接班人的场所。教育的目的是为统治阶级培养人才，劳动人民被剥夺了受学校教育的权利，学校教育具有鲜明的阶级性。我国夏、商、周三代的文教政策为“学在官府”，只有奴隶主及其子弟才能享受学校教育，劳动人民子弟被排斥在学校大门之外，只能接受自然状态的非学校教育。

（2）学校教育与生产劳动相脱离

我国奴隶社会学校教育的主要内容是“六艺”，即礼、乐、射、御、书、数。“礼”是别上下、分尊卑，维持世袭的等级制的典章制度和道德规范；“乐”是祭祖天地、鬼神、祖先，颂扬帝王、贵族，鼓舞军心的音乐和舞蹈；“射”、“御”是射箭、驾车等作战技术；“书”是语言文字的读写及文学历史方面的知识；“数”是计算以及历法、天文等自然科学方面的知识。封建社会学校教育的主要内容为“四书”“五经”，与生产劳动毫无关系。在欧洲，不论雅典、斯巴达教育还是中世纪的教育，也都只重视思想统治教育和军事体育教育，而蔑视生产知识的学习。可见，学校教育与生产劳动是相脱离的。

（3）学校教育内容趋于分化和知识化

随着奴隶社会文化的发展，学校教育内容日趋分化。在我国古代，从西周的“六艺”，到孔子办私学的春秋时期，教育内容不仅增加了以哲学思辨为主题的“易”和以历史为内容的“春秋”。而且在教学重心上也发生了转移，不再是以军事、体力的训练为重点，而是以当时认为最重要的知识、政治、伦理的内容为重点。在古希腊，公元前 5 世纪出现了智者派，学校教育中加强了文法、修辞、逻辑等知识性的内容。罗马帝国后期，小学以学习简易的读、写为主，并出现了供小学用的文法书。公元 4 世纪，文法、修辞、逻辑、音乐、体育、几何、算术七门学科已经被确定为学校的课程。此外，高一级的学校中还设有天文、法律、哲学等学科。不过，这个时候的知识主要以如何做人和治人的人文学科为主。知识的学习与品德的培养是统一的。

（4）学校教育制度不健全

在奴隶社会的学校教育体系中，首先发展起来的专门教育机构是进行初等教育的学校和进行高等教育的大学或学院。初等教育的任务主要是为统治阶级子女奠定进一步学习的基础，作为学校教育的起点，它必然率先建立。高等教育则因为其培养出来的人将直接参与社会的政治活动和文化活动而受到重视。中等教育在当时还不普遍，明确地成为学校教育中相对独立的一个阶段。比如，在我国的西周，国学有大学和小学之分，没有中学之称。在斯巴达和雅典，儿童在接受军事训练时，也没有明确的中等教育的学校。究其原因，可能是文化本身不丰富，无法发展起一种如近代中学那样以传授各门学科基础知识为主要任务的中学。除了学校教育制度不健全外，在学校内部的教育组织制度也是不健全的，没有年级和班级之分，教学形式主要是个别教学。这些正是学校教育还没有充分发展、还处于起始阶段的表现。

(三) 封建社会的教育

1. 学校教育的等级性、专制性和保守性

在我国封建社会，例如唐朝中央官学，设有“六学”、“二馆”，入学资格有等级差异。“六

学”中的国子学，收文武三品官员以上的子孙入学；太学收文武五品以上官员的子孙入学；四门学收文武七品以上官员的子孙入学；律学、书学、算学，收八品以下官员的子弟和庶族地主的子弟入学。“两馆”分别是东宫的崇文馆和门下省的弘文馆，专收皇帝、皇后的近亲及宰相大臣的子弟入学。

我国古代封建社会的教育目的是为封建王朝培养官僚和实际掌握地方政权的绅士。以“学而优则仕”、“诵诗三百，授之以政”作为教育的宗旨。隋唐以后，开始实行科举取士制度，使教育变为科举的附庸，统治阶级利用这种方法把教育完全纳入培养官僚人才的轨道。在欧洲封建社会中，由于政教合一，学校完全掌握在教会手中，因而学校教育的主要目的是培养教士，以基督教义为学习的主要内容。

2. 学校教育对象、规模、种类的相对扩大与增多

封建社会学校教育规模和种类的扩大与增多，一方面与封建社会政治、经济、文化的发展有关，另一方面，也与封建社会中资本主义因素的逐渐增长有关。它突出地表现在各级学校新类型的出现，以及培养目标、内容和方法的变化。

在初等教育方面，不仅规模扩大，而且深入到村和镇。封建社会后期，在西欧逐渐出现了不同于教会学校和骑士教育的商业学校和行会学校。在中等教育方面，开始出现一些新型的、相对独立的中等教育学校，如欧洲的航海学校。在高等教育方面，约从 12 世纪起，欧洲出现了中世纪大学，如法国的巴黎大学、英国的牛津大学等。我国古代的高等教育中不仅有官学，而且有私学。在私学中颇具特色的是宋代以后盛行起来的书院。例如，江西庐山的白鹿洞书院、湖南衡阳的石鼓书院、湖南长沙岳麓书院、河南商丘应天府书院、河南登封嵩阳书院、江苏南京茅山书院，被称为北宋著名的六大书院。

(四) 资本主义社会的教育

随着资本主义制度的建立、生产力和科学技术的发展，要求教育必须适应这一变化。资产阶级为迅速发展资本主义经济以及适应科学技术进步的需要，对教育提出了新的发展要求，从而促进了教育的发展。资本主义社会的教育有下列特征：

1. 学校教育中出现双轨制

资本主义社会提出普及教育，扩大了公民受教育的机会，可以说是一种划时代的进步。但是在资本主义制度下，资产阶级掌握着教育的领导权，教育是资产阶级维护其统治的工具，因而，资本主义学校教育的教育目的、教育内容、教育制度都具有鲜明的阶级性。这表现在：

第一，教育权利形式上平等，实际上不平等。资产阶级标榜人人享有受教育的权利，但是却用收费的方法，对劳动人民子女的受教育权作出各种限制。例如，美国各级私立学校的师资、设备都比公立学校好，但收费昂贵，资产阶级的子女大多能进入私立学校，而劳动人民子女只能望门兴叹。因而，平等的受教育权利只有对有产者才具有实际意义，而广大劳动人民根本没法真正享受这一权利。从 19 世纪末 20 世纪初直至现在，各主要资本主义国家都相继普及了初等教育和中等教育，高等教育的入学率也居领先地位。从表面上看，普通教育的普及化和高等教育的高入学率，使广大劳动人民拥有了在奴隶社会和封建社会无法想象的

受教育权利，似乎消除了阶级间教育机会的不均等现象。但是，资本主义社会的教育平等是表面上的教育机会均等，即使仅在普通教育阶段，也仅仅是法律意义上的权利、机会均等，并不意味着在实践中的教育机会均等。在这种表面意义上的教育机会均等的掩盖下，存在着更为深刻的学业成就机会的不均等。例如在有些资本主义国家中，或明或暗地实行学校教育制度的双轨制，其教育目的也是二重性的，一方面把资产阶级的子女培养成为管理生产、经营商业、从事政治活动和科学研究的上层精英；另一方面把劳动人民及其子女训练成既能创造更多利润，又恭顺能干的奴仆。

第二，种族、民族和性别歧视严重影响着教育机会均等。例如，美国学校在招生、学习科目等方面都存在着严重的性别歧视，而种族歧视比性别歧视更为严重，黑人就学率和在校学习的年限远远不如白人，黑人学校经费匮乏，设备和师资条件落后，教育质量与白人学校有着惊人的差异。

第三，教会和私人（主要是财团）对学校的控制。在资本主义国家里，除国家设立的公立学校外，还有大量的私立和教会学校，这些学校的全部活动都被控制在私人和教会手中，成为替私人或教会培植势力的工具。在资本主义社会，教育归根结底是为了维护和巩固资本主义私有制，是为资本家获取利润服务的。教育中渗透着资产阶级思想和宗教思想，以培养资本主义社会所需要的各种人才为目标。

2. 初等义务教育的普及

机器大生产的产生和发展以及科学技术的日益进步，要求教育必须培养既具备一定科学文化知识，又掌握一定生产技能的新一代劳动者。大工业生产的发展，使生产经验由个人的技能发展为知识形态，师徒传艺、家传世教等教育方式已经不能完成培养近代社会所需要的劳动者和科学技术人才的任务，需要通过学校教育进行系统的学习和专门训练。再加上工人阶级争取受教育权的斗争，因此资产阶级提出了普及义务教育的主张，教育范围扩大了，学校教育的形式也逐渐多样化，并向制度化方向发展。

3. 形成了较为系统的学校教育制度

资本主义社会的学制在分级上更细致，在分类上更多样化。主要表现在：19 世纪初中期，出现了专门的学前教育机构——幼儿园。随着资本主义社会生产力的发展，要求学校不仅培养中级、高级的技术人员、专家、管理人员，而且还要培养熟练的工人。于是，在德国，出现了经济、数学实科学校，而在法国，教师讲习所等职业、技术学校也开始出现；在英国，出现了由工人自己创办的机械工人讲习所等成人教育机构。

(五) 社会主义社会的教育

社会主义和资本主义处在同样的科学技术和生产力发展水平的大背景中，但社会主义制度建立后，阶级关系发生了根本性的变化，它是建立在以社会主义公有制为主体的经济基础之上的，无产阶级成为社会政治、经济的主人，也是教育的主人。所以，社会主义教育与历史上一切剥削阶级社会的教育存在着本质的区别。其主要特点是：

1. 全民性

自阶级社会产生以来，学校教育一直被剥削阶级所垄断、控制，为剥削阶级服务。社会主义教育就是要消灭阶级压迫造成的不平等，为全体劳动人民的利益服务；要消除种族歧视和宗教歧视，使人人都有受教育的权利。既然社会主义、共产主义的根本目标在于实现全人类的解放，社会主义教育必然以人的全面发展为其根本理想。对人的全面发展的关注是社会主义教育的突出特征，因此从根本上讲，社会主义教育是人文取向的，社会主义教育是实现人文关怀的最佳途径。

2. 教育内容思想性和科学性的统一

社会主义教育的目标是培养有社会主义觉悟的有文化的劳动者，而不是剥削者和寄生虫，最终是要消灭私有制条件下的旧分工、消灭脑力劳动和体力劳动的对立，实现人的全面发展。这一主观愿望是符合人类社会发展的规律的，与科学技术和生产力发展的客观要求相一致，是主观愿望与客观要求的统一。实现教育与生产劳动相结合是实现这一目标的重要条件，而且只有在社会主义，特别是在共产主义条件下，教育与生产劳动相结合才能得以完善和彻底实现。我国正处在社会主义初级阶段，社会主义初级阶段的教育是面向现代化的教育。一方面，我国社会主义现代化建设尚处于实施过程中，包括教育在内的社会主义事业各方面的发展同发达资本主义国家相比尚有相当差距，比如，我们的教育普及程度、高等教育入学率、教育经费投入、教育教学条件等，还低于世界平均水平。因此，我国社会主义教育必须努力面向现代化，实现教育的现代化目标。另一方面，社会主义教育作为人类教育发展史上先进的教育形式，只有实现现代化，达到当今世界教育的先进水平，才能更好地实现社会主义教育的目标，发挥社会主义教育的优势。实现社会主义教育的现代化应扎根于民族的传统文化，体现出民族特色。当代教育必须面向世界，学习外国的先进思想与经验，但这种学习和借鉴必须立足于本国教育的实际，并以解决本国教育问题为宗旨。在教育的相互借鉴中，不能陷入为学习而学习或盲目照搬的误区。要做到这一点，关键在于将本国教育的根基植入本民族的文化传统之中。

(六) 现代社会的教育

20 世纪以来，教育以其传播和创造知识的角色处于社会的中心位置，但这并不意味着现行教育能以传统的方式继续不变地有效运作下去。教育的历史渊源虽然久长，但它仍然深深植根于所处的历史、文化和经济、政治的社会大环境中。社会的不断变化，使得教育已不可能简单地重复过去。尤其是进入 21 世纪以来，时代巨变，已经改变了教育存在和发展的社会基本条件；同时，教育的价值也变得更为明显和直接，社会的发展越来越多地依赖知识和科学技术的进步。因此，教育本身已成为这次历史转变、社会变革中具有导向性质和决定性意义的重要因素。作为社会发展到一定阶段的产物及社会诸多相关因素作用结果的学校教育，在外部环境影响和自身发展规律的支配下，通过自我调整、自我完善，正逐步形成与时代和社会发展相适应的教育制度和教育模式。总之，科技、生产、社会的变革，教育观念的变化导致当代学校教育发生重大变化。综观当代世界教育的变革，有如下特征：

1. 教育与社会联系的普遍化与直接化

当代社会教育不仅成为学校专职机构的事业，而且是全社会的事业。学校教育的水平影响到社会的各行各业，各行各业内部也举办着各种形式的教育。学校教育不只是与人一生中的青少年时期有关，而且与人的终身有关。

2. 学校教育制度梯形化、弹性化和开放化

近代学制的结构呈宝塔形，现代学制是在近代学制的基础上发展起来的。由于社会生产和科学技术发展对教育的需求提高，使中等教育趋向普及，职业技术教育、中等专业教育蓬勃发展。因而，宝塔的中层越来越粗壮，随着高校的扩招，高等教育高速发展。多种形式的办学，尤其是成人业余高等教育的发展使接受高等教育的人数猛增，原来宝塔式学制的塔尖被削去了，整个学制成了底角趋向于直角的梯形。由于基础教育的加强和学校类型、办学途径的多样化，以及社会对提高培养人才的期望，学制中各级和各类学校之间的联系加强，学制更富有灵活性和伸缩性，呈现出单性化的特征。例如，高校学分制的实行，使高校内学生能自主改选专业，承认成人业余教育取得的资格与同类的正规教育取得的资格等效。此外，终身教育和不同层次的继续教育的发展，教育途径的多样化，把原来连续的学校教育的单一封闭模式也打破了，出现了个人接受教育与工作交换进行、教育与工作在一段时间内同时进行的开放化的模式。

3. 教育内容、方法、手段的现代化

信息化进程的推进为教育从单一的“学校教育”体制逐步向完善的社会化的“终身教育”体制转变提供了物质基础。信息高速公路的建设和完善，为实现教学内容和教学手段的现代化提供了物质技术保证。在未来几年内，现代信息技术将以其丰富的功能、便捷的特点在教育、教学中得到广泛应用，它将对整个教育产生深刻的影响，并促使传统的或现行的教育内容、传授方式、学习方式、师生关系、教师角色等发生极大的变化。

（1）对教学内容的影响

第一，教学内容集约化。现代信息技术使信息的载体从书本、刊物和报纸转移到存储量极大的磁场、电场形态，从而轻易实现信息的集约化。由于计算机光盘能提供声、图、文并茂的、作用于人的多种感官的多种生动形象的信息，使学生如身临其境，它不仅激发了学生的学习兴趣，而且有效地调动了学生的感觉器官，成倍地提高了学习效率。

第二，教学内容综合化。计算机网络的运用，各学校的资源可以共享，使教学内容丰富多彩，在数量上它已大大超出了学校教育所能提供的信息。在内容上，它已不是单一的文字符号，而是将声、图、文等融于一体。例如，在艺术教育中，将多种艺术珍品收藏在一张光盘上，学生可以随意调取，在电脑上拼凑出各种图形。在语言教育中，文字处理软件拥有许多编辑功能，使学生和教师可以模拟实验或模拟显示早已绝迹的或不易见到的事物和现象，增强了教学的直观性。

第三，教学内容模块化。计算机联网和丰富的教学内容，为学生选择符合自己需要的教学内容提供了方便。学生可以通过选择不同的模块来构建自己的知识结构，以形成个体独特的知识体系。例如，一名学生可以通过计算机网络选择不同的课程，也可以选择不同国别的同一课程，或选择同一课程的不同单元。课程单元成为最小板块，每个单元配套规定一定的学分。

（2）对教学方式的影响

第一，教学形式将更加活泼，更能体现因材施教。运用计算机网络和多媒体技术制作的教学软件，可以真正地实现因材施教。教师可以让学生在网络中根据自己的需要程度随机运用相关的软件进行学习。教师还可根据教学需要和计算机反馈的每个学生的学习情况采取措施，随时修改教学内容，变动课程软件，改进教学。计算机也会根据学生对问题的回答，决定下一步给他出题的难度。当学生做错了题，计算机会有针对性地进行引导，有控制地校正学习中的错误，提出改进意见，使整个教学真正遵循因材施教和个别化教学的原则。

第二，学生的学习形式将由被动地接受信息转为主动地接受信息，易于发挥学生的主体性。学生输入信息指令后，它可以提供各种路径，引导学生积极、主动地进行探索式、发现式的学习，而不是被动地获得储存的知识。学生可以自由选择各种不同的学习路径和学习进度来达到同一学习目的。虚拟学校、虚拟课堂的出现也将改变学生学习的方式。

第三，学校可以和其他单位协同开展教育活动。计算机的网络化，可以使学校同校外教育机关、团体、个人通力合作，共同从事教育活动。学校可以不受时空的限制，及时掌握必要的信息，应用于教学实践。这将给学生提供更多的学习素材，提高他们的学习兴趣，开阔他们的视野。

（3）对教师、学生角色的影响

第一，教师即辅导者。由于计算机进入学校教育中，教师在教室前面所站的传统位置有可能被取消。教师将不再是课堂上的灌输者、垄断者，而转化为学生学习的咨询者、督促者和组织者。多媒体和网络教学虽不能替代教师，却可大大减轻教师的负担，可将他们从封闭的教学空间中解脱出来，把更多的时间用于对学生的个别指导，向学生提出解决问题的任务，指导他们从计算机网络中吸收利用各种教育资源。这样，教师将不再是课堂中知识的主要源泉，而将成为学生在获取和应用信息解决问题过程中的辅导者。

第二，学生即自我教育者。现代教学技术形式给予了学生在学习期间充分的自主权，他们利用计算机网络可以自主择校，自主选择课程，自主掌握教学时间和教学进度，自主评价。这将促使学生成为其自身学习进步的创造者和评价者，变“由别人教育”为“个人自我教育”，这种自主的学习方式将有助于学生自我潜能的发掘和自我约束力的增强，有助于培养学生人格中的个性化倾向，进而有助于培养出创造型人才。

（4）对教育目标的影响

第一，基本知识和基本技能地位的衰退和更替。基本知识和基本技能一直是中小学教学中强调的两个重点。但面对计算机网络和多媒体技术的应用，二者都要发生相应的变化。在多媒体教学中，学科的知识已经储存于软件之中，关键是能否通过合适的路径，来找到这些知识。因此，科学方法论的知识显得尤为重要。方法论的习得将大大缩短知识习得的时间，提高教学效率。与此同时，方法论的习得将加速学生创造性思维的激发，用不断的创见来习得新知。例如，读、写、算是要求中学生掌握的基本技能，而随着多媒体的应用，多媒体本身兼有声、像功能，使学生阅读的训练变得容易。同样，写字、计算也是如此，随着计算机取代纸和笔，教师越来越多地要求学生用计算机完成作业，既快速，又方便美观。数学运算从简单到复杂，都要通过计算机来进行。因此，随着现代教学技术形式的运用，我们对中小学生基本功的培养应该有哪些变化，确实是值得研究的一个问题。

第二，认知缺失和道德缺失的出现。新技术除了给教育带来种种新气象外，同时也会带来负面的影响：一是各种大众媒体传播的信息庞杂而且良莠并存，学校不再是学生唯一的、主要的信息来源，致使传统价值教育的优势将可能丧失；二是信息技术越进步，越使人难以分清间接体验、模拟体验与直接体验的区别，使学生缺乏体验生活和接触自然的机会，会出现认知缺失；三是长时间的人—机对话，会使人与人之间关系淡漠，缺乏社会互动，使学生变成信息植物人或机器的附属物，出现不完全社会化现象；四是高科技的工具理性，最终造成的只是“单向度”的“机器人”，而缺少人与人之间的情感交流。未来的社会是信息化经济的时代，谁拥有一流的人才和发达的教育，谁将赢得未来。教育面向信息化，是中国赢得21世纪的战略选择。

第二节 教育学的产生和发展

一、什么是教育学

(一) 教育学的概念

教育作为有目的地培养人的社会活动，有着不同于其他社会活动的独特的活动领域、方式及规律。现代社会的教育，无论是学校教育、社会教育，还是家庭教育，从培养目标、内容，到教育教学的手段、组织形式等各个方面都日趋复杂，要想使现代社会的教育呈良性发展，充分发挥其应有的功用，就必须遵循教育发展的规律，而这又必须以对教育现象精深而持久的研究为基础。教育学是研究教育现象和教育问题，揭示教育规律的科学。作为一门独立的学科，教育学有自己独特的研究对象，那就是“教育现象”和“教育问题”。要揭示教育规律，教育现象是主要的研究对象，它指的是组成教育活动的各个要素、各个环节的比较表面的、零散的、多变的方面。教育问题是在特定的条件下教育活动中出现的具体矛盾，通过对具体的教育问题的研究，同样能揭示教育的规律。

(二) 教育学概念的三个层次

教育学以教育现象和教育问题为研究对象，但教育现象和教育问题是多种多样的，这就势必带来教育学科的多元化发展，进而引起“教育学”这一概念含义的变化。从“教育学”

目前的实际所指来看，它包含着这样三层含义：

① 作为社会科学的一个分支学科的教育学，指的是研究教育规律的各门教育学科的总称，又可称为“教育科学”或教育学科群。它是从19世纪末20世纪初，随着教育学理论的逐步分化，一大批新的教育学科——教育哲学、教育社会学、教育经济学、教育心理学、教育史、比较教育学、课程论、教学论、各科教学法、幼儿教育学、高等教育学等相继产生而形成的。正是教育科学或者说教育学科群的形成，打破了原来单一的教育学模式，从而使教育学含义复杂化。

② 作为教育科学分支学科的教育学，它以一般的教育原理为研究对象，是其他教育学科的基础学科，属“理论”教育学之列，与“教育原理”、“教育基本理论”或“教育概论”相近，是教育科学的二级学科。

③ 作为高等学校特别是各级各类师范院校学生必修课程的教育学，这是从学校课程设置的角度而划分的教育学，同以上从学科发展的角度而形成的教育学有所不同。在我国，1903年颁布的《奏定学堂章程》规定：初级师范学堂和优级师范学堂（以及大学堂中的政法科）都要设“教育学”课程，从那时开始，教育学便正式成为我国师范院校的一门必修课程。作为师范院校必修课程的教育学，主要以中小学教育为研究对象，将教育的一般原理与中小学教育实践的具体规范、原则及要求糅合在一起，以期对师资的培养有所帮助。

二、教育学的产生和发展

人类的教育活动具有悠久的历史，对教育问题的研究、思考同样历史悠久。然而，在相当长的时期内，教育研究仍处于经验概括以及零散的思想总结的水平，教育理论处于自发形成阶段，真正自觉地构建教育理论是近代以来的事。教育理论的演进可以分为四个阶段，即萌芽阶段、形成阶段、多样化发展阶段、深化发展阶段。

(一) 教育学萌芽阶段

教育理论的形成经历了一个相当长的历史时期。在西方，从古希腊、古罗马时代到16世纪，是教育理论的萌芽时期；在我国，教育理论的萌芽至少始于西周（公元前11世纪）。这一时期，独立形态的教育学尚未形成，教育理论还处于个别的、零散的教育思想、教育经验的形成总结阶段，关于教育现象和问题的真正意义上的理论形态的知识尚未形成，从“理论”的标准看，还只能被视为前教育理论。教育理论的萌芽时期具有如下两个特点：

1. 个人的教育实践经验的积累和总结

教育思想、教育经验等散见于大量的哲学、政治学、文学等著作中，个人教育实践经验的积累和总结是教育思想、观点的主要来源。

在我国，从孔子（前551—前479年）、孟子（约前372—前289年）、荀子（约前313—前238年）、董仲舒（前179—前104年）、韩愈（768—824年）、王安石（1021—1086年）、程颢（1032—1085 年）、程颐（1033—1107 年）、朱熹（1130—1200 年）、王阳明（1472—1528 年）、王夫之（1619—1692 年），到魏源（1794—1857 年）、冯桂芬（1809—1874 年）、王韬（1828—1897 年）、张之洞（1837—1909 年）、康有为（1858—1929 年）等，历代思想家、政治家、文学家的各类著作中，均有其教育思想、观点的反映。如《论语》作为记载孔子及其弟子言论的著作，反映了孔子关于政治、哲学、伦理乃至文学艺术、经济、宗教等方面的主张，其中，包含了大量的关于教育的言论、思想，提出了“性相近也，习相远也”、“有教无类”、“学而时习之”、“教学相长”、“温故而知新”、“循循善诱”、“因材施教”等很有价值的主张，因此，《论语》一书成为研究孔子教育思想、儒家教育乃至中国传统教育的重要文献。其他如《孟子》、董仲舒的《春秋繁露》、韩愈的《韩昌黎集》、朱熹的《朱文公文集》、王阳明的《传习录》等，均有各人的教育思想观点保存其中。在西方，从古希腊的苏格拉底（前469—前 399 年）、柏拉图（前 427—前 347 年）、亚里士多德（前384—前 322 年），到中世纪的阿奎那（1225—1274 年），教育思想、教育观点也反映在他们的专著中。例如，《理想国》是柏拉图的哲学、政治学名著，其中也表述了柏拉图的许多重要的教育思想，如身心和谐发展，重视学前教育、公共教育等；亚里士多德的教育思想也散见于他的《政治学》、《伦理学》等著作中。

从这一时期教育思想、观点的形成来看，教育实践是主要的源泉。孔子从 30 岁后即招收弟子，朱熹兴办书院，柏拉图创办“阿加德米”学院。正是丰富的教育实践推动了萌芽时期教育理论的发展。当然，哲学观点在各人的教育思想、观点的形成中也起到了一定作用，如孔子的人性论、朱熹的理学、柏拉图的理念论和灵魂论等，在各自的教育思想中有一定的类似公设、公理的作用，只不过这时的教育思想还没有发展到依靠哲学思维构建完整体系的阶段，哲学思辨只出现在那些教育实践无法解释的地方。但正是哲学在教育思想形成中的作用，最终推动教育思想、观点发展到教育理论的水平。

2. 出现了少数专门探讨教育问题的著作

萌芽时期，教育理论主要表现为散见于其他著作中的零散的思想观点，但也出现了少数相对集中、专门讨论教育问题的著作。

世界上最早相对集中地探讨教育问题的著作一般认为是我国的《学记》。《学记》是《礼记》中的一篇，约成于战国后期，总结了商、周以来的教育经验，虽然仅 1229 字，但集中总结并提出了许多有价值的思想。《学记》高度评价教育的作用，指出“君子如欲化民成俗，其必由学乎”，“玉不琢，不成器。人不学，不知道”，“是故古之王者，建国君民，教学为先”；在教学上，主张“教学相长”，所谓“学然后知不足，教然后知困。知不足，然后能自反也；知困，然后能自强也，故曰：教学相长”；提倡启发教学，“道而弗牵，强而弗抑，开而弗达”；教学之法，当注重预防、循序渐进、掌握时机、相互观摩，“大学之教也，禁于未发之谓豫，当其可之谓时，不凌节而施之谓孙，相观而善之谓摩。此四者，教之所由兴也”。《学记》对尊师特别提倡，称“师严然后道尊，道尊然后民知敬学”，“大学之礼，虽诏于天子无北面，所以尊师也”。《学记》还对教育的内容、进程等进行了总结。

在西方，较早集中讨论教育问题的著作一般认为是古罗马教育家昆体良（约 35—95 年）的《论演说家的培养》（又译《雄辩术原理》），比我国的《学记》晚了 300 来年。该书虽然讨论的是演说家的培养问题，但对教育目的、教学的原则与方法、教育的阶段等作了较详细阐述，既总结了他自己主持的雄辩术学校的经验，也吸收了古希腊、罗马雄辩家的教育经验。19 世纪英国哲学家穆勒（1773—1836 年）评价说：“他的著作是整个文化教育领域中古代思想的百科全书。”

综上所述，在 16 世纪以前长达 2 000 多年的时间里，教育理论处于萌芽时期，通过经验总结而形成的零散的教育思想、观点为教育理论的独立提供了丰富的养料，尤其是哲学观点和哲学思辨方法在教育经验总结和教育思想阐述中的作用不断提高，更为教育理论的独立提供了方法论的启迪。

(二) 独立形态教育学的出现

从世界范围来看，17 世纪到 19 世纪上半叶是教育理论的形成时期。在我国，19 世纪末 20 世纪初，通过翻译、引进西方的教育理论。这一时期的主要特点是教育学从哲学母体中独立出来，哲学、心理学的理论和方法在教育研究中的广泛采用，使得萌芽时期的教育经验、教育思想逐步上升到教育理论的阶段。

1605 年，英国哲学家培根（1561—1626 年）在其《论学问的精深与进步》中首次明确提出建立教育学。这标志着教育理论意识的觉醒，推动了教育理论自觉发展时代的来临。

1632 年，著名的捷克斯洛伐克教育家夸美纽斯（1592－1670 年），写成《大教学论》，标志着教育学从哲学母体中脱颖而出，成为一门独立的学科。在《大教学论》中，夸美纽斯讨论了教育的目的、教育的普及、学校教育制度，教学内容、原则、方法以及组织形式等，涵盖了现今师范院校教育学课程的主要内容，并提出了博学、德行、虔信的教育目的论，倡导普及教育，设计了从母育学校、国语学校、拉丁语学校直到大学的完整的学制，提出并论证了班级授课制，以“泛智教育”为追求构建了范围广泛的教育内容，提出了以遵循自然为核心的一系列教学原则。透过《大教学论》，我们可看到自觉构建教育理论的影子。例如，夸美纽斯从其哲学思想上的感觉认识论出发，构建教学的理论。他指出：“存在心灵中的事情是没有不先存在于感觉中的，所以心智所用的一切思想材料，全是从感觉得来的。”因此教师们“在可能范围以内，一切事物都应该尽量地放在感官前面”，正常的教学秩序应当是：“使孩子们先运用他们的感官（因为这最容易），然后运用记忆，随后再运用理解，最后才运用判断，这样才会次第井然。因为一切知识都是从感官的感知开始的；然后才由想象的媒介进入记忆的领域；随后才由具体事物的探讨对普遍生出理解；最后才有对于业已领会的事实的判断，这样我们的知识才能牢实地确定。”可以说，由于夸美纽斯自觉运用当时的哲学、宗教等思想以及归纳、演绎等方法，促使教育研究从自发的经验、思想的积累发展到教育理论的自觉构建阶段。美国教育家巴特勒（1862—1947 年）评价说：“夸美纽斯与现代教育的关系，可等同于哥白尼和牛顿与现代科学的关系，培根和笛卡儿与现代哲学的关系。”德国教育家劳默尔（1783—1865 年）称他是“教育科学的真正奠基人”。

1776 年，德国著名哲学家康德（1724—1804 年）在哥尼斯堡大学开设教育学讲座，这是教育学进入大学讲坛的开始。其讲稿由学生整理为《康德论教育》并于 1803 年出版。作为德国古典哲学的创始人，康德在教育理论的构建上尽管不能同他在哲学上的成就相比，但他立足于“怎样教育”，表达了他对身心保育、训练、陶冶诸方面的见解，是对夸美纽斯“教学艺术”的深化，同样对教育的规范性理论的构建作出了有益的尝试。

1806年，德国教育家赫尔巴特（1776—1841年）出版《普通教育学》一书，这是第一本以教育学命名的教育理论专著，是教育理论形成时期代表性著作。《普通教育学》一书包括“教育的一般目的”、“兴趣的多方面”、“性格的道德力量”，实际上涉及管理、教学、训育等内容，奠定了教育学的基本框架。从教育理论的发展来看，赫尔巴特的理论构建较之于夸美纽斯更加精细与完善。同夸美纽斯一样，赫尔巴特没有放弃通过经验的总结进行教育研究的有效途径，但实际上他更加注重自觉的理论构建。为了使他的研究有别于传统的经验总结，赫尔巴特自觉运用哲学以及当时尚不成熟的心理学指导教育理论研究，他说：“教育学作为一种科学，是以实践哲学和心理学为基础的。前者说明教育的目的；后者说明教育的途径、手段与障碍。”正因为如此，赫尔巴特的教育学呈现较高的理论水平，不仅在教育的哲学理论方面已较完善，而且由于对心理学在教育研究中的基础地位的强调，更开启了教育的科学理论的大门，正因为这一贡献，西方教育史学者把赫尔巴特誉为“科学教育学的奠基人”。赫尔巴特的教育学理论在19世纪60年代以后由于他的弟子席勒（1817—1882年）及再传弟子莱因（1847—1929年）等人的宣传，在欧美国家形成了声势浩大的“赫尔巴特运动”，对世界教育的发展产生了巨大影响，人们把以赫尔巴特为代表的教育及其理论称为“传统教育派”。

在我国，教育理论独立形态的出现以1901年《教育世界》杂志发表的由日本大学士立花铣三郎讲述、王国维（1877—1927年）翻译的《教育学》为标志，而该书的基本观点都来自赫尔巴特的教育学，因此，教育理论的独立在中国是以对赫尔巴特教育理论的引进为开端的。

在这一阶段，除了上述教育家及其专著对教育理论的形成有重要影响外，还有一些教育专著或教育小说也有重要影响。包括：英国教育家洛克（1632—1704年）的《教育漫话》（1693年），法国著名思想家卢梭（1712—1778年）的《爱弥尔》（1762年），瑞士教育家裴斯泰洛齐（1746—1827年）的《林哈德与葛笃德》（1781—1788年），俄国教育家乌申斯基（1824—1870年）的《人是教育的对象》（1867—1869年），德国教育家福禄培尔（1782—1852年）的《人的教育》（1826年）等。这些著作分别以小说或专题讨论等形式，表达了各自在教育理论上的见解。

(三) 教育学发展的多样化和理论深化阶段

19世纪50年代至20世纪40年代，独立以后的教育学进入了教育理论的多样化发展阶段。这一阶段的突出特点是：教育理论的多样化，教育的哲学理论继续完善，教育的科学理论有了实际的进展。而马克思主义教育理论的形成则打破了资产阶级教育理论一统天下的局面。

1. 多种教育理论流派并存

1861年，英国哲学家、教育思想家斯宾塞（1820—1903年）出版《教育论》，该书实际上是由“什么知识最有价值”、“智育”、“德育”、“体育”四篇论文汇集而成的。斯宾塞对当时英国学校中传统的古典主义教育进行了尖锐的批判，明确提出教育就是要“为完满生活作准备”。为了做好准备，就必须知道什么知识是对生活最有价值的。斯宾塞明确宣称：“什么知识最有价值？一致的答案就是科学。”他将完满的生活划分为五类活动：一是直接保全自己的活动，二是从获得生活必需品而间接保全自己的活动，三是目的在于抚养教育子女的活动，四是与维护正常社会政治关系有关的活动，五是在生活中的闲暇时间满足爱好和情感的活动。他认为，对于这些活动最有用、最有价值的知识是科学。为此，斯宾塞制定了一个以科学为核心、注重实际应用的范围广泛的课程体系，为科学和实用技术知识进入学校的课程表开启了大门，推动了实用科学教育思潮的兴起。

20 世纪初，“实验教育学”在欧美兴起。德国心理学家、教育家梅伊曼（1862—1915 年）于 1901 年首次提出“实验教育学”。他对传统教育学提出尖锐批判，指出：传统教育学是概念化和规范性的科学，没有用科学的方法特别是实验的方法进行严密的论证。他认为：应该从实验心理学的角度出发，采用心理实验的方法来分析和研究教育问题。另一位德国教育家拉伊（1862—1926 年）于 1903 年出版《实验教育学》，该书首次论述了实验教育的历史发展、性质、意义及研究方法，书中大部分内容属实验心理学范围，同时，将实验心理学的研究用来阐述教育、教学的问题。梅伊曼和拉伊共同主持了《实验教育学》杂志，梅伊曼还于 1907 年出版了《实验教育学纲要》。正是在他们二人的推动下，实验教育学迅速兴起并广为流传，成为颇有影响的教育理论流派之一。

19 世纪末，在欧洲和美国相继兴起了“新教育”和“进步教育”运动。它们共同的特点是反对传统的教育理论和方法，强调儿童的自由和发展，注重教育同社会生活的联系，提倡并实验新的教育形式、内容与方法。新教育运动始于英国，代表人物有：英国教育家雷迪（1858—1932 年），法国教育家德摩林（1852—1907 年），德国教育家利茨（1868—1919 年），比利时教育家德可乐利（1871—1932 年），瑞典女作家爱伦·凯（1849—1926 年）以及意大利教育家蒙台梭利（1870—1952 年），新教育理论成为 20 世纪前半期欧洲占主导地位的教育理论。进步主义教育兴起于美国，帕克（1837—1902 年）、柏克赫斯特（1887—1973 年）、华虚朋（1889—1968 年）、克伯屈（1871—1965 年）是其代表人物。进步主义教育后与实用主义教育紧密相连，成为 20 世纪前半期美国影响很大的教育理论。

19 世纪末 20 世纪初，实用主义教育理论在美国兴起。该理论的创始人是美国哲学家、教育家杜威（1859—1952 年），1916 年出版的《民主主义与教育》是其代表作。杜威反对传统的以教材、课堂和教师为中心的教育，立足于实用主义哲学观，提出“教育就是经验的改造或改组”、“教育即生活”、“教育即生长”、“学校即社会”、“从做中学”，构建了完整的实用主义教育理论体系。实用主义教育理论在 20 世纪初叶的欧美产生了广泛的影响，“五四”运动以后传入我国，对我国教育理论的发展影响深远，1922 年的“新学制”、陶行知（1891—1946 年）的“生活教育理论”、陈鹤琴（1892—1982 年）的“活教育理论”等，均不同程度地受到了实用主义教育理论的影响。我国近代出版的颇具影响的教育学著作，如王炽昌的《教育学》（1922 年）、庄泽宣的《教育概论》（1928 年）、孟宪承的《教育概论》（1933 年）、吴俊升和王西征合编的《教育概论》（1935 年）等，也都不同程度地继承了杜威实用主义教育理论。对于实用主义教育理论，杜威曾在 1899 年出版的《学校与社会》一书中自称为“现代教育”，而把赫尔巴特的教育理论及实践称为“传统教育”，从而引发了西方教育史上旷日持久的现代教育学派和传统教育学派对立的局面。

2. 马克思主义教育理论的产生

马克思主义的创始人马克思（1818—1883年）、恩格斯（1820—1895年）尽管对教育有许多经典性论述，但他们并没有直接去构建教育理论框架。马克思主义教育理论的产生始于苏联。一般认为，克鲁普斯卡娅（1869—1939年）1917年出版的《国民教育和民主主义》，是第一本用马克思主义观点阐述教育学和教育史的专著。苏联教育家凯洛夫（1893—1978年）主编的《教育学》是影响较大的一本结构完善的教育学理论著作，该书于1939年出版，1948年、1956年两次修订，对苏联和我国的影响很大。该书用马克思主义阐述教育规律，并继承了17至19世纪尤其是赫尔巴特教育理论的传统，重视系统知识的教育，强调课堂教学和教师的主导作用，被誉为"当代第一本社会主义教育学"。此外，加里宁（1875—1946年）的《论共产主义教育》（1948年）、马卡连柯（1888—1939年）的《教育诗》（1934年）和《塔上旗》（1937—1918年）等，对马克思主义教育理论的创建也起到了一定作用。

我国第一本试图用马克思主义的观点系统分析教育问题的著作是1930年出版的杨贤江（1895—1931年）的《新教育大纲》，全书运用历史唯物主义观点对"教育的本质"、"教育的进化"、"教育的概观"作了阐述。尽管缺乏系统的理论构建，但该书突破了当时流行的一般教育学体系，对我国马克思主义教育学理论的创建具有十分重要的意义。此外，钱亦石（1889—1938年）于1934年出版的《现代教育原理》也试图用马克思主义原理来分析教育问题。

3. 教育理论的科学化有了一定的进展

在教育理论的独立形成时期，教育的哲学理论和规范性理论出现，更多的则是直觉式的论断、小说等，尽管赫尔巴特提出了教育学的科学化问题，但由于当时心理学尚未独立，教育的科学理论或者教育理论的科学化只能留待教育理论发展的多样化时期才可能有切实进展。

19世纪50年代以后，自然科学飞速发展，自然科学以其理论和实践上的巨大成就深深地影响着社会的方方面面，尤其是实验心理学在1879年的诞生，推动了教育理论的科学化发展。斯宾塞坚信科学是最有价值的知识，作为实证主义在英国的代表，他发挥了孔德（1798—1857年）实证主义的一般特征，因此，尽管斯宾塞没有留下科学的教育理论的具体构成形式，但他所坚信的实证主义哲学，无疑是对赫尔巴特的"科学的教育学"的有力推动。因此，"西方许多人仍习惯将斯宾塞视为是科学教育学的奠基人"。1876年，当德国教育家维尔曼首次将教育学理论区分为科学理论和实践理论时，教育的科学理论的构建已迫在眉睫了。20世纪初，当梅伊曼和拉伊热情提倡"实验教育学"时，教育理论的科学化之舟便已起航。梅伊曼认为传统的教育学是一种概念和规范的学科，最根本的缺陷在于缺乏科学的方法，未用经验科学的实验方法进行严密的论证，他提出将教育学建立在实验研究的基础上。拉伊认为，旧的教育学以知觉、内省的观察和对别人的观察为依据，是片面的和矛盾的，主张以严密的观察、统计和实验进行教育研究，建立实验教育学。实验教育学的问世，使教育理论的科学化有了一定进展。然而，教育的科学理论只是教育学理论的类型之一，它不可能取代其他形式的教育理论。因此，实验教育学的出现实际上导致了教育理论的价值多元化局面的结束，教育的科学理论、哲学理论、实践理论，自此以后实际上共生共存于教育学的理论之中。

(四) 教育理论的深化发展阶段

20世纪50年代以后，教育理论的发展出现了一些新的特征，进入了深化发展阶段。

1. 教育理论的纵向深入发展

20世纪50年代以前的教育研究基本上是属于宏观方面的探讨，偏重于普遍的、基本原理的研究，从赫尔巴特的《普通教育学》到杜威的《民主主义与教育》，莫不如此。然而，20世纪50年代以后，尽管不乏对教育的全景式研究，但一些有影响的教育家不是因为全景式宏篇巨作而出名，而是因为他们对教育的纵向深入研究，在教育现象的某一方面，如课程、教学过程等有独特而深入的研究。这意味着教育理论已朝纵向深入的方向发展。

美国心理学家、教育家布鲁纳（1915— ）于1960年出版《教育过程》，阐述了他的结构主义课程理论。布鲁纳深受瑞士结构主义的发生认识论心理学家、日内瓦学派创始人皮亚杰（1896—1980年）的影响，他从结构主义的角度出发提出："不论我们选教什么学科，务必使学生理解该学科的基本结构。"他把结构原则列为教学的主要原则，所谓学科基本结构，是指构成学科的基本概念、基本公式、基本原则、基本法则等，他认为"学校课程和教学方法应该同所教学科里基本观念的教学密切地结合起来"，而只要抓住基本结构，"任何学科都能够以智育上是诚实的方式，有效地教给任何发展阶段的任何儿童"。他还提倡"发现法"，把这些学科知识教给一个人，不是要他把结果牢记心头，确切地说，是要教他参与到知识建立起来的这一过程之中，"使学生亲自进行像一名数学家思考数学，像一名史学家思考史学那样，使知识的获得过程体现出来"。布鲁纳的理论指导了美国20世纪60年代的课程改革，尽管结果并不理想，但其有关课程和教学的观点还是值得借鉴的。

美国另一位心理学家、教育家布卢姆（1913— ）对教育目标分类作了较深的研究，并提出了"掌握学习"的理论和教育评价理论。布卢姆1956年主编出版了《教育目标分类学：第一分册，认识领域》，此后他和合作者又编写了关于情感和动作技能领域的分类的著作，从而将教育目标分为认识、情感和动作技能三类。在此基础上，他发表论文《掌握学习》，正式提出了"掌握学习"理论，为课程和教学目标的制订提供了理论指导。1971年，他出版了《学生学习的形成评价和总结性评价手册》，初步形成了他的教育评价理论。布卢姆的教育理论对当代教学、课程改革以及教育评价产生了很大影响。

1975年，苏联心理学家、教育家赞可夫（1901—1977年）出版《教学与发展》。该书总结了他于1957年至1972年间领导主持的小学教学与发展的实验和研究，系统地阐述了他的"一般发展"的教育理论。赞可夫批评了苏联传统教学理论重视知识传授、技能训练而忽视儿童智力发展的做法，提出教学应注重学生的"一般发展"，即儿童的智力因素与非智力因素的整体发展。赞可夫主张："教学不仅可以跟在发展的后面走，不仅可以和发展齐步前进，而且可以走在发展的前面，推动发展前进，并在它里面引起新的构成物。"为此，他提出了高速度、高难度、理论教学等教学原则。

20世纪六七十年代以来，苏联另一个颇具影响的教育理论是巴班斯基（1927—1987年）等提出的"教学教育过程最优化"理论，巴班斯基先后出版了《教学过程最优化——一般教学论方面》（1977年）、《教学教育过程最优化—方法论原理》（1982年）。他主张以科学方法论为指导来研究教育，以辩证法为核心，结合系统论、控制论等原理来研究教育教学问题，形成了教学、教育过程最优化理论，对教学的一般原理、教学过程、教学内容、教学方法等进行了“最优化”的研究，对苏联 20 世纪七八十年代的教育产生了较大影响。

此外，美国心理学家奥苏伯尔（1918— ）的“有意义接受学习教学理论”、德国的瓦根舍因（1896— ）、克拉夫基（1927— ）等人的“范例教学理论”以及以奥康纳（1914— ）、彼得斯（1919— ）等为代表的“分析教育哲学理论”，以罗杰斯（1902—1987 年）等为代表的“人本主义教育理论”，保加利亚的洛扎诺夫的“暗示教学”等，也对教育理论的深化发展作出了贡献。

从我国教育理论的发展来看，1949 年以后主要是引进和借鉴苏联的教育理论，尤其是凯洛夫主编的《教育学》对我国的教育界影响很大。20 世纪 60 年代后期，教育理论的研究中断。70 年代末以来，教育理论研究逐步恢复，引进了大量西方教育理论。在这个过程中，我国也逐步形成了一些颇有影响的教育理论。例如，80 年代中期以来兴起的“素质教育”思潮，目前已成席卷之势；90 年代以来，“主体性教育”思潮的兴起可视为我国教育理论深化发展的代表。对于这两种理论，国内有学者视其为 21 世纪中国教育理论发展的希望所在。

2. 教育学科群的形成

从夸美纽斯到赫尔巴特，从实验教育学到实用主义教育理论，教育学还很庞杂，尚无分化。20 世纪初，随着教育学分支学科的出现，教育学开始了从“个体”向“群体”的转变。瑞士心理学家克拉帕雷德（1873—1940 年）于 1912 年在日内瓦创立复数形式的教育科学研究所，被视为复数形式的“教育学”产生的标志。实际上，复数形式教育学是因“二战”以后，尤其是 20 世纪 60 年代以后诸多教育学的分支学科的形成，即教育学科群的形成而成为事实的。一方面，教育学与其他学科结合，产生了一系列的教育分支学科，如教育哲学、教育社会学、教育人类学、教育经济学、教育生态学、教育心理学、教育行政学、教育卫生学、教育工艺学、教育信息学、教育统计学、教育法学、比较教育学、教育史等；另一方面，教育学自身逐步分化，如课程论、教学论、德育论、各科教学法以及对象不同的普通教育学——幼儿教育学、小学教育学、中学教育学、高等教育学、成人教育学、职业教育学、家庭教育学等。而由德国学者布雷岑卡等倡导的以教育学理论自身为研究对象的“元教育学”的兴起，可算是教育学自身分化的颇具影响的代表。据统计，“到目前为止，教育科学正形成了有别于自然科学和社会科学的一门独特的、有 50 门之多的科学学科群”。教育学科群在当代的形成和完善，彻底改变了教育学“单数”生存的格局，从而使教育学一词已大大不同于初生之时的经典含义了。

三、师范生学习教育学的意义

第一，学习教育学可以帮助师范生形成科学的教育观。通过教育学的学习，可以使师范生对教育的基本问题有一个总体的把握。提高对教育的功能和价值的认识，掌握教育的基本规律，增强忠诚于教育事业的责任感。

第二，学习教育学有助于培养师范生从事教育工作的志趣和能力。通过教育学的学习，使师范生了解在学校中开展教育教学活动的教育学知识和技能要求，认识学校教育的基本规律，掌握科学的教育方法，这有利于提高师范生的教育理论水平和思想水平，有利于培养他们从事教育工作的志趣和能力。

第三，学习教育学是学习其他教育学科的基础。教育学作为教育学科中的基础课，它反映了教育现象中最基本、最本质的内容，在教育学科体系中，除了教育学，还有各科教学法、与教育学相关的边缘学科等，学习这些课程，又要以教育学中的基本理论知识为基础。因此，学好教育学，有助于学好这些相关学科。

第二章 教育的基本规律

教育具有自身的规律，教育学的任务就是揭示教育规律，指导教育实践。了解并掌握教育的基本规律，对于我们分析和研究教育问题、更好地开展现代学校教育工作，具有十分重要的意义。

什么是教育规律？所谓规律，是指“事物发展过程中的本质联系和必然趋势”。唯物辩证法告诉我们，普遍联系是客观世界的基本特征之一，“联系就是关系，指事物与事物之间以及事物内部诸要素之间的相互比较、相互影响、相互作用和相互制约的关系，事物的普遍联系是客观的、复杂的和多样的，规律所反映的就是那些稳定存在的、本质性的联系”。所以，列宁指出：“规律就是关系……本质的关系或本质之间的关系。”科学的任务就是揭示客观存在的规律。

由规律的定义可推出，教育规律是指“教育发展过程中的本质联系和必然趋势”。教育作为客观存在的培养人的社会活动，这一活动的内部诸要素之间、各个环节各个部分之间以及教育同其他的社会现象之间存在着各式各样的联系。其中，教育活动自身以及教育同其他现象之间所固有的、本质的、必然的联系，就是教育科学所要揭示的教育规律。

教育规律源于并高于人们的教育实践和教育经验，因而，不能把教育规律混同于教育经验或教育方针、政策。对客观教育规律的揭示有赖于对丰富的教育实践经验的总结，但教育经验是具体的、局部的、个别的，有些是偶然的、不稳定的，即使是那些具有一定普遍意义的教育经验，也不能等同于教育规律。当然，认识是不断地由相对真理走向绝对真理的过程，一定条件下的教育经验的总结，是人们对教育规律的相对认识，是最终揭示客观教育规律的必由之路，盲目地拒绝接受那些具有一定普遍性的教育经验，甚至否认在一定条件下形成的各种教育思想、教育理论的相对真理性，对揭示客观教育规律是没有益处的，因为我们不可能离开教育经验和各种教育思想、教育理论而凭空构建教育规律的大厦。教育的方针、政策与教育规律的关系在本质上是认识和实践的相互关系的反映。认识源于实践又指导实践，揭示规律，可以用来指导我们更好地改造自然、社会和人类自身。教育规律对于教育实践活动具有重要的指导作用，无论是微观的教育教学活动，还是宏观的教育政策的制定，只有遵循教育规律才能取得良好的效果。比如，教育的方针、政策是人们根据一定的需要制定出来的，是人们主观意志的体现，它不是教育规律，但教育的方针、政策的制定必须符合教育规律的要求，否则只会给教育带来灾难性影响。

教育规律一是存在于教育现象内部，二是存在于教育与其他社会现象的联系之中，无论是基本规律也好，还是特殊规律也罢，都能循着这种思路继续细分下去。

从这种思路出发，教育基本规律可以分为两条：一是反映教育这一系统内部各个要素、各个子系统之间的本质联系的基本规律，尽管教育现象内部各要素、各子系统的联系十分复杂，但是，人是教育的核心对象，教育的宗旨是要规范、引导、促进人的发展，因此教育与人的发展之间的本质联系是教育基本规律之一；二是反映教育这一系统与社会的其他系统（生产力、政治、文化等）之间的本质联系的基本规律。把教育基本规律细分为教育与人的发展之间的本质联系以及教育同社会发展之间的本质联系，有助于更清楚地认识教育基本规律的内容。

第一节 教育与人的发展的关系

一、怎样理解人的发展

人的发展是指个体从出生到成人期身心有规律的变化过程。它包括个人身体的发展和心理的发展两方面。从身体发展来看，包括机体的正常发育和体质的增强，如骨骼、肌肉的发育，身高体重的增加，肺活量的扩大等。从个体心理的发展来看，指的是个人的心理过程（包括认识过程、情感过程和意志过程）和个性心理（包括个性心理倾向、个性心理特征）等心理现象的形成和发展。例如，初生婴儿只有简单的吸吮、眨眼等反射，随着年龄的增加，个人的感知力、记忆力、思维力乃至个人性格等不断丰富和成熟起来。人的发展的这两个方面是有机的统一整体，身体的发展尤其是神经系统的发展是心理发展的物质基础，而心理的发展又会影响身体的发展，健康而成熟的心理有助于提高身体发展的质量。离开身体发展的心理发展和没有心理发展的身体发展都是不符合科学的。

从人的发展的时间范围来看，一般指个人从出生到成人这段时间，但现在愈来愈趋向于将人的发展的时间段加以延伸，把人的发展视为“个体从生物学的受孕至生理死亡整个时期所经历的变化过程”。对人的发展时间范围的扩展对于现代教育理念的变化具有重要意义，早期教育、终身教育，不能不说与人的发展在时间上的延伸有关。

二、影响人的发展的因素

影响人的发展的因素有很多。从外部因素来看，遗传、环境和教育是主要的因素；从内部因素来看，个人的主观能动性是人的发展的决定性因素。这些因素在人的发展中所起的作用不同，总的来看，外因是个人发展的条件，内因是个人发展的关键。

（一）遗 传

遗传是生物亲子性状的传递过程，即生物机体的构造和生理机能等由上一代传递给下一代的过程，在这一过程中，后代从上一代继承下来的解剖生理上的特征称为遗传素质。遗传是通过基因在生物亲子之间传递信息的。据研究，基因是一种由多种氨基酸连接而成的大分子物质脱氧核糖核酸（DNA），它位于人类的 23 对共 46 条染色体上，每对染色体一半来自父体，一半来自母体，分别储存着父体、母体的生理信息，当受精卵产生以后，受精卵内的

23 对染色体便通过基因分别将来自父体和母体的不同信息传递给下一代，包括个体的形态、结构、感官和神经系统的特点等，都可经这种方式传给下一代。这些遗传下来的解剖生理上的特点是人的发展不可缺少的生理基础。

1. 遗传素质是人的发展的生理基础

个体的形成从受精卵的产生开始，经过胎儿的发育，到出生之时尽管身体的各个方面还相当稚嫩，但是通过遗传而获得的解剖生理上的特征，如头发、皮肤的颜色，身体的形态，器官及神经系统的形成等是后天发育的生理前提，没有这个前提，人的发展是不可能的，如果没有骨骼和肌肉的基本结构，怎么可能有日后的身强力壮呢？因此，遗传素质是人的发展的生理基础。

2. 遗传素质对人的发展的年龄特征和个体差异能产生一定的影响

通过遗传获得的解剖生理上的特征，制约着人的身体及心理发展的速度和水平，从而对人的身心发展的年龄特征有一定的影响。而个体通过遗传所获得的解剖生理学上的特征的差异性，也成为人的发展的个体差异性形成的一个重要原因。

3. 遗传素质具有可塑性

通过遗传获得的解剖生理上的特征不是一成不变的。首先，生命在孕育形成之初就已经经历了遗传信息的变异；其次，个体所获得的或优或劣的解剖生理上的特征经过后天的养护与教育是可以变化的。因而，遗传素质具有可塑性。

遗传只能提供人的发展的生理基础。在遗传作用问题上，“遗传决定论”者过分夸大了遗传在人的发展中的作用。优生学创始人高尔顿（1822—1911 年）在《天才的遗传》（1869 年）中写到：“一个人的能力乃由遗传得来，其受遗传决定的程度，如同机体的形态和组织之受遗传决定一样。”美国心理学家霍尔（1844—1924 年）更夸张：“一两遗传胜过一吨的教育。”这种把遗传提供生理基础的作用夸大到决定人的发展的程度的观点，显然是不科学的。

(二) 环　境

环境主要是指人生活于其中，能影响人的一切外部条件的综合。一切生物的生存和发展都离不开环境。人的发展也不例外。但是，人生存的环境和动物的环境却又本质的不同。动物的环境是由天然存在的自然构成的，通常称为自然环境。自然环境是人和动物所共有的环境，是人与动物生存的基础。对于人的发展而言，社会环境比自然环境更为重要。社会环境主要是指人直接所处的社会地位、家庭情况、人际关系和周围的社会风气等社会生活条件。学校教育在本质上也是个人发展的社会环境，只不过它对人的发展有特别重要的意义，为研究方便暂把它作为影响人的发展的一个单独的因素考虑。这里所说的环境是指除教育以外的环境。

具体来说，环境对人的发展有一定的制约作用，使人的发展变为现实。良好的环境，能促进个人在遗传的基础上得到较好的发展；相反，不良的或者恶劣的环境，能阻碍或者限制个人的发展。比如，良好的自然环境，如气候宜人、资源丰富、交通便利等能给人的发展提供有利条件，促进人的发展，而自然条件艰苦、物产贫乏、交通闭塞则可能扼杀个人良好的发展潜能。在家庭环境方面，家庭的经济状况、文化水平、人际关系、教育观念等，也能给人的发展以影响力，良好的家庭环境有利于个人的成长；反之，则会对个人的成长产生极大的负面影响。就社会环境而言，大到社会的政治、经济、文化等环境，小到一个社区的民风民俗、人际交往等，也能给人的发展以正反两方面的影响，和谐、安定、积极向上的社区环境能给青少年身心发展以正面的促进；而混乱、暴力充斥的社会环境则只能给青少年身心发展以消极影响。

在环境的作用问题上，看不到环境在人的发展中的制约作用是不对的，要充分肯定和重视环境对人的发展的制约作用，我国古代教育家荀子即明确肯定“蓬生麻中，不扶自直；白沙在涅，与之俱黑。……故君子居必择乡，游必就士，所以防邪僻而近中正也”。但是我们不能夸大环境的作用，人具有自觉能动性，不是被动地接受环境的影响的，而是积极地能动地进行实践活动以适应和改造环境。行为主义心理学家华生（1878—1958 年）在《行为主义》(1925 年）一书中宣称：“给我一打健全的婴儿，并在我自己的特殊天地里培养他们成长，我保证他们中任何一个都能训练成我所选择的任何一类专家：医生、律师、艺术家或巨商，甚至乞丐和小偷，无论他的天资、爱好、脾气以及他的祖先的才能、职业和种族如何。”这是一种地地道道的“环境决定”论，是不科学的。

(三) 教　育

在影响人的发展的外部因素中，教育在人的发展尤其是青少年学生的身心发展中起主导作用。教育是培养人的社会活动，教育对人的发展有着巨大的促进作用。夸美纽斯在《大教学论》中指出：“假如要去形成一个人，那便必须由教育去形成。”洛克宣称：“我敢说我们日常所见的人中，他们之所以或好或坏，或有用或无用，十分之九都是他们的教育所决定的。人类之所以千差万别，便是由于教育之故。”他们对教育作用的评估一般来讲是正确的。教育在人的发展中虽然与遗传、环境因素一样是外因，但教育的作用是最突出的，它在人的发展尤其是青少年学生的发展中起主导作用。这是教育与人的发展之间本质联系的一面。

三、教育与人的发展的关系

(一) 教育促进人的发展并起主导作用

1. 教育的特征决定了教育的主导作用

从教育特别是学校教育的内涵可以看出，它是由专职人员和专门机构承担的有目的、有计划、有组织的，以影响人的身心发展为直接目的的社会活动。可见，教育具有目的性、计划性和组织性。教育的目的性在任何形式的教育活动中均有反映，在形式化的、制度化的学校教育中反映最明显。现代学校教育从微观的四五十分钟一节的课堂教学活动到宏观的教育方针、教育目的，对人发展的每一阶段、每一方面的目标都有明确的要求与规定，从而对青少年学生身心发展的方向产生全方位的制约作用。教育活动的目的性不仅表现在对发展方向的规定与设想上，而且表现在为了达到规定的要求而进行有计划、有组织的教育教学实践活动之中，这一点，在现代学校教育中的表现尤为突出。现代学校教育通过建立严谨的从初等教育到高等教育的完备学制体系，精心设计、组织的教学计划（或课程计划)、教学大纲和教材，对学生德、智、体、美、劳等各方面素质的发展产生全面、系统、深刻而持久的影响。这种影响同遗传和环境的影响力有着天壤之别，遗传只是人发展的生理基础，环境的影响则是零碎的、偶然的、没有目的、没有计划的，现代有组织的社会教育也只能给人的某方面的发展施加有限的影响，只有学校教育才能给人的发展以系统、全面、深刻的影响。

2. 教育者的作用

学校教育有专门的教师，从而强化了学校教育在人的发展中的主导作用。专门化的教师的存在是学校教育区别于家庭教育和社会教育的关键，也是学校教育对青少年学生身心发展更能发挥主导作用的原因。在学校教育中，专门化的教师不仅终生以教书育人为职业或者为主要职业，而且具备教师职业所需的广博的知识、教育教学的理论与技术、良好的道德品质，他们能运用科学的教育理念，选择恰当的方法，更好地促进青少年学生的发展，充分发挥学校教育在人的发展中的主导作用。教师专门化的特点及其作用，无论是“望子成龙”心切的家长，还是热心公益的社会教育者，都是无法与之相比的。

3. 教育能控制客观环境中的因素

从婴幼儿期到青年初期，人的身心发展迅速，身体从稚嫩到成熟，心理从简单到复杂，从低级到高级，迅速发展。在这一发展过程中，很容易接受外界的影响，如来自社会或家庭的不良因素的影响。教育的作用在于，在可能的范围内干预自发的不良环境影响。例如，通过和家庭、社会合作，搞好课外活动，发挥环境影响的有利因素，消除不良因素，努力把不可控制的影响纳入到可控制的范围。

4. 教育能充分利用人的遗传素质

在学校教育中，课堂教学被称为第一课堂，课外活动被称为第二课堂。第一课堂主要对学生传授系统的间接知识为主，第二课堂可充分考虑学生的特长发展其潜能。

通过以上分析，可以看到，教育在影响人的发展的诸种外部因素之中作用最为突出，它在人的发展尤其是青少年学生的身心发展中起主导作用。当然，教育主导作用的发挥有赖于人的主观能动性的发挥。

(二) 人的发展制约教育

教育与人的发展的相互影响、相互作用的本质联系之中，教育对人的发展尤其是青少年学生的发展起主导作用只是联系的一个方面，反过来，教育的发展也受人的身心发展规律的制约，这是它们之间相互联系的另一面。在教育的发展尤其是现代学校教育的实践运作中，教育目标的制定、教育内容的选择、教育教学组织形式的变革、教学原则与方法的确立等，都不能离开青少年的身心发展特点而盲目地决定。教育如果目中无“人”，不顾受教育者的身心发展规律，教育对人的发展的主导作用就不能很好地发挥。从人的身心发展规律来看，教育的发展要受下面五条规律的制约.

1. 人的身心发展具有一定的顺序性和阶段性

人的身心发展呈现顺序性，在正常条件下，身心的发展沿着一定的方向和先后顺序展开，而且是不可逆的，也是不可逾越的。例如，儿童身体动作的发展呈现两种顺序：一是自上而下的顺序，即所谓“头尾法则”，身体各部分的发展沿着头部、颈部、躯干、下肢顺序展开，头部发育早于颈部，颈部发育早于胸部，胸部发育早于腰骶，上肢发育早于下肢，胎儿的头、脑和眼睛的发育比躯干和两腿要早，出生以后，这些部位的发育依旧先于身体的下半部，使身体各部分比例不相称，直到身体发育成熟才能协调相称，这就是身体发展的自上而下的顺序使然；二是自中心而边缘的顺序，即“远近法则”，身体的发展从中部开始，然后延伸至边缘部分，头部和躯干比四肢先发育，手臂和腿比手指和脚趾先发育。人的心理机能的发展也有顺序性，一般遵循这样的顺序：感知、运动、情绪、动机、社会能力（语言交往）、抽象思维；而每一种心理活动的发展也大致呈现出由简单而复杂、由低级而高级的顺序，感知觉从简单的感觉到精细的感知，思维由动作思维到具体形象思维、抽象思维。人的身心发展的顺序性要求教育必须遵循这一规律，“揠苗助长”、“凌节而施”，不仅无助于人的发展，而且会给青少年学生的身心发展带来伤害，教育制度的确立、教育内容和方法的选择等，都必须受这一规律的制约。

人的身心发展总的来看是连续的，但在不同的年龄阶段身心特征又有质的差异，这就是人的身心发展的阶段性。一般将人的发展分为这样几个阶段：婴幼儿期（初生至六七岁，相当于托儿所、幼儿园时期）、儿童期（六七岁至十一二岁，相当于小学阶段）、少年期（十一二岁至十四五岁，相当于初中阶段）、青年期（十四五岁至十七八岁，相当于高中阶段）。例如：

儿童时期（即小学阶段）：从身体发展看，儿童处于两次发展的高峰期之间的平稳发展时期，骨骼发展较快但尚未完成，肌肉含水分较多且肌力弱，易疲劳，大肌肉发育先于小肌肉，灵活性差；从心理发展看，儿童感知觉有所发展，但精确性差，有意识记发展起来，思维从以具体形象思维为主要形式逐步向以抽象思维为主要形式过渡，注意力发展到有意注意占优势，但具有明显情绪色彩，情感丰富但深刻性、稳定性有待进一步发展，意志力发展水平较低等。

中学阶段（包括初中、高中阶段）：儿童身体方面经过青春期的发育，在身高体重、体内机能乃至性的发育等方面趋于成熟；在心理方面，也由易变性渐趋稳定，是闭锁性与开放性、依附性与自主性、幼稚性与自觉性并存的错综复杂的矛盾时期，与小学阶段截然不同。

身心发展的这种阶段性要求教育针对不同的年龄阶段，选择不同的教育内容和方法。小学阶段，儿童的注意力易分散，要求充分运用无意注意规律、采用恰当的方法，提高教学效果；而中学阶段青少年由于注意力的增强，则要求选用提高有意注意力的方法进行教育。在教育内容的选择上，要根据小学、初中、高中阶段学生认识发展的不同水平，精心组织。总之，人的身心发展的阶段性制约着对教育内容、教育方法等的选择或制定。

2. 人的身心发展具有稳定性与可变性

在一定的社会和教育条件下，青少年儿童发展阶段的顺序性，以及每一个阶段的变化过程和速度大体上是相同的。但是，还应当看到，在不同的社会条件下，同一个年龄阶段的青少年儿童发展水平是有差异的。这与物质生活条件的优越程度有一定关系。此外，在不同的教育条件下，青少年儿童的发展也会有不同的变化。例如，在教育工作中使用新的教学手段和合理的教学方法，就可以在一定的程度上加速发展。当然，身心发展的稳定性和可变性是相对的。随着各种条件的改变，不同阶段中身心发展的特点可以在一定的程度上发生某些变化，但是这种变化又具有一定的限度。在教育教学工作中要注意发展的稳定性，要掌握每一个阶段中那些比较稳定的共同的特征，而不是从教学的主观愿望出发，任意规定教育教学的内容与方法。同时，又要重视身心发展的可变性，通过教育教学充分利用发展的可能性，促进青少年儿童较快地发展。

3. 人的身心发展具有个体差异性

人的身心发展既呈现共同趋向，又表现出个别差异。其中，个别差异性一般通过发展速度、最终达到的水平以及发展的优势领域等方面的不同而表现出来。例如，有的儿童身体发育早，早熟、早慧，而有的儿童身体发育迟；有的儿童抽象思维发展水平高，而有的儿童则不擅长于抽象思维；有的儿童对音乐有特殊的感受，有的对艺术形象有深刻的记忆表象；有的好动、善于与人交往、言语流畅，有的喜欢安静、独处、沉默寡言而不合群等。人的身心发展的个别差异性要求教育不能千篇一律、一个模式，而必须针对每个人的特点，因材施教，有的放矢。教育、教学的内容及方式、方法的选择等均须受青少年学生身心发展的个别差异性的制约，充分考虑每个人的不同特征，有针对性地促进青少年学生身心健康的发展。

4. 人的身心发展具有不均衡性

人的身心发展不是匀速的，也不是齐头并进的，而是呈现不平衡的特征。这表现在两个方面：

第一，人的身心的某一方面的发展在不同阶段速度是不相同的。例如，人的神经系统的发展，在六七岁前发展迅速，达到成人脑重的80%，此后速度逐步放慢，20岁左右停止生长；人的身高与体重，出生后的第一年和青春发育期是两个生长高峰，其他阶段速度放慢甚至停止；个人语言的发展在3岁左右是快速发展时期，掌握语词的数量，应用句子的完整性，使用语言的技巧等在这一时期进步很快。

第二，人的身心的不同方面的发展速度是不平衡的，例如，人的身高体重在出生后的第一年就迅速发展，而生殖系统和性功能则要到青春发育期才大幅度成长；幼儿时期人就有了直觉行动思维，而直到青少年期才逐步过渡到以抽象思维为主。人的身心发展的不平衡性要求教育必须抓住青少年学生身心发展的关键时期，以便最大限度地促进青少年学生的身心的健康发展，错过关键期，教育就可能事倍功半。

5. 身心发展的整体性

人的身心发展既呈现一定的方向与顺序，有一定的阶段性，同时，人的身心发展又是连续的、整体的，不能截然分开的，呈现出整体性的特征。这表现在两个方面：

第一，人的身体的各个部分或者心理的各个方面是相互联系、整体发展的。在身体发展方面，尽管呈现出自上而下、由中心而边缘的顺序，但这并不是说等到上面的或者中心的部位发展好了再发展下面的或边缘的部位，而只是表明发展速度有差异。事实上，无论是胎儿还是新生儿，在头部迅速发展的同时，其他部位也在发展着，否则不能成其为人了。在心理方面，认知过程、情感过程与意志过程相互之间，心理过程与个性心理之间，每一种心理活动的不同类型的现象之间（如具体形象思维与抽象思维、有意记忆与无意记忆之间等）均是相互联系的整体，不可能等认知过程各因素发展好了再去发展情感过程或其他心理现象，也不可能在具体形象思维的发展与抽象思维的发展之间找到一清二白的分界点，心理的发展是各方面整体、协调的发展。

第二，人的身体发展与心理发展是有机联系的统一体，身体的发展是心理发展的基础，心理健康发展也能促进身体健康发展，离开心理发展的身体发展和没有身体发展的心理发展，都是不可想象的。人的身心发展的整体性要求必须全面促进青少年学生身心各方面素质的发展，而不是片面发展；教育教学的内容、方法的选择要从整体性要求出发，为促进青少年学生的全面发展而努力。

总之，人是教育的对象，人的身心发展的规律是教育在人的发展中主导作用发挥的前提，教育的发展只有遵循人的身心发展的顺序性、阶段性、稳定性、可变性、不平衡性、个别差异性和整体性，才能真正在青少年学生的发展中起到主导作用。

由此，教育的第一条基本规律可以概括为：教育能为人的发展服务，它在人的发展尤其是青少年学生的身心发展中起主导作用；反过来，教育的发展又必须受人的身心发展规律的制约。

第二节　教育与社会发展的关系

教育是培养人的社会活动，它必然要同其他的社会现象之间发生联系。教育这一社会现象同社会的其他现象，如生产力、政治、经济、文化等现象之间的本质联系是教育的另一条基本规律。这条基本规律可以表述为：教育受社会发展规律的制约并为社会发展服务，即教育与社会之间存在着相互影响、相互作用的本质联系。一方面，教育能为社会的发展服务，影响社会的生产力、政治、经济、文化的发展；另一方面，教育的发展又要受社会发展规律的制约，社会的政治、经济、文化的发展能给教育的发展以巨大的制约作用。

一、教育与社会生产力的关系

(一) 生产力制约教育的发展

1. 生产力制约教育目的的制定

教育是培养人的社会活动，但人的培养标准或者规格如何，以及需要构建怎样的教育结构来培养这种规格的人才等问题，并不能完全由教育本身来决定，从根本上说，是由社会生产力的发展水平决定的。当生产力水平低下时，对劳动力的素质要求不高，人才的规格相应单一，教育结构也很简单。例如，在奴隶社会和封建社会的农业经济中，科技含量低，劳动力主要看体力，不需要学校教育来培养，学校里培养的是规格单一、具有一定的文化修养的“统治人才”。《论语》里记载孔子的弟子樊迟“请学稼”、“请学圃”，而孔子不屑一顾，这大抵反映了当时的生产力状况对教育所要培养的人才的规格要求。与这种单一的、排斥实用技艺的人才规格相适应，中国传统教育结构基本上是单一的普通文化、道德的教育。随着生产力水平的提高，特别是进入现代大工业生产以后，生产中的科技含量不断增高，此时不仅需要培养政治人才，而且需要培养大量的，不同层次，不同类型的第一、第二、第三产业所要求的现代劳动者。这种劳动者，既包括具备初步技术知识的工人，也包括具有较高科技创造与应用能力的专门人才和管理者。因此，从18世纪以来，由于人才规格的多样化以及层次的不断提高，现代学校教育结构不断丰富完善，义务教育制度建立，职业教育、现代高等教育不断发展。20世纪下半叶以来，随着科学技术的突飞猛进，生产力的发展出现了新的变化，以计算机、互联网为核心的信息产业兴起，加速了知识经济时代的来临。知识经济时代对人才的创新精神、创新能力提出了更高的要求，教育的结构由此向“终身教育”的体系转化。由此可见，人才的培养规格是受生产力的发展水平制约的，要随着生产力的发展而发展。

2. 生产力制约课程设置和课程内容

从辩证唯物主义的观点看，人们的生产实践是科学技术发展的源泉，因此，生产力的发展必然推动科学技术、人类认识的发展。认识成果的增多、科学技术的发展也必然推动教学内容的更新和变革。我国古代教学内容以儒家经典为主，这是因为当时的认识成果主要集中于人伦道德方面。文艺复兴以后，自然科学迅速发展，西方学校的教学内容除传统的算术、几何、天文、音乐、逻辑、修辞、辩证法之外，逐步增加了地理、力学、代数、三角、物理、化学等现代科学技术的内容。而我国直到清末“洋务运动”兴起之后，声、光、化、电等自然科学的内容才加入传统的教学之中，改变了我国以儒家经典一统天下的传统教学内容的格局。

3. 生产力制约教育的规模和学校的结构

现代学校教育制度的建立更加强化了教育发展对生产力的依赖程度，办多少学校、招多少学生，教育发展的规模大小以及速度的快慢均要受生产力水平的制约。原始社会，生产力水平极低，人们靠打猎捕鱼及采集糊口，教育只能在生产、生活中进行，没有专门的学校教育；进入奴隶社会、封建社会后，随着生产力的迅速发展，不仅出现了学校教育，而且学校规模不断扩大，到我国汉、唐时期已建立了规模宏大的教育体系；资本主义社会由于机器大生产的出现，社会生产力以前所未有的速度发展，教育的规模进一步扩大，义务教育逐步普及，职业教育开始出现，高等教育向大众化方向发展。教育随生产力的发展而发展，充分体现了生产力发展对教育的物质支持力，也体现了生产力发展对劳动力素质的要求。

生产力对教育发展规模与速度的制约在现代学校教育的发展中主要是通过教育经费投入来体现的，生产力发展了，能够投入较多经费用于教育，教育的规模就可以扩大、速度就可以加快；否则，教育发展的规模和速度就会受到抑制。正是由于教育经费投入不断增长，世界各国各级各类教育的规模迅速扩大，入学人数的增长率不断上升，尽管影响学生入学人数增长的因素很多，但因生产力发展而引起的教育投入的增长是重要原因。

我国自改革开放以来，随着生产力的迅速发展，教育经费的投入不断增加。1986 年至 1996 年，我国预算内教育支出增长近 10 倍；1980 年至 1985 年，预算内教育支出年均增长 14.66%；1986 年至 1990 年，全社会教育支出年均增长 20.38%，其中，预算内年均增长 16.24%，预算外增长 27.98%。我国是人口大国，教育规模庞大，教育经费不足必将严重影响到教育的发展，而教育经费投入不足的矛盾的最终解决仍有赖于我国生产力、经济的发展。

生产力不仅制约着教育事业发展的规模与速度，同时也制约着教育内部的结构。例如：大、中、小学的比例关系，普通中学与职业中学、全日制学校与业余学校的比例关系，高等学校中各种专业、系科设置的比例关系等，都要与生产力发展水平以及与在这个基础上形成起来的社会经济结构相适应，否则就会导致教育事业内部的比例失调。

4. 生产力制约教育教学的设施设备、方法手段、教学组织形式

学校的物质设备，教学实验仪器、学校管理组织所使用的某些工具和技术，都是生产工具和科学技术在教育领域中的应用，它反映了生产力发展的状况。换句话说，社会能否为教育提供数量充分的物资，如足够的校舍、教室、实验室、操场、仪器设备、图书资料、体育运动器材等，是与社会的物质生产发展水平相关的。

教学的方法与手段也随着生产力的发展而发展。原始社会，教育以口耳相授的方法进行，随着生产力的发展，文字的发明，造纸、印刷技术的相继出现，早期的教育教学的方式、方法有了彻底改变。现代科学技术的发展，尤其是半导体技术、电视、投影、计算机、互联网等的出现，使教学手段日趋现代化，当代远程教育技术。多媒体技术在教育教学中的运用，正在推动教育发生革命性的变革。

教学组织形式也受生产力水平的制约。传统的个别教学的组织形式是适应当时生产力不发达、对教育的需求不迫切的状况的。进入现代工业大生产社会以后，为了培养大批的现代工业生产者，班级授课制应运而生，它有力地提高了教学的效率，满足了培养大批劳动者的要求。

总之，教育的目的、课程设置和课程内容、教育的规模和学校的结构、教育教学的设施设备、方法手段、教学组织形式等，都不同程度地受生产力发展水平的制约，教育的发展不能超越生产力发展水平这一物质前提。

(二) 教育对生产力的促进作用

1. 教育是实现劳动力再生产的重要手段

劳动力是指人的劳动能力，即体力和脑力的总和，是社会生产力的首要的能动的要素。有生命的人的存在是劳动力产生的前提，马克思指出：“劳动力只是作为活的个体的能力而存在，因此，劳动力的生产要以活的个体的存在为前提。”活的个体要成为劳动力，就必须使他们具备一定的体力和脑力，而且愈是现代社会，对脑力的要求愈高。劳动力的再生产就是把活的个体这种可能的、潜在的劳动力转变为现实的劳动力，这种转化主要依靠教育来实现，

正如马克思指出："要改变一般人的本性，使他获得一定劳动部门的技能和技巧，成为发达的和专门的劳动力就要有一定的教育或训练。"

在原始社会，由于生产简单，生产工具简陋，劳动力的培养只需要在生产、生活中加以熏陶即可，无需复杂的教育训练。但随着社会的进步，特别是现代工业大生产的迅速形成与发展，对劳动力的专业知识、专业技能以及现代科学技术素养有了很高的要求。据分析：在机械化的初级阶段，生产中体力劳动与脑力劳动的比例为 9∶1，而到机械化中期则为 6∶4，到全自动化阶段为 1∶9。在现代工业生产中，劳动力若没有较高的素质显然是不合格的，国际经济组织统计表明：从 1970 年到 1994 年间，整个制造业中，熟练工人的就业数量增加了 10%，而非熟练工人的就业数量则下降了 70%。劳动力素质的提高靠什么呢？只有靠教育，教育通过传递人类积累下来的文化科学知识，促进人的身心的全面发展，并掌握从事现代生产的知识与技能，从而把可能的劳动力转化为现实的劳动力，把一般的劳动力培养成高素质的劳动力，促进生产力的发展。现代学校教育中，学制的完善、义务教育的延长、职业教育的发展、高等教育的日益普及，可以被合理地认为是社会日益提高的再生产劳动力的要求的反映。

2. 教育是加快现代物质生产技术更新的关键因素

科学、技术是两个紧密相连而又有区别的概念。科学是反映自然、社会、思维等的客观规律的知识体系，而技术则是在实践经验和科学原理的基础上发展而成的各种工艺操作方法与技能。科学技术与生产力关系密切，在生产力诸要素中，劳动力的再生产，工具的制造、生产资料的获取等，都离不开科学技术，尤其是人类进入现代工业大生产以后更是如此。邓小平同志曾明确指出"科学技术是第一生产力"。在人类所经历的农业时代，土地、阳光和水是基本资源，农牧业和家庭手工业是基本生产方式，尽管也需要一定的技术，但总起来看，科学技术对经济的发展贡献还体现不充分。但进入现代工业大生产以后，情况发生了根本性改变。从 18 世纪开始的以蒸汽机和自动纺织机的发明和使用为标志的机器大生产，极大地推动了社会生产力的发展。道尔顿（1766—1844 年）的原子论、麦克斯韦（1831—1879 年）的电磁场理论奠定了基础化学工业和电机发明的基础，电炉炼钢、电机、电灯、电报、电话、内燃机、汽车、飞机等在 19 世纪相继发明，把人类推到了钢铁、化工、电气化等现代工业化生产的时代，人类在 100 年的时间里所创造的物质财富比过去数千年所创造的财富的总和还要多，这充分显示了科学技术的力量。进入 20 世纪后，科学技术发展更加迅猛，量子理论和相对论为原子技术、合成化工技术、半导体技术的发展奠定了基础。20 世纪下半叶以来突飞猛进的电子技术、半导体技术、集成电路、计算机、全球通信、多媒体网络等，正在把人类推向信息时代。据估计，发达国家经济增长中的科学技术贡献率为 60%～80%；美国在 20 世纪 90 年代以来经济持续增长的源泉在于拥有 5 000 余家高科技公司；1982 年美国富豪榜前 10 名中有 8 名是石油等传统产业巨头，而现在以软件业巨头比尔·盖茨为代表的基于高新技术的新的经济巨头正迅速取代传统经济巨头的位置，1995 年由《福布斯》排名的顶级富豪榜的前 6 名，有 5 人为计算机领域的风云人物。这显示，高新科学技术正成为生产力发展的主要动力。毫无疑问，当科学技术还只是为少数人所掌握时，它还不能成为第一生产力，必须通过科学技术的再生产即科学技术的传播，使它为一般的劳动者所掌握，科学技术才能成为第一生产力。科学技术的再生产主要依靠教育，只有组织严密、设计周详、考虑全面的现代学校教育才能充当科学技术迅速传播的主要力量。中国古代虽然有“四大发明”，但当时的教育不利于科学技术的普及，因此没能形成社会生产力，这也从侧面说明教育在科学技术再生产中的重要性。总之，现代生产离不开科学技术，而科学技术的普及又离不开教育，教育通过实现科学技术的再生产从而推动生产力的发展。

教育通过创新科学技术促进生产力的发展。教育不仅是再生产科学技术的手段，而且是创新、发展科学技术的重要力量。现代学校教育尤其是高等教育，是科学技术创新的主要阵地。高校有很强的教学、科研和从事研究、开发的人力和物力，在传播科学技术的同时，也创新科学技术。

据估计，近 20 年来世界基础科学研究的成果 70% 以上来自高校。我国从 1956 年至 1991 年的 36 年间，共颁布自然科学奖 5 次，获奖 445 项，其中高校获得 188 项，占总数的 42%；1980 年以来高校获科技进步奖、国家发明奖、自然科学奖的项目分别占全国颁奖总数的 21%、30%、40%；目前，世界各国兴起的高新技术工业园区，均是依靠高校或科研单位的科技创新能力建立起来的。美国著名的“硅谷”，方圆几十公里，年收入数百亿美元，依托于斯坦福和伯克利两所著名大学；在美国南部，以得克萨斯大学为依托建起了“硅平原”工业区。在我国北京的中关村，依托北京大学等一批高校的科技创新力，建起了我国自己的“硅谷”。据上海《高校科技信息》报道，1999 年度，在由上海市人民政府组织的上海市重大决策咨询研究课题的招标中，仅上海的高校就中标 12 项，占总项目的 1/3。当然，参与科技创新的不仅是高校的教师，事实上，许多发明、创造产生于高校之外的中等教育乃至初等教育的热心科技创新的师生中间。因此，教育不仅传播而且创新科学技术，从而推动生产力的发展。可见，教育通过劳动力的再生产、科学技术的再生产以及科学技术的创新，从而推动生产力的发展，极大地促进经济的增长。

20 世纪上半叶形成的“人力资本”理论对教育在经济发展中的贡献做了研究，舒尔茨、丹尼森、鲍曼等人力资本理论研究者将“学历、受教育程度”列入经济增长因素，舒尔茨研究了美国 1929 年到 1957 年的经济增长得出，教育在国民收入增长中的贡献率为 33%，初等教育、中等教育、高等教育教育投资的收益率分别为 35%、10%、11%，平均收益率为 17%。人力资本的研究证明了教育在经济发展中的作用绝不是凭空臆造的。

综上所述，教育生产力之间是相互影响、相互作用的，一方面，教育能促进生产力的发展；另一方面，教育的发展也要受生产力发展的制约。这集中体现了教育与经济之间相互影响、相互作用的本质关系。

二、教育与社会政治制度的关系

（一）政治制度对教育的制约作用

政治是经济的集中表现，一定的政治是产生于一定的经济之上的，而政治制度、政治观念等一经产生，又会反作用于一定的经济，对社会的发展产生重大影响。教育与政治之间也存在着相互影响、相互作用的联系，一方面，教育对政治有巨大的影响力，另一方面，教育的发展又必须受政治发展的制约。

1. 政治制度制约教育目的

教育的根本任务是培养人，在一定的社会中，培养具有何种政治方向、思想意识的人，是由社会的政治制度决定的。在阶级社会，统治者总是力图按照他们的经济利益和政治要求，通过教育有目的、有计划地影响下一代，教育目的是为剥削阶级培养人才和可供他们驱使的劳动者。例如，在我国封建社会时期，教育的目的是为封建王朝培养官僚，将“诗颂三百，授之以政”作为教育的宗旨。而在欧洲的封建社会时期，由于政教合一，学校完全掌握在教会手中，设有教会学校、教区学校、大主教学校，这种学校教育的主要目的是培养教士。在社会主义社会，教育目的发生了根本性的变化，教育为社会发展服务，培养德、智、体、美、劳全面发展的社会主义事业的建设者和接班人。

2. 政治制度制约教育的领导权

领导权属谁是政治的核心问题。在人类社会中，掌握了生产资料的阶级或政党在政治生活中居于主导地位，拥有在国家生活和国际关系方面各种事务的领导权，教育的领导权也就掌握在享有政治领导权的阶级、政党或社会集团的统治者手中。在阶级社会中，统治阶级利用对国家事务的统治权，来制定、颁布教育的政策、法令、法规，任免教师以及教育管理人员，控制教育经费，选择思想政治的教育内容，从而把教育的领导权牢牢抓在手中。例如，我国夏、商、周三代，实行“政教合一”、“官师合一”的文教政策，教育领导权掌握在皇室或奴隶主贵族手中；秦代，以吏为师，以法为教，教育领导权仍掌握在统治者手中；汉代以后，各朝代的官立教育均由中央朝廷和地方政府控制，教师及管理人员由官方任命，而历朝历代的私学尽管由私人举办，但最终的考核方式和儒家经典的教学内容，都不同程度地受到官方影响。在西方，柏拉图提倡国家办教育，古希腊雅典和斯巴达的儿童均要接受正式的教育训练；中世纪，教会和封建领主控制着教育；资本主义制度建立以后，教育成为掌握政权的资产阶级统治者的重要内政事务，无论是分权制还是中央集权制，区别只在于由哪级政权代表统治阶级行使教育领导权而已。在社会主义中国，代表全中国人民最普遍利益的中国共产党是各项事业的领导核心，中国共产党也从组织、思想和制度等方面掌握着中国教育事业的领导权。

3. 政治制度制约受教育的权利

一定的政治制度不仅决定什么人、哪个阶级掌握领导权，而且也决定由哪些人分享各种权力和权利，教育权利的享受同样由在一定政治制度之下掌握领导权的统治阶级来决定。这是因为教育具有政治功能，能影响政治的稳定与发展，因此，什么样的人能受教育，就必然要从统治者的利益出发，只有那些符合统治阶级利益要求有利于维护政治统治的人才能有受教育的权利。原始社会，没有阶级、没有国家，人人平等享有原始的教育。进入奴隶社会和封建社会以后，奴隶主阶级和封建地主阶级相应掌握了教育权，奴隶主贵族子弟和封建地主阶级子弟享有受教育的权利。我国唐代中央设立的“六学二馆”，对入学者均有身份限制。尽管贫民子弟也能享受到不同形式的教育，但在封建社会这不是普遍的现象。资产阶级标榜人人平等，宣称教育权利平等，但劳动者的子弟由于经济原因不能享受到平等的教育权。社会主义社会消灭了剥削，劳动人民当家做主，人人享有受教育的权利，但只有在社会生产力高度发展的基础上，人人享有平等的教育权利才能得以真正实现。

(二) 教育对政治制度的作用

教育作为培养人的社会活动，以其独特的方式对政治的发展产生巨大的影响，这表现在：

1. 通过教育，宣传一定的政治观点、理论、方针、路线，造成舆论

政治的稳定与发展不仅要有具备一定政治观念和能力的政治人才，而且要有强大的民意基础，只有一般的公民具备了与一定的政治制度相符合的政治思想和观念，形成了有利于政治的舆论，政治统治才能长久稳定。从社会心理学的角度讲，舆论是公众对某种普遍关注的事件公开表达的一致意见，政治制度、政策等都能成为舆论的焦点。舆论可以自发地形成，也可以有组织地形成，运用一定的方式有组织地造成的舆论，影响广、威力大。教育尤其现代学校教育是有组织有计划培养人的活动，能够向广大的青少年学生传递政治观点、理论、方针、路线从而在青少年中形成某种政治舆论。如果这种舆论是符合现存的政治制度的要求的，就能起到稳定现存政治的作用，反之，则会动摇政治稳定的基础。例如：民主是现代社会的基本特征，但民主制度的建立不仅要有民主政治所需要的政治人才，更要有民众的民主意识，即要造成有利于民主政治成长的舆论，因此，教育在现代民主政治的形成与发展中有重要的作用，杜威说：“民主主义和教育有相互的关系，因为不但民主主义本身是一个教育的原则，而且如果没有我们通常所想的狭义的教育，没有我们所想的家庭教育和学校教育，民主主义便不能维持下去，更谈不到发展。”教育通过培养一定的政治人才，通过传播思想、形成一定的舆论，从而给政治的稳定与发展以巨大的影响力。因此，社会主义的中国要确保基本政治制度的长治久安，就必然要高度重视教育的政治功能，始终把正确的政治方向放在重要位置。

2. 组织学生直接参加社会政治活动

组织学生直接参加社会政治活动，一方面在于直接推动社会政治活动的开展，另一方面是为了让学生在实践中形成一定的政治观点，积累参加政治活动的经验。在新中国成立以来的历次重大政治活动中，学校都成为重要的舆论阵地，学生是一支直接可用的政治力量。但是，当国家政权已经处在较稳固的状态，当社会进入相对平稳的发展阶段时，采取这种政治活动的方式是不适合的。如果学校过分热衷于此，事无巨细都采取运动的方式，那么不但会影响学校正常的工作秩序，影响教育质量，而且会助长学校政治工作的形式主义，造成表面上轰轰烈烈、实际上收效不大的不良后果，甚至还可能使学生产生政治厌倦感。

3. 通过教育培养各种政治人才

任何一种政治都要靠人来实施，没有具备一定的政治观念与能力的政治人才，政治的稳定与发展是不可能的，我国古代教育家颜元就指出：“人才为政事之本，而学校尤为人才之本也。”合格的政治人才要通过教育来培养。我国先秦时期，政治官吏虽然实行世卿世禄制度，但皇室和贵族仍然举办教育，专门培养子弟统治百姓的能力；孔子办私学，目的不是教弟子

学稼、学圃，而是传播他的儒家政治理想，培养新兴的政治人才，“学而优则仕”大抵反映了他培养人才的目标，《礼记·大学》中所揭示的“格物”、“致知”、“诚意”、“正心”、“修身”、“齐家”、“治国”、“平天下”，也揭示了传统教育培养修身、齐家、治国、平天下的政治人才的抱负。事实上，自从隋唐建立科举制度以后，中国传统的官吏莫不是经由各种教育训练、饱读儒家经书、通过科举考试而选拔出来的。这种政治人才的培养、选拔机制在一定程度上确保了中国传统政治数千年的稳定与发展。从历史上看，任何一种新的政治制度的建立，都离不开新兴政治人才的培养。例如，康有为在推行维新变法时，先于1891年在广州长兴里“万木草堂”讲学，宣传他的维新变法思想，培养了梁启超、陈千秋、麦孟华等一批维新变法骨干。孙中山为了完成资产阶级革命任务，在经过了一系列的挫折与失败之后，不得不创办黄埔军校，培养政治军事的人才。现代社会政治日趋复杂，政治人才不仅要求具备较高的文化素养，还需要有不同的管理才能，如政法、财经等方面的知识与技能，因此，现代社会政治人才的培养与教育密切相连。据统计，美国在1879—1953年，约有67%的高级政治领导人（包括总统、副总统、内阁成员、议长、最高法院法官等）都是大学毕业生，而且都是毕业于哈佛、耶鲁、普林斯顿等名牌大学。由此可见，教育通过培养政治所需的人才能影响政治的稳定与发展。

教育除了与社会的生产力、政治制度有着联系外，教育与社会的文化也有存在相互影响的作用（这里不再进行详细的阐述）。

三、教育的相对独立性

第一，教育具有永恒性与历史性。教育与社会物质生产一样，是人类社会必不可少的活动，属于永恒的范畴。教育从产生之日起就有两种社会职能，即传授社会生产斗争和社会生活的经验、促进新生一代的成长和发展。因此，教育是促进新生一代和社会发展的必不可少的手段之一。它不仅是社会物质资料生产和再生产的需要，而且也是社会人的生产和再生产的需要。只要人类社会存在就必定有教育，教育与人类社会共存亡、共始终，具有永恒性。但是，永恒并不意味着不变，永恒是说教育存在的永恒，不是指教育内容、形式等不变。

教育是伴随人类社会的产生而产生、发展而发展的，在不同民族、不同国家，教育均具有自己的历史。我国传统教育以儒家教育传统为主流，以“修己治人”、“修身、齐家、治国、平天下”为目的，以儒家经典为主要教育内容。在西方，古希腊、古罗马则形成了不同于我国的教育传统。教育的这种传统，成为影响我国及西方教育发展走向的历史遗产。我国现代学校教育中的“应试教育”倾向以及西方教育史上历史悠久的“内发论”趋向，都可分别从各自的教育历史中找到源头。此即教育的历史性。

第二，教育具有社会性。教育是有目的地培养人的社会实践活动，是人类社会特有的，具有社会性。在原始社会中，教育还不曾从其他社会活动中分化出来，而与生产劳动这种最基本的社会实践活动紧密联系在一起。教育自从其他社会活动中分化出来开始，便担负起独立的社会职能，专门传递社会生活经验和培养人的社会活动，最终目的是使人社会化。

第三，教育具有专门性。根据社会分工的需要，培养人的活动就从生产、生活中分离出来，单独进行，由专门的机构和专职人员实施，教育成为专门以培养人为主要任务的社会部门和行业。

第四，教育具有长期性和未来性。从时间的角度看，教育具有长期性和未来性。长期性与人的成熟过程较长相关。例如，人的认识能力的形成，世界观、人生观、价值观、信仰的确立等，不是一朝一夕就能达到的，而需要一个长期的过程，甚至需要用人的一生逐渐完善自我，不断成熟、提高、进步。“终身教育”理念也揭示了教育具有长期性。

教育投资不能立见成效，需要经过较长的人才培养周期，才能收到一定的经济效益和社会效益。教育是潜在的、间接的生产力，教育成果一般要通过受教育者的实际生产活动才能转化为直接的、物化的生产力；同时受教育者在学习、训练期间所获得的知识与技能还有一个对实际工作的适应过程。教育投资效益的取得一般在相当长的时间之后才能表现出来。因此，教育具有未来性。

第三节 义务教育

一、义务教育的概念

义务教育也称强迫教育，19 世纪 60 年代以后在各国逐步推行，成为近现代各国普遍实施的一项教育制度和法律制度。法律意义上的义务教育，“是依照法律的规定，适龄儿童和少年必须接受的，国家、社会、学校和家庭必须予以保证的国民教育”。这里的“义务”一词是指用法律形式规定国家、社会、学校、家庭、适龄儿童和少年必须遵守并履行的义务，这里的“教育”专指学校教育。

二、我国实施义务教育的历史

1949 年以后，我国政府非常重视教育工作，特别是普及教育工作。1949 年 9 月，中国人民政治协商会议第一届全体会议通过的《中国人民政治协商会议共同纲领》中规定“要有计划、有步骤地实行普及教育”，明确提出了在全国普及教育的任务。1951 年 8 月，我国教育部召开了第一次全国初等教育工作会议，明确提出 1952—1957 年争取全国平均有 80% 的学龄儿童入学，从 1952 年开始争取 10 年内普及小学教育，还提出 5 年内培养百万名小学教师。1956 年 1 月，我国政府制定了《1956—1967 年全国农业发展纲要（草案）》，规定从 1956 年开始“按照各地情况，分别在 7 年或者 12 年内普及小学义务教育”。在第一个五年计划期间，教育工作贯彻了“加速发展，提高质量，全面规划，加强领导”的方针，小学教育有了迅速发展，小学儿童入学率上升到 61.7%，比 1952 年提高了 12.5%。60 年代初，国家经历了困难时期，教育工作贯彻“调整、巩固、充实、提高”的方针，小学入学率有所降低。1963 年国民经济调整取得显著成效，积极发展小学教育，重点解决农村儿童入学问题。到 1965 年适龄儿童入学率已达 84.7%，普及小学教育工作有了很大进展，初步改变了适龄儿童不能接受初等教育的落后状况。1980 年中共中央、国务院发布《关于普及小学教育若干问题的决定》，是推动普及教育工作的重要文件，分析了全国小学教育的普及情况，明确提出 20 世纪 80 年代在全国基本实现普及小学教育的历史任务，并提出了具体要求："各省、自治区、直辖市根据各地区的经济、文化基础和其他条件的不同，进行分区规划，提出不同要求，分期分批予以实现。""经济比较发达、教育基础较好的地区应在 1985 年前普及小学教育，其他地区一般应在 1990 年前基本普及，极少数经济特别困难、山高林深、人口稀少的地区，普及期限还可延长一些。"为了抓好农村普及小学教育工作，1983 年中共中央、国务院发布了《关于加强和改进农村学校教育若干问题的通知》，提出了农村普及初等教育的措施。要求各省、自治区、直辖市参照教育部制定的普及小学教育的标准制定地方标准，对于达标的县（市、区），由省、自治区、直辖市进行验收，要求农村小学的办学形式灵活多样，学制 5 年、6 年并存，并可实行高低年级分段。这一文件是 80 年代初期指导我国农村普及小学教育工作的重要文件。1983 年 8 月教育部发布了《关于普及初等教育基本要求的暂行规定》，拟定了城乡普及小学教育的基本标准，提出了普及小学教育的"学龄儿童入学率、在校生巩固率、毕业班的毕业率和 12～15 周岁儿童中初等教育普及率"四项具体衡量标准。对达到普及小学教育标准的地方由省、自治区、直辖市进行检查验收，发给合格证书。在党中央、国务院普及小学教育的方针政策指引下，国务院教育主管部门和地方各级人民政府切实抓好落实工作，我国普及小学教育的工作有了较大进展。1984 年全国平均学龄儿童入学率达到 95%，经各省、自治区、直辖市人民政府教育主管部门验收，普及小学教育的县（不含市和市辖区）占总县数的 18.9%。1985 年 5 月 27 日通过《中共中央关于教育体制改革的决定》，明确提出"实行九年义务教育"，义务教育"为现代生产发展和现代社会生活所必需，是现代文明的一个标志"。

三、《中华人民共和国义务教育法》及其实施

1986 年 4 月 12 日，《义务教育法（草案）》经第六届全国人民代表大会审议通过，并于同年 7 月 1 日开始实行。《义务教育法》的颁布，标志着我国义务教育制度的建立，使我国普及义务教育事业开始走上依法治教的轨道，是我国教育发展史上具有里程碑意义的一件大事。《义务教育法》的颁布实施，对于落实教育优先发展的战略地位和义务教育"重中之重"的地位，提高全民族的素质，推动社会主义物质文明和精神文明的建设，实现社会主义现代化具有十分重要的现实意义和深远的历史意义。《义务教育法》的颁布实施，在全社会逐步确立了教育优先发展的战略地位，普及九年义务教育初步走向依法治教的新阶段，义务教育师资队伍素质明显提高，管理体制逐步完善，办学条件大有改观，义务教育持续发展，普及程度逐步提高，教育质量稳步上升，民族文化素质有了明显提高。

《义务教育法》于 2006 年 6 月 29 日第十届全国人民代表大会常务委员会第二十二次会议修订，并于同年 9 月 1 日起施行。这是我国义务教育发展中具有里程碑意义的一件大事。审议通过的新《义务教育法》共分为：总则、学生、学校、教师、教育教学、经费保障、法律责任及附则等 8 章，共 63 条。

新《义务教育法》有四大变化。这四大变化主要体现在：一是中央和省市财政首次联合加大财政投入，首次强调了政府在义务教育上也应负有责任；二是首次提出义务教育向均衡

化方向发展，原来义务教育注重重点发展，均衡发展对于不同地域全面推进义务教育发展非常有利；三是对义务教育的要求提高了；四是学校安全首次被写进义务教育法。同时，新《义务教育法》具有以下七大亮点：

第一，进一步强调了义务教育的公益性、统一性与强制性原则。《义务教育法》规定：义务教育是国家统一实施的所有适龄儿童、少年必须接受的教育，是国家必须予以保障的公益性事业。实施义务教育，不收学费、杂费。《义务教育法》第一次以法律的形式全面阐述了义务教育的特征与性质。按照原《义务教育法实施条例》的规定，我国城乡的义务教育学校一直收取杂费，用以补充义务教育学校公用经费的不足。温家宝总理在 2006 年向十届全国人大第四次会议所作的政府工作报告中庄严提出："从 2006 年起，用两年时间全部免除农村义务教育阶段学生学杂费，2006 年开始在西部地区实施，2007 年扩大到中部和东部地区。"考虑到全面免除杂费需要国务院的统一安排，《义务教育法》在附则中对免除杂费的时间和步骤专门做了授权性规定，明确："对接受义务教育的适龄儿童、少年不收杂费的实施步骤，由国务院规定。"

第二，建立一系列促进义务教育均衡发展的制度与机制。《义务教育法》规定：县级以上人民政府及其教育行政部门应当促进学校均衡发展，缩小学校之间办学条件的差距，不得将学校分为重点学校和非重点学校。县级以上地方人民政府根据需要设置相应的实施特殊教育的学校（班），对视力残疾、听力语言残疾和智力残疾的适龄儿童、少年实施义务教育。受社会经济发展水平和历史原因的影响，目前，我国义务教育的发展状况在东中西部、城市与农村、不同学校之间还存在着明显的不均衡。因此，促进义务教育的均衡发展成为法律修订中的重要原则。为缩小不同地区义务教育学校办学标准的差异，国家将制定"学生人均公用经费基本标准"，并要求"省、自治区、直辖市人民政府可以根据本行政区域的实际情况，制定不低于国家标准的学校学生人均公用经费标准"。特别强调了残疾儿童、少年接受义务教育的均衡。

第三，确立了义务教育经费保障新机制。《义务教育法》规定：国家将义务教育全面纳入财政保障范围，义务教育经费由国务院和地方各级人民政府依照本法规定予以保障。确立了义务教育纳入国家财政保障，由国务院和地方各级人民政府分担，实行由省统筹的经费保障新机制。例如，为保障义务教育经费的增长，确立了"三个增长"原则，即"国务院和地方各级人民政府用于实施义务教育财政拨款的增长比例应当高于财政经常性收入的增长比例，保证按照在校学生人数平均的义务教育费用逐步增长，保证教职工工资和学生人均公用经费逐步增长"。

第四，确立了由国务院领导、省级人民政府统筹规划、以县为主的管理体制。《义务教育法》规定：义务教育实行国务院领导，省、自治区、直辖市人民政府统筹规划，县级人民政府为主管理的体制。根据近年来义务教育特别是农村义务教育管理体制改革的经验，确立了"以县为主"的管理体制，同时，调整了义务教育管理的体制，增加了省级人民政府在实施义务教育中的职责。

第五，突出强调了推进实施素质教育，提高义务教育的教育、教学质量。《义务教育法》规定：国务院教育行政部门根据适龄儿童、少年身心发展的状况和实际情况，确定教学制度、教育教学内容和课程设置，改革考试制度，并改进高级中等学校招生办法，推进实施素质教育。学校和教师按照确定的教育教学内容和课程设置开展教育教学活动，保证达到国家规定的基本质量要求。国家鼓励学校和教师采用启发式教育等教育教学方法，提高教育教学质量。《义务教育法》第一次在法律中提出了素质教育的概念，对在义务教育阶段贯彻实施素质教育提出了具体的要求。突出了对义务教育质量的关注，特别重视提高每一所实施义务教育学校的办学水平，重视保护学校、教师、学生的合法权益。为提高农村学校、薄弱学校的办学水平，还专门就鼓励城市教师、高水平教师到农村学校、薄弱学校任教做了规定。

第六，提高义务教育阶段教师的地位与待遇。《义务教育法》规定：国家建立统一的义务教育教师职务制度。教师职务分为初级职务、中级职务和高级职务。这一规定将目前中学教师职务系列和小学教师职务系列统一了起来，为吸引更多高素质人才到小学任教，调动小学教师的积极性，提高教育质量产生了重要的影响。《义务教育法》还明确了诸如："教师的平均工资水平应当不低于当地公务员的平均工资水平"；"在民族地区和边远贫困地区工作的教师享有地区补助津贴"等规定，对保障、提高义务教育阶段教师的地位与待遇都会产生重要的影响。

第七，对"上学难、上学贵"等热点难点问题，有针对性地建立了预防、管理与监督机制。《义务教育法》规定：县级以上各级人民政府及其有关部门不得以任何名义改变或者变相改变公办学校的性质。学校不得分设重点班和非重点班。学校不得违反国家规定收取费用，不得向学生推销或者变相推销商品、服务等方式谋取利益。当前"上学难、上学贵"已经成为人民群众关注的热点问题。各级人民政府及有关部门正在积极着手加以解决。《义务教育法》根据近年来改革实践中的经验，做了系统的有针对性的规定。为完善对义务教育办学活动的监督机制，修订案专门就教育督导机构的地位与职能做了规定，明确"人民政府教育督导机构对义务教育工作执行法律法规情况、教育教学质量以及义务教育均衡发展状况等进行督导，督导报告向社会公布"。新《义务教育法》的颁布、施行，为我国义务教育带来了全新的发展模式、管理机制与制度支持。随着法律的贯彻、实施，我国义务教育必将在若干重要方面呈现出全新的面貌，义务教育改革与发展的方面将更加明确，步伐会进一步加快。

四、义务教育的特征

(一) 国家强制性

义务教育的国家强制性是义务教育的本质特征，在我国除义务教育外，其他任何教育制度都不强迫教育对象接受教育。所谓国家强制性，是指义务教育是依据法律的规定，由国家强制力保证其推行和实施的。义务教育不仅是受教育者的权利，而且是受教育者的义务，国家、社会、学校和家庭必须依法予以保证。义务教育的国家强制性还表现在任何违反义务教育法律规定、阻碍或破坏义务教育实施的行为，都应依法承担法律责任，受到强制性处罚或制裁。

(二) 普及性

义务教育的普及性是义务教育的基本特征。所谓普及性，是指全体适龄儿童、少年，除依照法律规定办理缓学或免学手续的以外，都必须入学接受教育，并且必须完成规定年限的义务教育。由于我国各地经济、文化发展很不平衡，各地实施义务教育的步骤也不完全一样。

(三) 公共性

义务教育的公共性也称义务教育的国民性，是义务教育的一个重要特征。所谓公共性，是指义务教育是一种社会公共事业，属于国民教育的范畴。义务教育的公共性具体表现在以下四个方面：一是教育与宗教相分离，使学校教育成为世俗性的公共事业；二是义务教育由国家设立或批准的学校来实施，体现了国民的意志，义务教育以国家办学为主并不意念味着国家是办学的唯一主体，国家鼓励企业、事业单位和其他社会力量，在当地人民政府统一管理下，按照国家规定的基本要求，举办义务教育法规定的各类学校；三是实施义务教育的学校和教师具有公共和公务性质，他们的工作对国家和社会负责，对全体国民负责；四是国家对实施义务教育进行有效的管理与监督。实际工作中的国家对义务教育实行统一管理，中小学教师应受到全社会的尊重，社会各方面都应“助教”，维护学校和教师的合法权益，其根本原因都在于义务教育具有公共性。

(四) 免费性

免费性是义务教育的重要特征。所谓免费性，是指国家对接受义务教育的适龄儿童、少年免除学费。这是世界各国实施义务教育的一个共同特点。当然义务教育从免除部分费用到全部费用，从各国的条件出发，是一个逐步发展的过程。我国新《义务教育法》的诞生，已充分说明了这一点。

(五) 基础性

基础性也是义务教育的重要特征。所谓基础性，是指义务教育是基础教育，其目的是为提高民族素质。义务教育作为依法强制适龄儿童、少年接受一定年限教育的制度，一般都是基础教育的一部分，或包括基础教育制度。公民接受一定的基础教育是促进个体社会化的必要途径，是社会健康发展的保证。世界上大多数国家都以法律规定了儿童和少年接受一定年限的义务教育。义务教育的基础性还表现在义务教育是一种全民性的教育，而不是英才教育，其根本目的是使全体适龄儿童、少年在德、智、体等方面全面发展，为提高全民族素质、培养社会主义的建设人才奠定基础。

第三章 教育目的

第一节 教育目的概述

一、教育目的的界定与结构

教育目的是教育工作的指南，它的制定总是从对教育、人、社会之间的关系的一定认识出发，可以说，对教育与人、教育与社会的认识不同，所提出的教育目的也就有所不同。教育目的是对教育对象所要达到的规格和要求作出的规定。

任何一个教育目的，在其结构上，似乎都离不开这样两个组成部分：一是素质，二是职司。前者是指对教育对象的身心素质作出的规定，后者是指对教育对象要发挥什么样的作用（要作出的社会贡献、承担的社会职责等）或在什么样的条件下发挥作用（在什么社会背景下发挥作用）作出的规定。

在对教育目的的认识和理解中，教育目的与教育方针的关系，是我国教育学界长期以来纠缠不清的一个问题。其中既有“方针即目的论”，也有“方针非目的论”。

“方针即目的论”在20世纪50年代就已经出现了，当时，一些人就把教育方针与教育目的等同起来。这种认识在70年代以后仍然存在，一些研究者坚持认为，“教育方针”与“教育目的”，并无实质性的差别，“目的即方针”，两者可以通用。

“方针非目的论”也在50年代就曾出现过，但在当时这种观点内部就存在着一定的分歧。一种意见认为“方针包含目的”，也就是“教育方针”——教育必须为无产阶级政治服务，必须同生产劳动相结合，在内容上包含着“教育目的”——培养有社会主义觉悟的有文化的劳动者；另一种意见则认为，“目的决定方针”，教育目的与教育方针的关系，是一种目的与手段的关系。这两种认识一直延续至今。

主张“方针包含目的”论者认为，教育方针是教育工作宏观指导思想，是总的教育方向、目的和政策，而教育目的是指培养人的质量和规格要求，以及实现教育目的的根本途径和基本原则；教育目的仅是教育方针的一部分，教育目的不能等同于教育方针；教育目的的制定必须以教育方针为指导，贯彻和实现教育的基本方针。主张“目的决定方针”论者则认为，教育目的是社会对教育所要造就的社会个体质量规格的总的设想或规定，教育方针是国家或政党根据一定社会的、经济的要求，为实现一定时期教育目的所规定的教育工作的总方向；教育目的是国家或政党制定教育方针的前提，一定的教育方针是为了实现一定的教育目的而制定的。因而，教育方针与教育目的的关系，可以看成是手段和目的的关系。

对于教育目的与教育方针的相互关系的认识上的差异，从根本上来讲，来自于对教育目的和教育方针是什么的认识上的差异。到目前为止，在何谓教育目的、何谓教育方针上还远未达成共识，因而在看待两者间的关系上也不可能形成一致意见。

我们同意“方针非目的”的说法，因为无论是在语言的使用上，还是在它们各自的实际功用上，教育目的与教育方针都是有着一定区别的。但是，“方针包含目的”的说法，把教育目的与教育方针都归统到国家或政党控制的范围之内，在一定程度上忽视了社会团体或个人提出的教育目的（这类目的有时是不能纳入教育方针之中的）；“目的决定方针”的论调，也含有这样一个悖论在内：教育目的是根本性的，教育方针则是手段，而教育目的又是由社会所规定的，教育方针则是由国家或政党所提出的，那么教育方针是依据“社会”中的哪一部分规定的教育目的而提出的呢？无疑，它只能依据政府或政党的“教育目的”（虽然有时其表现形式是“个人的”）来提出，这就等于是在政府或政党提出一个教育目的之外，还要以此为据，再提出一个教育方针来。

对于教育目的与教育方针的关系，可否这样去认识：

第一，“教育目的”是理论术语，是学术性概念，属于教育基本理论范畴；“教育方针”则是工作术语，是政治性概念，属于教育政策学范畴。

第二，教育目的着重是对人才培养规格作出的规定，教育方针着重是对教育事业发展方向所提出的要求。教育目的反映的是一定社会对人才培养的总要求，规定教育培养人才的质量规格；教育方针是阶级或政党确定的在一定时期内教育发展的基本指导思想。

第三，教育目的有时是由社会团体或个人提出的，对教育实践可以不具约束力；教育方针则是由政府或政党等提出的，对教育实践具有强制性。

此外，还有一个词语易与“教育目的”相混淆，这就是“教育宗旨”。

“教育宗旨”是我国近代教育史上出现过的一个教育概念，在历史上它有着不同的含义，就它是“教育的主要目的和意图”而言，教育通论与“教育目的”相通，就它是“教育的主要旨趣”和“主意所在”（如清政府所颁布的教育宗旨“忠君、尊孔、尚公、尚武、尚实”），又与“教育目的”迥异。

二、教育目的的特性

通过对教育目的含义及其相邻概念的分析，可以看到，教育目的大体具有这样几个特性：

① 抽象性（一般性）。教育目的总是抽象的，非具体的，换句话说，是一般的，非特殊的。它对人的身心素质培养提出的要求，及对所培养的人的社会价值所作出的描述，都是方向性的指南。

② 预期性（理想性）。教育目的表达的是社会或个人对教育对象未来发展状况的期望，所展现的是一种预期的状态。在对教育目的的规定中，渗透的是他们关于美好生活前景的设想，反映的是人生发展的理想。

③ 终极性（不可及性）。教育目的是对受教育者身心发展的最终要求，是受教育者追求的理想目标，它往往带有不可及性的特点，如果教育目的是轻而易举就可达到的，那么，它就难以成为教育活动的指南，就失去了目的本身的价值。

三、教育目的的类型

对于教育目的，从不同的角度去分析，至少存在着以下几种类型：

第一种，从教育目的的制定者上看，可分为国家、政府或社会团体提出的教育目的，个人提出的教育目的。前者是在相应的教育实践中必须加以实施的，通常具有较强约束力；后者虽然有时也可转变为政府、政党的教育目的，但在多数情况下，并不一定对教育实践产生约束力。

第二种，从教育目的的实现与否上，可分为理想的教育目的与实际的教育目的。这两者有时是统一的，理想的教育目的表现为实际的教育目的。但在大多数情况下两者是不统一的，理想的目的并不一定就是实际的目的，两者间差异颇大，甚至有可能出现对立；同时，教育实际的丰富性、复杂性，也使得实际的教育目的在包容的内容上远远大于理想的教育目的。

第三种，从教育目的的表现形态上，可分为外显的教育目的和内隐的教育目的。前者是成文的教育目的，是明确表述出来的；而后者是未成文的教育目的，是“缄默”的、未表述出来的。这两者在一定程度上是不统一的。

第四种，从教育目的的承载者上，可分为学生的教育目的、教师的教育目的、家长的教育目的、政府的教育目的、社区的教育目的。这些类型的教育目的有时并不一致，差异悬殊。

对教育者来说，要想真正将教育目的作为教育活动的核心，使得教育内容的选择、教育方法的确定、教育组织形式的选定等，都围绕教育目的来进行，并使教育目的有效实现，那么，就要充分考虑到这些不同类型的教育目的的存在，尽可能地对其予以统筹安排。如果仅仅看到成文的目的、外显的目的、政党政府的目的、理想的目的，而没有看到相反的其他类型，就有可能影响自己所倡导的教育目的的达成。

四、良好教育目的的标准

什么样的教育目的，才可称得上是良好的教育目的呢？

杜威曾在“教育本身无目的”论点的基础上，提出作为一切良好的教育目的，所应具备的几个特征：

第一，教育目的必须以受教育者的天性以及后天获得的习性为基础。也就是说，教育目的应充分体现人的先天本性、人的活动、人的能力、养成的习惯等。

第二，教育目的必须有利于受教育者之间的相互合作。“目的必须提出一种解放和组织人的能力所需要的环境。”也就是说，目的必须能用于适宜于学生的活动和能力的方法和环境之中，能够“转化为与受教育者的活动进行合作的方法”。

第三，目的必须是具体的、直接的，而不是“普遍的、最终的”。杜威提出，“教育者必须警惕所谓一般的和终极的目的”。一般的、终极的教育目的是脱离一切具体条件的、遥远的，这种普遍的目的使教与学的活动仅仅成为一种手段。

杜威对良好教育目的标准的分析，注重了教育目的与学生发展需要的紧密联系，但他也混淆了目的与目标之间的界限，试图用具体的目标取代一般的目的。

在我们看来，作为良好的教育目的，应体现出这样一些特征：

① 教育目的应能与实际的教育情境紧密相连。教育目的虽然是抽象的、一般的，但却不能是脱离教育实际的，它要能在教育实际中发挥一定的效用。因此，教育目的的制定，不能离开教育实际情境的分析，应该是在对教育实际状况有充分认识的前提下作出的。也就是说，仅仅从社会需要出发或仅仅从受教育者发展的需要出发，而背离或远离教育实际的教育目的，都是不足取的。

② 教育目的的确定应能与社会所要求的人才培养标准紧密相连。社会政治、经济等对教育目的的制约，突出地表现在它所提出的人才培养标准上，一定的社会时期和社会背景对人提出的素质要求不同，也会使得教育这样一个培养人的活动在最终目的达成上有所不同。因而，在教育目的的确定上，既要考虑社会政治、经济对教育的一般要求，更要考虑社会政治、经济对人才规格的要求，并且在此基础上，对“什么样的人才是受过教育的人”这样一个问题进行深入的思考。

③ 教育目的要具有在教育活动中得到检验的可能性。制定教育目的是要能够指导教育实践活动，因而它所反映出来的要求，应该能在教育实践中具有接受检验的可能性。

现代人的标准

什么是现代的人，或具有现代性的人？在这方面最有影响的人物是美国社会学家英格尔斯。他在《人的现代化》一书中指出，个人的“现代性”是很多性质的综合体，而非某一单纯的特质。他从12个方面大体勾勒出了一个现代人的形象：

1. 现代人准备和乐于接受他未经历过的新的生活经验、新的思想观念、新的行为方式；
2. 准备接受社会的改革和变化；
3. 思路开阔，头脑开放，尊重并愿意考虑各方面的不同意见、看法；
4. 注意现在和未来，守时惜时；
5. 强烈的个人效能感，对人和社会的能力充满信心，力求办事效率；
6. 善于制订计划；
7. 尊重事实和验证，愿意吸取新知识；
8. 可依赖性和信任感；
9. 重视专门技术；
10. 对教育的内容和传统敢于挑战；
11. 互相了解、尊重和自尊；
12. 了解生产及过程。

美国心理学家麦克兰德认为，现代化的人应有取得成就的强烈动机，高成就动机的人所关心的是怎样才能把事情做得更好，如何提高效率，并敢于负责。

第二节 教育目的的学说

对于教育发展历史上先后出现的诸多有关教育目的的主张，一般大致分为两类，一类是“个人本位论”，另一类是“社会本位论”。

这些对教育目的的认识虽无大错，但有些失之笼统。如果我们对教育史上的一些教育目的的学说稍加仔细分析，就可把这两种教育目的的学说再具体化为以下几种：个人本位论、人格本位论、生活本位论、文化本位论、伦理本位论、社会本位论。

一、个人本位论

个人本位的教育目的观，一般认为教育的目的就是使受教育者的本性、本能得到自然的发展，教育目的应当根据人的本性之需要来确定。个人本位的教育目的观一般注重个人价值，注重人身心的和谐发展。

“个人本位论”的典型代表是卢梭。卢梭是以培养“自然人”作为教育目的的，在他看来，教育的目的，“它不是别的，它就是自然的目标”。他认为不能同时把人教育成“人”与“公民”，而要在“人（自然人）”与“公民（社会人）”之间作出抉择。他选择了前者，他在《爱弥儿》中说，人应该为自己和自己的爱好而生存，公民的一切由社会来决定，则他不再是一个独立的人，顺应天性发展的教育便不应以培养这种公民为职责。但这种自然人不是纯粹生物性的人，不是那种倒退到原始社会的原始人，他指出：一个生活在自然中的自然人和一个生活在社会中的自然人，两者全然不同，他须知道怎样在城市中谋求生存，如何与人相处。他对这种新型的人物作了如下的描述：这种人是身心调和发达的人；具有农夫的或运动员的身手，又有哲学家的头脑；身体健康，感觉灵敏，理性发达；不曾受到社会传统的摧残，未被旧有的模型铸成固定的形式；有着发展成为各种人才的条件，能适应时势的要求而承担应当承担的使命。

19世纪末20世纪初，有“进步教育运动之父”之称的美国教育家帕克（1837—1902年）继承了卢梭的思想，力主顺应儿童的自然倾向进行教育，把儿童作为整个教育过程的中心，由此，“一切教育的真正目的，是人，即人的身体、思想和灵魂的和谐发展”。他认为，要靠一种教学上的“自然的方法”来实现这一目的。所谓自然的方法，就是按照心理发展的规律来组织课堂和教学，或者说使“发展的手段完全适应发展的心理”。

“个人本位论”在当代的代表人物则是那些人本主义者。人本主义者用不同的词语来表示他们心目中的教育最终目标，马斯洛以为是“自我实现”的人、有“完美人性”的人，在罗杰斯那里，则是“充分发挥作用的人”。这些词在其含义上是相近的，即指那些不仅在身体、精神、理智、情感、情绪和感觉各方面达到了有机整体化，而且在有机协调的内部世界与外部世界的联系方面达到了和谐一致的人。这些人也是充分实现其潜能的人，有创造力的人。

二、人格本位论

与“个人本位论”相比，“人格本位论”更注重受教育者完整人格的陶冶，它虽然也主要是指向人的和谐发展，但不似“个人本位论”那样仅从人的本性出发，仅强调顺应人的自然发展，它在突出人的价值的同时，也比“个人本位论”更多地关注到了社会的需要。这是一种介于“个人本位论”与“社会本位论”之间的一种教育目的观（但主要是偏向于“个人本位论”）。

瑞士教育家裴斯泰洛齐（1746—1827年）认为，教育目的在于发展人的一切天赋力量和能力，使人的各种能力和谐发展。在他看来，人的一切才能必须获得最大限度的发展，因为每一个人都具有天赋的能力和力量，这种能力和力量都具有从不活动状态到充分发展的倾向。另一方面，他又注意到，人是社会性的动物，人的发展是有社会目的的，人的各种能力的发展，乃是“人类的普遍需要”。他说：“为人在世，可贵者在于发展，在于发展各人天赋的内在力量，使其经过锻炼，使人能尽其才，能在社会上达到他应有的地位。这就是教育的最终目的。发展人的内在力量，不得不利用社会与人生相结合的教育办法，从而使其得到人的品德、家庭幸福、工作能力，直到实现社会上的需要。”

日本近代著名的教育家小原国芳（1887—1977 年）也是“人格本位论”的突出代表。他以其“全人教育”（也译为“完人教育”）主张而著称于世。什么是“全人教育”？概括地说，就“是指塑造健全的人格，亦即塑造和谐的人格”。这是小原国芳依据柏拉图的“和谐就是善”以及裴斯泰洛齐的“和谐发展的教育”思想创造出来的。其教育理想在于创造真、善、美、圣、健、富六个方面的价值，也就是使受教育者在学问、道德、艺术、宗教、身体、生活六个方面协调、丰满地发展，形成完整的而不是片面的人格，使知、情、意等心理品质得到圆满的陶冶。他认为，教育必须充分发展每一个人的个性，使学生达到自我发现和自我实现的目的。但是，与此同时，他又认识到，人既是个体人又是社会人；既要追求理想又要生活于现实；既作为自由人又受制于法律、规范；教育要使两种相反的、矛盾的、对立的两方面在一个人身上合而为一，达到灵肉合一，身心如一。

三、文化本位论

“文化本位论”强调用“文化”来统筹教育、社会、人三者的关系，以为教育活动就是一种文化活动，教育目的的制定应围绕文化这一范畴来进行。

“文化本位论”因为文化教育学的张扬，而成为教育目的学说中较有影响的一种主张。

文化教育学产生于 20 世纪 20 年代的德国，是西方重要的教育流派之一。其代表人物有早期的狄尔泰（1833—1911 年）和后来的斯普朗格（1882—1963 年）。

在文化教育学中，“文化”是一个基本的概念。在他们看来，凡是文化就必须具有价值，而与价值相联系的事实，就是我们称之为文化的那种东西。文化是历史创造的财富的总和，文化价值实现于文化财富之中。斯普朗格在这种认识的基础上，把文化进一步划分为四个组成部分：团体精神，即家庭、经济联盟、民族等集团都是通过团体意识来保存文化意义的；客观精神，即有意义的文化活动是积淀在语言、文学、符号、工具等基质中；规范精神，即每一种文化都包含着需求目的，不仅需要客观规范（如科学、技术等），同时也需要共同生活规范（如风俗、团体道德、法律规则和政治秩序等）；人格精神，凡是有意识的个人都享有文化的意义，并使这种文化保持鲜活的生命力。

斯普朗格的“文化”这一基本范畴统合了个人与社会、自我与历史、主观精神（人）与客观精神（世界）的多重关系。他认为，个人是文化生命的一个关键，个人的主观精神是通过其创造活动，发展和创造文化的。文化与个人的关系是一种“生动的循环”。在他看来，教育也是一种文化活动，这种文化活动指向不断发展着的主体的个性生命生成，它的最终目的，是把既有的客观精神（文化）的真正富有价值的内涵分娩于主体之中。也就是说，教育是为培养个人人格精神而进行的一种文化活动，是根据社会文化的有价值的内容进行的，其最终的目的在于唤醒个人的意识，使其具有自动追求理想价值的意志，并有所创造，增加文化的新成分。在这个意义上可以说，教育是一个从客观文化价值到个人的主观精神生活转化过程，也即是个人在接受文化、创造新文化的同时，内在地创造了掌握文化的新人。

四、生活本位论

"生活本位论"把教育目的与受教育者的生活紧密联系在一起，他们或以为教育要为未来的生活做准备，或以为教育即是生活本身，注重的是使受教育者怎样生活。这方面突出的代表是斯宾塞和杜威。

斯宾塞是 19 世纪中后期英国著名的哲学家、社会学家和教育家。他明确提出，教育目的是为"完满的生活"做准备，教育的主要任务就是教会人们怎样生活，教会他们运用一切能力，做到"对己对人最为有益"。他指出："为我们的完满生活做准备是教育应尽的职责，而评判一门教学科目的唯一合理办法就是看它对这个职责尽到什么程度。"又说："我们有责任把完满的生活作为要达到的目的摆在我们面前，而经常把它看清楚；以便我们在培养儿童时能慎重地针对这个目的来选择施教的科目和方法。"斯宾塞的"生活预备说"体现了当时英国资产阶级对通过教育获取使个人幸福的知识与能力的现实要求。

与斯宾塞不同，杜威反对将教育视为未来生活的准备，认为，一旦把教育看做是为儿童未来的生活做准备，必然要教以成人的经验、责任和权利，而忽视了儿童此时此刻的兴趣与需要，把儿童置于被动地位。因此，他主张，应把教育理解为教育生活，"教育即生活"。一切事物的存在都是人与环境相互作用产生的，人不能脱离环境，学校也不能脱离眼前的生活，学校教育应该利用现有的生活情境作为其主要内容，教儿童适应眼前的生活环境，也就是培养能完全适应眼前社会生活的人。他在《学校与社会》中明确提出，应把学校创造成"一个小型的社会，一个雏形的社会"，使"每个学校都成为一种雏形的社会生活，以反映大社会生活的各种类型的作业进行活动。……当学校能在这样一个小社会里引导和训练每个儿童成为社会的成员，用服务的精神熏陶他，并授予有效的自我指导工具，我们将有一个有价值的、可爱的、和谐的大社会的最好的保证"。

在以往对教育目的观的分析中，人们常把杜威视为"个人本位论"者，如果仅从杜威论述的片言只语来看，也许的确如此，但是若从杜威对教育的理解、对教育作用的分析、对教育与社会以及教育与人的全部论述来考察，杜威是不能称之为"个人本位论者"的。这也是我们为什么把他放在"生活本位论"这样一个带有中性色彩的教育目的观中来讨论的主要原因。

五、伦理本位论

"伦理本位论"也是介于"个人本位论"与"社会本位论"之间的教育目的观，但它更偏向于社会本位一边，注重的是社会伦理方面。它有两个代表人物，一个是康德（1724—1804年），另一个则是赫尔巴特。

康德虽然深受卢梭的影响，在40岁时读《爱弥儿》入迷，竟然打破了他终身严格遵守的作息制度，卢梭的画像后来成为康德客厅中的唯一装饰品。1764年他写道："卢梭是另一个牛顿。牛顿完成了外界自然的科学，卢梭完成了人的内在宇宙的科学，正如牛顿揭示了外在世界的秩序与规律一样，卢梭则发现了人的内在本性。必须恢复人性的真实观念。"但是，长期从事自然科学研究而形成的对理性和科学的偏爱，使得康德对于卢梭立足于个体，用否认和贬低理性来阐述人的本性和教育目的的观点不可能完全地接受，于是，他开创出一条与卢梭不同的探讨教育目的之路，即从自然与人、个体与社会、感性与理性的矛盾对立中来认识和把握教育目的。他揭示了人的双重本性：一方面，人属于自然界，作为自然存在的人具有各种感性欲望；另一方面，人又是道德世界的理性存在，人能以理性来克制感性欲望，从而使自己的行为承担道德责任。作为教育来说，就是要使本能驱使的自然人转变为能够自觉运用社会规范来支配行动道德的人，也就是说，通过文化的熏陶使人摆脱自然欲望的束缚而变得富有教养，从而塑造出"文化—道德"人来。

赫尔巴特认为，教育目的应该依据伦理学，教育方法则依据心理学来决定。他认为教育的目的在于借助知识的传授使受教育者能明辨善恶，陶冶意志，养成去恶从善的品德。他指出："教育的唯一工作与全部工作可以总结在这一概念之中——道德。""道德普遍地被认为是人类的最高目的，因此，也是教育的最高目的。"他把道德培养主要集中在"内心自由"——个人的愿望、倾向等服从理性所指引的善的方向；"完善"——调节自己的意志作出正确判断的一种尺度；"仁慈"——善意、仁爱；"正义"——互不侵犯，各守本分；"公平"——给善与恶的行为以应有的报偿。他还把教育目的区分为两类：必要的目的与可能的目的，或称道德的目的与选择的目的。认为可能的目的或选择的目的，是为成长的一代将来能从事某种职业实施一定的教育，帮助他们发展兴趣与能力，这只是教育的职责，而不是教育的目的。教育的真正目的是必要的目的，即道德的目的，是指一个人在他的任何活动中都需要达到的目的。不管你将来干什么工作，从事什么职业，都必须具有一定完善的道德品质。用赫尔巴特的话来说，必须"在儿童心中发展明辨的政见以及与他一起相应的意志力"，使之具有"绝对清晰、绝对纯粹的善与正义的观念"，只有这样，才能够"把所有任意的冲动推回去"。

六、社会本位论

社会本位的教育目的观，主张教育目的应当根据社会的要求来确定，认为教育的根本目的在于使受教育者掌握社会的知识和规范。这种目的观一般强调人是社会的产物，教育就是要使受教育者成为社会需要的，维护社会稳定和促进社会进步的人。

"社会本位论"的思想由来已久，在古希腊哲学家柏拉图那里就已经出现了。

国家学说和社会政治学说，在柏拉图的整个思想体系中占有极其重要的地位，他的教育思想实际上主要是作为其国家学说的一个组成部分而存在的。他提出，一个完美的理想的国家，必须由三部分人组成：哲学家、军人和劳动者（指农民和手工业者），而培养这些人并达到理想国的目的，主要通过教育来实施。教育的最终目的，就是要培养和选拔出统治国家的哲学家——最高统治者，他们是"深谋远虑的，真正有智慧的"；训练出勇于维持国家秩序和保卫国土的军人，使他们永远保持着"什么该怕，什么不该怕的信念"，"对内镇压不法之徒，对外抗虎狼般的入侵之敌”；也得训练出一大批安于生产，愿意供养统治者的农民和手工业者，使他们在“谁应当统治，谁应当被统治”的问题上，易于“达到意见一致”。可以说，柏拉图关于教育目的的认识，是与其社会政治思想紧密结合在一起的，在他那里，教育是社会政治的附庸。

涂尔干，这位教育社会学创始者，在他的学说中，是把教育与社会联系起来进行分析的，他的教育学说实际上是其社会学的一个重要组成部分。

在涂尔干看来，教育是一个社会事物，学校是社会的缩影，不同的社会环境造就了不同类型的教育，他说：“今天，我们难道看不到教育同样随着社会阶级的不同，甚至随着居住地点的不同而有所差别吗？现在，城市教育就不同于乡村教育，资产阶级受到的教育也不同于工人受到的教育。”整个社会及特定的社会环境，决定着教育能够发挥怎样的功能，正是由于每个社会都具有适用于全社会的全体成员的规范，教育才使儿童产生：“①他所属的社会认为其每个成员不应该不具备的某些身心状况；②他所属的特定社群（社会等级、社会阶级、家庭、职业）认为其全体成员必须具备的某些身心状况。”基于这种认识，他认为，“教育在于使年轻一代系统地社会化”，“其目的在于，使儿童的身体、智力和道德状况都得到某些激励与发展，以适应整个社会在总体上对儿童的要求，并适应儿童将来所处的特定环境的要求”。

在“社会本位论“的教育目的观中，还有一个著名的代表人物，那就是19世纪末20世纪初的德国教育家凯兴斯泰纳。他批评学校过于培养了学生的个人利益和个人主义，发展了学校对知识的自私追求，使学生的发展几乎不带有社会的性质。在他看来，公立学校的主要目的是为社会进行公民教育。他说：“我以为国家公立学校的目的——也就是一切教育的目的——是教育有用的国家公民。”作为教育的第一目的，“是要使他们热爱劳动、提高工作效率”；第二目的是“培养明智而健康的生活方式”，即“必须使学生深刻领会个人之间以及个人与国家之间的关系，”并最终使学生成为服务于军事的国民。

以上教育目的观，是按照从个人到社会这样一个维度来展开论述的，即从个人本位观到社会本位观是逐步递进的，前面的更靠近个人本位，后面的则靠近社会本位。其程度是由弱到强的。

第三节 我国的教育目的

一、我国教育目的的历史沿革

（一）清末时期的教育目的

1902年以前，我国并没有确定的全国统一的教育目的。梁启超在1902年所发表的《论教育当定宗旨》一文，首先提出了制定和贯彻全国一体的教育宗旨的必要性。

中国近代史上由国家制定的教育目的，始于1904年的《奏定学堂章程》。其中规定：“至于立学宗旨，无论何等学堂，均以忠孝为本，以中国经史之学为基，俾学生心术壹归于纯正，而后以西学瀹其知识，练其艺能，务期他日成材，各适实用，以仰副国家造就通才、慎防流弊之意。”这一教育目的反映了当时半封建半殖民地教育“中体西用”的方针，中学以忠孝为本，以中国经史之学为基；西学以西方近代科学知识和艺能为主，以造就国家所需要的各种实用的通才为目的。

1906 年，当时的政府正式规定教育宗旨为“忠君、尊孔、尚公、尚武、尚实”。前两条为“中国政教之所固有，而亟宜发明以距异说者”；后三条则是“中国民质之所最缺，而亟宜箴砭以图振起者”。

(二) 民国时期的教育目的

1912 年，当时任教育总长的蔡元培在《新教育意见》一文中，主张废除清政府制定的“忠君、尊孔、尚公、尚武、尚实”的教育宗旨，因为“忠君与共和政体不和，尊孔与信仰自由相违”，教育应以军国民教育、实利主义教育、公民道德教育、世界观教育、美感教育五项为目的。

同年 9 月，当时的教育部根据临时教育会议的决定公布了民国教育宗旨，即“注重道德教育，以实利教育、军国民教育辅之，更以美感教育完成其道德”。这一教育宗旨否定了清末的“尊孔”、“忠君”等内容，是历史上的一大进步。

1929 年 3 月，当时的政府把教育宗旨确定为：“中华民国之教育，根据三民主义，以充实人民生活，扶植社会生存，发展国民生计，延续国民生命为目的；务期民族独立，民权普遍，民生发展，以促进世界大同。”

1936 年，当时的政府公布了《中华民国宪法草案》，规定：“中华民国之教育宗旨，在发扬民族精神，培养国民道德，训练自治能力，增进生活智能，以造就健全国民。”

(三) 1949 以来我国的教育目的

1949 年以来对我国教育界影响最大的有关教育目的的表述，当为毛泽东同志于 1957 年在《关于正确处理人民内部矛盾的问题》中提出的：“我们的教育方针，应该使受教育者在德育、智育、体育几方面都得到发展，成为有社会主义觉悟的有文化的劳动者。”1958 年，中共中央、国务院在《关于教育工作的指示》中正式肯定了这一教育目的，并提出了“党的教育方针是教育为无产阶级政治服务，教育与生产劳动相结合”。

1981 年，党的十一届六中全会通过了《关于建国以来党的若干历史问题的决议》，对教育目的作了这样的规定：“坚持德智体全面发展、又红又专、知识分子与工人农民相结合、脑力劳动与体力劳动相结合的教育方针。”在同年 11 月的五届人大的政府工作报告中，又提出：“使受教育者在德育、智育、体育几方面都得到发展，成为有社会主义觉悟的有文化的劳动者和又红又专的人才，坚持脑力劳动和体力劳动相结合，知识分子与工人农民相结合。”

1982 年，在新宪法中，规定“中华人民共和国公民有受教育的权利和义务。国家培养青年、少年、儿童在品德、智力、体质等方面全面发展”。

1985 年，《中共中央关于教育体制改革的决定》中指出，教育必须“面向现代化、面向世界、面向未来，为 90 年代至下世纪初叶我国经济和社会的发展，大规模地准备新的能够坚持社会主义方向的各级各类合格人才。要造就数以亿计的工业、农业、商业等各行各业有文化、懂技术、业务熟练的劳动者。要造就数以千万计的具有现代科学技术和经营管理知识，具有开拓能力的厂长、经理、工程师、农艺师、经济师、会计师、统计师和其他经济、技术工作人员。还要造就数以千万计的能够适应现代科学文化发展和新技术革命要求的教育工作者、科学工作者、医务工作者、理论工作者、文化工作者、新闻和编辑出版工作者、法律工作者、外事工作者、军事工作者和各方面党政工作者。所有这些人才，都应该有理想、有道德、有文化、有纪律，热爱社会主义祖国和社会主义事业，具有为国家富强和人民富裕而艰苦奋斗的献身精神，都应该不断追求新知，具有实事求是、独立思考、勇于创造的科学精神”。

1986 年通过的《中华人民共和国义务教育法》规定了我国义务教育的目的：“义务教育必须贯彻国家的教育方针，努力提高教育质量，使儿童、少年在品德、智力、体质等方面全面发展，为提高全民族的素质，培养有理想、有道德、有文化、有纪律的社会主义建设人才奠定基础。”

中共中央、国务院于 1993 年 2 月 13 日正式印发的《中国教育改革和发展纲要》提出，各级各类学校要认真贯彻“教育必须为社会主义现代化建设服务，必须与生产劳动相结合，培养德、智、体全面发展的建设者和接班人”。

二、对我国当今教育目的的分析

“教育必须为社会主义、为人民服务，必须与生产劳动和社会实践相结合，培养德、智、体全面发展的建设者和接班人。”是我国当今的教育目的，对于这一目的，可从下列几方面去认识。

（一）马克思的人的全面发展学说是我国教育目的制定的主要理论依据

我国 1949 年以来教育目的的表述，一直力图以马克思的人的全面发展学说作为理论依据。有人认为，由于未能真正地在马克思主义的人的全面发展学说与我国既成的教育目的之间建立起一种必然的逻辑联系，我国教育目的的研制工作实际上尚未做到以马克思主义的人的全面发展学说为理论基础。对此，我们持这样一种看法：我国现行教育目的与马克思主义的人的全面发展有联系，但不完全一致、对等。马克思主义的人的全面发展学说只是确立社会主义教育目的或培养目标的理论基础之一，而不是它全部的唯一的理论基础。不能将社会主义的培养目标与马克思主义的人的全面发展学说“单线挂钩”、“简单对号”，把前者作为后者的一种延伸，或是同一方向上的发展。

教育的目的是培养人、发展人，没有正确的人的发展观，也就不可能制定出正确的教育目的。马克思的人的全面发展学说所揭示的人的发展观，为制定教育目的提供了一定的方法论指导，指明了教育目的的客观性、社会历史制约性。

关于马克思的人的全面发展学说的不同认识

关于马克思的人的全面发展学说，20 世纪 50 年代起就引起了我国教育界的关注，并就马克思的人的全面发展学说的理论基础、含义、学科归属、现实性等问题展开了讨论。70 年代末至 80 年代末，这场争论进一步扩大化，直至今日，仍不绝如缕。

在关于马克思的人的全面发展的内涵上，至少出现了这样几种不同的认识：

1.“能力全面发展”说

该理论认为，马克思、恩格斯是在揭示大工业机器生产发展规律的基础上，建立“人的全面发展”这一科学概念的。因此，马克思主义的“人的全面发展”，指的是人的能力（主要是生产能力或能力，即智力和体力）广泛的、充分的、自由的发展。

2.“德智体全面发展”说

该理论认为，马克思主义“人的全面发展”概念不限于指人的体力和智力的发展，还包括思想道德品质的发展。这是因为马克思和恩格斯是从两个方面来考察人的全面发展的：当他们从作为生产力要素的人来考察其发展时，“人的全面发展”既指个人体力和智力的统一发展，又指个人在体力和智力上各自充分的自由的发展；当他们从作为一定社会关系的人来考察人的全面发展时，其含义则是个体在思想品质和精神状态方面的正常发展。

3.“多层次发展”说

针对多数研究者限于一个层次探讨“人的全面发展”的含义，有的研究者从多个层次考察其内涵。认为，“人的全面发展”有三个层次的涵义：第一层次是指人的心智的全面发展；第二层次是指人的身心全面发展；第三层次是指个体和社会协调统一、全面发展。

关于“多层次说”，还有这样一种观点，认为“人的全面发展”的含义具有两个层次三个方面的规定：第一个层次（第一个规定）是唤醒自然历史进程赋予人的各种潜能，使之获得充分的发展；第二个层次是人的对象性关系的全面生成（第二个规定）和个人社会关系的高度丰富（第三个规定）。所谓“人的对象性关系的全面生成”，就是人通过与世界多式多样的关系，全面地表现和确证自己本质的完满性，“不仅通过思维，而且以全部感觉在对象世界中肯定自己”。所谓“个人社会关系的高度丰富”，就是人积极参与各领域各层次的社会交往，同无数的个人，从而同整个世界的物质生产和精神生产进行普遍的交换，使个人摆脱地域和民族的狭隘性。“个人的全面性不是想象的或设想的全面性，而是他的现实关系和观念关系的全面性。”

(二)“教育必须为社会主义、为人民服务”

“教育必须为社会主义、为人民服务”是对教育目的的社会性质的规定。教育目的具有浓郁的社会制约性，它既有着现实的社会根源，也必须要能满足一定社会的需要。“教育必须为社会主义、为人民服务”，从中反映的是我国当代社会生产力发展的要求特别是经济发展的要求，以及以我国特定的生产关系为基础的政治观点、政治设施的要求。

(三)“教育与生产劳动相结合”

“教育与生产劳动相结合”表述的是教育目的实现途径。教育与生产劳动相结合，是教育为社会主义现代化建设服务的前提保证，同时也是培养全面发展的人的基本途径。马克思说：“正如我们在罗伯特·欧文那里可以详细看到的那样，从工厂制度中萌发出了未来教育的幼芽，未来教育对所有已满一定年龄的儿童来说，就是生产劳动与智育和体育相结合，它不仅是提高社会生产的一种方法，而且是造就全面发展的人的唯一方法。”

（四）“培养德智体全面发展的建设者和接班人”

“培养德智体全面发展的建设者和接班人”提出的是培养人才的素质要求。应该说，从1957年我国提出的“应该使受教育者在德育、智育、体育几方面都得到发展”，1981年五届人大的政府工作报告中的“使受教育者在德育、智育、体育几方面都得到发展”，到现在所讲的“培养德、智、体全面发展”的人，在用词上是经过了一番斟酌的。这是对未来人才的素质所作的规定，而不是对教育活动类型的分析，因此上面的“德育、智育、体育几方面都得到发展”当为“德、智、体几方面都得到发展”。这就如同时下人们常讲的“德育教育”、“体育教育”一样，不仅令人费解，无法破译，而且有着明显的语法错误。德育、体育本身就是一种教育类型，是一种教育活动，在其上面再附加上一个“教育”，简直是“无中生有”。

由“德育、智育、体育”得到发展，到“德、智、体”全面发展，可以说在用词方面是一个进步，但随之又产生了这样一个问题：“全面发展”仅限于“德、智、体”三个方面吗（与先前所讲的德、智、体几个方面都得到发展不同）？对于马克思的人的全面发展理论，在20世纪70年代末80年代中进行过大量的论争，虽最终没有就此达成一致认识，但大家大致承认，马克思所讲的人的全面发展是包括“审美、情操”等在内的。即使暂且抛开马克思的人的全面发展理论不论，仅从人的身心发展来看，也无法不包括审美方面的内容在内。心理学一般把人的心理活动分为三个组成部分：认知、情感、意志。认知与知识、智慧相连，追求的是“真”；意志与思想品德等相连，追求的是“善”；情感与情绪、态度等相连，追求的是“美”；而身体则主要与体格、健康等相连，是作为知、情、意的载体而出现的。这也正是为什么我们提倡智育、德育、美育、体育的主要原因。因而，仅把德、智、体三方面作为全面发展的组成部分，是不周全的，至少应把“美”包括进去。当然，也可以用别种表述，例如，用“德、智、体等全面发展”，或用“德、智、体几方面得到发展”，或直截了当地提出“培养全面发展的建设者和接班人”。

这其中涉及全面发展的教育的构成问题，现在普遍采纳的是“五育”说，即认为教育由德育、智育、体育、美育、综合技术教育“五育”组成。从上面的分析可以看出：就人的心理特征上来分析，所谓的综合技术教育的存在是没有心理学方面的证据的，它更多的是达到其他诸育的一种手段，例如，学生在从事生产劳动中，所锻炼和增强的体质属于体育，学得的一些生产劳动知识属于智育，养成的思想品德属于德育，经受的美的陶冶则属于美育。我们需要思考的问题是：“五育”说提出的合理性何在？其依据是什么？我国一些研究者在20世纪80年代初就已经注意到并在一些场合提出过这个问题，但是，坚持“五育”说的研究者至今似乎尚未给出令人信服的解答。

第四节　教育目的、培养目标与教育目标

教育目的、培养目标与教育目标是三个紧密相连的概念，也是极易混淆的概念。“教育目的（aim）”是“社会对教育所要造就的社会个体质量规格的总的设想或规定”；“培养目标（goal）”是“各级各类学校对受教育者身心发展所提出的具体标准和要求”。教育目的是各级

各类学校确立培养目标的依据，培养目标是在教育目的基础上制定出来的，因此是教育目的的具体化。教育目的与培养目标的关系，是一般与特殊的关系。

“教育目标（objective）”是一个从国外引进的概念，相对“教育目的”，它是分析的、列举的，而目的则是概括的、统举的。教育目标是指教育过程中的一系列发展目标体系，这一层次的目标，按照学生身心发展顺序加以组合，是实现培养目标的直接依据和评价标准。

教育目的、培养目标和教育目标分处于三个不同的层次。

一、我国中小学的培养目标

（一）小学阶段

小学教育是基础教育中的第一阶段，是基础教育的基础。小学的培养目标具有奠基的特征，它所体现的是对学生德、智、体等方面的最基本的要求。

国家教育委员会于1992年颁布的《九年义务教育全日制小学、初级中学课程计划》中，明确了我国小学教育的培养目标：

① 初步具有爱祖国、爱人民、爱劳动、爱科学、爱社会主义的思想感情，初步养成关心他人、关心集体、认真负责、诚实、勤俭、勇敢正直、合群、活泼向上等良好品德和个性品质，养成讲文明、讲礼貌、守纪律的行为习惯，初步具有自我管理以及分辨是非的能力。

② 具有阅读、书写、表达、计算的基本知识和基本技能，了解一些生活、自然和社会常识，初步具有基本的观察、思维、动手操作和自学的能力，养成良好的学习习惯。

③ 初步养成锻炼身体和讲究卫生的习惯，具有健康的身体，具有较广泛的兴趣和健康的审美情趣。

④ 初步学会生活自理，会使用简单的劳动工具，养成爱劳动的习惯。

中学教育下接小学教育，上连中学后的各级各类学校教育和社会就业，是整个学校系统中的重要一环。

（二）初中阶段

我国对普通中学的培养目标是这样规定的：

① 热爱集体，热爱家长，热爱中国共产党，热爱社会主义祖国；讲究文明，遵纪守法，了解公民的权利、义务和基本的国情、国策。

② 具有语文、数学、外语和其他文化科学的基础知识，有阅读、表达、计算的能力和初步的实验、自学能力；努力学习，善于提出问题，有良好的学习习惯和学习方法。

③ 具有健康的体质和良好的卫生习惯，有一定的兴趣爱好和审美能力，初步具有自制、自理能力，有积极进步的精神。

④ 具有正确的劳动态度，养成良好的劳动习惯，掌握简单的劳动技能，初步了解社会职业分工和择业知识。

(三) 高中阶段

① 具有正确的政治方向，拥护中国共产党，热爱社会主义祖国；有理想，有民族自尊心，有社会责任感；遵纪守法，有文明的行为习惯，有团结协作的精神。

② 具有自然科学和社会科学的基础知识，懂得一些马克思主义基本观点，初步掌握一门外语，能自觉学习，有自学能力；能联系实际发现问题和分析问题。

③ 有健康的体魄和审美能力，有良好的意志品质和一定的应变能力，有探索和创造的精神。

④ 初步形成个性特长。

⑤ 有正确的劳动观点和职业观念，有一定的劳动技能。

日本基础教育阶段的培养目标

日本于 1947 年公布的一直沿用至今的《学校教育法》，对小学、初中和高中的培养作了这样的规定：

1. 小学阶段

① 培养学校内外社会生活的经验，教育学生正确理解人与人之间的相互关系，并培养学生具有同心协力和自主、自律的精神。

② 引导学生正确理解乡土和国家的现状及传统，并进而培养国际协作合作的精神。

③ 培养学生使他们对日常生活所必需的衣、食、住和生产方面具有基本的理解并掌握基础的技能。

④ 培养学生正确理解和使用日常生活所必需的国语的能力。

⑤ 培养学生正确理解和处理日常生活所需的数量关系的能力。

⑥ 培养学生科学地观察和处理日常生活中自然现象的能力。

⑦ 培养学生对于健康、安全的幸福生活所必需的习惯，并力求其身心得到协调的发展。

⑧ 培养学生对于能使生活明朗快活、丰富充实的音乐、美术、文艺等具有基础的理解和技能。

2. 初中阶段

① 进一步实现小学教育的目标，并培养学生具有作为国家和社会成员所必需的素质。

② 培养学生将来在社会上从事职业所需要掌握的基础知识和技能，注重劳动的态度以及根据自己的个性选择出路的能力。

③ 促进学生校内外的社会性活动，对其思想感情加以正确指导，并培养公正的判断力。

3. 高中阶段

① 进一步发展和扩充初中教育的成果，培养成为国家及社会的有力的成员所应具备的素质。

② 基于对社会必须履行自己使命的自觉，使之能够适应个性将来前进的道路，并提高一般的文化教养，掌握专门的技能。

③ 培养对社会具有广泛深入的理解和健全的批判能力，并努力确定其个性。

二、教育目标

教育目标也称教学目标，它是预期的教学效果，既可以是一门课程的目标，也可以是一个教学单元或一节课的目标。对于教师而言，常遇到的是后一类目标。

在教育目标的规定中，常常会见到一些模糊、笼统的说法，例如“让学生懂得……”“培养学生……能力”“认识到……”“体会到……”这样的说法，用一些不可捉摸的词语来陈述教育目标，每个人对它们的理解是不一致的，也很难有一个清晰的评判标准。

从 20 世纪 50 年代以来，西方的一些教育学家和心理学家，倡导用可观察和可测量的行为来陈述教育目标，意在为教学及其评价提供具体的指导。其中，布卢姆等人的教育目标分类学有着较大的影响，这种理论在 80 年代初引入我国以后，也引起了较大的反响，至今我国的目标教学运动仍方兴未艾。

(一) 教育目标的分类

布卢姆等人将教育目标分为认知、情感和动作技能三个领域，每个领域的目标又由低到高分成若干层次。下面介绍这三个领域的教育目标分类。

1. 认知领域

知识，是指对先前学习过的材料的记忆，包括具体事实、方法、过程、理论等的回忆。它所要求的心理过程主要是记忆。这是最低水平的认知学习结果。

领会，是指能把握材料的意义，可有三种表现形式：一是转换，即用自己的语言或用与原先的表达方式不同的方式表达自己的思想；二是解释，即对一项信息加以说明或概述；三是推断，即估计将来的趋势（预期的后果）。领会超越了单纯的记忆，代表最低水平的理解。

运用，是指能将习得的材料应用于新的具体情境，包括概念、规则、方法、规律和理论的应用。运用代表较高水平的理解。

分析，是指能将整体材料分解成它的构成成分并理解组织结构，包括部分的鉴别、分析部分之间的关系和认识其中的组织原理。分析代表了比运用更高的智能水平，因为它既要理解材料的内容，又要理解其结构。

综合，是指能将部分组成新的整体，包括发表一篇内容独特的演说或文章、拟定一项操作计划或概括出一套抽象关系。它所强调的是创造能力，需要产生新的模式结构。

评价，是指对材料作价值判断的能力，包括按材料内在的标准（如组织）或外在的标准（如与目的的适当性）进行价值判断。这是最高水平的认知学习结果，它要求超越原先的学习内容，并需要基于明确标准的价值判断。

2. 情感领域

接受（注意），是指学生愿意注意特殊的现象或刺激（如课堂活动、教材或文体活动等）。教师的任务是指引或维持学生的注意。学习结果包括从适宜一事物的存在这种简单注意到学生的选择性注意。它代表的是低级的价值内化水平。

反应，是指学生主动参与。处在这一水平的学生，不仅注意某种现象，而且以某种方式对它作出反应(如自愿阅读在规定范围之外的材料),以及反应的满足(如以愉快的心情阅读),这类目标与教师通常所说的“兴趣”类似，强调对特殊活动的选择与满足。

价值化，是指学生将特殊的对象、现象或行为与一定的价值标准相联系，包括接受某种价值标准（如愿意改进与团体交往的技能）、偏爱某种价值标准或为某种价值标准作奉献。价值化与教师通常所说的“态度”和“欣赏”类似。

组织，是指将许多不同的价值标准组合在一起，克服它们之间的矛盾、冲突，并开始建立内在一致的价值体系。重点是将许多价值标准进行比较、关联和系统化。与人生哲学有关的教育目标属于这一级水平。

价值与价值体系的性格化，是指个人具有长时期控制自己的行为以至发展了性格化“生活方式”的价值体系。其行为是普遍的、一致的和可预期的。这一水平的学习结果强调学生行为的典型化和性格化。

3. 动作技能

知觉，是指运用感官获得信息以指导动作。

定向，是指对稳定的活动的准备，包括心理定向（心理准备）、生理定向（生理准备）和情绪准备（愿意活动）。

有指导的反应，是指复杂动作技能学习的早期阶段，包括模仿和尝试错误。通过教师或一套适当标准可判断操作的适当性。

机械动作，是指学习者的反应已成为习惯，能以某种熟练和自信的水平完成动作。这一阶段的学习结果涉及各种形式的操作技能，但动作模式并不复杂。

复杂的外显反应，是指包含复杂动作模式的熟练动作操作。操作的熟练性以迅速、连贯、精确和轻松为指标。

适应，是指技能的高度发展水平，学生能修正自己的动作模式以适应特殊的装置或满足具体情境的需要。

布卢姆认知领域教育目标运用举例

布卢姆的教育目标分类学在我国山东、河南、河北、江苏、四川等地有着较大的影响，不少学校以此为根据制定各科、各单元的教育目标。下列选自江苏省教委教研室对高中语文第一册中的散文《荷塘月色》制定的认知领域的教学目标（教育目标）。

1. 字

识记：会读会写颇、哼、蓊、缀、袅娜、霎、倩等字，并能标注正确的汉语拼音。

2. 词

识记：会解释蓊蓊郁郁、弥望、田田、袅娜、脉脉、羞涩、渺茫、风致、参差、斑驳、风姿、约略等词语。

3. 篇

识记：① 知道课文的背景材料；② 背诵、默写课文第四、五、六段。

理解：① 理解作者在文章中表达的思想感情；② 能找出课文中鲜明的表现了荷塘月色特点的语句和片断，并知道作者是抓住荷塘月色的什么特点来写的。

分析：① 能理清课文写景的顺序；② 能把握课文写景的立足点；③ 能找出课文中抒写心情的语句，并简析这种情景交融的写法有何特点。

4. 读写方式

应用：朗读课文，做到读音准确，语气流畅，有感情。

5. 修辞

理解：了解文章中一些字的表达效果。例如，能说出下列句子中黑体字的词与括号里的词不同的表达作用：

① 月光如流水一般，静静地泻（照）在这一片叶子和花上。

② 薄薄的青雾浮（升）起在荷塘里。

③ 层层的叶子中间，零星地点缀（开）着些白花，有袅娜地（已经）开着的，有羞涩地（才）打着朵儿的。

应用：复习有关比喻的知识，能指出课文中比喻句的本体、喻体及其相似点，并能在说话中和写作中适当地使用比喻。

6. 语音知识

应用：结合课文生字、词的学习，复习、掌握有关汉语拼音方案的知识。

7. 工具书

应用：复习掌握有关音序查字法的知识，能在《新华字典》、《现代汉语词典》中查找字、词。

8. 文学知识

识记：知道课文作者及其作品。

(二) 教育目标的编制程序

教育目标的编制一般包含有这样四个步骤：

① 选择对教育目标进行选择，一般需考虑这样一些因素：学生在教学开始之前能够做些什么；学生在教学过程中能够做些什么；在教学完成以后又能够做些什么；以及可以使用的教学资源，包括教师处理教材的能力等。

② 分类将选定的教育目标按照一定的标准，如上述布卢姆等人的标准进行分类，将它们纳入一定的层次和类型当中。

③ 分析选定了目标并作分类以后，教师应当从事行为分析，以便确定期望学生“做”些什么，才能来证实目标的达成。在行为分析中，需考虑：学生作出反应所需要的重要刺激；所作出的重要反应会有哪些以及测定反应成功的标准。

④ 具体化将教育目标用一些操作性的、不易引起曲解的动词表达出来，要避免有歧义的、可有多种解释的词汇。

(三) 教育目标的要求

从布卢姆等人的有关研究中可以看出，作为教育目标，应尽可能地符合下列一些要求：

第一，教育目标陈述的是学生的学习结果，反映的是学生在认知、情感、动作技能等方面的行为变化，而不是教师应该做什么。

第二，教育目标的陈述应力求明确、具体，可以观察和测量，尽量避免用含糊的不切实际的语言陈述目标。也就是说，它应当用特定的术语描述在教学后学生应能做以前所不能做的事情。

第三，教育目标的陈述应反映学习结果的层次性。

如果仅从行为表现的角度来看，教育目标应该包含有这样一些成分：

①“谁”要完成这些行为（例如“学生”或“学习者”）。

② 用来证实能够达成目标的“实际行为”（例如“写出”或“说出”）。

③ 用来判定目标是否达成的行为“结果”（例如“一篇文章”或“演说”）。

④ 完成行为的“相关条件”（例如“在一小时的平时测验中”或“在全班面前”）。

⑤ 用来判定达成预期行为的“标准”（例如“答对 90%”或“答对 80%”）。

假如有学生没有能够达成有关目标，其缘由大概是：学生在教学之前，没有具备所需要的“预先必备的条件”；学生在教学之前或在教学过程中，没有适当地引发其动机；教学活动设计不当，不符合学生或教学内容等的要求；所订目标过高，学生难以达成；测量的过程可能有一些不恰当的成分在内。教师需要仔细分析各种因素，甄别出导致教育目标无法达成的原因，若有必要，可对教育目标加以改变，使得所有的学生都能达到所预定的目标。

第四章 课 程

第一节 课程与课程理论

课程在学校教育中处于核心地位，教育的目标、价值主要通过课程来体现和实施。课程是进行教学改革的重要依据，也是提高教育教学质量的关键一环。因此，课程是学校教育的核心内容。理论指导实践，课程理论指导课程实践，也来源于课程实践。因此，在教育学的学习中，课程理论是一个不可或缺的学习重点。

一、课程的定义

课程的定义，也就是关于课程的本质特征的规定。从古到今，在不同的时间、地点、场合、条件下，不同教育学家受不同教育哲学思想的影响，对课程的界定众说纷纭，对课程的理解和认识也千差万别。

(一) 课程的历史衍变

在我国“课程”一词初见于唐代，唐朝孔颖达在《五经正义》里为《诗经·小雅·巧言》篇“奕奕寝庙，君子作之”一句注疏时写道：“教护课程，必君子监之，乃得依法制也。”[①] 宋代朱熹在《朱子全书·论学》中多次使用了课程一词，例如：“宽着期限，紧着课程”，“小立课程，大作功夫”等。在这里，课程的涵义是指学习的范围、时限和进程的意思，不涉及教学方法上的要求。

英语国家使用的“课程”(curriculum) 一词最早出现在英国教育家斯宾赛《什么知识最有价值？》(1859) 一文中，这个词来源于拉丁文 CURSUS，意思是“跑道”(racecourse)。根据这个词源，最为常见的课程定义是“学习的进程”(course of study)，又称学程。课程既可以指一门学程，也可以指学校提供的所有学程。这与我国教育辞书上对狭义课程和广义课程的解释基本上是一致的。

以往，学校的课程对大多数人来说体现为像跑道那样的东西，这是比喻的说法。直到最近，甚至一些专业教育者也认为，课程是比较标准的场地，学生在上面跑向终线（获取文凭）。不过在当代课程文献中，这种说法受到了批评和修正，批评该说法过多强调课程作为静态的、外在于学习者的“组织起来的教育内容”的层面，相对忽略了学习者于教育

① 教育大辞典编撰委员会：《教育大辞典（1）》，上海教育出版社 1991 年版，第 257 页。

动态的经验和体验的层面。而“currere”的动词形式是指“奔跑”，重点是在“跑”上，它所强调的是跑的过程和经历,它可以把课程的定义表述为学生与教师在教育过程中的活生生的经验和体验。

(二) 几种典型的课程定义

到了近现代，随着教育科学的不断发展，课程的含义也不断变化和丰富，由于立足点不同，或者视角有别，有着各种不同的界定，具体有以下几种代表性观点：①

1. 课程即教学目标

在《中国大百科全书 · 教育》中，对课程的定义是这样的：课程是指所有学科（教学科目）的总和，或学生在教师指导下各种活动的总和，这通常被称为广义的课程；狭义课程则是指一门学科或一类活动。这种定义的实质是强调学校向学生传授学科的知识体系，是一种典型的“教程”。这种理解强调向学生传授学科的知识体系，但是容易忽视学生的心智发展、情感陶冶、个性培养和师生的相互作用。

2 课程即有计划的教学活动

这一定义把教学的范围、序列和进程，甚至把教学的方法和教学设计，即把所有有计划的教学活动都组合在一起，以期对课程有一个较全面的看法，这种理解的课程主要放在有计划的、可观察到的教学活动上，易忽视教学活动对学生学习过程的影响。

3. 课程即预期的学习结果

这种课程定义直接关注预期的学习结果和目标，而所有的教学活动都是为这些目标服务的。但如果把课程的焦点放在预期的学习结果上，容易忽略非预期的学习结果。研究表明，师生互动的性质、学校文化等隐性课程，对学生的成长有很大影响。

4. 课程即学习经验

代表人物是美国教育家杜威，主要观点是：课程是学生在教师指导下所获得的经验和体验，以及学生自发获得的经验和体验。这种定义强调了人的主动性在学习的过程中的作用，消除了课程中“见物不见人”的倾向，然而容易忽略系统知识在儿童发展中的意义。

5. 课程即社会文化再生产

鲍尔斯和金蒂斯被认为是这一主张的重要代表人物。主要观点是：课程是从一定的社会文化中选择出来的材料，课程应该反映各种社会需要，以便使学生能够适应社会。这种课程的实质在于使学生顺应现存的社会结构，从而把课程的重点从教材、学生转向社会。体现了课程不能脱离社会文化、社会现实而存在的事实，从社会学的角度理解课程具有现实意义，

① 施良方:《课程理论-课程的基础、原理与问题》，教育科学出版社 1996 年版，第 3 页。

但要时时刻刻关注社会文化的变化。

6. 课程即社会改造的过程

这种课程观的主张是：课程不是要使学生适应和顺从社会文化，而是要帮助学生摆脱现存社会制度的束缚，课程的重点应该放在当代社会问题、社会的主要弊端、学生关心的社会现象等方面。这种观点是想通过学校教育来改变社会，是不符合实际的，社会只有通过政治或经济变革才能改变，而教育是上层建筑，是由经济基础决定的。

(三) 关于课程概念的界定

在西方，课程概念的表述也是比较丰富的，在《简明国际教育百科全书·课程》中列举了9种有代表性的课程定义，[①] 其中有一个比较接近新课程改革所强调的观点是：课程是一种教师、学生、学科和环境等教材组成部分的范围和方法论的探究。基础教育课程改革中强调：课程主要指教师、学生、教材、环境四个因素动态交互作用的生态系统。总体来说，课程可以分为广义和狭义两种，广义的课程是指为了实现教育目的而规定的学生应该学习的所有学科与应该从事的所有活动的总和及其有计划的进程。狭义的课程是指学生在学校应该学习的一门学科与应该从事的一种活动的内容及其有计划的进程。

关于课程概念的界定，不同的学者有不同的观点，众说纷纭。有些学者并没有为这种状况所困扰，而认为课程的定义应当多样。例如，曼思认为，给课程下定义是学习课程理论的学生"为了便于尽到责任，而决心去想象事实上未被切割并且无法切割的馅饼，要加以切割的问题"。这一定义并不像它表面看来那样松散，因为它与"便于尽到责任"有关，就是说，它与执行课程决策时的预期的目的相联系。这一立场得到施瓦布（1969）的支持，他断定课程研究将会毫无生机，因为它过分注重于完善诸如"课程"术语的精确定义等理论问题。他坚持认为，课程研究只有在人们主要关心"实际问题"时才会恢复活力。他把"实际"看作是以牢靠的决策为基础的活动。当然，牢靠的决策必须包括对哲学命题和"理论"基础的考察。在此意义上，施瓦布的立场并不排斥理论，而是他的观点形成了对课程领域中有关像课程的精确定义这类问题深奥且常常晦涩的论战的一种反抗。

施瓦布的批评得到了认真对待。学校现在的课程状况清楚地表明，寻求某种正确的课程定义并不是很有创造性的事业，学者们可以更多地花时间去处理学校现实情境中课程编制、课程实施等实际问题。不仅如此，教育科学界最近的发展情况也表明，实行对每一个研究对象（如研究"课程"的概念）只允许有一个可接受的定义的做法，在理论意义上是站不住脚的。

二、课程的类型

课程类型（curriculum categories）是指课程的横向组织结构中，按照课程设计的不同性

① 江山野编译：《简明国际教育百科全书·课程》，教育科学出版社1997年版，第65页。

质和特点形成的课程门类。[①] 课程类型是指课程的组织方式或指设计课程的种类。[②] 不同国家、不同时期、不同教育研究者由于持有不同的教育哲学思想和分类标准，对课程类型的划分有不同的结果。课程的类型就如课程的定义一样，有不同的说法，但不能说谁对谁错，只能说帮助我们多方面的了解不同的课程类型。

(一) 按课程内容所固有的属性来划分

按课程内容所固有的属性来划分，可将学校课程分为学科课程和活动课程。

学科课程（discipline curriculum）是以文化遗产为基础组织起来的传统的课程形态的总称。它是按照一定的价值标准，从不同的知识领域和学术领域选择一定的内容，根据知识的逻辑体系将所选出来的内容组织为学科。学科课程有悠久的历史，能以简约的形式将千百年人类积淀下来的系统知识传授给学生，便于学生学到知识，并且利于教学组织和教学评价，有助于提高教学效率。但是学科课程是以系统知识为核心向学习者传授知识的，容易忽略和忽视学生的需要、经验和生活；容易导致死记硬背，容易脱离生活，不利于激发学生的学习积极主动性。

活动课程（activity curriculum）又称“经验课程”（experience curriculum）、“生活课程”（life curriculum）、儿童中心课程（child-centered curriculum）。这种课程的主要倡导者是美国实用主义教育家杜威，是以学生的兴趣、需要和能力为基础，通过学生自己组织的一系列的主体活动而实施的课程。这种课程的特点是强调实践性、主体性，以学习者活生生的生活体验为课程构建的来源和生长点，打破了传统学科课程的分类框架。但是，如果这种活动课程设计不当，指导不力，会导致学习者学不到什么实质性东西。

学科课程与活动课程是学校教育中的两种基本的课程类型，两者之间的关系不是对立的，而是一种相互补充而不是相互替代的关系。从理论上讲，学科课程更符合认识和教学的规律，更能保证学生较好地认识世界，扎实地掌握一定的基础知识和基本技能，但由于过多地关注学科知识的体系和社会发展的需要，容易忽略学生的需要和主动性。而活动课程则关注学生个人的兴趣、爱好和个人特长的发展，而忽视了社会的系统知识的传授，所以，在学校的课程中，两种课程都是必不可少的，相互补充的。

(二) 按课程内容的组织形式划分

按课程内容的组织形式划分，可将学校课程分为分科课程和综合课程。

分科课程是根据各级各类学校培养的具体目标和具体学校发展的水平，从各门科学中选择出适合一定年龄阶段学生发展水平的系统知识，组成各种不同的教学科目。分科课程强调的是一种单学科的课程组织模式，关注的是不同学科门类之间的相对独立性和一门学科的逻辑体系的完整性，特别重视各门学科知识的学术性，便于学生掌握具体学科所包含的知识和技能。这种课程组织形式有利于学生掌握系统的知识，但是易于脱离学生的现实生活，教学

① 钟启泉：《课程与教学论》，华东师范大学出版社2004年版，第125页。
② 徐雁、刘岩、郑国庆：《小学教育学》，吉林大学出版社2006年版，第177页。

重视让学生掌握现成的系统知识，过多关注教学结果，教学方法缺乏灵活性。

综合课程是以对学校课程内容进行整合为特点的课程类型，是将具有内在逻辑或价值关联的原有分科课程内容以及其他形式的课程内容整合在一起，旨在消除各类知识之间的界限，使学生形成关于世界的整体性认识和观念，并养成深刻理解和灵活运用知识综合解决现实问题的能力的一种课程。综合课程的设置顺应了人类科学知识发展规律的要求，当代科学日益朝整体化、综合化方向发展，各种综合学科、交叉学科、横向学科纷纷出现，综合课程正是学校教育系统与社会进步系统和科学发展系统协同作用下的产物；符合儿童青少年的认知特点和心理发展规律，因为儿童青少年认知的客观世界是一个整体。

(三) 按课程计划中对课程实施的要求来划分

按课程计划中对课程实施的要求来划分，可将学校课程分为必修课程和选修课程。

必修课程（required curriculum）是指由国家、地方和学校规定，学生必须学习的课程。它体现了国家和地方对各阶段所有学生发展的基础性要求，是普通教育、职业教育的共同基础，也是学校教育质量的保证。

选修课程（elective curriculum）是指由学生根据自己的兴趣、爱好和特长自愿选择修习的课程。必修课程的学习使学生得到基本知识和技能的掌握，得到基本素质的训练；选修课程的学习可以使学生拓展知识领域，培养自己的兴趣爱好，强化素质训练，发展个性特长。

必修课程与选修课程与前两种表述的课程形式一样，是相对的，只是说明学校设置的课程对学生的发展所起的作用的不同。选修课程有很多种，根据学习的要求，可分为限定选修课程和任意选修课程。根据学习内容，可分为学术性选修课程、职业技术性选修课程和趣味性选修课程。

(四) 按课程的表现形态来划分

按课程的表现形态来划分，可将学校课程分为显性课程和隐性课程。

显性课程（manifest curriculum）也称正式课程、官方课程、公开课程、显露课程，是指为实现一定的教育目标而在学校课程计划中明确规定的学科以及有目的、有计划、有组织的课外活动，按照预先编订的课程实施，是教科书、学校组织教学、学生学习和考核的依据之一。

隐性课程（hidden curriculum）也称非正式课程、非官方课程、潜在课程、隐蔽课程，是指学校政策及课程计划中未明确的、非正式和无意识的学校学习经验。在学校环境中以间接、内隐的方式呈现的课程，它是学生在学习环境中所学习到的非预期或非计划性的知识、价值观念、规范和态度，对学生起到潜移默化的作用。隐性课程有多种表现形式，其中包括：校园环境；学校的文化传统，如校史、校歌、校训等；校内课外生活，如讲座、文体活动、兴趣小组、展览；民主管理体制；教风、学风、考风等。与显性课程相比，隐性课程有几个特征：实施过程的潜在性、涉及范围的广泛性、影响效果的两面性和影响效果的独特性。

(五) 按对课程的设计、开发和管理来划分

按对课程的设计、开发和管理来划分，可将学校课程分为国家课程、地方课程和学校课程。

国家课程是国家教育行政部门规定的统一课程，它体现国家意志，是专门为未来公民接受基础教育之后所要达到的共同素质而开发的课程。国家课程的课程计划、课程标准和教材由国家统一审定。地方课程是在国家规定的各个教育阶段的课程计划内，由省一级的教育行政部门或其授权的教育部门依据当地的政治、经济、文化、民族等发展需要而开发的课程。学校课程又可以称为校本课程，是在具体实施国家课程、地方课程的前提下，通过对本校学生的需求进行科学评估，充分开发和利用当地社区和学校的课程资源而开发的多样性的、可供选择的课程。国家课程、地方课程和校本课程都是相对的。地方上的课程资源也可以成为国家课程的资源。

三、课程的组织与实施

课程有多种类型，课程内容如果不能好好组织，不能做到恰当的排列组合，就不会产生预期的教学效果。那么，什么是课程组织呢？为使课程教学组织得有效，需要遵循什么原则呢？

课程组织（curriculum organization）就是在一定教育价值观的指导下，将各种课程要素合理地进行排列组合，妥善地组织成课程结构，使之在动态运行中产生合力，增进学习效果的累积学习功能，以便有效地实现课程目标。

(一) 课程组织的准则

课程组织的准则包括三个方面的内容：连续性、顺序性和整合性三个方面。

连续性是指让确定的各种课程要素在不同学习阶段反复出现，不断予以重复，以使学习者反复学习。课程组织的连续性，乃在于为学习者提供继续学习相关课程要素的机会，并根据学习任务的性质，形成长期的累积学习效果。

顺序性与连续性相关，又高于连续性，顺序性指每一后续学习的课程内容建立在前面学习的内容基础上，但课程内容中对同一课程要素作更深、更广、更复杂的处理、做到由浅入深，由简单到复杂。

整合性是指课程要素的横向联系或水平的组织，即在各种课程要素间寻求内在的联系，建立适当的关联，由此整合为一个有机整体，克服分科分割所造成的课程内容支离破碎的状态，以便达到最大的学习累积效果。三种课程组织准则要在一定程度上遵守，才能达到良好的课程组织的效果。

(二) 课程内容的组织

课程的组织离不开课程内容的明确，课程内容主要包括课程计划、课程标准、教材以及

其他课程资源，这也是课程的纵向组织结构的构成。

课程计划也叫教学计划，是根据教育目的和不同类型学校的教育任务，由教育主管部门制定的有关教学和教育工作的指导性文件。它体现了国家对学校的统一要求，是办学的基本纲领和重要依据。它具体规定了学校的课程设置、各学科开设顺序和活动的安排，是学校教育、教学工作的依据，也是制定课程标准、编写教科书和设计其他教材的依据。

课程计划的基本内容由培养目标、课程设置、考试考查、实施要求 4 个部分组成，具体包括 8 个方面：

① 课程计划设计的指导思想。我国中学的课程计划必须遵守教育要面向现代化、面向世界、面向未来的战略思想，坚持以素质教育作为教育的发展发向，对学生进行德育、智育、体育、美育和劳动技术教育、以提高基础教育的质量。

② 培养目标，即预期的课程学习结果。关于义务教育阶段的培养目标，在 2001 年颁布的《基础教育课程改革纲要（试行）》中有明确的规定：新课程的培养目标应体现时代的要求。要使学生具有爱国主义、集体主义精神，热爱社会主义，继承和发扬中华民族的优秀传统和革命传统；具有社会主义民主法制意识，遵守国家法律和社会公德；逐步形成正确的世界观、人生观和价值观；具有社会责任感，努力为人民服务；具有初步的创新精神、实践能力、科学和人文素养以及环境意识；具有适应终身学习的基础知识、基本技能和方法；具有健壮的体魄和良好的心理素质，养成健康的审美情趣和生活方式，成为有理想、有道德、有文化、有纪律的一代新人。

③ 课程设置，即某一级或某一类学校应开设哪些学科。根据总的教育目的和各级各类学校的任务、培养目标和修业年限，确定学校应设置的学科。

④ 学科开设的顺序和各学科的主要任务。依据学校的年限、各门学科的内容及其联系以及教学法的要求，确定各门学科的开设顺序。

⑤ 课时分配。根据学科的性质、作用、任务、内容的分量和难易程度，恰当地分配各门学科的授课时数。

⑥ 学年编制和学周安排包括学年阶段的划分、各个学期的教学周数、学生参加生产劳动的时间等。

⑦ 考试考查的科目、要求和方法。

⑧ 执行计划的若干实施要求。

(三) 课程标准的判定

课程标准就是以前所谓的教学大纲，是根据教学计划（课程计划）以纲要的形式编定的有关学科教学内容方面的指导性文件。它规定了各门学科的性质、目标、内容和框架，提出了教学建议和评价建议，体现了国家对不同阶段的学生在知识和技能、过程与方法、情感态度和价值观等方面的基本要求，是国家对基础教育课程的基础规范和要求，是教材编写、教学、评估和考试命题的依据，是国家管理和评价课程的基础。

1. **课程标准的特点**

2001年新颁布的基础教育课程改革的课程标准具有以下几个特点：

第一，努力将素质教育的理念切实体现在课程标准的各个部分，新颁布的课程标准力图在“课程目标”、“内容标准”和“实施建议”等方面，全面体现“知识与技能、过程与方法以及情感态度与价值观”三位一体的课程功能。

第二，突破学科中心。新颁布的课程标准关注学生的兴趣与经验，选择能使学生终身学习的知识和技能，努力改变课程内容的难度，结合教材和学生生活的实际现状和生活经验。

第三，改善学习方式。各学科课程标准结合本学科的特点，加强过程、体验性目标，引导学生主动参与、亲身实践、独立思考、合作探究，把以前的传授性学习方式转变成研究性学习方式。

第四，体现评价促进学生发展的教育功能，评价建议有更强的操作性，由结果性评价向操作性评价过渡。例如：成长记录与分析；测验与考试；答辩；作业、集体评议、德育量化表。

第五，为课程的实施提供了广阔的空间。课程标准只有一个，但教学方法和教学手段、教材可以多样，只要能达到课程标准所要求的目标就是成功教学。为教师发挥自己的聪明才智提供了施展的空间。

2. **各科课程标准的基本内容**

新颁布的几个学科的课程标准在具体内容上是不一样的，但是结构上是基本上一致的，大致包括前言、课程标准、实施建议、附录等各部分。

第一部分，前言。结合本门课程的特点，阐述课程性质、基本理念与本标准的设计思路。

第二部分，课程目标。包括总目标和阶段目标。

第三部分，实施建议部分的内容有教材编写建议、课程资源的开发与利用、教学建议和评价建议。

第四部分，附录。阐述有关各学科课程实施应注意的一些问题，主要包括术语解释和案例。

(四) 教材的确定

教材是教师和学生据以进行教学活动的材料，是教学的主要媒体，通常按照课程标准的规定，分学科和年级顺序编辑，包括文字教材和音像教材。文字教材包括：教科书、教学参考书、学生的自学指导书等；音像教材包括录像带、磁带、电影片、幻灯片、光盘、磁盘等。教科书又称课本，是教学过程中使用的主要教材，但不能笼统说是教材。

(五) 课程实施

课程实施（curriculum implementation）是把新的课程方案付诸实施的过程，也可以说是把书面的课程转化为具体教学实践的过程。

1. 课程实施的取向

课程实施的实质是要使原有的课程要求转变为新的课程方案的要求，但如何转变，不同的教育者有不同的看法，总体来说，有3种，即是忠实观、相互适应观和创生观，即是课程实施的取向问题。

第一，忠实观。持这一观点的人认为课程实施就是忠实地执行新课程方案的过程。衡量课程实施成功与否的标准是课程实施过程对预定课程方案的实现程度，实施的课程愈接近预定的课程方案，则愈为忠实，课程实施程度也愈高。

第二，相互适应观。持这一个观点的人认为课程实施是一个连续的过程，相互适应意味着课程实施是一个由课程设计者和课程的实施者共同对课程进行调整的过程。调整包括两个方面：一是课程方案为适应具体教学情境和学生特点而进行的调整；二是以课程实际以及教师和学生为适应课程方案而作出的调整。

第三，创生观。持这一观点的人把课程实施过程看成是师生在具体教学情境中共同合作、创造新的教育经验的过程。

2. 影响课程实施的因素

课程方案为什么在实践中得不到有效地实施；或者新课程方案一部分得到实施，而另一部分得不到实施呢？为什么在有些地方、学校、课堂中可以有效实施新课程，而有些地方不可以呢？这里就涉及影响课程实施的因素。

课程实施的因素有以下几个：

第一，课程方案的特征。课程方案本身的一些特征是影响课程实施的重要因素。课程方案设计的合理性、课程方案的明确性、课程方案的复杂性、课程方案的实用性是课程方案的主要特征。只有在课程设计比较合理，课程方案目标明确、课程方案的难易复杂符合操作教师的水平、课程方案比较实用的情况下，课程实施才能达到比较好的效果。

第二，教师的特征。研究表明，教师是导致成功课程实施的决定性力量，在课堂教学活动层面上，众所周知，教师是课堂教学的中心，也是课程实施的中心。教师对课程实施的主要体现在以下方面：教师的参与方面是否主动、教师的课程决策是否英明、教师的态度是否接受新决策、教师的能力是否胜任。

第三，学校的特征。课堂是实施课程方案的重要场所，学校更是课程方案的大环境，成功的课程实施离不开课程改革方案的管理、领导和各种行政配合。

第四，校外环境的特征。校外环境是课程方案使用的地区和社会的总体环境。这种外部氛围与学校的课程实施有着千丝万缕的联系。

四、课程理论的主要流派

前已述及，课程定义多种多样，对课程的认识也多种多样，从而形成课程理论有多个流派。归纳起来，大体有以下几种：

(一) 经验主义课程论

经验主义课程论的主要代表人物是美国著名教育家杜威，其主要观点是：主张从儿童出发设置课程。他提出了以经验为本质的课程观；还提出了课程实施的新方式：在做中学。并认为课程最大的弊端是与儿童生活不相沟通，教学过程应成为解决问题、思维训练的过程，以活动为中心组织课程，在活动中展开课程，课程的组织应心理学化等。其特点是教学要以学生的活动为中心，强调从学生的兴趣和生活需要出发，使学生“在做中学”，在做中获得直接经验的知识。这种课程的优点在于重视学生的主动性，重视发展学生的个性，然而却由于过分强调学生的实际生活和经验，而忽视了系统知识的传授，其结果降低了学校和教师的作用，导致了基础知识的削弱和学力的下降。与学科中心课程论相对立，其实是两个“三个中心”的对立，教师中心和儿童中心的对立；系统书本知识中心和个人直接经验为中心的对立；课堂教学中心和活动中心的对立，这种争论推动课程论的发展。

(二) 学科中心主义课程论

这一课程流派是以苏联人造卫星上天为契机而出现的，主要有要素主义和永恒主义。这种课程是西方传统教学课程，在教育观上认为教育就是传递文化遗产，目的是为将来的成人生活作准备。要素主义认为，学校的课程应该给学生提供分化的、有组织的经验，即知识。如果给学生提供未经分化的经验，学生势必要自己对它们加以分化和组织，这将妨碍教育的效能。在要素主义者看来，要给学生提供分化的、有组织的经验之最有效能和最有效率的方法就是学科课程。这种课程的重要特点在于，它是由若干门学科组成的，而每一门学科都有自己特定的组织，这样，每一门学科及其发挥的智力训练的作用就能得到充分的发挥，不至于造成活动课程那样相互混淆以致削弱的现象。永恒主义认为，教育内容或课程涉及的第一个根本问题就是，为了实现教育目的，什么知识最有价值或如何选择学科。永恒主义对此的回答是明确而肯定的，那就是具有理智训练价值的传统的“永恒学科”的价值高于实用学科的价值。赫钦斯（1899—1977 年）在《美国高等教育》一书中说：“课程应当主要地由永恒学科组成。我们提倡永恒学科，因为这些学科演绎出我们人性的共同因素，因为它们使人与人联系起来，因为它们对于任何进一步的研究和对于世界的任何理解是首要的。”

该理论的特点是以每一个学科的知识为中心，教材内容也是根据每个科学知识的逻辑体系来组织。教学是以教师为中心、书本为中心、课堂为中心进行的。学科中心的课程有利于发挥教师作用，有利于学生掌握系统的知识。其缺点是忽视了学生的兴趣和接受能力，忽视了发展学生的个性。

(三) 社会改造主义课程论

社会改造主义课程论强调社会对教育的制约作用，主张根据社会的需要确定教育目的和课程活动，重视道德教育和社会权威的作用。这种理论不太关注学科的知识体系，而认为课程应该围绕当代重大的社会问题来组织，帮助学生在社会方面得到发展。这种课程理论的核心观点是：课程不应该帮助学生去适应社会，而是要建立一种新的社会秩序和社会文化。其主要代表人物之一布拉梅尔德认为，课程是实现未来社会变化的运载工具，所以，普通教育或整体教育的课程设计，“必须使课程结构具有意义的统一性”。而且他认为人类的任务和目标乃是要统一到社会改造的意义上来。

社会改造主义的课程论有两个值得注意的特点:

第一，主张学生尽可能多地参与到社会中去，因为社会是学生寻求解决问题方法的实验室。在改造主义者看来，传统的课堂教学固然有其价值，但重要的是要使学生将其所学运用于社会，此外，学生也可以从社会中学到很多东西。

第二，以广泛的社会问题为中心。改造主义者认为，由于报纸、电视以及其他各种宣传媒介的作用，学生对于世界各地以及本国的社会问题非常敏感，这些问题应该在学校的课程里得到反映。学校的课程尤其要关心城市问题、犯罪问题、交通拥挤、家庭破裂、文化娱乐等社会问题。学生对这些问题要具有批判的意识。学校课程应该给学生认识和解决这些问题提供一定的背景知识，并把这些问题联系成为一个整体。

(四) 存在主义课程论

存在主义认为，在确定课程的时候，一个重要的前提就是要承认学生本人为他自己的存在负责。换言之，课程最终要由学生的需要来决定。在存在主义者看来，为学生规定一种固定不变的课程是不适当的，因为它没有考虑到学生对知识的态度。规定固定课程的出发点，是它能消除学生的无知，并能给予学生一定的知识。然而，人的境遇是时刻变化的，没有任何东西是固定的、绝对的，而且固定的课程难以适合学生的情况和需要，这样的课程无助于学生的发展。

存在主义课程的主要代表人物之一泰勒认为，不能把教材看做是为学生谋求职业做好准备的手段，也不能把它们看做是进行心智训练的材料，而应当把它们看做是用来作为自我发展和自我实现的手段；不能使学生受教材的支配，而应该使学生成为教材的主宰。知识和有效的学习必须具有个人意义，必须与人的真正目的和生活相联系，只有这样，个人才能在时间和环境都适宜的条件下按照他选择的知识和对于知识的理解来行动。

需要指出的是，存在主义之所以反对固定的课程，主要是因为它没有考虑到学生对这种课程的态度，而不是反对课程本身和体现各门学科知识的教材。存在主义主张，知识离不开人的主观性，它仅仅是作为人的意识和感情才存在的。如果知识不能引起学习者的感情，那么对于他来说，就不可能是明确的知识。此外，存在主义者还认为，人文学科应该成为课程的重点，因为人文科学比其他学科更深刻、更直接地表现了人的本性及人与世界的关系，更能洞察和发展人存在的意义。

(五) 后现代主义课程论

多尔批判泰勒课程模式是现代主义封闭课程体系的产物和典型。他提出了后现代课程的标准（4R）：丰富性（Richness）；循环性（Recursion）；关联性（Recursion）；严密性（Rigor）。

丰富性这个术语与课程的深度、课程作为意义的载体有关，还与课程的多种可能性或解释有关。多尔认为，学校中传授的主要学术性学科都有其历史背景、基本词汇和衍生词汇，因此每门学科都会以自己的方式解释丰富性。例如，社会学科包括人类学、经济学、历史、心理学以及社会学等，主要通过对话和协商的方式。这种丰富性能创造各种领域进行合作的、对话性质的探索，因而它与现代主义的观点是不一样的，它体现了一种开放性的特点。

循环性这种特征是很重要的。因为一种内容丰富而复杂的课程，往往需要通过再回头思考它，需要再提供各种机会才能掌握。循环性与现代主义观念下的重复迥然不同。重复是为了提高固定僵化的业绩，其框架是封闭式的；而循环性是旨在发展能力，其框架是开放式的。

关联性对于一个在后现代时期中改造作用的课程是有重要意义的，主要表现在两个方面：一是教育方面，称它为教育上的关联，它强调在构建课程时要考虑一整套的关系，在课程结构上也要强调其中的关系；二是文化方面的关系。有关文化的和宇宙论的关系，虽然在课程之外，但会形成一个更大的网络，课程就在其中形成。

严密性是“4R”中最重要的标准。它的作用在于避免课程滑入“不能控制的相对主义”以及情感上的唯我主义的怪圈。严密性与通常理解的意思有别，实际上是指概念的重新界定。严密性在这里意味着一种有意识的企图，去查找自己或别人重视的假设，并且协调讨论这些假设中的有关细节，这样进行对话才会有意义，才会有改造价值。

第二节　教育发展与课程标准

人类进入21世纪以来，世界政治、经济、教育都发生了巨大的变化，整个世界进入了发展的快车道。各国纷纷出台新的举措以加快发展步伐。

一、教育改革的背景

（一）教育改革的时代精神背景

21世纪初期，教育界掀起了科学教育与人文教育融合的大讨论，这种融合是人类试图纠正科学主义教育对人的感情的漠视而倡导人性化的教育的结果。

19世纪欧洲启蒙运动以来，人类在认识自然和改造自然过程中积累的科学知识急剧膨胀，自然科学取得了长足进步，并给人类生活带来翻天覆地的变化。在科技进步过程中，人类逐渐产生了对科技的崇拜，科技理性占据了主导地位，逐渐向人文社会科学领域渗透并日益工具化，进而扩张为一种“工具理性”。学校教育成为科学教育的王国，人文教育相对缺失，结果导致人格发展的苍白与道德教化功能的隐退，由此引发了人的价值信仰危机和道德没落。

在教育领域，工具理性的渗透表现为赫尔巴特以来实证主义研究范式的盛行。它关心达成教育目的的手段的选择，而忽视了对教育目的本身及教育本质的追问。显然，这种通过追求事实描述、资料量化处理的实证主义方法所建立起的知识只能是描述“如何”而不是诠释“为何”的工具性知识。实证主义所采用的“经验—分析”的研究范式导致教育研究的偏执与困惑。要打破教育领域中主导的“罗格斯中心主义”的思维模式，就应该纠正唯理性主义教育的片面性，倡导科学教育与人文教育的融合，注重人的情感、态度、意志等非理性因素的发展，培养具有健全人格的公民。儿其是在21世纪初期，新的时代精神要求超越单纯的科技理性对人性和自然的控制与奴役，渴望并呼唤人性的回归。

实际上，在世界范围内，课程领域在理论研究上早已发生了“范式转换”，在实践上也发生了重大的方向性转轨。自从进入20世纪以来，西方课程与教学理论既摆脱了假大空的虚妄之谈，又摒弃了只谈技术操作的枯燥乏味的琐碎之谈，开始回归课程与教学本身，面向老师和学生的活生生的日常生活，帮助老师和学生反思常规、审视权威，在点点滴滴的日常生活中建构意义、寻求超越。新的时代精神极力反对“非人性”的课程，注重学生的生活经验和体验，关注学校教育的日常生活。具体说来，原有的教育张扬科技理性，追求标准化的答案与思维模式，在教学中追求单一化与“一刀切”，泯灭了学生的个性发展与兴趣、爱好、需要；注重行为主义的“刺激—反应”训练、死记硬背的学习方法和机械灌输的教学方式，扭曲了学生的人格发展，使学生成为“应试”的机器，学校也成为戕害人性的场所。很多学生不堪学业之重负，逃学、出走乃至采取极端的方式进行对抗与抵制，“教育”已丧失对未成年人的吸引力，与儿童生动活泼的日常生活相隔离。

但新的时代是一个“以人为本”的时代，一个人的价值与尊严应受到充分尊重的时代。20世纪的两次世界大战给人类造成了深重的灾难，在深刻反思战争的罪恶中人类发出了要求正义与人性的呼唤；2001年在美国发生的“9 · 11”事件，作为人类的“世纪梦魇”，再次引发全世界的人们对和平与生命价值的深思与探讨。关注生命、关注人格、关注尊严，这是人类在走过诸多弯路后对人的存在的重新反思，也注定21世纪的教育改革要走人性化教育发展的道路。学校教育是培养人的事业，学校应该成为儿童的人性发展的殿堂，而不是戕害人性的场所。法国近代教育家卢梭倡导自然主义的教育，可以说是在腐朽、传统的教育中发现了人性；21世纪的教育也应该在尊重儿童现实存在的前提下，剥去工具理性奴役人性的硬壳，还给儿童以人性的课程和教学。显然，这种人性的课程应该是以儿童发展为本位的课程，关注儿童主体和生活的经验与体会，把知识技能的传授与儿童的日常生活经验联系起来，整合儿童的经验与知识体系，实施整体性的、真实的课程教学。

此外，21世纪的教育领域也掀起了注重民主、关注“赋权”的潮流。这股潮流在哲学认识论上体现出对人的交互主体性地位的确认。人是互为主体的，而不是把他人置于客体的位置上进行控制和支配。在学校教育中，教师和学生都是权力的主体，都有权分享教育决策权力，在这个过程中，教师、学生和家长、社区人员等作为改革的动力而参与其中，形成课程共同体，通过审议达成共识。这样，“参与”成为课程改革的一个关键词，它表征着权力分享和对参与主体的声音的倾听，因此成为21世纪课程改革的一大口号。

(二) 教育改革的社会经济文化背景

一方面，在21世纪初期，伴随着经济全球化的发展，知识的创新和应用成为经济发展的基础和基本的驱动力，“知识经济”已成长为一种新型的经济形态，直接左右着生产力的发展。因此，培养具有创新能力的人才日益为世界各国所瞩目。另一方面，以计算机科学为代表的信息产业迅速崛起，推动当今社会朝向信息化社会急速迈进。科学技术的发展为教育带来了新的挑战，同时也为教育革新提供了新的空间和可能。这样，经济全球化和信息社会化成为21世纪的“主旋律”，它对社会政治、经济、文化等各方面带来了强劲的冲击，也日益向教育领域全面渗透。社会迫切要求教育领域进行相应的革新以作出回应，从而适应时代的要求。而基础教育课程是学校教育的核心，教育改革必须从基础教育课程改革抓起。

自从进入21世纪，全球范围内的基础教育课程改革蓬勃兴起。美、英、法、德、日、澳大利亚等国家都对基础教育的课程标准、课程设置、教科书、教育评价等进行了全方位的革新，以回应社会政治经济变迁带来的挑战。尽管各国的具体措施不同，但体现的一些基本理念却有异曲同工之妙，如注重基础学力的提高、注重信息素养的养成、注重创造性与开放性思维的培养、强调价值观教育和道德教育、尊重学生经验、发展学生个性，等等。基础学力是学生基本的学习能力及其发展潜力，是学生今后学习和生存的基础。各国都强化了基础学科的学习以使学生形成牢固的基础学力：英国推出“国家基础学力战略”，美国制定全国性课程标准以保证基础教育的质量，法国提出“知识和能力的共同基石”作为基础教育的理想，日本则用“生存能力”来表征未成年人的基础学力……全球化的课程改革的特征可以概括为“以学生的发展为本”。日本在中小学设置“综合学习时间”，作为基础教育课程的一个有机组成部分，培养学生自己思考、自己发现问题、作出判断并解决问题的能力以及科学探究的态度，发展学生个性。我国基础教育课程改革也体现出尊重学生主体性、发展个性的原则。除了发达国家，发展中国家为了改变经济欠发达状况、培养人才从而为本国的发展服务，也大都采取了通过教育振兴国家的战略方针，大力推行基础教育课程改革。我国台湾早在1998年就公布了《国民教育九年一贯课程总纲纲要》，将国民中小学的课程划分为语文、健康与体育、社会、艺术与人文、数学、自然与科技以及综合活动七大学习领域，从根本上改变了学科分离、科目林立的状况，走上了基础教育课程改革之路。我国香港特别行政区也顺应全球化课程改革的趋势，积极倡导课程统整。2001年，香港课程发展议会建议学校课程由8个学习领域所组成，分别为：中国语文教育、英国语文教育、数学教育、个人、社会及人文教育、科学教育、艺术教育、体育教育。可见，无论是发达国家还是发展中国家，都把基础教育改革落实到课程与教学的层面上进行，掀起了新一轮全球性课程改革的浪潮。

二、我国教育发展的宏伟蓝图

我国教育改革既顺应了世界范围内的教育改革的趋势，也顺应了国内素质教育的需要。中华人民共和国建国以来，我国基础教育领域先后进行了多次课程改革。现行的基础教育课程体系是在《中华人民共和国义务教育法》颁布后经过几年的努力而逐步形成的。

2010年7月，中共中央、国务院在北京召开全国教育工作会议，颁布了《国家中长期教育改革和发展规划纲要（2010—2020年）》（以下简称《纲要》）。

《纲要》提出的指导思想是：“高举中国特色社会主义伟大旗帜，以邓小平理论和“三个代表”重要思想为指导，深入贯彻落实科学发展观，实施科教兴国战略和人才强国战略，优先发展教育，完善中国特色社会主义现代教育体系，办好人民满意的教育，建设人力资源强国。”

《纲要》明确提出未来十年各级教育发展任务。首先是“基本普及学前教育”“重点发展农村学前教育”“到2020年，普及学前一年教育，基本普及学前两年教育，有条件的地区普及学前三年教育”。“明确政府职责。把发展学前教育纳入城镇、社会主义新农村建设规划。建立政府主导、社会参与、公办民办并举的办园体制。加大政府投入，完善成本合理分担机制，对家庭经济困难幼儿入园给予补助。”

在义务教育阶段，《纲要》提出：“巩固提高九年义务教育水平”“推进义务教育均衡发展”“减轻中小学生课业负担”的明确任务。在高中教育阶段，《纲要》指出：“加快普及高中阶段教育；全面提高普通高中学生综合素质；推动普通高中多样化发展。”对于职业教育，《纲要》要求“大力发展职业教育；调动行业企业的积极性；加快发展面向农村的职业教育”。

《纲要》在高等教育的发展方面指出：“加快创建世界一流大学和高水平大学的步伐，培养一批拔尖创新人才，形成一批世界一流学科，产生一批国际领先的原创性成果，为提升我国综合国力贡献力量。”并具体要求高等学校要“全面提高高等教育质量、提高人才培养质量、提升科学研究水平、增强社会服务能力、优化结构办出特色”。《纲要》的发展目标亲切而具体，令人振奋，催人奋进。为未来我国的教育事业发展规划了宏伟蓝图。

三、教育改革的理论基础和基本理念

(一) 理论基础

教育改革的理论基础是什么，只有弄清楚这个问题，在教育改革的实践中才会少些磕碰。目前，对教育改革理论基础的探讨，学者们莫衷一是，看法不一。课程是教育的核心，课程改革是一项复杂的系统工程，它实际上是与整个基础教育改革一脉相承的。理清基础教育课程改革的理论基础，不仅关系到新课程改革实践的顺利开展，而且也有利于我们对长期存在的传统教育和现代教育思想观念的重新审视。

社会主义教育目的是要培养德、智、体等方面全面发展的人，其理论依据是马克思主义关于人的全面发展学说，基础教育课程改革当然也不能偏离人的全面发展学说的方向，即新课程改革必须是在全面发展教育理论的指导下进行。

那么，教育改革的理论基础究竟是什么？我们认为，第一，要服从并服务于指导思想这个中心；第二，理论基础是多元的。教育改革无论是课程标准的制定，还是课程实施，客观上都需要树立正确的学生观、课程观、知识观、学习观和教育观，因此教育改革的理论基础不应该是单一的，而应该是充分吸收古今中外的教育理论，建构主义、后现代主义、实用主义、多元智能等理论都有其先进的思想，我们应该立足于的中国传统和国情进行扬弃。第三，马克思主义认识论是讨论教育改革理论的基本前提。马克思主义认识论认为，人类的认识经历一个实践—认识—实践的过程。在教育改革中，我们要不断丰富对实践的认识，形成和完善理论，以便于更好地指导教育改革①。

(二) 基本理念

教育改革是教育界最迫切关心的问题，也是当前关于教育问题讨论的重要主题之一。如

① 季媛媛等：《新课程改革的理论基础讨论会发言摘要》，教育学在线（网络版），2005年11月。

何进行改革，以什么样的理念指导改革，是其中首先应当认真考虑的问题。主要理念包括：

① 为了每位学生的发展。主要包括：教育要着眼于学生的发展，教育要面向每一位学生，教育要关注学生全面、和谐的发展。

② 教育要面向学生的生活世界和社会实践。包括：课程要成为学生生命历程的重要组成部分，课程要与社会生活紧密结合。

③ 教学活动必须尊重学生已有的知识与经验。主要包括：学习的过程是自我建构的过程，学生个人的知识与经验也是重要的课程资源，教学要尊重学生独特的感受与认识。

④ 提倡自主、合作、探究的学习方式。包括：自主学习，小组合作学习，探究学习。

⑤ 教育改革主旋律是培养学生创新精神和实践能力。主要包括：一切着眼于培养学生创新素质，营造一个民主、和谐、自由、安全的教学环境。

⑥ 教学过程是师生交往、共同发展的互动过程。主要包括：教学过程是一个交往的过程，教学交往的前提是民主、平等，教学交往的主要形式是交流与对话。

⑦ 教师是课程的创造者与开发者。主要包括：教师要树立课程意识，课程是一种教学事件，教学是一种课程开发，教师是用教材教而不是教教材。

⑧ 评价的本质功能在于促进发展。要树立发展性评价的意识；评价标准应该多维化、多样化；评价主体应该多元化；以学论教，达到教学相长的目的。

从而可以看出，教育改革所倡导的理念是：倡导人、自然、社会的和谐协调，追求全人发展的价值取向，设计回归生活的课程形态，培养学生的情感、意识和行为能力。

四、我国基础教育新课程标准

课程是社会政治、经济特别是文化、科学技术发展对人的素质要求的集中体现，它承载着组织化、制度化、结构化了的教育经验。它集中体现了教育教学的目标和要求。它制约着学生的学习活动方式，制约着学生对学习内容的体验和感悟，制约着学生的发展方向和结果。课程目标、课程内容、课程结构、课程实施、课程评价等从整体上制约着学生的全面主动发展。我国基础教育课程标准就是要通过这几个方面的变革，促进学生积极主动的全面发展。

基础教育课程标准的宏观目标是：[①] 以邓小平同志关于“教育要面向现代化、面向世界、面向未来”以及“三个代表”和“科学发展观”的重要思想为指导，全面贯彻党的教育方针，全面推进素质教育。

新课程标准的培养目标应体现时代要求。要使学生具有爱国主义、集体主义精神，热爱社会主义，继承和发扬中华民族的优秀传统和革命传统；具有社会主义民主法制意识，遵守国家法律和社会公德；逐步形成正确的世界观、人生观、价值观；具有社会责任感，努力为人民服务；具有初步的创新精神、实践能力、科学和人文素养以及环境意识；具有适应终身学习的基础知识、基本技能和方法；具有健壮的体魄和良好的心理素质，养成健康的审美情趣和生活方式，成为有理想、有道德、有文化、有纪律的一代新人。具体目标是：

① 转变课程目标。改变课程过于注重知识传授的倾向，强调形成积极主动的学习态度，

① 中国教育部：《基础教育课程改革纲要（试行）》，2001 年。

使获得基础知识与基本技能的过程同时成为学会学习和形成正确价值观的过程。

② 改革课程结构。改变课程结构过于强调学科本位、科目过多和缺乏整合的现状，整体设置九年一贯的课程门类和课时比例，并设置综合课程，以适应不同地区和学生发展的需求，体现课程结构的均衡性、综合性和选择性。

③ 改革课程内容。改变课程内容“难、繁、偏、旧”和过于注重书本知识的现状，加强课程内容与学生生活以及现代社会和科技发展的联系，关注学生的学习兴趣和经验，精选终身学习必备的基础知识和技能。

④ 改革课程实施方式。改变课程实施过于强调接受学习、死记硬背、机械训练的现状，倡导学生主动参与、乐于探究、勤于动手，培养学生搜集和处理信息的能力、获取新知识的能力、分析和解决问题的能力以及交流与合作的能力。

⑤ 改革课程评价。改变课程评价过分强调甄别与选拔的功能，发挥评价促进学生发展、教师提高和改进教学实践的功能。

⑥ 改革课程管理。改变课程管理过于集中的状况，实行国家、地方、学校三级课程管理，增强课程对地方、学校及学生的适应性。

五、课程资源的内涵、类型和特点

(一) 课程资源的内涵

1. 课程

课程可以分为广义和狭义两种，广义的课程是指为了实现教育目的而规定的学生应该学习的所有学科与应该从事的所有活动的总和及其有计划的进程。狭义的课程是指学生在学校应该学习的一门学科与应该从事的一种活动的内容及其有计划的进程。现在比较一致的观点是：课程主要指教师、学生、教材、环境四个因素动态交互作用的生态系统。

2. 资源

资源在《现代汉语词典》中的解释为“生产资料或生活资料的天然来源：地下资源、水力资源、人力资源”。在《经济地理学导论》中“自然资源是自然条件中可以利用的部分，是在当前生产力水平和研究水平下，为了满足人类对生产和生活的需要，可以被利用的自然物质和自然能量。自然条件中目前尚不能利用的部分，诸如：地震、山崩、泥石流等不属于自然资源的范围”。

“资源是与人类的生产活动能够密切相关的，因此我们说只有当自然界物质被人类用到生产活动中时才能称之为资源。概言之，资源有这样两个特征：一、它是自然界物质的一部分，这些自然界物质及其成分为人类生产活动所需。二、这些自然界物质具有的风度和凝聚度足以使人类获取它的价值不小于由此而付出的代价。”

资源由最初的自然资源到一切可利用的物质、信息、条件性资源的总和，是个动态发展的过程，资源的内容在不断扩大和丰富。地方资源是指某个地域所具有的自然资源和社会资源以及历史资源。

3. 课程资源

顾明远先生在其编著的《教育大词典》中提出了与课程资源相类似的一个概念，即教育资源，是指“教育过程中所占用、使用和消耗的人力、物力和财力的总和”。有学者认为，课程资源是课程设计、实施和评价等整个课程编制过程中可资利用的一切人力、物力以及自然资源的总和，包括教材以及学校、家庭和社会中所有有助于提高学生素质的各种资源。课程资源即是知识、信息和经验的载体，也是课程实施的媒介。“课程资源是指形成课程因素来源与必要而直接的实施条件。”泰勒把课程资源具体分为目标课程资源、教学活动资源和组织教学活动的资源及制定评估方案的资源。

总的来说，课程资源有广义与狭义之分。广义的课程资源是指有利于实现课程目标的各种因素，狭义的课程资源则仅指形成教学内容的直接来源。

(二) 课程资源的类型

1. 按课程资源的功能特点来分

按课程资源的功能特点来分，课程资源可分为素材性资源和条件性资源。

素材性资源是指直接构成课程的资源，它的特点是直接作用于课程，并且能够成为课程的素材和来源，比如，知识、技能、经验、经历、活动方式与方法、情感态度和价值观，以及培养目标方面的因素。条件性资源不是形成课程的直接来源，但它在很大程度上决定着课程的实施范围和水平，比如，直接决定课程实施范围和水平的人力、物力和财力，实践、空间、场地、媒介、设备、设施和环境，以及对于课程的认识状况等因素，就属于条件性课程资源。

2. 按课程资源的分布空间不同来分

按课程资源的分布空间的不同，课程资源可分为校内课程资源和校外课程资源。

凡是在学校范围之内的课程资源就是校内课程资源，而超出了学校范围的课程资源就是校外课程资源。

学校课程资源从空间上分又可分为教室内的课程资源、教室外的课程资源两类。校外课程资源又分为家庭资源和社区资源。

3. 按课程资源的性质来分

按课程资源的性质来分，课程资源可分为自然性资源和社会性资源。

自然性资源突出天然性和自发性，例如，用于生物课程中的动植物、微生物，用于地理课程的地形、地貌和地势；社会性资源突出人工性和自觉性，例如，为了保存和展示人类文明成果的公共设施，图书馆、博物馆、展览馆，等等。

4. 按课程资源的存在方式来分

按课程资源的存在方式，课程资源可分为显性资源和隐性资源。

所谓显性资源是指看得见摸得着，可以直接用于教育教学的课程资源，如教材、计算机网络、自然和社会中的事物、活动等。而隐性课程资源是指以潜在的方式对教育教学活动施加影响的课程资源，如学校的风气、社会风气、家庭氛围、师生关系等，与显性课程资源不同，其作用方式具有间接性和隐蔽性的特点，它们不能对教育产生直接的影响。

5. 按课程资源的存在形态来分

按课程资源的存在形态，课程资源可分为物质形态的课程资源和精神形态的课程资源。

物质形态的课程资源如教育机构、风景名胜、文物古迹、广播电视、网络等；精神形态的课程资源如社会生活方式、价值规范、行为准则、人际关系、校风、学风、社会风气等。

6. 按课程资源的可利用程度来分

按课程资源目前的可利用程度，课程资源可分为校内课程资源、校外课程资源和信息化课程资源。

校内课程资源如实验室、图书馆及各类教学设施和实践基地等；校外课程资源如博物馆、展览馆、科技馆、工厂、农村、部队等；信息化课程资源如校内信息技术的开发利用、校外的网络资源等。

(三) 课程资源的特点

1. 广泛多样性

课程资源绝不是教材，也绝不仅仅限于学校内部，课程资源涉及学生学习与生活的方方面面，凡是有利于课程实施的、有利于达到课程标准的、有利于实现教学目标的教育资源都是课程资源，所以课程资源具有广泛多样性的特点。

2. 客观性

课程资源是客观存在的，它并不因为是否开发和利用而消失。

3. 间接性

大部分课程资源在课程设计之前就已经存在，它可以转化用于学校的课程实施，但不是学校课程实施的基本条件。因此，课程资源具有间接性的特点，其作用不像正式学校课程那么明显、直接，有时课程资源中的教育因素和非教育因素交织在一起，需要经过筛选才能成为学校课程或有利于课程实施的基本条件。

4. 具体性

课程资源虽然呈现出多样性，但是任何课程资源则因地域、文化传统、学校以及师生各自的差别而不同。

5. 多质性

同一课程资源对于不同课程有不同的价值，因而课程资源具有多质性的特点。例如，动植物学的资源，可以成为学生学习生物知识的资源，也可以成为学生学习环境学、生态学知识的资源，还可以成为学生调查统计的资源等。课程资源的多质性要求教师慧眼识珠，善于挖掘课程资源的多种利用价值。

六、课程资源的开发理念和原则

开发和利用课程资源，需要明确课程资源的基本理念和基本原则。这是当前课程资源建设中容易被忽视却又十分重要的问题。

（一）课程资源的开发理念

1. 课程标准和教科书等是基本的、特殊的课程资源

与纸张印刷时代的要求相适应，教学大纲和教材一直是我国学校教育的主要课程资源，特别是教科书曾经几乎成为唯一的课程资源。随着时代的发展和社会的进步，教学大纲和教材的形式和内容也会不断地发生变化，例如，教学大纲变成课程标准，“一纲一本”变成“一标多本”等，但从普遍的情况来看，课程标准和教材等教学材料仍然是最基本的课程资源。当然，这种基本的课程资源具有相当大的特殊性，它们在很大程度上反映着国家的意志，代表了国家对于基础教育的基本要求，为基础教育树立了一个基本的统一标杆和尺度，是政策性很强的课程资源。

2. 教师是最重要的课程资源

课程资源，无论是素材性课程资源还是条件性课程资源，对于课程目标的实现范围和水平都是非常重要的。但是，在课程资源普遍紧张的情况下，究竟是哪些课程资源是最为基本的？哪些课程资源在整个课程资源中居于主导地位、对于课程资源结构功能的发挥具有决定意义呢？

可以说，兼具条件性和素材性课程资源两种性质的教师在整个课程资源，特别是素材性课程资源的开发和利用中起着主导和决定性的作用。换句话说，教师不仅决定课程资源的鉴别、开发、积累和利用，是素材性课程资源的重要载体，而且教师自身就是课程实施的首要的基本条件资源。所以，从这个意义上来讲，教师是最为重要的课程资源，教师的素质状况决定了课程资源的识别范围、开发与利用的程序以及发挥效益的水平。事实上，随着课程改革和学校内部教育教学改革的深化，教师是教育改革关键性因素的观点，越来越引起人们的关注。许多教师甚至在自身以外的课程资源极其紧缺的情况下，实现了课程资源价值的“超水平”发挥。

课堂本来就是教师和学生及教学环境组成的一个生态系统互动的过程。教师在课堂教学中有重要地位并作为重要的课程资源，他的知识和技能、经验都是学生可以利用的资源。

3. 教学过程是师生运用课程资源共同建构知识和人生的过程

书本知识是重要的课程资源，具有客观属性，是教师教学和学生学习的对象，对此我们

必须重视。但同时，知识也具有主观属性，是人类主观认识的成果，因而也可以是师生在教学过程中共同建构起来的。仅仅把知识当做纯粹的客观对象来学习的时候，很容易把学生学习的知识演变为固定不变的唯一结论或真理，导致教学过程成为一个简单的传授标准答案的过程，如果学生在教学过程中只能处于一个被动接受的地位，则教学过程就失去了应有的生机和活力。

(二) 课程资源开发的基本原则

1. 优先性原则

学生需要学习的东西很多，远非学校教育所能包揽，因而必须在可能的课程资源范围内和充分考虑课程成本的前提下突出重点，精选那些对学生终身发展具有决定意义的素材性课程资源，使之优先得到运用。比如，学校教育要承担自己的责任，要帮助学生学会能够建设性地参与社会生活的各种本领，那么它就必须对有效地参与社会生活所应该具备的知识、技能和素质以及社会为个人施展才能所提供的种种机会进行综合的了解，作出恰当的判断，筛选出重点内容并优先运用于课程。同时，那些必要而直接的最基本的条件性课程资源应该优先得到保证。

2. 适应性原则

课程的设计和课程资源的开发利用不仅要考虑典型或普通学生的共性情况，也要考虑特定学生对象的具体特殊情况。如果要为特定教育对象确定恰当的目标，那么仅仅考虑他们已经学过的内容还不够，还需要考虑他们现有的知识、技能和素质以及能够提供的条件性课程资源背景。除了考虑学生群体的情况外，还要考虑教师群体的情况，考虑学校自身及其所处地区的经济社会文化背景。只有这样，课程资源才能得到充分合理的开发与利用。

3. 科学性原则

课程资源的开发和利用，必须有一个科学的态度。一方面，课程资源特别是那些涉及客观知识的素材性课程资源的选择，要注意它的真实性和可靠性。另一方面，又要注意打破对于包括教科书在内的课程资源的迷信，不能把教科书之类的课程资源当做“圣经”来对待，我们甚至要宽容和培养学生对于课程资源的质疑精神。

七、开发课程资源的基本途径

课程资源的开发和利用要根据各地和各学校的实际情况，广开思路，发掘校内外的更加具有针对性和适应性的素材性课程资源和条件性课程资源，从而更好地发挥它们的作用。正如《基础教育课程改革纲要（试行)》所要求的，“积极开发并合理利用校内外各种课程资源。学校应充分发挥图书馆、实验室、专用教室及各类教学设施和实践基地的作用；广泛利用校外的图书馆、博物馆、展览馆、科技馆、工厂、农村、部队和科研院所等各种社会资源以及丰富的自然资源；积极利用并开发信息化课程资源”。

此外，要逐步建立课程资源管理数据库，拓宽校内外课程资源及其研究成果的分享渠道，提高使用效率，比如可以编制各种各样的《课程资源登记表》，将课程资源的类型、所有者、获取方式、开发动态和使用事项等进行登记，各种表格分类存档，归口管理，以便查找和使用。

(一) 研究符合学生兴趣的教学活动方式、手段和用具

研究青少年的普遍兴趣以及能给他们带来欢乐的种种活动，既有利于发现多姿多彩的不同奖赏方式，帮助学生树立刻苦学习和取得良好学业的信心，也可以启发教师打开记忆的宝库，从自己以往与学生交往的经验中挖掘出大量有益的参考资料。比如，组织学生外出参观、充分利用公共设施和社区资源，可以使学生亲眼观察自己将要学习的知识、技能和素质在现实中的作用；运用种种声像手段可以向学生展示实际工作技能、口头表达能力、无私的行为及其他可观察的业绩。根据教学目标的具体要求，请一些在有关方面颇有建树的人士到学校讲课，他们可以结合自身的感受向学生介绍并共同讨论在学习上应该奋力达到的目标及其意义等。

各种教学用具是重要的课程资源。要根据教学的需要和学校以及学生的实际情况，创造性地开发和利用各种教具和学具，为提高教学质量和教学水平服务。教学用具的开发和使用要因地制宜，与学校和学生的发展水平相适应。

(二) 确定学生的现有发展基础以及相应的教学材料和要求

各门课程和选材都应该取舍得当，为此，不但需要了解受教学生目前已经具备了哪些知识、技能和素质，而且还应该兼顾他们之中的差异，设计大量方案，组织多种活动，准备相应的教学材料。因此，掌握学生现有知识、技能和素质的水平，收集适应其技能高低和知识多寡不同的各种活动和材料因材施教，是各门课程选材的必要依据。比如，学生的水平难以整齐划一，为了满足所有学生的要求，阅览室和其他阅读材料汇编就应该备有从不同层次介绍同一主题的资料。同样，向学生布置作业，也就根据实际情况，从众多的方案和活动中选取与他们的知识、技能水平相当的项目指定他们去完成。各种练习材料，其具体的内容往往需要课程设计者根据循序渐进的原则加以提取和编排。

为学生提供的反馈材料，特别是向学生指出学习中的难点。教师甚至可以自己收集学生常犯错误的资料，设计和整理成各种特定技能和知识领域的核查表，从而及时提供反馈性的教学材料。

学生的经验、感受、创意、见解、问题、困惑等是重要的素材性课程资源，具有很强的动态成性，应该即时地捕捉、归纳和总结，使之成为教学过程的生长点。

(三) 开发和利用乡土资源，安排学生从事课外实践活动

乡土资源主要是指学校所在社区的自然生态和文化生态方面的资源，包括乡土地理、风俗习惯、传统文化、生产和生活经验等。这些资源可以有选择地进入地方课程、校本课程乃

至国家课程的实施过程中，成为师生共建知识的平台。

安排课外实践应是课程教学的一项重要内容。学生在课外有无机会将自己学到的知识、技能和素质恰如其分地运用于实践，在很大程度上取决于学生自身的生活环境。一般说来，教师对校内环境及所在社区的某些方面都有所了解，应该很好地开发和利用。至于学生平时的课外活动及其之外有哪些学以致用的机会，则要靠学生自己介绍，这时学生的生活经验可以发挥更大的作用。所以，教师应注意发掘学生生活经验方面的资源，引导学生将书本知识转化实践能力。

(四) 总结和反思教学经验

教学工作本身是很复杂的，教师要成为生生不息和丰富而优质的课程资源，在复杂的教育情境中灵活重组，发挥势能，就需要不断地学习，不断地总结与思考。

总结和反思教学实践经验有许多的方法和技巧，教师应该善于运用，提高自我总结和反思的教学水平。工作日志、录音带或录像带以及个人教学档案袋（个人教学心得集锦）等自我总结的方法和策略，不仅可以使教师给自己的教学实况留下记录，也可以使教师对自己的教学发展路径作长期的跟踪，还可以对自己的进步作长期的分析，进而找出有待进一步学习的地方。其他方法和技巧包括对教师进行有组织安排的和无需组织安排的与同行相互观摩、研讨和帮助的活动，教师组织研究小组，开展经验交流，加入各种专业活动网络等，能更好地了解教学研究的动态，逐步使自己成为教学知识的生产源。

(五) 因地制宜，广泛利用校内外的场馆资源

学校要根据当地的现有条件和实际情况，广泛利用校内外场馆资源。比如，图书馆是重要的课程资源，要有步骤地帮助学生建立图书馆情报检索方面的常识，培养学生获取信息的基本技能，以便更加主动和便捷地利用图书馆的资源。为正式的课程教学提供强有力的支持。

我国是一个历史和文化积累非常深厚的国家，有着丰富的历史底蕴和资源。全国各地的各种博物馆、人文景点、爱国主义教育基地等就是这种历史文化宝库的重要组成部分，具有重要的课程资源开发价值。在开发的形式选择上，一方面加强学校与博物馆的联系，另一方面也可以将博物馆与学校相应的课程如历史与社会等结合起来，或者通过网络和光盘等形式传播博物馆资源。

此外，各种有利于学生身心发展的运动场馆、专用教室、设备和设施、实践基地、科研院所、部队、工厂、农村等社区资源以及丰富的自然资源，都是可供开发和利用的课程资源。

(六) 发挥网络资源的作用

现代信息技术的发展正在突破各种资源的时空限制，使得课程资源的广泛交流与共享成为可能。为此，教师一方面要充分利用各种网络资源为教育教学工作服务，同时也要积极参与网络资源的建设，运用网络技术贡献自己的教育教学经验和成果，使之成为网络资源的一部分，与广大同行交流和分享；另一方面，还要鼓励学生学会合理选择和有效利用网络资源，

从而增加和丰富自己的学习生活经验。

案　例

下面是海师附中开发课程资源时的具体途径和实施方法。

1. 资源调查——建立课程资源库

资源调查就是对学校已有的、有待开发与利用的资源进行整合盘点的过程。通过调整，使学校领导、教师了解“我们拥有哪些资源”，以及为了实现高中课程目标，“我们还需要哪些资源”。

进行课程资源调查的环节：

① 明确调查目标。

② 编制调查工作手册或方案。

一个完整的资源调查方案一般应包括以下内容：调查的目的要求、调查对象、调查内容、调查表、调查范围、资料的收集和整理方法等。

③ 制定调查工作计划。计划内容包括：组织领导及调查人员、调查人员的培训、制定明确的工作进度、费用预算等。

④ 组织实地调查。

⑤ 调查资料的整理和分析。运用信息技术对调查结果进行分析，逐步建立课程资源数据库。

⑥ 撰写调查报告。一个完整的调查资源报告由题目、目录、概要、正文、结论和建议、附件等组成。

2. 资源分析——制定相应的应对策略

通过对学校内部、外部各种资源的综合评估，将那些对学校发展有直接的、重要的、大量的、迫切的、长期的影响因素优先排列出来，而将那些间接的、次要的、少许的、短暂的影响因素列在后面，根据发挥优势因素、克服劣势因素、利用机遇因素、化解潜在危机的原则得出一系列有利于学校未来发展的可选择对策。

3. 资源规划——促进资源的整合与共享

① 建立校内资源的学科整合与共享制度。

② 建立学校资源在校际间的整合与共享联系。

③ 对立校外资源的社会整合与共享联系。

第五章　教学的基本问题与原则

“所谓教学，乃是教师教、学生学的统一活动；在这个活动中，学生掌握一定的知识和技能，同时，身心获得一定的发展，形成一定的思想品德。”“教学就是指教的人指导学的人进行学习的活动。进一步说，指的是教和学相结合或相统一的活动。”“教学是以课程为中介的师生双方教和学的共同活动。”施良方教授提出：“教学就是教师引起、维持与促进学生学习的所有行为。”这个界定不只是对教学现象和过程的描述，更接近于揭示教学的本质和特征。对教学的认识是多方面、多角度的，对教学基本问题、教学基本原则、教学基本行为策略等的认识，有助于加深对教学的认识。我们以教学实践活动的结构和长期以来各种教学理论流派争论的焦点为线索，来揭示教学的基本问题。教学活动的结构主要包括活动的参与者、活动的目标与内容、活动过程与方法等方面。教学活动的参与者是教师与学生，因此师生关系一直是争论的焦点之一；在目标方面，争论的焦点主要集中在掌握知识与发展智力的关系上；教学的过程包括认知过程与情感过程两个基本方面；在教学原则、方法等方面也都需要研究探讨。本章拟讨论教学中的师生关系、掌握知识与发展智力、教学中的认知与情感以及教学的基本原则几个重要问题。

第一节　教学中的师生关系问题

教师与学生的关系问题是教学中的一个最基本的问题，也是长期以来人们一直争论不休的问题。教学过程中师生的基本活动大致包括教师的教、学生的学、师生交往等三种。这三种活动又可按其性质的不同而分为两个方面：一是教师与学生的认识活动，即教师教的活动与学生学的活动，这一方面的师生关系主要是认识论意义上的关系，即主客体关系；二是教师与学生之间的人际接触、人际沟通活动，即师生交往活动，这一方面的师生关系主要是社会学意义上的关系，即人际关系。因此，关于师生关系，我们主要从教师与学生的主客体关系和师生人际关系两个方面来讨论。必须特别注意的是，这两个方面的关系只是考察师生关系的两个角度，在现实的教学过程中，这两个方面的关系是密不可分的。

一、教师与学生的主客体关系

（一）主客体关系的含义

主体与客体是认识论上的一对范畴。主体是指实践活动和认识活动的有目的的承担者；

客体是实践活动和认识活动所指向的对象。主体与客体是一对关系范畴，是就具体的活动而言的，离开具体的、现实的活动，就无所谓主体与客体。

活动中的主体具有主体性，主体性包括自主性、能动性、主观性等，其中自主性是主体性的本质规定。所谓自主性，是指活动的自我决定性，其主要表现有三个方面：第一，活动者自己确定目的，为实现自己的目的而进行活动。换言之，个体进行的活动是有目的的，“这个目的是他所知道的，是作为规律决定着他的活动方式和方法的，他必须使他的意志服从这个目的”①。第二，活动者在活动中自己选择活动的方式方法，自己掌握活动的进程。第三，活动者在活动过程中进行自我监督、自我控制、自我调节。活动的主体只能是人，而不可能是其他事物。但是从事活动的人未必是主体，只有自主地进行活动的人才是主体。

客体是与主体相对而言的，是作为主体的人的活动所指向的对象，是主体所欲认识、改造的对象。客体可以是人，也可以是其他事物。

主体与客体之间的相互关系主要表现为三个方面：

第一，两者是互相规定的。离开客体，也就无所谓主体；离开主体，也就无所谓客体。

第二，主体是活动中的主导，是活动的目的之所属；而客体是为主体服务的，是作为主体实现目的的条件和手段而存在的。主体正是通过认识和改造客体来展现自己的本质力量，来丰富和发展自己，以实现自己的价值。

第三，客体对主体具有制约性。客体是对于主体来说的客观存在，主体以客体为对象而采取的活动，受到客体的制约，必须符合客体的特点，遵循客体固有的规律，才能获得成功，实现主体的目的，满足主体的需要。

(二) 关于教师与学生主客体关系问题的几种观点

关于教师与学生的主客体关系问题，教育学界历来存在争论，观点各异。其中主要的观点可以概括为以下四类。

1.“教师主体、学生客体”说

这类观点认为，教学过程是教师教授、影响学生的过程，教授、影响活动的执行者是教师，而学生是作为教授、影响的对象而存在的，所以主体只能是教师，客体是学生。教师通过什么来影响学生呢？是通过教材，所以教材是主体（教师）作用于客体（学生）的中介。这类观点可称为“教师中心论”。

2.“学生主体”说

这类观点认为，教学过程是学生进行认识活动从而获得发展的过程，认识活动的承担者显然是学生，因此学生是教学过程中的主体；学生的认识活动所指向的对象是教材，因此教材是客体。那么，教师在教学过程中处于什么地位呢？对此，持这类观点的人又有两种不同的见解：一是认为教师起辅助作用，即辅助作为主体的学生，围绕学生转，这就是“学生中心论”；二是认为教师起主导作用，而学生所处的主体地位乃是教师主导下的主体地位，这就

① 《马克思恩格斯全集》第23卷，人民出版社1972年版，第202页。

是在国内广为流行的“教师主导，学生主体”说。

3.“学生双重地位”说

这类观点认为，在教学过程中，学生是教师影响、教授的对象，就这个意义来说是客体；同时又是学习活动的承担者，就这个意义来说是主体，因此学生在教学过程中既是客体又是主体，处于双重地位。这类观点主要包括两种具体观点。第一种具体观点是：就教的活动而言，教师是该活动的承担者，因而是主体；学生是该活动的承受者，因而是客体；教材是中介。而就学的活动来说，学生又是主体，教材是客体，所以学生处于一种双重地位，而教师永远是主体。第二种具体观点是：教师与学生是互为主客体的，一方面，教师在影响学生，在此，教师是主体，学生是客体；另一方面，教师又是学生认识、影响和学习的对象，在此，学生是主体、教师是客体。至于教材，则是教师影响学生的中介，是学生学习、认识活动的客体。

4.“教师和学生都是主体”说

这类观点认为，教师和学生都是人，他们都能有目的、能动地从事各项活动，都是教学过程中的主体；教材是客体。这类观点又主要包括三种观点。第一种观点认为，教学过程包括教与学两个方面的活动，在教的活动中，主体是教师，客体是教材，在学的活动中，主体是学生，客体是教材，所以教师与学生是两个平行性的主体，故称“平行主体”说。第二种观点认为，虽然教学过程中包括教师的教与学生的学两个方面，但教与学在目的、对象、手段上是共同的，因而是复合在一起的，教师与学生是复合主体，教材是客体。第三种观点认为，教师与学生都是教学过程中的主体，他们面对共同的客体即教材；教师与学生之间的相互作用是一种交往活动，他们在认识论上的关系是主体间关系，即主体与主体之间的关系，这就是近年来有些学者提出的“教师与学生之间的主体间性”观点。

(三) 怎样考察教师与学生之间的主客体关系

怎样考察教师与学生的主客体关系呢？在我们看来，应该遵循以下几点：

第一，主体与客体是一对关系范畴，是就特定的活动而言的，而教学中的活动是具体的、复杂多变的，因此主客体关系是具体的、复杂多变的，不能用一种简单的模式去概括。

第二，教学过程中的主客体关系，只是教师与学生在认识论意义上的关系，因而只在教师的教与学生的学这一范围内存在。就学生的学来说，学生就是认识主体，在这一认识过程中，除了学生主体之外，不允许有一种超主体的“教师主导”力量存在，否则就失去了认识论意义了。因此可以说，“教师主导，学生主体”只是一句教育口号，而不是教育中的一个理性问题。就教师与学生的交往活动来说，无所谓主客体关系。

第三，在教师教与学生学的具体活动中，谁是主体、谁是客体，关键看谁是活动目的的确定者、活动过程的支配者。例如，就学生来说，他（她）是不是主体，主要取决于他（她）是否确定或参与确定有关活动的目的、是否决定或参与决定有关活动的过程，如果是，则为主体；如果不是，则为客体。

第四，判断学生是否确定或参与确定有关活动的目的、是否决定或参与决定有关活动的过程，要以事实为依据，而不能以“应该怎样”为依据，即应该做事实判断，而不能做价值判断。

教师与学生的主客体关系是很复杂的。就教的活动而言，主体当然是教师，学生是客体，教材是中介。当然，学生势必影响教师的教，但这种影响乃是客体对主体的影响。就学的活动而言，本来的情况应该是：主体是学生，因为学生是学习这种认识活动的执行者；学习活动的对象即客体是教材，同时教师也在一定意义上是学生的客体，这是指教师身上供学生学习的那些特性而言的。但是实际情况就复杂多变了：在有些情况下，学生确定学习目标，决定学习过程，或与教师共同确定、决定，因而是单独的主体或与教师共同构成主体；在有些情况下，学习完全附属于教师的教，学生对所从事的学没有自主性，虽然有所活动，但这种活动实际上是客体在主体的作用之下产生的运动，就像别的物体在人的作用下产生的运动一样，尽管表现出人作为客体时与物体作为客体时相比较的而言特殊性，在这种情况下，学生仍然是客体，因为学生的主体性被教师所替代，这可称为“主体替代”。

(四) 怎样处理教师与学生的主客体关系

在教学过程中，怎样处理教师与学生之间的主客体关系呢？主要应注意以下几点：

首先，教师应该充分发挥自己教的主体性。这包括两层含义：一是教师要发挥自己的主观能动性、积极主动性，自觉地把握好自己的教的活动；二是教师的教要以学生的特点和学习规律为前提和依据，因为主体的任何活动是必须以客体的特点和变化规律为前提和依据的，而且作为教师教的活动之客体的学生是具有主观能动性的人，因此遵循学生的特点和学习规律就显得尤为重要，违背这一点，教师的主体性就不能得到恰当的、有效的发挥。

其次，充分发挥学生学的主体性，引导学生参与确定学习目标和学习计划，积极主动地进行学习，在学习过程中自觉地进行自我调控。

再次，应该充分认识到主客体关系仅仅是一个认识论概念，它仅仅表示认识活动的两端，即作为认识活动执行者的主体和作为这种活动承受者的客体，而无任何道德或法律含义。不可把主客体地位上的差异转化为或者理解为道德或法律地位上的不平等；同时也不能因为主张教师与学生在道德和法律地位上的平等，而取消他们在主客体地位上的差异。

二、教师与学生的人际关系

在教学过程中，教师与学生时时地进行着交往，这就形成了师生关系的第二个基本方面：人际关系。

(一) 师生人际关系的含义、特点和功能

师生人际关系是指在师生交往活动中形成并在交往活动中遵循的“人—人”关系。什么是师生交往呢？师生交往就是教师与学生之间的相互作用。师生人际关系就是在教师与学生之间的沟通、接触等相互作用中形成并在这种过程中遵循的关系。

与师生主客体关系相比，师生人际关系具有以下几个方面的特点：一是直接性。教师与学生的主客体关系，尤其是教师教的活动中的主客体关系（在这一方面，教师为主体，学生为客体），往往是以教材为中介的，因而具有一定的间接性；而师生人际关系则由于是在教师与学生直接的交往中形成的，没有什么中介，因而是很直接的。二是强烈的交互性。在主客体关系中，虽然总的来说教师与学生互为主客体，但是仅教师教的活动来说或仅学生学的活动来说，主客体关系是单向的；而在师生交往中形成的人际关系则是完全双向的，具有强烈的交互性。三是情感性。教师与学生的主客体关系是认识论意义上的关系，因而虽然带有情感的性质，但主要是认知性的；而师生人际关系虽然也带有认知的性质，但更主要的是情感性的。

师生人际关系具有十分重要的教学功能。主要表现在以下几个方面：

第一，它是教师教的活动与学生学的活动发生的前提，教与学总是在师生交往的背景下进行的。如果没有教师与学生的相互接触、相互沟通、相互作用，怎能产生教与学的活动呢?

第二，它是制约教学效果的一个至关重要的因素。师生人际关系状况直接影响教师教、学生学的积极性，影响课堂气氛，从而影响课堂教学效果。例如，如果师生人际关系融洽，则往往会使教师教的热情高涨，使学生表现出好学、乐学，使课堂气氛积极、活跃。

第三，它对学生的人格发展起着重要的制约作用。社会心理学的研究表明，融洽、和谐的师生人际关系有助于学生人格的发展，并能调适或消除心理健康问题；而冷漠、紧张的师生人际关系则不利于学生人格发展，久而久之甚至有可能造成人格障碍。

第四，它是师生进行交往活动从而满足情感需要的一个前提。教师和学生都有情感的需要，这种需要部分的是在教学过程中通过师生交往得到满足的，而师生交往是在一定的师生人际关系中进行的。融洽、和谐的师生人际关系能很好地满足师生的情感需要。

第五，师生人际关系还是影响学校风气的一个重要因素，良好的师生人际关系有助于形成良好的学校风气；而不良的师生人际关系则对学校风气有消极影响。

(二) 师生人际关系的类型

在现实的教学中，师生人际关系是多种多样的。

从教师的领导方式来看，师生人际关系主要有专制型、民主型和放任型三种。在专制型中，教师主要依靠自己的权威，采用强制手段管理学生，只准学生服从，不许有不同意见，对学生不够尊重、不够热心甚至刻薄。学生对教师往往存在畏惧或敌意，或一味服从，或阳奉阴违，或当面抗拒。在放任型中，教师对学生既不苛刻、粗暴，也不热爱、关心，而往往采取不闻不问、放任自流的态度；学生对教师不敌视、恐惧，也不喜欢、尊重、信赖。在民主型中，教师尊重、热爱、关心、信任学生，靠自己的德和才来吸引和影响学生，发扬民主；学生钦佩、尊敬、热爱教师；师生之间除正式交往外，非正式交往也较多。

沃贝尔斯等人从师生交往中教师行为的风格总结出 8 种师生交往类型：指导型(directive)；权威型(authoritative)；容忍和权威型(tolerant and authoritative)；容忍型(tolerant)；非决断/容忍型(uncertain/tolerant)；非决断/挑衅型(uncertain/aggressive)；压抑型(repressive)；

辛劳型（drudging）。[①]

在指导型中，教师的交往行为以任务为取向，对学生要求往往较严，对学生成绩有较高标准；师生间的关系不太密切，教师对学生的意愿和需要不太感兴趣；教师行为经常表现出友好、理解等特点，但不很明显。

权威型中的教师交往行为也是以任务为取向的，在权威型中，课堂有明确的规则，且教师会时常提醒学生遵守课堂规则；师生关系密切，课堂气氛令人愉快，教师十分关心学生的愿望和需要。

容忍和权威型是强调规则与学生自主相结合的一种类型，在这种类型中，比权威型较少运用规则，重视学生的自主性；师生关系比权威型更为密切，学生支持和配合教师。

在容忍型中，不重视规则或没有明确规则，学生自由度大；教师能满足学生的愿望，学生配合支持教师，教师的容忍行为有时会引起轻微的秩序问题。

非决断/容忍型的特点是强调师生合作，学生自由度较大，教师对学生十分关心，教师领导力小；但教师领导力较小，有时会产生一些混乱，教师往往不能决断性地制止混乱。

在非决断/挑衅型中，教师与学生处于一种相互敌视、对抗的状况，学生常常挑衅性地制造混乱，教师无力制止混乱。

在压抑型中，课堂上有明确的规则，教师对课堂的控制很严格，对学生要求苛刻，不满足学生的愿望；学生表现顺从，但没有积极性，表现出对教师的恐惧，并不能专注于课堂活动。

辛劳型与指导型一样是以任务为取向的，但课堂上的气氛时常变化：有时表现出有秩序，有时出现第六种类型的挑衅性混乱，有时又出现第五种类型的混乱；教师常常努力于维持纪律，虽然成功地维持纪律，但常常显得筋疲力尽。

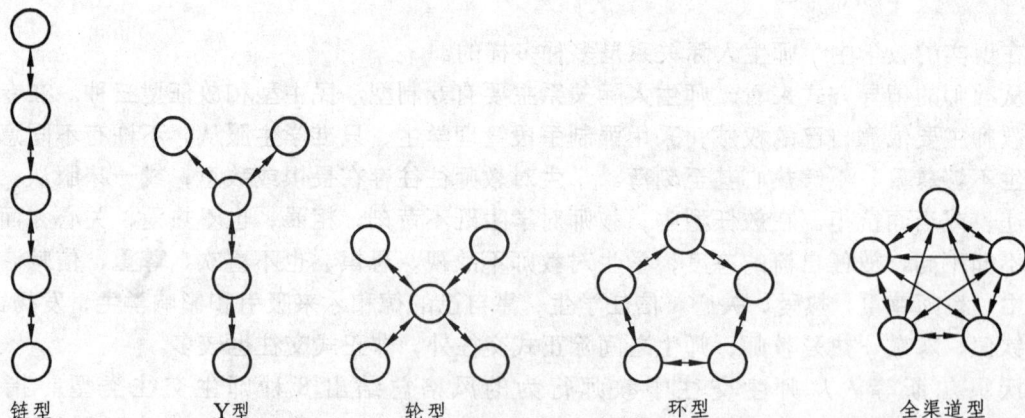

按照李威特的小团体交往模式理论，可以把师生人际关系分为五种类型：链型，Y 型，轮型，环型，全渠道型（见图 5.1）。在链型交往模式中，交往分为多个等级，交往只能纵向运行而不能横向运行，信息只能逐级传递，可见交往的渠道是单一的。在 Y 型交往模式中，交往也是分等级进行的，但所分的等级稍少，在部分等级之间有多渠道交往。在轮型交往模

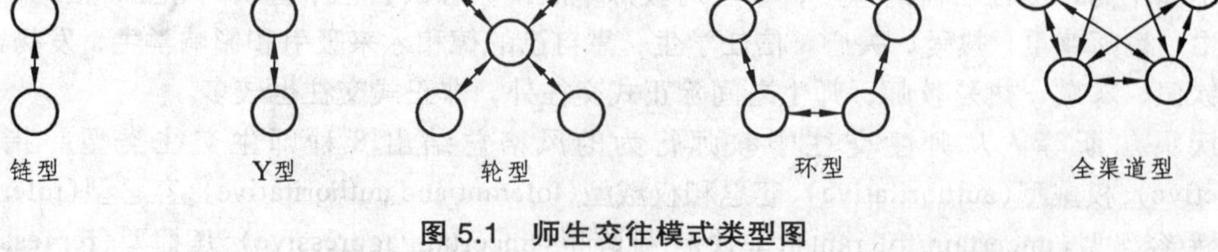

图 5.1　师生交往模式类型图

① 甄德山等主编：《教学成效相关研究》，天津人民出版社 1997 年版，第 152、157 页。

式中，教师处于显然的核心地位，教师与学生之间的交往是多方面的，但学生之间的交往较少，不能满足学生之间交往的需要。在环型交往模式中，教师与学生、学生与学生之间都存在较多交往，但都是单向度、依次进行的。在全渠道型交往模式中，教师与学生之间、学生与学生之间都是多向度的交往，教师不处于核心地位，缺乏有力组织，但师生关系亲密，课堂气氛活跃。

(三) 处理师生人际关系的基本要求

在教学中,怎样处理教师与学生之间的人际关系呢？这需要教师与学生双方的共同努力。从教师方面看，就要遵循以下几个方面的基本要求：

第一，加强与学生的交往，建立密切的师生关系。教师应明确地认识到，师生之间不仅仅是教与学、授与受的关系，而且是人与人、你与我的关系，应在行动上主动地加强与学生的交往，与学生打成一片。在与学生的交往中，教师应该有充分的情感投入，表现出自己真挚的情感，并用自己的真诚影响学生。

第二，尊重学生人格、权利，坚持师生之间的民主、平等。教师与学生之间的人际关系是人与人的社会关系，因此应该遵循一般社会生活中的道德准则、法律规范，其中特别要注意的是尊重学生的人格、权利，做到教师与学生之间的民主、平等；杜绝专制的作风和侮辱学生人格、侵犯学生权利的行为。例如，《中华人民共和国未成年人保护法》第十五条规定“学校、幼儿园的教职员应当尊重未成年人的人格尊严，不得对未成年学生和儿童实施体罚、变相体罚或其他侮辱人格尊严的行为”；第三十条规定“任何组织和个人不得披露未成年人的隐私”；第三十一条规定“对未成年人的信件，任何组织和个人不得隐匿、毁弃；除对无行为能力的未成年人的信件由父母或其他监护人代为开拆外，任何组织或个人不得开拆”，诸如此类的规范是每位教师都应该遵循的。

第三，关心爱护学生，热心地帮助学生。人与人之间关心、帮助，是人类社会尤其是社会主义社会的美德。与成年的公民相比，学校的学生特别地需要教师的关心、爱护和帮助；而作为人类灵魂工程师的教师，尤其应该体现关心人、爱护人、帮助人的美德。教师对学生的关心、爱护和帮助，应该表现在学生的学习和整个工作中。

第四，公正无私，不偏爱，对每个学生寄予好的期望和信赖。教师与学生的交往，应该是面向全体学生而不是局限于少数学生；对全体学生的态度应该是公正无私的，不能偏爱某一个或某一部分学生。这不仅是处理好教师与学生之间人际关系的一项重要指标和一个重要条件，也是建立学生与学生之间良好人际关系，形成良好的班风和校风，培养学生健全人格的一项重要条件。

第五，以身作则，为人师表，不断提高自己的素质，使自己的言行符合社会和学生对教师的角色期望。教师在与学生相处的过程中，应该在各个方面都做到以身作则，为人师表，严于律己；特别是在师生之间发生某种隔阂、冲突或矛盾时，更要善于控制自己的情绪，主动地、妥善地消除这种隔阂、冲突或矛盾。从长远来讲，教师要不断地努力提高自己的素质，包括丰富自己的学问、增强自己的能力、完善自己的性格、提高自己的修养水平等。教师应以身作则、为人师表和不断提高自己的素质而不是依靠“教育者”的权威来树立、巩固和提高自己的威信。

在建立良好的师生人际关系方面，学生也应该尽自己的努力，其中主要的有以下三个方面：

首先，学生应尊敬教师。尊敬长辈是每个人都应该具备的道德品质。对于学生来说，教师一般都是长辈，同时又是知识的传递者、学生能力的培养者、学生学习的引导者和促进者、学生人格的塑造者、教学活动中的领导者，因此尤其应该受到学生的尊敬。

其次，学生应理解教师。人与人之间应该相互理解。平常我们往往只强调教师要理解学生，其实，学生也应该理解教师，理解教师对学生的期望、要求以及种种有关的行动，尤其是在教师出现某种过错或教师与学生之间发生某种不愉快的事情时，学生更要理解教师，切不可对教师求全责备，因为教师也是人而不是神，有所过错是在所难免的。

再次，学生应尽最大努力使自己达到教师对其的各方面要求。

第二节　掌握知识与发展智力的关系

掌握知识与发展智力都是学校教学中的重中之重的任务。怎样处理这两者之间的关系，一直是各派教学理论争论的一个焦点，也是当前教学理论与实践应该解决的一个基本问题。

一、掌握知识的目标

我们首先讨论知识的含义，然后讨论两大类知识即陈述性知识和程序性知识的范围及在教学目标中的意义。

（一）知识的概念

“知识”是一个十分常用、普通的术语，但人们对它的理解却存在很大的分歧。也正因为如此，完整地理解知识的概念，就具有重要的意义。

我国哲学、教育学、心理学以及教育实践界所说的知识，大多仅指“知什么”，即对事物的属性、联系的反映。《中国大百科全书·哲学（Ⅱ）》关于知识的定义是：“人类认识的结果。它是在实践的基础上产生又经过实践检验的对客观实际的反映。人们在日常生活、社会生活和科学研究中所获得的对事物的了解，其中可靠的成分就是知识。”①《中国大百科全书·教育》关于知识的定义是：“所谓知识，就它反映的内容而言，是客观事物的属性与联系的反映，是客观事物在人脑中的主观映像。就它的反映活动形式而言，有时表现为主体对事物的感性知觉或表象，属于感性知识；有时表现为关于事物的概念或规律，属于理性知识。”② 顾明远主编的《教育大辞典》的定义是：“对事物属性与联系的认识。表现为对事物的知觉、表象、概念、法则等心理形式。”③ 这些定义的基本内容是一致的。

但是许多西方教育、心理学家认为，知识不仅包括“知什么（know what）”，而且包括“知如何（know how to）”，即不仅包括客观事物的属性与联系反映所得的认识结果，而且包括知道怎样去操作、行动。杜威把知识分为四类：

---

①《中国大百科全书·哲学（Ⅱ）》，1987 年版，第 1169 页。
②《中国大百科全书·教育》，1985 年版，第 525 页。
③ 顾明远主编：《教育大辞典》第 1 卷，上海教育出版社 1990 年版，第 144 页。

① 理智地获得的技能，即知道如何做的知识；
② 熟悉、了解；
③ 通过向他人学习而间接地获得的东西，即学问；
④ 理性的知识，即被归纳为普遍原理并以系统的方式联系起来的知识。

上述的知识就把“知什么”和“知如何”都包括在知识的范围之内。日常语言哲学家赖尔明确地把知识分为“知什么”和“知如何”，分别称为命题性知识（prepositional knowledge）和程序性知识（procedural knowledge）。

许多当代认知心理学家的看法与此相似。例如，安德森主张把知识分为两类：一是“知什么”的知识，称为陈述性知识（declarative knowledge），这种知识包括我们所知道的事实，它可以用语言来表达和传递；二是“知如何”的知识，即知道如何进行的知识，称为程序性知识，这种知识往往不能言传，它实际上包括当代心理学家通常所说的智慧技能、认知策略和动作技能。梅耶认为知识包括以下三种类型：一是语义知识，即关于“是什么”的知识；二是程序性知识，即用于具体情境的算法或操作步骤；三是策略性知识，即关于如何进行学习的知识，包括记忆、解决问题和自我控制的一般方法、策略。

综上所述，广义的知识包括两大类：一类是陈述性知识，即“知什么”；另一类是程序性知识，即“知如何”，它包括理智技能和认知策略，此外还包括动作技能中的认知成分（动作技能包括认知成分，即知道如何做和肌肉协调成分）。狭义的知识仅指陈述性知识。在本节所讲的知识一般是指广义上的知识。

(二) 陈述性知识的范围和掌握陈述性知识的意义

根据心理学的研究，陈述性知识的范围包括：
① 词语、名称、术语或标记；
② 单一的命题或事实、事件；
③ 作为有联系的论述而组织起来的命题或事实的集合等。

掌握陈述性知识具有很重要的意义。首先，每个个体都应该对人类社会的历史有足够的了解，对人类社会的文化有足够的吸收和继承，这是个体社会化中十分重要的内容，而人类社会的历史、文化中大量的知识是陈述性知识。其次，有许多陈述性知识在个体一生中的各个方面，如日常生活、交流和职业生活等都发挥着重要的作用。例如，“我们每个人都需要知道一般物体的名称、数目的名称、一个星期中各天的名称、十二个月的名称，以及在日常生活和社会内部交流中所必需的许多其他事实……一个要成为木匠的人必须学会用于建造的木材和工具方面的许多名称和事实；一个要成为植物学家的人必须学会植物方面的许多名称和其他信息”[①]。再次，陈述性知识是一个人思想的运载工具。从微观上说，一个人的思维活动，是通过一系列的术语、概念、命题等多种陈述性知识来进行的，离开了这些，也就难以进行思维、产生思想。从宏观上说，那些具有丰富思想的人都是具备了大量陈述性知识的人。最后，陈述性知识是程序性知识的重要组成部分或基础。程序性知识的核心成分实质上是概念和规则的运用，而概念和规则本身又是陈述性知识的核心成分，因此，程序性知识的学习

① 加涅著：《学习的条件》，傅统先、陆有铨译，第228页。

往往要以一定的陈述性知识为基础。

(三) 程序性知识的范围和掌握程序性知识的意义

作为关于“如何做”的知识，程序性知识主要包括智慧技能、动作技能中的认知成分、认知策略三类。

智慧技能是通过练习而形成的完成一定的智力活动的能力。根据加涅的研究，它包括五种类型：

① 辨别，即区分事物之间的不同点的技能；

② 具体概念，即对具体事物进行归类，并能对该类事物中的任何一个事物作出反应；

③ 定义性概念，又称抽象概念，即以概念的定义对事物进行分类，并能对该类事物中的任何一个作出反应；

④ 规则，它是运用单一规则完成某一类智力活动，即对一类刺激情境作出反应；

⑤ 高级规则，这是同时运用多条规则来完成一种或一系列智力活动。①

智慧技能在教学目标中占有很重要的地位。在人类的各种活动中，大量的是智力活动，而智力活动主要是直接依靠智慧技能来完成的。所以，智慧技能乃是人的能力中至关重要的组成部分。事实上，智慧技能一直在学校许多教学科目中占有十分重要的地位。

动作技能是通过练习而形成的完成一定的肌肉运动的能力，它以明显的行动表现出来。而行动包括两种成分：一是描述如何进行运动的规则，这在行动中处于支配地位；二是因练习与反馈而逐渐变得精确和连贯的实际肌肉运动。前者属于程序性知识的范围。由于人类有大量的活动需要运动技能才能完成，有许多运动技能是学生必须学会的，如写字、操作科学器具、演奏乐器、体育运动等，而且具备一定的动作技能是顺利地进行其他各类学习的重要条件，因此，动作技能在教学目标中同样占有十分重要的地位。

认知策略是学生用来调节自己内部认知活动，如注意、学习、记忆、思维等过程的技能。我们平常所说的学习方法，实际上主要是指认知策略；我们通常说要使学生学会学习，实质上主要就是使学生掌握有效的认知策略。心理学研究表明，认知策略是能够学会的，而且当学会了这些策略时，它们能迁移到新的问题情境中去。

显然，认知策略在教学的目标中占有特别重要的位置。首先，认知策略是制约教学效果的重要因素，因为学生只有通过自己学，才能掌握教学内容。教学效果好坏最终取决于学生是否会学习。其次，认知策略具有长远的甚至终身的价值，掌握了有效的认知策略，会使一个人终身受益。学校教学不仅要引导学生掌握大量现成知识，更要引导学生形成有效的认知策略，使他们能够在走出学校之后，不断地、有效地学习，这一点，在当今要求人们终身不断地学习的学习化社会中显得尤为重要。

二、发展智力的目标

关于在教学中发展学生智力，我们依次讨论下列三个具体的问题：

---

① 加涅著：《学习的条件》，傅统先、陆有铨译，第 116、124、144、151、38 页。

(一) 智力的概念

关于智力，历来界说不一，其中较有代表性的界说如下：

① 指个体表现在推论、想象、领悟、判断，以及生活适应等方面的能力；

② 指个体表现学习、抽象思考以及处理新情境的能力；

③ 指个体在行为上所表现出来的综合性的普通能力；

④ 指解决问题的综合能力；

⑤ 指个体的一般能力，包括观察力、注意力、记忆力、思维力和想象力；

⑥ 与体力相对，指一个人的心理能力，包括一个人的知识、技能和一般能力等；

⑦ 指个体的综合性的认识潜能；

⑧ 指对个体实施智力测验所测量到的分数；

⑨ 指脑神经活动的针对性、广阔性、深入性和灵活性在任何一种神经活动和由它引起的并与它相互作用的意识性的心理活动中的协调反映。

综合各方面的理论研究和事实，应该把智力与一个人具体的知识经验区分开来，即不应包括具体的知识经验。我们可以综合上面第⑦⑧⑨三种定义，把智力理解为一个人的神经活动的功能特性在人的一切认识活动中的表现，它是一个人的基本的、综合性的认识潜能，在日常生活中相当于通常所说的"聪明程度"。尽管"智商"的概念早就提出，但直到现在，"智力"在一定程度上仍然是一个抽象的、假设性的概念，人们还没有弄清它的实质。然而，它又确实是存在的，而且在人的生活中起着非常重要的作用。

(二) 发展学生智力的意义

教学中发展学生的智力具有重要的意义。首先，与知识相比，智力对人的认识有更为广泛的作用。它是各种认识活动的一个重要基础，如果在教学中大力促成学生智力的发展，那么就为提高他们各种认识活动的效率提供了可能性。其次，与知识相比，智力对人的作用更为长远，它一旦发展起来，就可使人终生受益。再次，智力是影响整个学习效果包括知识学习效果的一个重要因素。大量的研究表明，学生各门学科的学业成绩与智力测验分数呈中等程度的正相关，为0.5。[①] 也就是说，学生学业成绩的差异有约25%是由学生的智力水平的差异造成的。因此，如果能大力地发展学生的智力，那么不但可以取得发展智力本身的效果，而且可以为达成知识掌握的目标提供了良好的条件。

然而，智力只是为个体现实的能力、成就提供一种可能性，从这个意义上说，发展智力的意义又是有限的。理由有这样几点：

第一，智力不能决定一个人的能力和成就。虽然一个人能形成怎样的能力，能取得怎样的成就，受其智力的影响，但是个体之间能力高低、成就大小的差异，主要地并非取决于智力的差异，而是取决于知识、性格等因素（就主观因素而言）。除了极少数智力超常或者有智力缺陷的人之外，绝大多数人的智力都相接近。如果把智力看成是一种潜力，那么绝大多数人（包括智力正常和超常的人）的智力为其掌握知识、取得成就所提供的潜力都是巨大的。

---

① 奥苏伯尔等著：《教育心理学——认知观点》，佘星南等译，人民教育出版社1994年版，第347页。

然而，他们能形成怎样的实际能力，能作出多大贡献，主要还是取决于怎样挖掘和利用这种潜力。大量的理论研究和无数的事实表明，实际能力强、成就大的人，未必就是那些被认为是很聪明的人，而是那些具有丰富的知识，具有不断进取、精益求精、坚持不懈的性格的人。所以，掌握知识比发展智力更具有实际价值。

第二，智力也并不能决定学生的学业成绩，它仅仅决定成绩的 25%。学业成绩还受到学生的知识基础、人格特点、学习动机、学习兴趣等多方面的影响。所以，不能过高地估计发展智力的意义。

(三) 教学在促进学生智力发展方面的作用

教学能否起到促进学生智力发展的作用？能起到多大的作用？

有关研究表明，教学能够对学生智力的发展起一定的促进作用。这种促进作用对于文化环境不良的儿童来说，较为明显。例如，对文化环境不良的儿童实施补偿教育计划，让其提早入学，可以使他们的智商有一定的提高，尽管提高得不多。对于所处文化环境正常的儿童来说，教学对其智商提高的作用极小，但是延长的学校教育（如进入大学）能够促进智力中较复杂成分（如推理能力和抽象能力等）的进一步发展，这里显然包含了教学的作用。[①]

当然，教学在促进学生智力发展方面能起的作用，实际上是很有限的。心理学的研究表明，个体的智力差异主要受遗传决定。后天因素虽然也对之具有重要作用，但是在后天因素达到正常水平的前提下，后天因素的差异对个体智力差异的影响很小。个体后天所处的家庭环境和社会环境，所受的学校教育和所进行的各种活动，都只能在一定限度内影响智力。关于遗传在个体智力差异中起主要作用的证据很多。一个方面的证据是，血缘关系越近的人，智商相关也就越高，其中同卵双生子之间的智商相关最高。例如，根据詹森的研究，同卵双生子在一起抚养时的智商相关达到 0.87，分开抚养时的智商相关也达到 0.75。[②] 其他许多研究也得出类似的结果。一些研究结果表明，个体的智力约有 80% 由遗传决定，而只有约 20% 由后天因素决定。第二个方面的证据是，个体到一定年龄（具体是什么年龄，不同研究的结论有差异，有一种结论是 16～18 岁）以后，虽然仍然在广泛地接受后天因素的影响，但是智力发展却趋于停止，这只能用遗传及其相应的成熟机制来解释。第三个方面的证据是，个体在各个年龄阶段，智商是保持相对稳定的，即其智力水平在团体中的相对地位保持相对稳定，而不管环境与教育条件以及从事的活动在团体中的相对地位如何变化。这也主要要用遗传来解释。第四个方面的证据是，弱智儿童的教育经验告诉我们这样一个事实，我们对他进行教育，主要是出于受教育机会均等的需要，让他们能够享受到与正常儿童同等的教育机会，让他们把自己的潜能充分发挥出来。没有一个成功的案例说明，通过学校教育能把一个弱智儿童培养成为一个正常智力的儿童。

可见，后天因素在个体智力差异中所起的作用并不像我们所期望的那么大。当然，没有正常的后天条件，个体的智力是不可能成熟和发展的。但是，后天因素在达到正常水平的基础之上的差异，对智力差异的影响就相当小。所谓后天因素的正常水平，主要是指正常的人

---

① 奥苏伯尔等著：《教育心理学——认知观点》，余星南等译，人民教育出版社 1994 年版，第 337～339 页。

② 白学军著：《智力心理学的研究进展》，浙江人民出版社 1996 年版，第 270、280 页。

类社会生活条件（包括文化环境），而这样的条件是大多数人都具备的，能进入学校的学生当然绝大多数也是具备的。整个后天因素对个体智力差异的影响尚且很小，作为后天因素之一的学校教学，影响就更小了。企图通过教学来使学生的智力获得大的发展，那是不现实的。所以，教学不能以发展智力为主要目标。

三、掌握知识与发展智力的关系

上面分别讨论了教学中掌握知识的目标与发展智力的目标。现在我们再来探讨教学中掌握知识与发展智力的关系。

(一) 掌握知识与发展智力是发展能力的两个方面

掌握知识与发展智力的关系首先表现在，知识与智力是完整的能力结构的有机组成部分：智力是能力结构中的一般成分，知识是能力结构中的特殊成分。因此掌握知识与发展智力是发展能力的两个不可分割的方面。

什么是能力？对此，存在着多种不同的观点，这些观点大致可概括为以下三种类型：

第一种类型是把能力视为一种个性心理特征，这种心理特征不包括知识在内，而只是掌握知识和运用知识来解决问题的一个条件。《中国大百科全书·心理学》把能力定义为“作为掌握和运用知识技能的条件并决定活动效率的一种个性心理特征”，并对它作认识能力与操作能力、一般能力与特殊能力的划分。认识能力包括学习、研究、理解、概括、分析的能力；操作能力包括操纵、制作、运动的能力。一般能力包括观察力、记忆力、思维力、想象力、注意力等。特殊能力如绘画能力、写作能力等。朱智贤主编的《心理学大辞典》把能力定义为“人们成功地完成某种活动所必需的个性心理特征”，认为它包括两种含义：其一指已表现出来的实际能力和已达到的某种熟练程度，其二指潜在能力，即尚未表现出来的心理能量，而是通过学习或训练后可能发展起来的能力与可能达到的某种熟练程度。①《中国大百科全书·教育》对能力的解释与此相近。许多心理学和教育学中的定义或者与此相近，或者实际仅限于其中的潜在能力。

第二种类型是把能力定义为在遗传的基础上获得的知识(广义)。例如布卢姆等人在其《教育目标分类学·第一分册：认知领域》中指出：技巧或技能＋知识＝能力。②中国台湾学者张春兴的《张氏心理学辞典》对能力作了两种解释，其中第一种解释是：“指个体在其遗传与成熟的基础上，经由环境中的训练或教育而获得的知识与技能。”③这些解释中的“知识”和“技能”，除了动作技能中的肌肉协调成分之外，都属于广义的知识。

第三种类型是把能力视为完成一定活动所需要的完整的本领、才能。例如，我国 1980 年出版的《辞海·教育心理分册》对能力的解释是：“通常指完成一定活动的本领。包括一定

① 朱智贤主编：《心理学大辞典》，北京师范大学出版社 1989 年版，第 456 页。
② 布卢姆等著：《教育目标分类学·第一分册：认知领域》，罗黎辉等译，华东师范大学出版社 1986 年版，第 36 页。
③ 第二种解释是：指个人学习某种事物所具有的潜在能力。见张春兴《张氏心理学辞典》，上海辞书出版社 1992 年版，第 2 页。

活动的具体方式以及顺利完成一定活动所必需的心理特征。”① 这里所说的活动的具体方式，实质上就是程序性知识。又如英国学者朗特里编的《西方教育词典》对能力的解释是：“严格地说，一个人的能力是他在从事体力或脑力活动时所展现的才能。然而，常可发现，这个术语用于指可能更合适地称之为潜在能力这个含义。”②

究竟应该怎样解释能力呢？需把握以下几点：

第一，严格地说，能力无所谓潜在能力与现实能力之分，被称为能力的，就其本身来说都是现实的。我们说一个人有很强的能力，是指他已经能够顺利地完成一定的活动，而不是说他具备了将来在一定条件下达到能够顺利完成一定活动之现实能力的素质。所谓的“潜在能力”实际上是一种不妥当的说法，因为，假如在某个人身上存在某种被称为“潜在能力”的特征，那么这种特征事实上不但现在不是现实的能力，而且将来也未必会发展成为现实的能力。将来是否发展成为现实的能力以及发展为多大的能力，关键是将来的社会环境、家庭环境、学校教育条件和个体自己的活动如何，因而怎么也不能把它划入能力的范围。而且在心理学中另有一概念“能力倾向”，所谓的潜在能力实质上就是能力倾向。

第二，不存在纯粹的一般能力。能力是在活动中形成并在活动中表现出来的，而活动是具体的，个人能力的强弱也是因具体活动领域而异的，所以能力总是带有具体的性质。虽然能力同时也包含一般的成分，但这只是成分而已，而非完整的能力。例如，记忆力虽然包含有一般的记忆品质，但这些品质并不是完整的记忆力，完整的记忆力总是与具体的记忆材料联系在一起的。例如，我们经常看到这样的事实：在某一个方面记忆力好的人，在另一个方面的记忆力不一定好，有时甚至很差。不少人认为人的身上存在着一般能力，并将之划分为观察力、注意力、记忆力、思维力、想象力几种类型，这几种类型的能力可以分别加以训练而获得发展。现代心理学理论和事实都表明，这是一种虚构，这种虚构实质上就是历史上官能心理学的论点，而这种论点被许多心理学家的实验证明是站不住脚的。

第三，能力并非相对稳定不变的，而是不断发展的。例如，一个学英语的人，只要他不断地以有效的方法进行学习，那么他的英语能力显然会以显著的速度不断地提高。不少人把能力解释为一种相对稳定的个性心理特征，这显然是不符合事实的。根据这三点，能力应该包含知识（陈述性知识和程序性知识）。

不过，能力又不仅仅包含知识，因为仅仅具有知识还不能保证个体能顺利地完成相应的活动。要“能”顺利地完成一定的活动，个体除必须具备有关的知识外，还必须具备一定的认识活动功能；同时，具备相同程度的知识但认识活动功能不同的人，完成活动的效率是不同的，这些都是事实。这种认识活动的功能就是智力水平。智力活动的功能特性不仅直接影响个体掌握知识的速度和质量，而且直接影响个体运用已有知识来完成活动的效率，故为能力的一种构成成分。

从这些分析看，上述关于能力的第三类定义较为合适。概括地讲，能力是保证个体“能”顺利地完成一定活动、直接影响活动效率的主观条件，是由知识和智力等构成的有机整体。

因此，智力和知识都是能力的有机组成成分。在能力结构中，智力是一般成分，知识相

① 《辞海·教育心理分册》，上海教育出版社 1980 年版，第 116 页。
② 朗特里编：《西方教育词典》，陈建平等译，上海译文出版社 1988 年版，第 1 页。

对于智力来说是特殊成分（不过，在知识之中又存在着一般知识与特殊知识之分）。这里所说的知识当然是广义上的知识，包括陈述性知识和程序性知识。智力和知识两者就构成完整的能力，缺乏其中的一个方面，都不足以产生能力。所以我们经常说，教学要培养学生的能力，实际上，能力的培养包括很广泛的内容：一方面，要向学生传授知识，包括陈述性知识和程序性知识，其中尤为重要的是程序性知识，即智慧技能、动作技能和认知策略；另一方面，要发展学生的智力，即提高学生基本的认识潜力。只有这样，才能完整地发展学生的能力。

(二) 如何处理掌握知识与发展智力的关系

在教学目标中处理掌握知识与发展智力这两个方面的关系时，应该做到以掌握知识为主，并努力将掌握知识与发展智力相结合。

掌握知识应该成为教学在智育方面的主要目标。主要原因有二：其一，如前面所述，知识，不管是陈述性知识还是程序性知识，都对人生具有重要的现实价值，人的各种实际能力的形成和实际成就的取得，都以知识为重要的条件之一；其二，只要教学策略恰当，在教学中向学生传授大量的知识是完全可能的，而且，只要学生把所学的知识很好地整合到自己的认知结构中去，那么这些知识是能够长久保持的。

那么，为什么发展智力不能成为主要的教学目标呢？最主要的原因是，教学对智力发展实际能起的作用很有限，企图通过教学来使学生的智力获得大的发展，那是不现实的。这一点已在本节的第二部分阐述。另外，智力虽然对于一个人的成就和贡献起着重要的作用，但是它不能决定一个人的能力和成就。因此，虽然发展智力是教学的一个不可忽视的目标，但是教学在智育方面不能以发展学生的智力为主要目标。

作为能力结构的两个有机的组成部分，掌握知识与发展智力之间并不是彼此孤立、相互对立，而是相互制约、相互促进的。一方面，智力的发展水平制约着知识的掌握。首先，一定的智力发展水平是知识掌握的前提条件。知识的掌握过程作为一种认知活动过程，显然以一定的神经活动功能为基础，这种神经活动功能在活动中即表现为智力发展水平。没有一定的智力发展水平，是不能掌握与之对应的知识的。其次，智力发展水平的高低，制约着知识掌握的速度和质量。进入学校课堂的学生，其智力都已达到一定的发展水平，因而能够掌握一定的知识。但是不同学生之间的智力发展水平存在着差异，这会影响他们掌握知识的速度和质量；在其他条件相同的情况下，智力水平高的学生在掌握知识的速度和质量方面要优于智力发展水平较低的学生。上面说的学生学业成绩与他们的智力测验分数呈中等程度的正相关，就说明了这一点。另一方面，知识的掌握又能促进智力的发展。智力作为一种认识活动的功能、基础，需要通过各种认识活动才能得到发展和成熟，知识的掌握作为一种认识活动，当然具有促进智力发展的作用。然而，知识掌握对智力发展的作用是有限的，因为在后天条件达到正常水平之后，后天条件之差异对个体智力差异的影响就较小了。

因此，在教学中必须把掌握知识与发展智力结合起来。掌握知识与发展智力不能并列地、平行地进行，不能采取一边掌握知识、一边发展智力的做法。因为一边掌握知识、一边发展智力的做法实际上是把两者割裂开来。教学中的智力发展目标，也要通过掌握知识才能实现。企图离开掌握知识来进行纯粹的智力训练，那是一种不合理的方法。

(三) 对形式教育论及其变种的剖析

关于教学中掌握知识与发展智力的关系，历史上出现过一种广为流传的形式教育论，这种观点作为一个理论流派已经成为历史，但是它目前仍然在教学理论与实践中产生着广泛的影响，或者说，目前仍然存在着形式教育论的变种。为了在理论上更准确地理解掌握知识与发展智力的关系，在实践上防止那些似是而非的观点的误导，这里有必要对形式教育论及其变种加以剖析。

形式教育论是18世纪前后产生于西方的一种片面重视教学中发展智力这一目标的教育理论，与实质教育论相对。形式教育论的理论基础是官能心理学。官能心理学认为，人的心智可以分为若干种官能，每一种官能都可单独训练而获得发展，这些官能有：知，即认识，它可分为感知觉、记忆、注意、想象、推理；情，即感情；意，即意志。基于此，形式教育论者认为，教学的目的就在于训练这些官能，学校课程的选择、开设完全取决于是否具有训练这些官能的价值，而知识本身是不重要的。用今天的话来说，关于教学的目标，形式教育论者只片面强调发展学生智力，而忽视掌握知识。

到了19世纪末20世纪初，形式教育论受到人们尤其是心理学家詹姆斯、桑代克等人的严厉批判。詹姆斯进行了一项关于记忆力训练的可能性的实验，结果表明，所谓记忆力（保持力）的训练，并不能使被试的记忆力产生什么长进，即便使被试的记忆有所进步，那也是归功于更好的记忆方法。20世纪早期，桑代克进行的“中学学科中的心智训练”和“中学学科中的心智训练研究之二”两项实验表明，用那些被形式教育论者认为特别具有心智训练价值的学科来训练被试的心智，所取得的效果极为有限，在心智训练上并不能比实用学科取得更好的效果。这些实验研究结果已经导致形式教育论的终结。但是它一直以种种新的形式表现在教学理论和实践之中，产生着广泛的影响。例如，当前我国教学理论界和实践界，有不少人主张教学的主要目标在于发展学生的智力，而掌握知识则是不重要的或次要的，其中一些人还把智力分为观察力、注意力、记忆力、想象力、思维力，认为这五种能力可以单独训练而获得发展。这种强调发展智力的主张，显然是形式教育论的一种新的表现形式，或者说形式教育论的变种，但它给人一种“进步”、“符合教学改革潮流”的印象，正对我们产生着越来越强大的诱惑力。

我们在上文已经分析过，教学对学生智力发展起到的作用是很有限的，想通过教学来使学生的智力获得大的发展，那是不现实的，因此，“教学的主要目标是发展学生的智力”这个口号虽然很诱人，但它在一定程度上只是一种幻想。

形式教育论及其变种对教学中发展智力之目标的过分强调和对掌握知识之目标的轻视，其主要理由在于：对一个人能否胜任社会生活来说，知识的价值不如智力的价值那么广泛，因为知识往往只在一定的领域内起作用，而智力却在一切领域中起作用；人类社会的知识浩如烟海，无法在有限的课堂内把所有的知识传授给学生，哪怕是某一个领域的知识都无法全部传授给学生；在现代社会，社会生活不断变化，新的知识不断涌现，原有的知识不断陈旧，一个学生即使在现在的课堂上饱学知识，当他在若干年之后步入社会生活时，他原先所学的知识也将变得陈旧、无用。相反，如果一个学生的智力得到了发展，就能自已不断地学知识，能自如地胜任广泛、复杂而多变的社会生活。

其实，这些理由是很难站得住脚的。我们可以从这样几个方面进行分析：

第一，虽然知识的价值不如智力广泛，但是知识对人生的实际作用确实是很大的，对一个智力平平的人来说，掌握了大量的知识，对胜任其所必须胜任的生活是有极大帮助的，因为一个人并不需要精通社会生活的每一个方面、每一个领域。

第二，虽然在课堂上确实不可能把人类所有的知识甚至不能把一个领域内全部的知识传授给学生，但是决不能因此就不向或少向学生传授知识了。人类的知识太多，这不能成为不向学生传授知识的借口。相反，在学校教学中应该尽全力向学生传授尽可能有用（例如概括性程度越高的知识，迁移价值就越大，用途越广泛）的知识，只有这样，学校教学才能为学生适应社会生活提供较大的帮助。

第三，虽然人类社会生活确实变化很快，有些知识也变化、陈旧得很快，但是也有大量的知识却是变化得很缓慢的。例如，不管物理学领域发生多大的革命，牛顿力学依然像原来一样真实可靠。如果让学生掌握大量的相对稳定的知识，那么学生将会长久甚至终身受益。由于教学中能够做到的主要是传授知识而不是发展智力，而且知识永远是个体胜任社会所必需的，所以不管知识如何急剧增长和迅速变化，学校教学都不能回避知识的传授，而应该始终把传授知识作为教学的主要目标。

当然，在现实的教学实践中，确实存在这样的情况：有不少学生掌握的“知识”很多，但是能力却很差，也就是我们通常所说的“高分低能”。这能不能说明掌握知识对能力的增长无用呢？不能，其原因主要有：

其一，他们掌握的知识主要是陈述性知识，而对程序性知识的掌握很不够。虽然陈述性知识是能力的一个方面，但仅仅有陈述性知识是不足以构成完整的能力的，因为还只是“知什么（know what）”，而要形成能力，就还必须具备相应的程序性知识，即做到“知如何（know how to）”，也就是缺乏我们平常所说的技能。

其二，他们在掌握这些陈述性知识时，往往采取死记硬背的方式，对这些知识没有真正地理解，因而不能有效地运用，造成完成实际活动的能力较差。

所以，不管知识是如何地急剧增长和迅速变化，教学在智育方面的目标都应该以掌握知识为主，并在掌握知识的过程中即在实现掌握知识之目标的同时促进学生智力的发展。当然，这里所说的知识绝不能限于陈述性知识，还应该包括程序性知识，而对于能力来说，后者尤为重要。特别是在社会正向学习化社会迈进，每个人都越来越需要终身学习，对有效学习方法的掌握越来越重要，而学习方法问题实质上就是程序性知识中的认知策略问题，它恰恰又是以前教学实践中重视很不够的方面，因此这方面的工作亟待加强。

第三节　认知与情感问题

教学既是一种认知的过程，也是一种情感的过程。而认知与情感既是教学的目标，也是教学的手段，因此，认知与情感的关系问题是教学中的又一个基本问题。

一、教学是认知过程

教学是一个认知的过程，这主要表现在：教学过程受各种认知因素的影响；在教学过程中，教师与学生进行着各种认知活动；教学过程产生各种认知的结果。

(一) 什么是认知

关于什么是认知，迄今还没有被普遍接受的定义。美国心理学家豪斯顿等人对心理学界关于“认知”的定义进行考察后，归纳出具有代表性的五种：

① 认知即信息加工，即转换、简约、加工、储存、提取和使用感觉输入的所有过程；

② 认知即心理上的符号运算，包括对言语符号、关于物质客体的符号等的心理运算；

③ 认知即问题解决，包括我们为了解决问题而选择、接收、运算和使用外部环境中的信息和自己内部储存的信息的活动方式；

④ 认知即思维；

⑤ 认知是一组相关的心理活动，包括感觉、记忆、判断、思维、推理、问题解决、学习、想象、概念化和使用语言等。①

我国心理学界较多的人从如下的广、狭两义来界定“认知”这一概念：广义上的认知即认识，指人们认识事物的整个心路历程，包括感知、记忆、想象、思维等一系列具体过程；狭义上的认知即再认，是记忆过程中的一个环节。一般所说的“认知”，是就广义而言的，用信息加工的术语来说，即信息加工的过程。本章也取其广义。

(二) 影响教学的认知因素

教育心理学的研究表明，认知因素是影响教学过程的一个十分重要的因素。学生个体的认知因素主要包括学生的认知结构、认知发展准备和认知风格等。有些教育心理学家将这些认知因素统称为“认知准备状态”。我们经常强调教学要因材施教，而因材施教的基本内容之一就是教学必须适应学生个体身上的认知因素。

1. 认知结构

认知结构是指学生已经具备的知识及其组织结构。从广义上说，它是指学生个体已经具备的全部知识及其组织结构；从狭义上讲，它仅指学生个体在某种特殊知识领域所已经具备的知识及其组织结构，即与新的学习直接相关的那些知识及其组织结构。

认知结构对教学（更确切地说是对教学过程中学生学习）有着至关重要的影响，因为学生的学习总是在已有的知识基础上进行的，尤其是有意义学习即通过理解而进行的学习，总是通过将新的知识与结构中已有的有关知识建立起联系而进行的。现代认知心理学家奥苏伯尔的一段话充分表明了认知结构在教学过程中的作用：“假如让我把全部教育心理学仅仅归结为一条原理的话，那么我将一言以蔽之曰：影响学习的唯一最重要的因素，就是学习者已经知道了什么。要探明这一点，并据此进行教学。”②

奥苏伯尔等人的研究表明，学生的认知结构中最重要的变量有三个：一是当学生要学习

---

① 施良方：《学生认知与优化教学》，中国科学技术出版社 1991 年版，第 5~7 页。

② 秦茹信尔等著，《教育心理学——认知观点》，余星南、宋均译，扉页。

新的知识时，其认知结构中是否具有与新的学习有关的知识，以及这些知识的概括性程度。认知结构中已有的有关知识的概括性越高，包容范围越大，迁移的价值也就越大，即越有助于学习新的知识；二是认知结构中已有的相关知识与新教材中相应知识的可分辨度，两者可分辨度越高，则越有助于实现正迁移、避免干扰，从而有助于新知识的学习；三是认知结构中已有的有关知识的巩固程度，巩固程度越高，则越有助于新知识的学习。

2. 认知发展准备

认知发展准备是指学生在从事某种学习时，已经具备的认知功能和一般认知能力发展水平，这主要包括学生在感知、记忆、思维、言语、智力等方面功能的发展水平。认知发展是遗传素质、生活经验、环境刺激、个体学习活动等方面因素作用的结果，它具有顺序性、阶段性等特点，学生的认知发展准备对其学习有着很重要的作用：任务学习都是在已有的认知发展水平的前提下进行的，已有的认知发展水平的高低制约着新的学习的水平（尤其是抽象性水平）和速度。

3. 认知风格

认知风格又称认知方式，是指学生个体在认知即信息加工过程中表现在认知方式方面的持久一贯的独特风格。学生在认知方式上是有差异的，这种差异一般用两极的方式来描述，主要有：场依存与场独立、整体性策略与系列性策略、求异思维与求同思维、冲动型思维与反省型思维等。①

认知风格是学生的理智特征，是表现在认知上的个性特点，它构成学习风格的主要方面。它是一种介于认知与情感之间的因素。它没有高与低、好与坏之分，但不同的认知风格适合于不同的认知情境，因此是影响教学过程的一个重要因素，它日益受到教育心理学家和一些教育实践工作者的重视。

(三) 教学过程中学生的认知活动

20 世纪 70 年代以来，为了探讨如何促使教学取得最佳效果，认知心理学家们逐渐重视对课堂教学中学生的认知过程的研究。通常情况下，认知模式包括课堂教学环境和认知加工系统两个基本部分，其中核心部分是学生的认知加工系统。课堂教学环境包括课程、教学（即教师的教）和学生的任务三个方面。认知加工系统部分展示了教学中学生的认知过程。在认知加工的总系统中，有四个主要的子系统：感觉系统、记忆系统、加工系统、反应系统。感觉系统是来自环境的信息进入认知系统的通道。记忆系统是对输入信息的编码、储存和提取活动。加工系统是在认知过程中对信息实际进行加工的处理系统。这是整个认知加工系统的中心，它包括五个基本的认知过程：注意、编码、复述、联结、监控。这五个基本过程可以有多种不同的组合，以适用于形成各种不同的概念、命题和图式。五种基本认知过程的不同结合，就构成教学中学生的各种认知活动，反映系统控制信息的输出。

① 施良方：《学习论——学习心理学的理论与原理》，人民教育出版社 1994 年版，第 493～503 页。

(四) 教学过程的认知结果

通过教学过程，将产生一系列的认知结果，这也体现了教学过程的认知性质。教学过程的认知结果有哪些呢？

布卢姆所倡导的教育目标分类，实质上也就是教育结果（包括教学结果）的分类，因为教育目标乃是所预期的学习结果。根据这个分类体系，教学过程的认知结果在层次上可分为由低级到高级六类：

① 知识，即对术语、事实、方式方法、概念、原理及其结构框架的回忆；

② 领会，即最低层次的理解；

③ 运用，即在特定的和具体的情境里使用担负概念；

④ 分析，即材料分解为各个组成部分，以便弄清各部分之间的关系及其构成的方式；

⑤ 综合，即把各种要素和组成部分组合成一个整体，以构成一个原先不太清楚的模式或结构；

⑥ 评价，即为了特定目的而对材料和方法的价值作出判断。①

加涅把主要的学习结果划分为言语信息、智慧技能、认知策略、动作技能和态度五种。在这五种学习结果中，前面三种都属于认知的结果，第四种即动作技能中包含认知成分和肌肉协调成分。

根据布卢姆、加涅等人的研究，近些年来认知心理学家们对陈述性知识与程序性知识的研究，以及其他各种研究的结果，可以把教学过程的认知结果分为以下三个方面：

① 知识，包括陈述性知识和程序性知识，其中程序性知识包括智慧技能、认知策略以及动作技能中的认知成分；

② 认知发展，即认知功能和一般认知能力的发展，包括感知觉、记忆、思维、言语等方面的能力以及智力的发展；

③ 认知风格的形成与改变，这个方面又带有情感的性质。不难看出，通过先前的教学过程所达成的认知结果，又成为影响后继教学过程的认知因素。

二、教学的情感过程

教学同时也是一个情感的过程，这主要表现在：教学过程受各种情感因素的影响；在教学过程中，教师与学生都进行着各种情感活动；教学过程产生各种情感的结果。

(一) 什么是情感

“情感”是一个含义很广泛而且相当模糊的概念，它往往作为感情、内心体验、需要、愿望、价值追求等一系列心理现象的统称。在我国心理学界，较多的人把情感界定为人对客观事物与自己需要的关系的反映，或把它界定为人对客观事物的体验。有些学者所说的“情感”，既包括比较稳定的、主要与社会性需要相联系的态度、体验，即狭义上的情感，也包括情境

① 布卢姆等编：《教育目标分类学·第一分册：认知领域》，罗黎辉等译，华东师范大学出版社 1986 年版，第 191～200 页。

性的、主要与生理需要相联系的体验即情绪；有些学者则认为情感仅指比较稳定的主要与社会性需要相联系的内心体验，而不包括情绪。

这里，我们从广泛的意义来理解“情感”：一切态度体验包括情绪体验都属于情感的范围。它的核心意义是作为一种心理过程，这种过程与反映客观事物本身的认知不同，它是反映客观事物与人的需要之间的关系。同时，个体通过反映客观事物与自己的需要的关系，通过一系列的态度体验，形成各种性格特征，如态度、价值观、意志品质等，这些主要是情感过程的结果，也属于情感的范围。情感是与认知相对的。

(二) 影响教学过程的情感因素

在教学过程中，有种种情感因素在起着作用，对学生的学习活动从而也对整个教学活动的效果有着重要的影响。这些情感因素主要包括作为个体的学生自身的情感因素和教学环境中的情感因素两大类。

1. 学生（个体）自身的情感因素

学生（个体）自身的情感因素主要包括人格因素和动机因素两类。

人格因素是个体固有的特质及行为倾向的统一体。对学习活动影响最为显著的人格因素有价值观、意志特征、理智特征等。价值观是个体据以对事物的意义或重要性进行评价和选择的原则、信念和标准，是推动并引导个体采取决定并行动的一种稳定的、持久的内在力量。它对个体的各种活动都起着推动、影响和调节的作用，对教学过程中的学习也不例外。例如，高度估价知识的价值并以知识为追求目标的学生，一般会有高度的学习积极性。学生个性中的意志特征对学习的作用也是很明显的，例如，有恒心、有毅力、自制力强等优秀意志品质有助于学习，而虎头蛇尾、遇难而退、自制力差等意志品质则会成为学习的严重障碍。理智特征主要指认知风格。

学习动机是直接推动学生进行学习的内在力量，它是由多种因素组成的整体，包含的具体因素主要有学习的需要、内在动机与外在动机等。有关学习动机等问题，我们将在第六章讨论。

2. 教学环境中的情感因素

对教学过程发生影响的教学环境中的情感因素主要有教师的人格特征、教师对学生的态度、教师在教学中的情感投入、教学风格等。教师的人格特征对学生学习的影响是多方面的：不仅影响学生的人格形成，而且影响学生的认知学习，因为教师的人格特征必然影响教师的看法，从而影响学生的学习态度。例如，人格特征优秀的教师对学生具有一种无形的感召力；热情和善解人意的教师可以满足学生的附属需要，这些都有助于增强学生的学习动机。教师对待学生的态度对学生的学习有着很重要的影响，例如，若教师信任、关怀学生，对学生寄予殷切的期望并严格要求学生，则有利于学生的学习，皮格马利翁效应就是一个典型的例子。就情感投入而言，如果教师在教学中全身心地投入、充满感情，那么会很有利于调动学生的学习热情；而如果教师仅仅把自己当做一个教书匠，缺乏情感的投入和表达，那么课堂将变得毫无生机，学生学习的热情就会减弱。课堂气氛是指课堂教学过程中所表现出来的公共情绪状态，它受校风、班风、班级集体发展、师生人际关系和教师对偶发事件的处理方式等的制约。课堂气氛是教学能否顺利进行的重要条件，是制约教学效果好坏的一个重要因素。

总之，教学过程受到各种各样情感因素的影响，因此，在教学过程中必须全面地、深入地分析这些因素，最大限度地优化这些因素。

（三）教学过程中教师与学生的情感活动

教学过程中教师与学生情感活动受重视的程度，在不同历史时期是不一样的。在古代的学校教学中，教师与学生的情感活动占有十分重要的地位，甚至其重要性往往超过认知活动；在从近代开始到 20 世纪上半叶的学校教学中，由于科学知识猛增以及大力发展生产力的迫切需要，知识传递的需要使得认知活动占有绝对的优势地位，情感活动在很大程度上受到不公平的待遇；20 世纪中叶以来，随着人们对自身认识的日益全面，以及对人的身心全面发展包括情感发展的日益重视，教学过程中教师与学生的情感活动日益受到关注。

因此，我们看到，在当代大多数的课堂中，教师与学生都不仅进行着传递知识与掌握知识以及训练智力的认知活动，而且进行着各种情感活动：教师充满情感地教，学生充满情感地学，双方时时进行种种情感交流；在课堂上，教师与学生体验着成功、满足、欢乐、自尊、兴奋及其他种种情感；在整个教学过程中，认知活动与情感活动相伴进行。

（四）教学过程的情感结果

通过教学过程，将产生多方面的情感结果，这主要是学生形成一定的情感品质或改变原来的情感品质，逐渐获得情感的发展。教学过程的情感结果有哪些呢？

根据布卢姆的教育目标分类（实质上亦即教育结果分类），可以把教学过程的情感结果划分为以下由低层次到高层次的五类：

① 接受，即学生愿意接受或注意某种现象或活动；

② 反应，即学生不仅愿意注意和接受某种现象或活动，而且采取相应的行动，参与该现象或活动，并从中得到满足；

③ 价值评价，指学生在各种适当情境中，某种始终如一的行为，这种行为是由学生对指导这种行为的价值的信奉所驱使；

④ 组织，指学生在连续地将价值加以内化时，他会遇到不只与同一种价值有关的多种情境，于是把各种价值组织成一个体系，并确定各种价值之间的相互关系，确立占主导地位的和普遍的价值；

⑤ 由价值或价值复合体形成的性格化，指学生已把各种价值内化为自己的性格结构的一部分，并将其组织成一种内部一致的体系，而且持久地、稳定地指引、调节着自己的行为。①

---

① 克拉斯沃尔、布卢姆等编，《教育目标分类学·第二分册：情感领域》，施良方、张云高译，华东师范大学出版社 1989 年版，第 198～208 页。

在加涅关于学习结果的分类框架中，情感方面的结果主要是态度。

关于教学过程的情感结果，目前尚难以找到一种很准确、很完整的分类，但有一点毫无疑问：教学过程确实会产生多方面的情感结果，这包括情绪体验、个性倾向性的形成与改变、性格特征的形成与改变等方面。在教学中，教师与学生不仅应该为取得良好的认知结果而努力，而且应该为取得良好的情感效果而努力。

三、认知与情感的相互关系及其教学意义

我们在上面分别讨论了教学的认知过程和情感过程。现在我们来看认知与情感的相互关系以及怎样处理它们之间的关系。

(一) 认知与情感的相互关系

作为人的心理活动的两个方面，认知与情感之间存在密切的相互关系。它们构成一个不可分割的整体，它们存在着多方面的相互作用。

1. 认知与情感构成一个整体

人的心理活动是一个整体，每个人无论什么时候作出什么反应，都是作为“整个有机体”或“整个人”来作出反应的，个体的任何一种行为都既有认知的成分，也有情感的成分。认知与情感是密不可分的，它们构成一个整体，为便于分析起见，我们才作出认知与情感两个方面的划分。

认知与情感的划分是相对的，而且不可避免地带有人为的痕迹。认知与情感是相互伴随、相互渗透的：认知中有情感的成分，情感中有认知的成分。例如态度，虽然它一般归入情感的范围，但实际上它总是包含有认知的因素，即包含个体对态度所指向的对象的属性、这些属性与个体需要之间相互关系的认知。又如记忆，虽然它大体上是一种认知行为，但是这种行为本身必然包含个体的种种情感倾向，如记忆的动机、兴趣、态度以及与记忆有关的人格特征。所以，虽然我们在一定情况下可以而且有必要在观念中把认知与情感分开，分别进行分析，但我们应该始终明确，认知与情感实际上是一个整体。

2. 认知对情感的作用

认知对情感的作用主要表现在以下两个方面：

第一，认知是引起情感产生的一个主导性因素。情感是人对事物与自己的需要之间的关系的反映，而这种反映是以认知为基础的，人只有在通过认知反映客观事物的属性，揭示客观事物对人的意义的基础上，才能产生相应的情感。首先，作为一种情境性的态度体验——情绪的产生，包括情绪的类型和强度，都是受到认知的重要影响的，在一定程度上也可以说是以认知为基础的。例如，一个人在野外看见一条毒蛇会产生紧张或惧怕的情绪，而在动物园里看到很多毒蛇都不会产生这类情绪，其主要原因就在于对环境的认知和判断不同。许多心理学实验证实了认知因素在情绪产生中的重要作用。[①] 其次，较稳定的、主要与社会

① 张述祖、沈德立：《基础心理学》，教育科学出版社 1987 年版，第 171 页。

性需要相联系的情感的形成，也是以认知为基础的，人的道德感、理智感和美感等都是如此。例如，道德感就是以道德认识为基础而逐渐地形成的。又如，人们常说“世上没有无缘无故的爱也没有无缘无故的恨”，“知之深、爱之切”，就表明了认知是情感形成的基础。

第二，认知发展是促进情感发展的一个重要因素。人的情感是不断发展的，这主要表现为在种类上不断地分化、增加，在层次上由低级向高级、由肤浅向深刻发展。影响情感发展的最重要的因素是认知。一方面，认知活动的各种各样的结果，使人产生各种各样的情感体验，而情感体验导致情感的分化；另一方面，认知能力的发展，促进了人的判断、评价能力和自我概念的发展，从而促进情感的发展。

3. 情感对认知的作用

同样，情感对认知也起着十分重要的作用。情感是认知活动的动力系统，是认知活动的组织者，对认知活动起着动力和组织的作用，决定趋近或逃避情境的趋向以及人们在不同领域愿意付出的认知努力程度。美国心理学家霍夫曼根据各个心理学家的有关研究，把情感对认知的作用概括为以下几个主要方面：

第一，情感可能引发、终止或中断信息加工。认知心理学家们常常把情感看作是引发认知加工过程的促动力量。因此，在不同的情境中，情感会对认知加工起不同的作用，有时是引发，有时是终止或中断。例如，在诸如从言语线索中提取意义这类复杂任务中，中等强度的情感能促进信息加工，高强度的情感则会中断或终止信息加工。又如，许多研究表明，积极情感有助于信息加工，而消极的情感则会阻碍信息加工。

第二，情感可能导致选择性加工，即决定对环境中的哪部分信息进行加工，并影响以怎样的方式进行加工。

第三，情感可以组织回忆。心理学研究表明，情感对于回忆起着重要的影响，最主要的表现是：人的情感状态有助于回忆与该情感一致的信息，在这方面，积极情感的作用尤为突出。消极的情感也有助于回忆与该情感状态一致的信息，但这种效应因为在某种程度上被维持积极内部状态的倾向所抵消。

第四，情感有助于带有情绪成分的归类的形成。由于人的各种活动过程总是与情感有联系，因此一个人的身体、心理各方面的特征都有情感因素，因而发展成为一个带有情感的类别系统。外在事件也总是与人的情感相联系。当人们在对事件进行归类时，就会产生与这些事件有关的情感，情感体验可以导致赋予这些事件以相应类别的情感，从而有助于构建带有情感的类别系统。

第五，情感可以为社会认知提供输入信号。在人的情感反应上存在着模仿和条件作用，通过模仿和条件作用，一个人可以从自己的情感体验意识到别人的同样的情感体验，从别人的外在化的情绪反应判断其内心的情感体验，这就为人与人之间的社会认知提供了输入信号，这有助于观察和评价他人的行为。

第六，情感可以影响决策和问题解决。实验研究表明，当人们处于低到中等强度的积极情感状态时，往往倾向于采用最简单的策略，而不大考虑选择的余地。其结果，或者是较快的、有效的决策，或者是有偏见的、草率的、不正确的决策。当然，是否产生这种简单化的决策，取决于当时任务的性质。当任务十分重要时，就不会出现这种带有草率性的情况。

(二) 在教学中如何处理认知与情感的关系

教学中如何处理认知与情感的关系呢？主要是要在教学中，包括在教学目标、教学的过程和教学的方式方法等方面，把认知与情感统一起来。

在教学目标上，要做到认知目标与情感目标并重。学校教育的目标是培养完整的人，作为完整的人，认知与情感都是不可缺少的，缺少其中任何一个方面目标的教学都是不合理的教学。同时，如上所述，教学过程不可避免地要产生各种认知的结果和情感的结果。而这两个方面的结果都既有可能是积极的，也有可能是消极的，我们必须以追求积极的结果作为教学的目标。具体地说，在教学中，既要具有引导学生掌握知识，发展认知能力、智力，形成良好的认知风格等的明确目标，又要具有形成学生积极的个性倾向性，良好的个性心理特征等的明确目标。

但是，在现实的教学实践中，情感目标往往在一定程度上被有意无意地忽视了。对情感目标的忽视有多方面的原因：

其一，不少教师在教学观念上片面地重视认知而不重视情感。例如在我国，不少教师片面地只以提高升学率为教学的目的，而这一点又体现于片面注重各学科的考试成绩。至于学生积极情感的培养，却被排除在教学目标之外。

其二，对情感目标是否实现以及实现的程度很难有合适的、准确的评估方法。

其三，情感目标的实现过程较为缓慢。任何一项具体的知识或技能，都能很快地学会，而且能直接体现在认知方面的考试之中，而学生的兴趣、态度和个性特征的形成就相当缓慢，只有经过很长一段时间甚至好几年，才能在评估中看出其变化。

在教学的过程中，也要做到认知与情感相结合。教学过程受种种认知因素和情感因素影响，因此在教学过程中要充分考虑、全面分析这些因素，致力于优化这些因素，以此使教学进行得卓有成效。同时，在教学过程中教师和学生都既要进行各种认知活动，又要进行丰富多彩的情感活动，既把教学过程作为一种知识的教与学的过程，又把它作为一种情感体验过程。在这个过程中，教师应该以富有情感的方式教，学生应该以富有情感的方式学。因为：第一，教学是教师与学生的一种生活，而对完整的生活来说认知与情感是同等重要的，缺乏其中任何一个方面，生活都将是畸形的；第二，必须同时进行各种认知活动和情感活动，才能有效地达到教学目标，不管是认知目标还是情感目标都是如此。

在现实的教学实践中，不少教师在一定程度上有意无意地将教学过程和教学方式方法中的情感方面忽略掉了。其结果使教学过程变得枯燥乏味、死气沉沉；教学的效果也不可避免地受到影响，尤其是情感培养、情感发展方面的效果不尽如人意。因此，对情感方面的重视，应该成为教学改革的一项重要内容和一项重要措施。

第四节　教学原则

一、教学原则的含义

教学原则是全部教学工作中，教师和学生必须遵循的基本要求和行为准则，是有效组织教学活动的指导性原理。

(一) 教学原则具有的特点

1. 客观性

教学原则虽然是经过人脑思维加工提出的，但它不是主观臆想的产物，而是主观见之于客观的结果。它反映着社会发展的基本矛盾运动规律，反映着教学过程的规律，反映着教学实践的发展状况。

2. 经验性

教学原则根植于教学实践，是对教学经验的总结概括。人们在长期的教学实践中，逐步积累了一些教学成功的经验和失败的教训，概括起来形成了教学原则。

3. 实践性

教学原则一旦形成，对教学工作就有指导作用，要求教师和学生在教学活动中必须认真遵守。教学原则指导着教学过程的各个环节，包括师生活动，教学目的确定，教学内容、教学方法手段和教学组织形式的选择与运用。教学原则指导着教学全过程，而且教学原则贯彻执行的结果，又直接影响着教学质量，因而它又是衡量评价教学效果的指标。

(二) 影响教学原则产生与发展的因素

首先，教学原则的制定受一定社会的政治经济制度的制约。社会的政治制度制约着教学原则的性质。不同社会的教学原则反映了不同阶级的需要和不同的政治环境需要。奴隶社会和封建社会的教学原则为奴隶主贵族和封建统治阶级愚民教育服务。资本主义的教学原则是发展资本主义教育为发展资本主义生产力服务。我们的教学原则，反映了我国社会主义建设的客观需要。对于封建社会和资本主义社会的教学原则，本着“古为今用，洋为中用”的原则，取其精华，去其糟粕，为我所用。

其次，教学原则还反映一定时代的生产力、科学技术发展水平。教育的发展受生产力的发展水平决定，而教学原则的发展离不开教育的发展。因此，教学原则的制定，必须适应社会生产力的发展水平状况，同时科学技术的发展，影响着教学原则的更新，促使其逐步科学化。教育发展历史告诉我们，不同的历史阶段，由于生产力和科技发展水平不同，教学原则的提法和内容也不尽相同。古代社会里，由于生产力和科技发展水平低下，教学原则比较贫乏。在现代社会里，随着生产力和科学技术的发展，社会生产对教育培养的人才的质量规格提出越来越高的要求，促使我们不断更新教育观念，制定良好的教学原则，提高教学质量，培养社会所需要的人才。

再次，教学原则本身具有历史继承性。任何时代的教学原则，都是在继承以往教学原则的基础上发展起来的。离开教学原则的继承，就没有教学原则的发展。我国是历史悠久的文明古国，有极其丰富的文化遗产。我国历代教育家总结概括了当时的教育经验，提出了许多很有价值的教学原则，如因材施教、循序渐进、启发诱导等原则，这些原则在今天看来仍有价值，其中的合理成分我们要继承和发展。

最后，教学原则的制定，还要依据教学规律。教学原则与教学规律既有联系，又有区别。它们的区别是，教学规律是一种客观存在，具有普遍联系，不以人的意志为转移，是教学活动中所固有的本质联系，人们只能利用它，不能任意制造它、废除它。教学原则是一种主观要求，是人们制定的教学活动的基本准则，是人们的主观对客观的反馈。它是人们在教学实践中总结概括已有的经验而提出来的，反过来又指导着人们的教学实践。教学原则与教学规律的联系在于，教学原则的制定，必须以教学规律为依据。凡是符合教学规律的教学原则就是正确的，贯彻它则易于取得较好的教学效果；凡是不符合教学规律的原则，必定是错误的原则，贯彻它就会使教学失败。

唯物辩证法告诉我们，矛盾存在于一切事物的发展过程中，矛盾无处不在，无时不有。教学过程也存在着各种各样的矛盾，制定教学原则就是要找出教学过程的各种矛盾，进而为分析和解决这些矛盾提出明确的指导思想与主要措施。

教学原则对教学实践具有重要指导作用，教学原则是搞好教学、提高教学质量的保证，教学工作离开教学原则将无法开展，教学原则是教师和学生在教学活动中的行为规范，必须认真遵守。

二、教学原则体系

(一) 科学性和思想性统一原则

科学性与思想性统一的原则，是指教师教学中要以马列主义为指导，以现代科学文化知识武装学生，并结合各科教学有机地对学生进行思想品德教育。教学的科学性是指教学内容的真理性和方法的正确性；教学的思想性是指教学的方向性和教育性。在社会主义学校里，教学的科学性和思想性是辩证统一的。教学的科学性是思想性的基础，而教学的思想性又是提高教学科学性的重要保证。

科学性和思想性统一原则，反映了我国社会主义教育目的要求，也是建设高度的社会主义物质文明和精神文明的客观需要。它体现了我国社会主义教学的根本方向，也反映了教育永远具有教育性这一客观规律。

贯彻科学性与思想性统一的原则，要求做到：

1. 确保教学的科学性

在教学中，教师传授的知识、技能，运用的方法以及教学组织形式，都应当是科学的。要求教师传授给学生的知识是正确的、系统的、符合现代科学发展水平的基础知识。不允许用支离破碎的以及其他非科学的、伪科学的东西充塞学生的头脑。科学上尚无定论的知识一般不宜教给学生，但有些重要争论，必要时也可适当介绍，以开阔学生思路，增长见识。教师对教材的讲解，要符合事物发展的规律，经得住实践的检验；引用的事实要可靠，概念的表达要准确，对原理的论述、论证要合逻辑；实验演示要严格。为了适应学生的知识水平和接受能力，讲授应当深入浅出，生动有趣；但不能违背现代科学的基本原则，以致把教学庸俗化。教学中一旦发现错误，必须及时纠正，以培养学生实事求是的科学态度和负责精神。

要改革与现代科学技术发展格格不入的、压抑人的智慧和创造力的落后的、僵硬的教学方法，指导学生掌握科学的学习方法。按照青少年的认识活动规律、教学规律组织教学过程。

科学性是教学的根本要求。首先是因为科学性是思想性的基础，没有教学的科学性，就没有教学正确的思想性，也不可能培养学生好的思想品德。其次是因为传授科学知识是教学的首要任务，如果教学连科学性都不能保证，必然影响教学质量。这就要求教师要在教学的科学性上下工夫，真正做到正确无误、严肃认真、符合客观实际。

2. 从教材实际出发，对学生进行思想品德教育

在教学中对学生进行思想品德教育，必须根据各门学科的特点，从实际出发。社会科学的知识具有明显的阶级性，如语文、思想品德课等，都是树立我国各族人民的共同理想，进行社会主义道德教育的好教材；自然学科知识本身虽无阶级性，但它所揭示的客观规律渗透着唯物主义的思想和辩证因素，是培养学生辩证唯物主义思想的重要基础。如果教师不顾学科特点，离开学科内容本身所蕴涵的思想教育因素，空洞说教，不仅会削弱基础知识的教学，而且必然降低思想教育的效果。教师只有从教材实际出发，认真深入地挖掘教材，才能在传授科学知识的同时对学生进行思想品德教育。

3. 教师要注意自身的教学思想、情感、态度和方法

教师的教学思想、情感、态度和方法都将影响学生的学习效果和思想品德的形成与发展。各门学科的教师，都要以正确的教学思想、认真的教学态度和科学的教学方法，在潜移默化中感染学生，使他们在知识、能力、智力不断提高的同时，思想上也得到不断的进步。

(二) 理论联系实际原则

理论联系实际原则，是指教师要密切联系实际讲清基础知识、基本理论，并引导学生运用所学知识于实际，从而获得比较完全的知识，并培养学生解决实际问题的能力。

理论联系实际原则，是以辩证唯物主义认识论、学生认识活动的特点和我国教育目的为依据的。教学以传授书本知识为主，客观上容易产生脱离实际的毛病，有碍于学生领会和掌握理论，又不能培养学生运用理论解决实际问题的本领。只有坚持理论联系实际原则，把知识的讲授与生动的实践结合，把学习知识与运用知识结合，才能解决好间接经验与直接经验、理性认识与感性认识、学与用的关系，才能使学生获得比较完全的知识，提高学生分析问题和解决问题的能力。社会主义现代化建设不仅要求学生掌握必需的文化科学基础知识，而且要求学以致用，具有从事社会主义现代化建设的基本能力。

贯彻理论联系实际的原则，要求做到：

1. 切实搞好基础知识和基本技能的教学

理论联系实际，首先要强调理论知识的教学。要联系实际必须先掌握理论，没有理论就谈不上联系实际。而联系实际也正是为了使学生深刻地理解知识和运用知识。所以，在教学中要严格按教学计划开设课程，按教学大纲和教科书的系统进行教学，使学生掌握扎实的基础知识，抓好“双基”教学。不能因为联系实际而忽视、削弱基础知识和基本技能的教学。

但是，联系实际也并不是可有可无的，必须使学生从理论与实际的联系中去理解和掌握教材，才能获得比较完全的知识。

2. 密切联系实际，为学习理论服务

书本知识是间接经验，对于缺乏社会生活经验的学生来说，必须根据理论的需要，为他们提供丰富的感性经验，使直接经验和间接经验、感知和理解、直观和抽象有机结合，帮助学生掌握理论。

教学中要理论联系实际，联系什么实际，怎样联系实际，要以学习理论的需要为依据，并且在理论的指导下组织各种实践活动，以克服联系实际中的盲目性。这个实际主要包括：学生已有的知识实际和生活经验实际；科学上最新成就的实际；社会生产实际；学生思想实际等。

3. 培养学生运用知识于实践的能力

运用知识于实践是理论联系实际的基本方面。教学中，学生的实践活动包括社会实践和教学实践。学生运用知识于实践，主要是教学实践。它包括：读、写、算、练习、作业、讨论以及观察、参观、实验和实习等。通过教学实践活动，丰富学生感性认识。加深、巩固所学知识，弥补书本知识的不足，并有目的、有计划地培养学生运用知识于实际的能力，发展学生的创造才能。对社会实践（各种劳动、各种社会活动、科技活动等）也不可忽视，它们对扩大学生的知识面，激发学生的兴趣，开阔学生的视野，使学生运用知识于实际，培养学生实际操作能力，发展学生的才能有着重要作用。

理论联系实际的广度和深度及其具体形式，要根据各科的教学目的、教学内容和学生年龄特征加以认真考虑，不能脱离学生的接受能力。

(三) 启发性原则

启发性原则要求教师在教学过程中，要善于调动学生的学习主动性，激发学生的求知欲望和探索精神，启发学生积极思维，使他们通过自己的思考，融会贯通地掌握知识、技能，发展智力和创造能力。

贯彻启发性原则的根本目的在于培养学生积极主动学习，能自己动脑动手去获得知识和技能。变书本知识为自己的精神财富，变死知识为活知识，从而达到“迁移”的作用。在教学过程中，贯彻启发性原则的关键是教师的“启”，只有“启”得好，才能“发”得好，因此，教师的主导作用是十分重要的。

启发性原则的意义不限于这条原则本身，它同时还是整个教学过程的指导思想，在实施其他教学原则时，都要充分体现启发精神。

启发性原则符合学生认识发展的规律。教学过程从本质上说是教师指导下的学生认识过程和以认识运动为基础的发展过程。在这个过程中，要实现由不知到知，由知识转化为能力的过程，必须靠学生本身内部的矛盾斗争，需要学生自觉主动地参与，积极地动脑，而不能靠强迫灌输，呆读死记。然而，教师的作用又是不能忽视的，只有教师提供了有利的条件，才能促进由“启”到“发”的转化进程。

贯彻启发性原则，要求做到：

1. 激发学生的学习动机

学习动机是对学习起推动作用的动力。一般分为直接动机和间接动机两大类。学习目的是间接动机，它具有稳定、持久的特点。学生一旦确立了明确的学习目的，便会产生极大的学习热情，坚韧不拔的学习毅力，促进和推动他们积极主动地学习。所以，从小培养学生确立为祖国而学习的崇高目标是至关重要的。但是，这类动机同一个人的社会责任感、人生观有着密切的联系，只有具备一定社会经验，抽象思维发展到一定水平，人生观开始形成，才能使学习的动机渗入社会的内容，将自己的学习与社会的责任感和祖国的需要联系起来。对中小学生来说，学习目的对他们来说毕竟是一种间接的、远景性的动机。因此，仅仅注意间接动机的培养是不够的，还应重视认识兴趣的培养。这是推动学生自觉学习主动探索的直接动机。兴趣以热爱为前提条件，热爱是最好的“老师”。学习本是一种艰苦的脑力劳动，一旦因热爱产生了兴趣，学习便成了一种愉快的事。

教师在教学中应注意趣味性，做到寓教于乐，以趣激学，才能变“求他学”为“他求学”。

2. 启发学生思维的积极性

在教学过程中，贯彻启发性原则的要点在于启发学生思维的积极性，培养学生独立思考的习惯和良好的思维方法。为此教师必须善于提出富有启发性的问题，引导学生积极的思考，开阔学生的思路。古语说：“学起于思，思源于疑”，有疑才能促使学生认真进行探究。在教学中教师应使学生从无疑到有疑，又从有疑到无疑。学生的知识和智慧正是在这从无到有，从有到无的矛盾转化过程中不断地增长。因此，要培养学生敢疑、善疑，多思、深思的良好习惯，指导学生掌握分析、比较、综合、概括等思想方法。

启发学生思维的积极性要抓住创造性思维这个核心，并将发散思维和集中思维结合起来。创造性思维是以发散思维为其特征的，具有举一反三、触类旁通、不依常规寻求变异的特点。因此，要特别注意启发学生的发散思维，采取灵活多样的方法激励训练学生在研究问题时多角度地看问题。但是，沿着一个方向探究问题的集中思维又是发散思维的基础。集中思维的能力不强，势必影响发散思维的发展，只有将两者结合起来，才能真正提高学生的思维能力。

3. 提倡尊师爱生，发扬教学民主

尊师爱生、师生关系融洽是启发学生学习主动性的重要前提。只有学生尊重和信赖教师，才能在教师的诱导下进行学习。学生在尊师爱生的气氛中感到教师的亲切，敢于独立思考质疑问难，才能学得主动、积极、富有朝气。

4. 转变传统教学思想

启发的前提是相信学生。相信正常发育的学生其智力和创造力发展都具有巨大的潜力，所以，要尊重学生在学习上的主动性。然而，学校在教学过程中却一定程度的存在“不放手，抱着走”的现象。年深日久，造成学生依赖教师，懒于动脑的不良习惯，从而压抑了学生思维的积极性和创造性，这是传统教学思想的反映。要培养具有独立思维能力的创造型人才，必须转变传统的教学思想，废除注入式的教学方法，调动学生的积极性，自觉在教师引导下

动脑、动手解决问题。

(四) 直观性原则

直观性原则是指教师在教学中要利用学生的多种感官和已有经验,通过各种实物和教具,对学习对象形成鲜明的表象和观念，为学生更深刻地理解、掌握知识，发展智力创造条件。

直观性原则在教育史上是一个古老的原则。荀子曾提出教学要以“闻见”为基础，非常重视“耳闻”与“目见”的作用。在理论上给予系统论述并付诸实践的是夸美纽斯，他的论述是以感觉主义为基础的，认为直观就是一切，感觉到了就是认识到了。因此，夸美纽斯所论述的直观性原则，与我们提出的以辩证唯物主义认识论为指导的直观性原则有本质区别。

直观性原则符合学生认识规律和思维发展的特点。学生掌握书本知识要以感性认识为基础，通过直观可以使理性知识具体化、形象化，为学生顺利地掌握知识打下基础。学生思维的发展是由具体到抽象逐步转化的。教学中运用直观手段可以使抽象的概念变成学生看得见、听得到、摸得着的具体实物或形象，提高学生的学习兴趣，调动学生学习的积极性，促进思维能力的发展。

直观手段一般分为三大类：

① 实物直观。这是通过运用实物进行的，包括观察各种自然物体、标本、实验、实习、演示等。

② 模象直观。这是通过运用实际事物的各种模拟形象而进行的。包括图片、图像、模型、录像与录音、电影与电视、电子计算机等。

③ 语言直观。通过教师绘声绘色、栩栩如生的语言描绘，再现出生动的人物形象和环境气氛及历史事件发生发展的情景，使学生有身临其境的感觉。

贯彻直观性原则要求做到以下几点。

1. 要恰当地选择直观手段

要恰当地选择直观手段，首先必须根据学科的性质和内容来进行。不同的学科采用直观的手段也是不同的。一般说，物理、化学多用实验、演示和观察；语文和数学多用图片、图表、模型和形象化的语言；地理多用标本、模型；而音乐、美术、体育则多做示范，同一学科的不同内容，教学对象不同，所采用的直观教学手段也不尽相同。总之，选择直观教具要因课制宜，创造性地加以运用。

其次，要根据学生的年龄特征选择直观教具。小学生的思维具体形象有其特点，他们的注意力易指向活动部分，应充分使用活动性的具有鲜艳色彩的教具；中学生的抽象思维已占优势，注意力集中时间较长，应多选用有助于促进抽象思维发展的教具。对于需要展示内部结构和运动变化过程的，应尽可能利用现代化的手段。

2. 直观手段与教师讲解相结合

在进行直观演示的时候，要与讲解相结合，如提出观察的要求和任务，提出观察的方法和程序，并对易于忽视的部分进行提示，引导学生对照和比较等，都需要教师的语言讲解、提示。同时，教师在演示教具时，不能使学生只停留在对事物的感知上，为直观而直观，必须训练学生运用语言描述和解释所观察的对象。这不仅可以检验学生的接受程度，而且有助于学生对观察对象的种种因素进行分析综合，发展他们的观察能力、思考能力和语言表达能力。并且引导学生把观察的材料，作为发展思维能力的支柱，经过思考，从表象到概念，从具体到抽象，使学生的认识能力不断向高级阶段发展。促进学生认识上的飞跃——掌握概念，理解教材。

3. 充分发挥语言的直观作用

教师运用生动形象的语言进行讲解，并且依靠学生已有的知识经验，唤起学生再现记忆中的表象，可使学生如同身临其境。语言直观的特点在于它不受时间、地点、空间、条件和设备的限制，通过教师对教材生动形象的描述，可形成学生清晰的表象，间接感知学习对象。教师要充分发挥语言的直观作用，帮助学生更深刻地掌握知识。

(五) 循序渐进原则

循序渐进原则要求教师的教学要按照教材本身的逻辑系统和学生认识发展的顺序进行，使学生系统地掌握知识，发展智力，养成系统周密思考的习惯。

循序渐进原则反映了学科知识本身的特点和学生认识发展的规律。

任何学科都具有严密的内在逻辑系统，其知识结构有必然的内在联系，有一定的连贯顺序。因此，各门学科的教学，必须根据本门学科知识的顺序系统地进行。

学生的认识发展也是沿着一定顺序进行的，即由浅入深，由具体到抽象，由已知到未知，由感性到理性，由现象到本质。教学中遵循着这个顺序，就能使学生加速掌握知识，发展智力，并有利于培养学生学习与工作的良好习惯。

贯彻循序渐进原则要求做到以下几点。

1. 按学科的知识体系进行教学

知识体系的逻辑系统，包括纵向和横向两个方面。这要求我们在进行教学时，既要考虑所教学科的内在知识结构系统，又要注意不同学科，特别是相关学科之间的逻辑联系。中小学各科教学大纲和教科书确定了各科知识的纵向顺序，保证了知识的系统性和连贯性，是教师系统连贯地进行教学的重要依据，是学生获得系统知识的重要保证。为此，教师要按教学大纲和教科书的系统进行教学。不能任意删减或扩充教材，以免打乱知识体系的逻辑系统，破坏知识的完整性；必须注意知识的连贯性，抓住新旧知识之间的衔接和过渡，使学生的知识逐渐扩大和加深，做到当前学习的知识是已学知识的进一步发展，避免前后知识的重复或脱节；注意科际联系。科际联系有三种形式：承前联系（联系其他学科已经学过的课题），同步联系（联系其他学科目前正在教学的课题），超前联系（联系其他学科以后要教的课题）。这有利于学生融会贯通地掌握知识，有助于培养学生综合地创造性地运用各科知识，解决实际问题的能力。因此教师不仅要全面系统地钻研本学科的教学大纲和教科书，掌握本学科的知识结构，还要熟悉其他学科的内容，阅读相关学科的大纲和教科书。

教师的讲授，既要注意知识的系统性和连贯性，又要注意分别主次，突出重点。平铺直叙，面面俱到，是绝不能真正体现循序渐进的。教学中突出重点，抓住关键，解决难点，讲深讲透，使学生能够举一反三、触类旁通。掌握了教材中的基本东西，才能完整地掌握知识体系和结构。

2. 教学的各个环节都要依据学生的认识顺序进行

教学的各个环节要遵循学生的认识发展顺序，由近到远，由浅入深，由低级到高级循序渐进地进行。教学的起点应根据学生的实际确定。教师的任务是不断提高学生的知识水平和认识能力，教学不能仅仅适应学生现有发展水平，还要有一定的难度和速度，才能有力地促进学生的发展。

3. 培养学生系统地、循序渐进地学习的习惯

学习是一个科学的问题，掌握知识要靠日积月累、坚持不懈，要有科学的态度，求实的精神。教师要注意培养学生养成坚韧、顽强、踏实的好学风。一般不搞突击教学或学习竞赛，不贪多求快，以保证正常的教学秩序。特别要注意培养学生系统学习的良好习惯。例如，先复习后做作业；先审题后解答；先掌握教材后阅读参考书；完成作业后仔细检查，培养自检能力等。同时，教师对学生的学习进程和成绩进行系统的检查，一旦发现学生学习和掌握知识有缺陷，应及时进行弥补。

(六) 巩固性原则

巩固性原则要求教师在教学中必须使学生牢固掌握所学的知识、技能，当需要的时候，能准确无误地再现出来加以运用。

历代教育家都很重视对知识的巩固。孔子说过："学而时习之"，"温故而知新"。俄国教育家乌申斯基认为，复习是学习之母。这些见解至今对指导教学工作仍有着重要的意义。

巩固性原则，是教学过程中学生认识特点的规律决定的。学生在短时期内要掌握人类长期积累起来的大量间接经验——书本知识，而这些知识又不是他们亲自实践得来的，因此，必须注重知识的巩固；否则，边学边忘，就谈不上掌握知识，也不可能发展学生的认识能力。牢固地保持旧知识，是继续学习新知识的基础，是应用知识去分析问题、解决问题的凭借，也是对已有知识进一步理解、消化的条件。

贯彻巩固性原则要求做到以下几点。

1. 引导学生清晰地感知教材，深刻地理解教材

清晰地感知教材，深刻地理解教材，是巩固知识的前提。教师在教学中，要生动、形象、层次清楚、系统连贯、重点突出。使学生易于感知和理解，印象深刻，这就为巩固所学知识创造了有利的前提条件。所以，要特别重视首次感知。

2. 指导学生掌握科学的记忆方法

① 记忆要有明确的目的、任务。记忆有无明确的目的、任务，其效果大不一样。从心理学的角度说，如果记忆缺乏明确的目的，记忆的对象不清楚时，所建立的各种暂时神经联系就是模糊不清的，也不是牢固的。为此，教师每学期要使学生有明确的学习目标，每节课要

有明确的学习任务。

② 在理解的基础上进行记忆。机械记忆和理解记忆对学生掌握知识，发展记忆力都是必需的，但应以理解记忆为主。只有理解了的东西才能真正学会、牢牢记住。不理解的东西记忆慢，遗忘快。因此，要反对不求甚解，呆读死记的学习方法。即使是需要机械记忆的知识，也要尽可能赋予一个意义，化难为易，提高记忆效率。

3. 组织好复习

要想把知识长久地保持在头脑中，最主要的方法是复习。

① 及时复习。根据心理学的记忆规律，记忆之后遗忘立即开始，其速度是先快后慢，先多后少。因此，及时复习可收到事半功倍的效果，可见，及时复习是十分重要的。

② 分散复习。分散复习优于集中复习。例如，复习外语，一周里一次集中复习三小时，不如每日清晨复习半小时效果好。此外，复习的内容、形式要交替变换，以避免大脑皮层因单调刺激而产生抑制。

(七) 因材施教原则

因材施教原则，要求教学从学生实际出发，既要适合学生一般的发展水平，也要照顾到学生的个人特点，使每个人的才能都得到发展。

因材施教原则是根据教学受学生身心发展的规律制约这个特点提出来的。一定年龄阶段的学生，他们心理年龄的特点既具有一定的稳定性和普遍性，又具有一定的可变性和特殊性。教学只有针对学生的共同特点和个别差异，因材施教，才能收到理想的效果。

贯彻因材施教原则要求做到以下几点。

1. 充分了解学生，从实际出发进行教学

教师既要了解和研究全班学生的一般特点，如知识水平、接受能力、学习风气和学习态度等，又要了解每个学生的具体情况，如兴趣、爱好、知识储备、智力水平，以及思想和身体等方面的特点。教师在此基础上进行分析研究，对班级集体和每个学生的特点，优势与薄弱环节做到心中有数，以便从实际出发，有针对性地进行教学。

2. 正确处理集体教学和个别教学的关系，使每个学生都得到相应发展

教学，首先要放在集体上，同时兼顾个别学生。教学的广度、深度、进度，应从多数学生的实际出发，使他们的知识、智力发展达到教学大纲的要求。另一方面，又要使好学生在原有基础上有极大的提高；使学习困难的学生能掌握最基本的东西，跟上全班的步伐。教师对待学习上的优生和困难生要一视同仁，热情关照。通过集体促进个别学生的发展，又要将个别学生的学习经验、教训，转化为集体的财富，实现集体和个别互相促进。

3. 针对学生的个别特点提出不同要求

学生的性格特点和对待学习的态度，是影响学习质量的重要因素。有的学生思维敏捷，能迅速接受新事物，但往往贪多、粗心；有的学习扎实、仔细认真，但往往孤陋寡闻；有的

长于分析，有的长于综合……教师要掌握这些学生的个性特点，区别对待，设计出学生成才的最优教学方案。对于学生在某方面表现出来的特殊才能，要及时发现，认真培养，促进迅速增长。

以上七个教学原则是我国中小学常用的教学原则，每个原则都有其特定的含义，体现了为达到一定目的、解决一定问题对教学的不同要求。例如，复习课中以运用巩固性原则为主，但同时也贯彻其他原则。可见，七条原则不是各自孤立的，而是彼此联系，相辅相成的一个整体。因此，教学中教师对教学原则必须正确理解，全面贯彻、综合运用。

第六章 教学行为策略

教学作为引起、维持与促进学生学习的行为，包括了诸多方面，例如，上课前的认真备课准备，授课教学过程中向学生呈现、传递教学内容信息，与学生讨论、问答、对话与交流，对学生有效的指导，培养和激发学生积极的学习动机以及对学生积极的期望等等。对引起、维持与促进学生学习行为的分类更是仁者见仁，智者见智。

第一节 教学目标行为

教师在教学活动之前，如何进行计划？主要有两种不同的取向：一种是“整合计划”模式；另一种是“目标—手段详细计划”模式。

第一种模式是指教师在头脑中有一个宽泛的意图或要求后，在考虑具体的学生与情景的基础上，选择与之相匹配的教学活动，这是富有经验的教师或者是教师在目标不必明确或难以明确的情况下通常采用的模式。宽泛的意图或要求往往包含在内容和活动计划之中，因此，教师在阐述课程的“教学意图或要求”时，往往会写出自己要做的事，或列举课程所要涉及的课题，概念、原理或其他内容要素。

第二种模式的思路则不同，这是一种技术性、策略性的取向。它先把宽泛的目的一步一步地分解为具体的目标，然后根据详细界说的目标，选择、组织教学内容，选择合适的教学行为，设计教学形式，形成详细的教学计划，即教案（见图 6.1）。这里，我们着重讨论第二种准备模式。

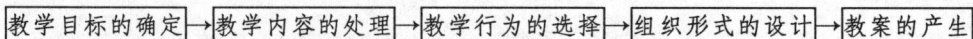

教学目标的确定→教学内容的处理→教学行为的选择→组织形式的设计→教案的产生

图 6.1 目标—手段详细计划模式流程图

一、教学中的目的与目标

许多人往往把“目标”（objective）和“目的”（goal，意义相近的词还有 aim，intention）混淆起来。其实，自 20 世纪 20 年代以来，英语国家的教育文献中所用的“目标”一词有着特殊的含义。objective 一词原意是流水线上生产出的产品，把这个词引入教育领域，体现出用预期达到的教育结果来支配教育行动的思想。因此，教学目标是预期的，在具体情景下学生行为变化的结果，是用“学生学会了什么”的说法来表示的；而“目的”一词的含义往往与教育者的主观愿望等同，它通常是指某一社会或国家为实现教育目的，在教学领域给教师提出的一种概括性的、总体的要求，因此它是一种自然的理想状态，一种方向、指针，而且还隐含着有可能无法实现的意思，时间的跨度也比较长。目标通常是策略性的，是可观察、可明确界说、可测量、可评价的，而且还有时间、情景等条件限制，然而它是目的的具体化。目的与目标的关系是一般与特殊、普遍要求与具体结果的关系。

按具体化的程度，目标在教育或教学实践中相对而言可以分为三个层次：

第一级水平是相对抽象的、陈述较为宽泛的目标，在编制某一级、某一类或某一所学校的教学计划或课程计划时就需要这类目标。它界定某一阶段教育，如小学、初中、高中努力实现的总目标，并为安排要教的各种类型的课程和领域提供依据，这一层次的目标在我国往往被称为"培养目标"或"办学宗旨"。

第二级水平的目标稍微具体一些，根据某一具体的学习领域和学生的发展状况，用行为目标的形式把宽泛的目标分解得更加具体，通常用来作为课程标准。这些以行为方式陈述的目标对界定一门教程或一系列教程的目标来说十分有用，因此常称为"课程目标"。

第三级水平的目标分析到操作化的程度，它往往与具体的情景联系在一起，对体现较抽象的目标的行为结果给予明确界定，引导教学的开展，因此称为"课堂教学目标"。

这三个层次的目标分别是处于不同工作层次的人出于不同的意图而编制的，适用于不同的工作层次。它们所考虑的情景的具体化程度不同，越是短期的目标、越具体的目标，对实现手段考虑得就越多。由此看来，目标本身是人类行动的一种手段，即事先设想行动的结果，实际上是把能反映理想的已有实践成果确定为以后实践的目标，以确保一般目的得到实现。

这种计划行动的方法做起来远非想象得那样容易，对目标进行详细界说是一个非常花费时间的工作，而且需要大量的技巧。预定目标本身已成为一个重要的研究领域。

二、目标领域与学习水平

所谓"目标领域"，是指预期学生学习之后所发生变化的行为领域。而"学习水平"就是表明这种行为在一定的框架内所达到的程度，其定义则具体说明了该学习行为。涉及目标领域与学习水平，国内外有许多教育目标分类的尝试，其中影响较大的、也是较早的，当属布卢姆等人的教育目标分类学。表 6.1 就是对布卢姆等人的目标分类的修正框架之一，仅供参考。

表 6.1　三种目标领域、学习水平及其定义

领域	学习水平	定　义
认知领域	1. 知识	事实性信息的回忆
	2. 领会	理解的最低水平；提供理解的证据和运用信息的能力
	3. 应用	用抽象原理来解决问题
	4. 分析	区分和领会各种相互关系
	5. 创造	结合各个组成部分以形成一个新的整体
情感领域	1. 接受	自在地面对刺激
	2. 反应	自愿地对刺激作出回应
	3. 价值判断	对刺激形成一种态度
	4. 信奉	一贯地按照内发的、稳定的价值体系行事
动作技能领域	1. 模仿	按照指示和指导下从事简单的技能
	2. 操作	能独立地完成一项技能
	3. 熟练	能准确地、自动化地完成一项技能

这里的目标虽主要针对“培养目标”、“课程目标”这些层次而言，但也可为制定更具体的“教学目标”提供依据。重要的是，了解这种分类框架，是为了使教师形成自己的目标分类体系，并在教学中把具体的、可见的学生行为纳入到一种目标的概念框架之中。

三、编写教学目标的基本要求

拟研究行为目标著名的美国学者马杰在其1962年出版的《程序教学目标的编写》中提出，一个学习目标应包括三个基本要求，这些要素的实现应能达到可操作、无歧义、术语化的标准：

① 说明具体的行为，以便教师能观察学生，了解教学目标是否已经达到。例如：“能列举××步骤。”

② 说明生产上述行为的条件。例如：“能参考教科书来列举五个步骤。”

③ 指出评定上述行为的标准。例如：“单元教学结束以后，能按照标准测试所要求，列举五个步骤，至少四个步骤是正确的。”

马杰这个“行为”(performance)、“条件”(conditions)、“标准”(criteria)三要素的基本模式，至今仍为教育界所接受。马杰模式有什么优点呢？例如：学校的形势任务课常常提出培养学生的分析能力。这是一般的提法，只能作为教学的一般指导。如果用行为语言表述，学生必须完成某种行动才能说明他有了分析能力。假定把这个目标描述为“提供报上一篇文章，学生能将文章中陈述事实与发表议论的句子进行分类，至少85%的句子分得正确”。按马杰的三要素，可以把这个目标的表述转化为表6.2所示。

由表6.2可见，原先笼统的教学目的，用马杰的方法予以具体描述就变得具体、明确了。

表6.2 马杰模式举例说明

学习目标的要素	要问的问题	例子
1. 学生的行为 2. 作业的条件 3. 合格作业的最低标准	做什么？ 在什么条件下？ 做得怎么样？	提供报上的一篇文章，用“意见”或“事实”把句子标记出来，至少有85%的句子标记正确

在教学设计的实践中，有的教育研究者认为有必要在这三要素的基础上，加上对教学对象的描述。这样，对学习目标的描述就更加明确了：

① 应明确教学对象（A，即Audience）。

② 应说明通过学习后，学习者应能做什么，即行为（B，即Behavivur）。

③ 应说明上述行为在什么条件下产生，即条件（C，即Conditions）。

④ 应规定评定上述行为的标准（D，即Degree）。

上述四项基本要求构成一个一ABCD结构模式（见表6.3）。当然，在实际运用中，并不需要机械地按ABCD顺序编写学习目标，这个问题以后将进一步讨论。

表 6.3　ABCD 模式学习目标实例

学习目标要求	认知学习目标实例	心理运动学习目标实例	情感学习目标实例
对象 A	初中二年级学生	开始学习书写的小学二年级学生	参加生物学补习的高中学生
对象 B	应能将卷云、层云、积云和雨云标记出来	应能书写草写体的 d、b、g 和 p	以提前来生物实验室的实际行动，表现出对学生物学提高了兴趣
条件 C	观察实际的云或观看云的图片	在英文练习本上	教师提前打开生物实验室的门，但对早来的学生不给予任何特殊奖励
标准 D	至少有 80%的云的实际标记正确	每一个字母应一笔写成，流畅美观	一学年中，如平均 1/3 的学生早来，80% 的学生中，每人至少有一次早来，则可认为目标达到

四、教学目标的具体编写方法

(一) 对象与行为的表述

如前所述，在学习目标的表述中，首先应明确教学对象，例如："小学六年级学生"、"参加在职培训的技术人员"等。接下来，要说明这些学习者通过一定的学习以后，应该能获得怎样的能力，这是关于行为的表述，是一条学习目标中最基本的成分。行为的表述应具有可观察的特点，所以应避免使用诸如"知道"、"理解"、"掌握"、"欣赏"等含义较广的动词来描述行为。对这些词语的意义，各人均可从不同角度理解，因而使学习目标表述不明确，给以后的教学评价带来困难。这类词语一般用来表述总括性的课程目标和单元目标。

描述行为的基本方法是使用一个动宾结构的短语、行为动词（action verb）说明学习的类型，宾语则说明学习的内容。例如："操作""比较""说出……的名称""给……下定义""列举"等都是行为动词。在这些行为动词后加上动作的对象，就构成了学习目标中关于行为的表述，例如：

①（能）操作电视摄像机。

②（能）说出英语句子中各句子成分的名称。

③（能）比较中西方文化的主要异同处。

④（能）给社会学下定义。

⑤（能）列举教学媒体选择中应考虑的基本因素。

这样的动宾结构短语构成学习目标的最基本的部分。一般来说，宾语部分的内容与学科或培训课程的具体内容有关，教师或负责培训的人员都能很好掌握。由于教学目标中的行为应具有可观察性的特点，所以描述行为最困难的是行为动词的选用。表 6.4 和表 6.5 列出了部分动词实例，可供参考。应注意的是，有些动词的含义需要按上下文意义而确定。教学设计者和有关的学科教师在开展教学设计的实践中，应注意积累经验实践证明是可用的行为动词，为建立具有特色、适合各科教学情境的行为动词库而作出努力。

表 6.4 编写认知学习目标可参考选用的动词

学习目标层次	特征	可参考选用的动词
知道	对信息的回忆	为……下定义、列举、说出（写出）……的名称、复述、排列、朗诵、辨认、回忆、选择、描述、标明、指明
领会	用自己的语言解释信息	分类、叙述、解释、鉴别、选择、转换、区别、估计、引申、归纳、举例说明、猜测、摘要、改写
应用	将知识运用到新的情境中	运用、计算、示范、阐述、解释、说明、修改、订计划、制订……方案、解答
分析	将知识分解，找出各部分之间的联系	分析、分类、比较、对照、图示、区别、检查、指出、评析
综合	将知识各部分重新组合，形成一个新的整体	编写、写作、创造、设计、提出、组织、计划、综合、归纳、总结
评价	根据一定标准进行判断	鉴别、比较、评定、判断、总结、证明、说出……价值

表 6.5 编写心理运动学习目标可参考选用的动词

学习目标层次	特征	可参考选用的动词
知觉能力	根据环境刺激作出调节	旋转、屈身、保持平衡、接住（某物体）、踢球
体力	基本素质的提高	提高耐力、迅速反应、举重
技能动作	做复杂的动作	演奏、使用、装配、操作、调节
有意交流	传递情感的动作	用动作表达感情、改变脸部表情、舞蹈

（二）条件的表述

条件是指学习者表现为当时所处的环境等因素。换言之，它说明了在以后评定学习者的学习结果时，该在哪种情况下评定。如要求学习者“能跑一万米距离”，条件则指在“何种气候下、在什么道路上”等环境因素。条件的表述常与诸如：“能不能查阅词典”、“有没有工具”、“有没有时间限制”等问题有关。条件包括下列因素：

① 环境因素（空间、光线、温度、气候、室内、室外、安静或噪音等）。
② 人的因素（单独进行、小组集体进行、在教师指导下进行等）。
③ 设备因素（工具、设备、图纸、说明书、计算器等）。
④ 信息因素（资料、教科书、笔记、图表、词典等）。
⑤ 时间因素（速度、时间限制等）。
⑥ 问题明确性的因素（提供什么刺激来引起行为的产生）。

值得注意的是，学习活动本身常容易被看做为描述学习结果的一种条件。例如："通过一个月的训练，学生能……"在这里，"通过一个月的训练"指的是学习的过程。而学习目标中所谓的条件是用以评定学习结果的约束因素，说明在何种环境条件下来评定学习成绩。

(三) 标准的表述

标准是指作为学习结果的行为的可接受性的最低衡量依据。对行为标准作出具体描述，使得学习目标具有可测性的特点。标准的表述一般与"好到什么程度"、"精确度如何"、"完整性如何"、"在多少时间内"、"质量要求如何"等问题有关系。下面是若干表述方式：

① 按正确次序（例如，将水的净化过程的 6 个步骤按正确次序排列）。

② 至少 80% 正确（例如，检查线路故障，排除故障正确率达 80%）。

③ 精确度 2 mm（例如，测量血压，误差在 ± 5 mm/Hg 以内）。

④ 在 5 分钟以内（例如，在 1 分钟以内准备好必需的消防器材）。

⑤ 达到标准规定的要求。

下面一些行为目标的实例中，包含了条件和标准两个因素：

"借助医院的平面图，能找到所有灭火机安放处和紧急消防出口处，准确度达 100%。"

"根据所布置的阅读材料，能比较两种古代文化的差异，至少列举每种文化的五个特征。"

"根据描述某一种树的一般生长率的图表，能预言 5 年生长期的树木的外围尺寸，准确率达 15%。"

"在 8 分钟内，能装好，调好零位，并操作万用表。"

五、教育目标分类理论

为协助教师的教学及其评价，教育及心理学家研究了教学目的并予以分类。一般常用的分类法是将教学目的区分为认知的（cognitive）、情感的（affective）与动作技能的（psychomotor）三类。认知的教学目的包括诸如知觉、概念、再认、想象、思考、推理与判断等教学历程。情感的教学目的包括感触、感情、情绪、能度、欣赏与价值等历程。动作技能的教学目的包括技术、动作与演说等。人类的行为本来是综合的，因此，认知、情感、动作等学习过程均相互影响和作用。

(一) 认知的教学目标分类

根据布鲁姆的分类法（1956 年），认知教学目标有六项。

1. 知识（knowledge）

① 内容：包括特殊与一般知识、处理知识的方法与手段等。

② 说明：培养学生以回忆可再认法记忆概念或事实。学生学习如何借助暗示、信号与线索将学得的知识有效地回忆出来。

2. 理解（comprehension）

① 内容：包括翻译、解释与推论所提示的教材。

② 说明：培养学生领会人际间彼此沟通信息的能力。

3. 应用（application）

① 内容：包括原理、法则、理论、概念与历程等的应用。

② 说明：培养学生应用抽象观念、规则、原则、议论与方法等于不同情境的能力。

4. 分析（analysis）

① 内容：包括要素、关系与组织原则的分析。

② 说明：培养学生将整体分解成各种因素的能力。

5. 综合（synthesis）

① 内容：包括独特的信息交流、操作计划与抽象系统的产生。

② 说明：培养学生处理因素、部分与片断的能力，并知道如何将它们整合成一个合理的或新颖的整体。

6. 评价（evaluation）

① 内容：包括依据内在证据与外在标准做判断的能力。

② 说明：培养学生对资料与方法以质与量做正确判断的能力。

上述六项认知教学目的之分类，因其内容广大充实，颇受教育界的欢迎而广泛地应用于各级学校教学中。此项分类法亦被使用于编制成就测验，作为出题的指导。事实上，教师们多承认他们过去多偏重知识的（第一项）教学，忽略理解、应用、分析、综合与评价的教学。学校教学的失败，多归咎于缺乏知识记忆以外的思维的教学，即所谓“学而不思则罔”。教师应在其教学活动中分出更多的时间用于知识之外的其他认知教学。当然，这并不是指硬性地将所有六项均加之于任何教学单元上。由于单元内容、性质、取材、教学法及学生程度彼此不同，有时须注重知识、应用及评价的教学，有时则应偏重理解、分析、综合与应用的教学。教师应凭其智慧及专业能力，灵活地选择及叙述教学目的，使师生有需要共同努力的教学目的，亦使教学成果的评价有明确的根据。再者，教育不仅要培养爱知识的国民，而且要培养能思善辩的公民。

(二) 情感的教学目标

根据柯拉斯沃等的分类法（1964 年），情感的教学目标有五个程序。

1. 接受（receiving）

① 内容：包括感觉、接受意愿。

② 说明：接受是情感的起点。培养学生感觉并愿意接受耳濡目染的事件的能力。

2. 反应（responding）

① 内容：包括反应、默许、意愿与满足。

② 说明：训练学生从单纯的感受到外界刺激到反应的满足能力。

3. 评价（valuing）

① 内容：包括接纳与选择价值，从而自我约束。

② 说明：培养学生对某事物（例如教学）赋予价值，进而爱好认为有价值之事（研究教学），终于献身于有价值之事（身为教学家）。

4. 组织（organization）

① 内容：包括价值的观念化与组织。

② 说明：训练学生将各种价值予以整理归类，然后予以系统地组织，使价值间不相冲突，反而彼此隶属、相互作用。

5. 价值的性格化（characterization by a value or value system）

① 内容：包括价值的类化与性格化。

② 说明：价值的性格化是最高的境界。价值被内在化后，成为学生的价值观或人生观，因而其言行受价值观的影响，价值到此成为性格的一部分。

由于认知心理学（cognitive psychology）重视认知对行为的影响以及个人经验（包括情感）对认知的左右能力，情感的教学逐渐重被提出与重视。加以存在心理学（existential psychology）的强调爱与关切来自个人内部的一致性，以及人本心理学（humanistic psychology）的讲求个人自我实现的人生最高境界，情感教学有时反而有喧宾夺主之势，大有使某些教室成为娱乐之所而非学习知能的地方。当然，过与不及于情感教学上不是教育之福。教师不仅要教导学生去学，而且要使学生热爱学习；不仅要应用所学，而且要欣赏应用的价值；不仅要懂得如何评审，而且要容忍或尊重与自己不同的意见。的确，要使学生免于变成死读书的机器，情感的教学所带给的多彩多姿的感情、情绪、态度、欣赏、情操、价值与性格，使教学富于生气，使教育得以完整健全。不过情感的教学并非一蹴而就。教师应依上述五个程序，循序渐进，以使“视而不见”者有所视，更使经常“无动于衷”者能化冷漠为关切。

(三) 动作技能的教学目标

根据齐卜勒等的分类法（1970 年），动作技能的教学目的的发展有四个步骤。

1. 整个身体的运动（gross body movement）

① 内容：上身、下体或部分肢体的运动。

② 实例：掷球、赛跑、游泳等。

2. 协调细致的动作（finely coordinated movement）

① 内容：手与指间的动作，手与眼间的协调，眼与耳间的协调，手、眼与脚的协调，协调动作的综合。

② 实例：书写、打字、弹琴、驾驶车船等。

3. 非语言交流（nonverbal communication）

① 内容：面部表情、姿态及身体运动等非语言交流。

② 实例：兴趣表露、以手势传音讯、扮演、哑剧等。

4. 言语行为（speech behavior）

① 内容：发音、音字组成声音。

② 实例：发子音与母音、朗诵诗歌。

动作技能的学习为发展体育、舞蹈、演说、演剧、职业术语与劳作等所必需。人类动作的学习是从大动作至细小动作，从非语言至语言讯息交流，因此动作技能的学习目的为根据发展心理学动作技能学习的历程而分类，而定其步骤。人人生活于现实社会文化及经济结构日益变换的世界里，除认知及情感的教育外，职业技能的训练、体育、卫生及娱乐习惯的培养，以及生活艺术的创作与欣赏，对自我实现与社会繁荣均有重要的贡献。

教学目标在叙述上的误用

1. 以教育目的代替教学目标。例如“把学生培养成良好的公民”、“使学生成为德智体全面发展的人”等。

2. 含糊其辞，难以评价。例如“提高学生的写作技巧”、“学生能用乘法正确解决应用题”等。

3. 行为的主体是教师，而不是学生。例如“拓宽学生的知识面”、“培养和提高学生的动手能力”等。

六、教学目标的运用及其限度

综上所述，教学目标有助于教师思考和计划实现学校培养目标和课程目标，也有助于评价某些类型的教与学的效果。总的说来，已有的研究得出的结论，只是支持了教学目标适用于那些个别化学习（程序学习）、高度教导性的教学（训练、模仿、记忆），以及较低认知水平的领域（信息、技能）。教学目标对高级认知水平的领域有无普适性，还缺乏必要的证据。

目标导向教学在国外曾一度形成一种运动，国内自20世纪80年代初期以来也引起了广大研究人员和教师的注意，但随着实践和研究的逐渐深入，人们认识到，不必过分反对运用目标，但也不必过分夸大它的作用。

需要指出的是，授课计划不一定非要具体界定目标，有些目的不必具体化为目标，因为有的活动本身就想培养一种概括化的行为方式或提供给学生一种机会和体验，如学校经常安排的一些社会实践活动、公益劳动；教学活动中安排的某些实验、参观考察活动等。有些目的无法具体化为目标，如表演性的、首创性的活动，在活动前不可能知道结果是什么，活动的结果要等活动结束之后才能知道。因此，有时只需用概括化的行为动词和对创设的探索活动情景的描述来表明教学的意图。

第二节　教学材料处理行为

无论是需要自己编制所教科目内容的教师,还是根据已经规定好的内容进行教学的教师,根据教学的意图或目标对可得到的材料进行编选、研究和分析都是教学准备工作中必不可少的环节。

一、教学材料概述

教学材料（materials）是指教学内容的各种形式的载体。过去的几十年中，可得到的各类教学材料和每类教学材料中的种数，层出不穷。在19世纪末，书籍、卡片和画片是用于教学仅有的材料。现在，教学材料的类型增多了，其中包括：教科书、教学参考书、补充读物，学生用以解答书中问题的工具书、杂志、小册子、连环画、程序材料，用以培养某方面技能的学具或玩具、电影、灯片，用以教授简单概念或技巧的简短盒式电影（电影循环片）、VCD、CD、录像带、录音带、图表、照片和画片、实物标本，等等。

研究表明，尽管学校的物质环境本身对学生的学业成绩没有实质性的影响，但对学生和教师的行为模式以及对学生的学习态度的确很有影响。① 丰富的材料能激励学生参与到广泛的学习活动中去。

值得注意的是，教学材料要符合教学的目的和需要。研究表明，对学生学习来讲，这比拥有的材料是否丰富和高档更加重要。这就为教师少花钱多办事提供了可能性，教师还可根据自己特定的教学需要和自己所面对学生的特点自编材料、自制或与学生一起制作教具，有时，这些教具比买来的现成教具更有效。

这里着重谈谈教学最基本的材料——教科书的准备。就我国情况看，教科书必须依据教学大纲编写，教师对教学大纲的了解有助于其灵活运用教科书，因此首先谈谈教学大纲的研析。

二、教学大纲的处理

由于国家教育管理体制不同，教学大纲（或课程标准）对教学进行规定的方式也不同。在我国，教学大纲规定的范围很广，它是指根据教学计划以纲要形式编订的、有关学科教学内容方面的指导性文件。它规定学科的知识范围、深度及结构、教学进度、教学法上的要求等，是教学计划的具体化。它的结构一般包括说明和正文两个部分。说明部分包括本学科在

① 胡森等主编，中央教育科学研究所比较教育研究室编译：《简明国际教育百科全书·教学》(上)，教育科学出版社1990年版，第87页。

学校课程中的地位、教学目的和要求、教材选编的原则、教学方式的提示等；正文部分列举教学的主要课题、要点或章节，规定每个课题的教学要点和教学时数。有的教学大纲还有第三部分，规定练习、实习作业、实验、参观和有关教学设备及参考书目等。

一般来说，教学大纲所规定的，是国家对学生学习此科目必须达到的标准的统一要求。在我国，教学大纲更是编写教科书的主要依据，也是检查和评定学生学业成绩，衡量教师教学质量的重要标准。教师可以通过研究教学大纲，对本学科的教学有一个总体把握，明确所教课程的目的、要求，掌握课程内容的深度和广度，规划内容的序列安排，确定教学的大致进度。教师在研究教学大纲时应注意的是，要把教学内容与教学目的、要求、教学原则和方法联系起来理解，因为有时某一项内容可以达到不同的目的，必须理解它在特定位置所要达到的特定目的，才能掌握教学的侧重点；还要把大纲规定的各部分教学内容联系起来，整体把握。为了保证各门学科的密切联系和学生学习的前后衔接，有时了解相近学科的教学大纲也是必要的。

三、教科书的研析

教科书是根据教学大纲或课程标准编写的教学用书，通常按学年或学期分册，划分单元或章节。教科书的采用或认可制度有国定制、审定制和自由制。在某些国家，由教育主管部门组织编写通用的中小学乃至大学的教科书，并规定教师使用这些教科书，至少是规定使用审定过的教科书。而在另一些国家，教师在选择教科书方面有很大的权力，还可以不使用任何现成的教科书，而从不同的书籍中选择符合课程标准的内容，甚至自己编写某些科目的材料，因此在这些国家，课程编制的理论与实践有很大的发展。

自行编写教科书是一项比较复杂的工作，要了解此项工作如何进行可以参见课程研究的著作，这里只谈与课堂教学密切相关的关于教科书编写的基本知识，对这些知识的了解可能有助于教师充分地、灵活地利用教科书。教师要懂得教科书的编写原则、结构及各部分的编写意图。

编写得较好的教科书在内容和组织结构的编排上，除了注意知识本身的逻辑体系外，还考虑到一定年龄阶段学生的需要、心理特征和学习方式。首先内容应符合学生的需要，学生才会对之感兴趣；其次在排列上应以相互联系的方式组织内容，这样有助于学生在学到的内容间建立有意义的联结，产生学习的“累积效应”，即当他遇到适当的情景时，就能把学到的东西整合起来，迁移到新问题的解决上。但由于教科书编写者在编写时依据的是众多学生普遍的特点，所编教科书不一定完全适合特定班级、特定学生的学习，因而教师在研析教科书时就要针对自己所面对的学生，对现成的教科书的这些方面作出评价，然后在一定程度上“重组”或“改编”教科书，以切实有效地达到教科书编写者想达到的目的。

教科书的组成有繁有简，较完整的教科书一般包括：前言、目录、正文、习题或练习、实验、图表、注释、附录、索引等。它们各自发挥不同的作用，从中可以获得许多关于进行教学准备和设计教法的提示。

在研析教科书中的教学内容时，与上述对教学大纲的研析一样，要与所要达到的意图或目标挂钩。因为有时同一内容可以用来达到多种不同目的，相应需要采取不同的教学方式。

只有明确了内容所要达到的目的或目标，才能选取恰当的教学侧重点和方式。教师不仅要把教学内容化为自身的一部分，而且要对每一部分内容的教学意图或目标做到心中有数。

如上所述，在处理教科书时，不必局限于给定的内容和结构。尽管成套教材有个好处，就是教师不必承担开发课程的工作，但正因为如此，它可能有超时空性，也许不适合特定学生的特定学习情况，如资料中的语言也许不是当地的语言，或内容与学习者日常生活所熟悉的情景关系不紧密，或编排结构不适于某一地区的某一学校的某一群体学生学习。因此，不要以为统一的教科书是不容置疑的，只能按照它规定的内容、顺序和进度教学。即使是以国家制定的教学文件为依据进行教学的教师，在面对他自己的学生进行教学时，也有责任重新考虑选择和组织相关的教学内容，根据具体情况更动、修改或加以补充，以便更好地适合于自己的情况。所以运用现成教科书的教师，应对教科书的作用及其局限性心中有数。

教科书的辩护与批判

赞成意见：

1. 可当做教学的指导用书和学习的途径；
2. 省略选择及排列教学材料的烦琐程序；
3. 节省学生记笔记时间，且避免错误或遗漏重要的内容；
4. 学生可以通览该学科的内容，预知其梗概；
5. 借用统一的国家教育标准，以迎合世界潮流；
6. 印刷精良、文字生动的教科书，可以引发学生学习的兴趣；
7. 内容充实、结构严谨的教科书，可当做最规范的课程；
8. 对于来自家境贫困的学生来说，教科书几乎是唯一的用来学习的印刷材料；
9. 对于教学经验不足的教师来说，教科书是必备之物，它使他们产生安全感和自信心。

反对意见：

1. 教师易受教科书的约束，以致难以充分发挥自己的创造性，且易养成教师的依赖性；
2. 教科书因篇幅所限，叙述简略，内容枯燥，故难以引起学生的学习兴趣；
3. 教科书由少数人编写，难免观点独断或见解褊狭；
4. 教科书的印刷常因校对疏忽，留有错误；
5. 教科书一旦印成，内容大多固定，不易随时修订，难免失去时效；
6. 学生常把教科书作为唯一范本，而疏忽教师的讲解；
7. 学生常根据教科书内容猜测考题，以致养成投机心理；
8. 学生常局限于教科书的内容，而忽视其他参考文献和实际生活问题。

综上所述，要做好教学的准备和计划，教师必须对所教科目知识的性质及所面对的学生之需要、兴趣、能力水平和学习与思维习惯的特征有深入的了解，这是计划背后暗含的教师的修养，某种意义上说，这些方面的修养比学习一些现成的具体做法更重要。知识观和学生观上的新视界往往会带来创造性的教学实践。这种修养不仅体现在教师准备教学材料这一环节上，还体现在教学行为的选择、组织形式的设计等一系列环节上。

第三节　教学内容信息呈示行为

教师在课堂上呈示教学内容信息依照使用手段不同，主要有语言呈示、文字呈示、声像呈示和动作呈示四类。呈示教学内容信息行为的基本特点是教师向学生传递信息的单向性。呈示行为是以教师为核心的、基本的教学行为。其中，语言呈示是指口头语言呈示，我们只讨论最常用的语言呈示，即讲述行为；文字呈示包括通过板书和印刷媒体（如讲授提纲、课本或辅助用书）等书面文字向学生传递知识的行为，在此，我们只讨论与教师关系最密切的一种形式——板书。

一、讲述行为

讲述行为是指教师以口头语言向学生呈现、说明知识，并使学生理解知识的行为。从信息传播方向上看，讲述行为的传递具有单向性，它不要求学生有对应的互动行为。讲述行为是教师课堂上最常运用的教学行为。美国的教学研究专家弗兰德斯曾在对大量课堂进行观察研究的基础上提出了“三分之二规律”，即课堂时间的三分之二用于讲话，讲话时间的三分之二是教师讲话，教师讲话时间的三分之二是向学生讲话而不是与学生对话。① 我国研究者通过对我国中小学高成效教师课堂观察后也发现类似结果，讲述时间平均占课堂时间的 65% 左右。所以，对一名教师来说，掌握讲述行为至关重要。

（一）讲述行为的功能与表现形式

讲述行为至少有两种功能：一是说明是什么或怎样做，使人明白、理解某个概念、程序或规则；二是解释原因，如分析某个概念产生的原因，告诉学生为什么必须要按某些程序去做，给出制定某些规则的理由等。

由于讲述行为所用时间和简繁程度不同，主要有正式讲述和非正式讲述两种。正式讲述要占一节课的大部分或全部时间，专用于中学高年级或大学；非正式讲述一般持续 5～10 分钟。从讲述内容的性质差异来看，讲述行为主要有三种表现形式，即诠释性讲述（介绍概念或术语的含义）、描述性讲述（说明一个过程、一种结构或一系列步骤）和说明原因性讲述（说明为什么做某件事或某件事发生的原因）。

仔细考察起来，这些表现形式中的每一类别都有自己的特点，但它们之间的“共性”更多一些。我们下面的分析都是针对它们的“共性”而言的。

（二）讲述行为的维度分析

1. 讲述行为的形式维度

讲述行为的形式维度系指言语表达的外在形式，包括语音、语流、语速等方面。

① 转引自 Anderson，L. w. (1989). The effective teacher，p.68.

就发音准确性而言，我国曾有人进行过教师标准发音（普通话）与方言发音（地方话）两种情境下学生对教师人格特征、讲课效率和人际吸引等方面评价的对照研究。[①]结果发现，讲普通话的教师在各年级组学生评价中的等级均高于讲地方话的教师。在中学生和大学生的评价中，与男教师相比，讲普通话的女教师获得更高评价，讲地方话的女教师获更低评价。这一结果意味着，教师用普通话教学之效果优于用地方话教学之效果，对女教师来说尤其如此。

据希勒等人研究，教师语言的流畅性与学生成绩之间有显著正相关。[②]另外，还有人研究发现，教师语流中断可造成学生成绩的显著下降。语流的速度是指单位时间内所发出音节的多少。语言速度过快、过慢都不利于学生成绩提高。如果速度过慢，教师教学节奏变缓，教师单位时间所讲述内容就会减少，这势必会降低教学成效。教师语流速度过快，超过学生短时信息加工极限，教师之讲述效果也会降低。[③]

2. 讲述行为的内容维度

教师就学习内容向学生提供清晰、明了的讲解，对帮助学生彻底明白学习内容有重要影响。教师能否使学生明白学习内容，主要取决于以下因素：

用词的精确性与模糊性　教师讲述过程中用词的精确性与模糊性可从教师所使用的一般教学语言和专业术语两个角度考察。目前有关研究多集中在一般教学语言方面。希勒等人曾把教师所用的模糊用词归纳为 9 类（见表 6.6）。

有人曾总结关于教师用词模糊与学生成绩之间关系的 5 项相关研究和 5 项实验研究。就 10 项研究结果总体而言，其中有 8 项显示两者之间显著相关，显著性水平在 0.05～0.001。据相关研究结果，学生成绩可由教师用词模糊解释的方差百分比占 18%～24%；据实验研究结果，可由教师用词模糊解释的方差百分比占 2%～17%。[④]

表 6.6　模糊用词的种类和例词

类　别	例　词
1. 指称不明	所有这些，某地
2. 否定性强调	不很多，不十分
3. 接近	大约，有点，某种程度，差不多，大体上
4. “蒙混过关”和转折	无论如何，当然，实际上，等等，实质上，众所周知，长话短说，换言之
5. 认错	对不起，抱歉，我不能肯定，原谅我
6. 模糊限定	一些，几个，一群
7. 多重性	许多种，许多类
8. 可能性	也许，可能，大概
9. 或然性	一般，有时，经常，通常

① 张积家：《教师口音的社会心理影响》，《心理科学通讯》，1990 年第 6 期。

② Hiller, J.，Fisher，G. & Kaess，W. (1969) A computer investigation 0f verbal characteristics of effective classroom lecturing，American Educational Research Journal，p.661-675.

③ Rosenshine, B. & Stevens, R. (1986) Teaching functions. In M. C. Wittrock （Ed.），Handbook Research o—Teaching（3rd ed.），p.376-391.

④ Land, M. L. (1987) Vagueness and clarity, In M-J-Dnnkin(Ed.)·rk International Encyclopedia o, Teachimg and Teacher Education，p.392-397·

专业术语使用的时机　教师使用专业术语的时机对学生学习有很大影响。在学生刚开始接触一个新专业术语时，适当运用该术语的日常生活词汇、俗称来描述，可帮助学生学习和理解新术语。但在学生已经掌握新术语，并能够运用专业术语解释新现象、学习新知识时，教师使用非专业术语则会失去科学知识的严谨性和严肃性，甚至引起学生错误理解。当然，滥用学生不太熟悉的专业术语，尤其是在学习某个新概念时，也不利于学生学习。

讲述内容的组织性、逻辑性　许多研究认为，通过某些行为对讲述内容进行组织以及精心安排所呈现的内容序列，可提高学生成绩。研究教师呈示清晰性的学者一致把组织学习材料并使其富于逻辑性作为重要核心行为，而且许多研究也证实教师呈示清晰性与学生成绩和满意程度之间有实质性联系。有关“先行组织者（advance organizer）”的研究也证实，帮助学生找出学习材料的联系性、逻辑性，有利于他们的学习，尤其对缺乏预备性知识的学生，帮助更大。①

信息加工理论认为，人的信息加工能力是有限的，如果教师向学生呈现的内容线索不明而且信息量超过学生短时记忆的限度，学生就会只加工其中的部分信息，而忽略其他信息。倘若教师精心组织新信息，并合理安排呈现顺序和步骤，学生则倾向于依次对信息做加工处理，而不会漏掉其中的某一部分。简言之，教师讲述富于组织性、逻辑性可促进学生对新信息的解码，因而有利于学生学习。

（三）讲述行为的运用策略

1. 讲述行为的特点与“误用”

讲述行为是课堂教学中最古老、应用最多的一种教学行为，然而对它的批评也最多。但是，人们所提出的许多“缺点”，有些并非讲述行为本身所固有，实际上是由于个人对讲述行为的运用不当所致。是什么原因导致人们使用不当呢？要弄清这一问题，关键在于了解讲述行为的基本特征。不了解讲述行为的基本特征，在实际操作中便难免出现讲述行为之误用现象，也谈不上真正有效把握讲述行为的运用策略。讲述行为相对于其他教材呈现行为而言，基本特征是能在短时间内呈现大量知识。这一特征既可能使讲述行为成为一种非常有效的教学行为，又可能因为人们对讲述行为运用不当而造成严重失误。

讲述行为的误用

1. 过短的时间内呈现了过多的新知识。如果在一定时间内向学生讲述的知识超过了学生加工并理解信息的限度，学生会变得迷惑不解，如坠云雾，对自己学习能力失去信心，教师随后的讲述就变得徒劳无功了。

2. 讲述时间太长，超出学生有意注意的时限。人维持有意注意时向是有限的，超出一定限度，则会产生分心、注意力转移的现象，有时还会诱发问题行为。一般而言，对小学、初中学生以讲述 10～20 分钟为宜；高中生以 20～30 分钟为宜；大学生及成人以 30～60 分钟为宜。

① Anderson, L. w. (1989). Classroom instruction. In M. C. Reynolds (Ed.), Knowledge Base for the Beginning Teacher, p.101-115.

3. 讲述内容缺乏组织性、逻辑性。如果没有说明所讲述观点之间的相互联系，这些内容则对学生失去意义，结果是产生机械学习现象。

4. 讲述不顾及学生原有知识基础，或对学生知识准备作想当然假设。学生在不具备前提性观念情况下的学习必然是机械学习。

5. 讲述时没有激发起学生有意义地理解知识的心理倾向，教师讲述内容组织得再富于条理性、逻辑性，也难于使学生对其获得心理意义，产生有意义学习。

2. 讲述行为运用策略

针对上述的误用表现，那么教师在课堂中如何合理地进行讲述呢？下面就是一些给教师的建议。

语音准确，语词恰当，语流连贯，语速适中。教师语音应以普通话为准，保证学生听清楚每一个字。教师讲述中应使用普通话词汇，避免使用方言词汇。教师也要适时、恰当地使用本学科的专业词汇，避免使用日常生活词汇。为准确表达自己的思想和教学内容，教师应选择最精确的词汇，防止使用笼统和容易引起歧义的词汇。为了表达连贯流畅，教师在备课时要把教案中的书面语言转换为口语化的语言；讲述时尽量使用短句子，戒除说话带口头禅和多余语助词的不良习惯。教师讲述时的语速以稍慢于日常生活中讲话速度为宜，大致在每分钟 200～300 字。

讲述学生不太熟悉的新内容时教师可向学生呈现“先行组织者”，以明确新知识的内在结构性和新旧知识之间的联系。“先行组织者”是指学习新材料之前向学生呈现的引导性材料，它比新材料本身有更高的抽象性水平、包容性水平。它的主要功能是展示所学习材料是如何组织的，说明学生已有旧知识与新知识之间的联系，增进学生对新材料的理解。先行组织者有“陈述性”和“比较性”两种。“陈述性”组织者主要说明新学习材料的组织结构，提供适当的预备知识；“比较性”组织者主要说明新知识与已有知识之间的联系。教师可依具体情况选择使用。

结合讲述内容本身结构选择某种组织形式，展开讲述。讲述可按以下组织形式展开：

① 部分—整体关系。即可把一个课题分成若干小课题，如有必要，还可进一步分成更小一级的课题。教师由一个课题向另一个课题过渡时，要向学生发出“转承”信号，提示学生旧课题已结束，新课题要开始。例如“这样，我们就结束了有关……问题的讨论，接下来要考虑的问题是……”

② 序列关系。这种组织关系以某种顺序，如时间顺序、因果顺序或事件发展顺序等为基础而展开。

③ 相关关系。这种关系有一个核心思想和论点，教师讲述时要围绕核心论点来选择并依次展开相关的论据。

④ 过渡（连接）关系。教师可重复使用某一短语来表明讲述内容的组织结构，告诉学生所讲内容是某个系列思想的各个组成部分，或者教师可使用某一短语暗示学生，接下来要给出一个小结。例如，“当……时，我们可以从……角度分析它；当……时，我们可以从……角度分析它；当……时，我们可以从……角度分析它；总之，我们可以从多种角度分析它”。

⑤ 比较。教师对两类或多类事物作比较讲述，可先列出或界定第一个比较维度，然后说明各类事物在这一维度上的异同；接着列出第二个比较维度，重复上述过程。

⑥ 组合技巧。如果一个课题可从不同维度上进行两种或多种区分的话，教师则可将这些区分组合在一起，展开讲述。按照两个维度上各自区分的类别不同，教师可制成 2×2、2×3 等的列联表，依次向学生介绍其中每一类组合中的问题。

讲述过程中，尤其是在讲述新概念、新原理时，以“规则—例证—规则”的形式向学生提供足够的肯定例证和否定例证。掌握新概念即把握概念的关键特征，向学生提供多种肯定例证和否定例证，有助于帮助他们澄清对新概念关键特征的认识。所谓肯定例证，是指包含关键特征的例证，其中隐含着最利于概括的特征；而否定例证是指不包含关键特征的例证，它隐含了最利于辨别的信息。

有意识地使用连接词并适时地提醒学生，在所呈现信息中哪些部分或方面是重要的。连接词可以恰当表述各部分思想之间、句子之间或短语之间的关系。例如：因为，所以，因而，如果……那么……，结果……，通过……（手段），等等。提醒学生的具体表达方式有：请注意……，这一点非常重要……，认识到……是特别重要的；如果你记住……将对你理解……有很大帮助；现在，我们该讨论最重要的问题了，即……；等等。

上面这些讲述策略基本上是从教师言语策略角度来说的。但要取得较高教学成效，却不能仅限于言语行为。在运用讲述行为时可借鉴克鲁克对教师呈示清晰性的研究（见表 6.7）。①

表 6.7 有助于教师呈示清晰性的因素和行为指标

因素 1	评价学生学习。教师主动了解学生是否已理解教学内容或课题，并在适当的情况下调整教学
指标	·努力了解学生是否理解教学内容 ·教学时提供详细内容 ·问答 ·询问学生是否已经知道做什么和怎样做
因素 2	提供学习机会。教师积极组织课堂活动，安排时间让学生思考、回答和对所学内容作出概括
指标	·教学节奏适合于教学课题和学生水平 ·告诉学生如何记住或回忆某些观念 ·给出例证和解释 ·给学生思考时间 ·给练习提供充分时间 ·了解学生理解程度对新课题学习维持一定时间，必要时重教
因素 3	举例。教师频繁举例，尤其是在黑板上
指标	·举例说明如何做课堂作业和家庭作业 ·提供学生能理解的解释 ·在黑板上复习家庭作业中的难题 ·强调难点
因素 4	复习和组织。教师经常复习已学过的内容并使学生为将要学习的内容做好准备
指标	·使学生为下一步学习做好准备 ·说明将要做的工作以及如何做

① Cruickshank, D. R. (1985). Applying research on teacher clarity, Journal of Teacher Education, 36 (2), p. 44-48.

二、板书行为

文字自产生之日起，就与语言一起在教育中扮演着重要角色。它既是学生学习的内容，又是获得知识的媒介。17 世纪夸美纽斯倡导班级授课制以来，粉笔与黑板一直被认为是教师教学的重要工具。在英语中，“chalk and talk”（直译为“粉笔加讲话”）指的就是有赖于口头语言和黑板的传统教学方法。如今的课堂教学中，板书仍是讲述过程中经常伴随的行为。

(一) 板书的功能与表现形式

课堂上的板书主要有这样几种功能：

第一，配合讲述等行为，向学生提供学习内容的视觉通道的信息。讲述是教师传递知识的重要行为，课堂上学生也主要通过听觉获取信息，但听觉并不是学生获得外界信息的唯一通道。板书通过视觉通道向学生提供同一学习内容的有关信息，它不仅与学生由听觉得来的信息相互印证，而且与其相综合，促进学生构建新意义。

第二，提供学习内容的要点和结构。板书和讲述虽然所表达的都是同一内容的相关信息，但板书并不是讲述的文字记录。如果教师把所讲的每一句话都写在黑板上，反而会分散学生注意，无法专心思考教师讲述的内容。板书所提供的只是学习内容的要点和结构，是课堂话语的一种“脚手架”，尽管它略去了某些具体细节，但却是核心和实质所在。好的板书设计应是学生今后构建认知结构的模板。

第三，为识记、保持、再现学习内容提供线索。现代认知心理学家认为，为了使知识在头脑中得以长期保持，学习者必须将学习的信息转换为便于贮存的代码，这个过程就是信息编码。以后信息的提取主要依赖编码时线索的清晰程度。实际上，教师的板书过程就是帮助学生进行信息编码过程，是帮助学生将学习内容分类整理，找出同类的共同特征，发现各部分之间层次关系的过程。如果学生能把教师的板书记在笔记本上的话，它无疑将成为学生回忆学习内容的良好线索。

第四，为师生将注意集中于共同内容提供了现实载体。从学习内容方面看，某些抽象、逻辑结构复杂或包含几何图形、特殊符号、空间位置关系的内容，仅仅靠教师的讲述难以表达清楚，而且会使学生感到所讲内容虚无缥缈。以一定的点、线、图形或符号组成的板书恰恰为这些内容提供了现实的载体。从教学过程的流程方面看，随着教学过程的展开，教师边讲述边板书，学生相应地会根据板书的线索，边听边思考。就是说，板书过程引导调控着师生的思路，使他们的注意集中于共同的教学活动。

从重要性和详略程度的角度看，板书主要有两种表现形式：系统板书（或称主板书、正板书）和辅助板书（或称辅板书、副板书）。系统板书要完整地反映出教师当前的讲述内容和思路，包括内容框架、重要的概念、基本要点、主要结论和重点词汇等。辅助板书反映的是与当前学习有关但相对较次要的内容，如先前学过的概念或公式、某些细节的推理过程、具体的演算步骤，等等。它对系统板书起辅助、说明作用。

从板书的形象化程度的角度看，板书主要有六种表现形式：

第一，要点式板书。根据授课内容，在黑板上只列出标题、要点和层次。要点式板书能清晰地反映出授课内容的逻辑思路和层次，便于学生把握主要观点。但它高度概括，只适合于高年级。要点式板书在很大程度上只是教材大小标题的翻版，表现形式较为平淡，长期使用会失去对学生的吸引力。例如，以下是“金字塔”一课的要点式板书：

> 一、金字塔是埃及古代文明的象征
> 1. 埃及是一个历史悠久的国家
> 2. 金字塔是古代埃及国王（法老）的陵墓，是一种高大的方锥形建筑物
> 3. 金字塔体现着古代埃及人民的伟大智慧
> 4. 木乃伊
>
> 二、金字塔凝聚着古代埃及劳动人民的血泪
> 1. 金字塔夺去了无数劳动者的生命
> 2. 埃及人民反抗法老暴虐统治的斗争

第二，总分式板书。主要用于包含有从属关系的内容。总分式板书能很明了地使学生理解各部分之间的包含关系，从整体上把握知识内容。引入新课题或单元复习时多用这种板书。

第三，对比式板书。主要用于在某些维度上有不同表现的教学内容。使用对比式板书可使不同表现形成鲜明对照，各自特征更为突出，便于理解、记忆。例如，下面是“会摇尾巴的狼”一课的对比式板书：①

五 次 交 锋

狼	羊
“好朋友……”（伪）	“你是谁……”（警惕）
“为了救小鸡……”（善）	“你不像狗……”（观察）
“我还会摇尾巴……”（装）	“狼的本性会改吗？”…（动脑）
“马上报答你”……（骗）	“你干尽了坏事”……（揭露）
“我就吃掉你”……（凶）	“你不会活多久”……（斗争）

第四，表格式板书。它将教学内容中同一类概念、事物或事件的不同侧面分项整理、归纳，并以表格的形式表现出来。

第五，线条式板书。它是根据教学内容的发展过程、情节起伏或逻辑思路，选择关键性词语，以线条、箭头等连接起来构成的一幅流程图。线条式板书能把隐含于教学内容之中的线索清楚直观地展现出来。

第六，图解式板书。它以示意图的形式帮助学生认识某一事物的外形、结构和空间位置，或者人为地为某一内容配上具有象征意义的图案，帮助学生理解、记忆教学内容。

(二) 板书行为的维度分析

1. 板书的布局

板书内容在黑板上安排方式和位置不同，板书所获得的效果也不同。如果板书安排方式

① 张武升：《教学艺术论》，上海教育出版社 1993 年版，第 237 页。

不合理，可能会导致主次内容不分，甚至会破坏板书内容的连续性、系统性。

所有的板书均应安排在边框以内。对系统板书，教师可依照板书内容多少和黑板长度作适当分栏处理。每栏的宽度以不超过教师站立不动板书时较轻松地达到的宽度为宜。

据研究，人们对处于不同位置内容的观察频度是不同的。对位于左上的内容的观察频度最高，其次是左下，右下最低。所以，如果系统板书不多，则应放在中间偏左的位置；如果系统板书较多，则应根据板书各部分的重要程度，依次安排在左上、左下、右上、右下的位置上。

2. 板书形式与教学目标、教学内容的匹配程度

所选择的板书形式与教学目标、教学内容是否吻合，是影响板书效果的又一重要因素。显然，板书形式选择不当，教学内容所包含的信息就可能得不到充分表达和传递，难以实现预定教学目标。教师能否恰当选择板书形式主要取决于对教学内容特点、各种板书形式特点的把握程度和对教学目标的理解程度。教学内容特点与板书形式特点一致时，二者才相匹配。如果同一内容可能有多种板书形式与其匹配，则要依照教学目标来确定其中的最优匹配。

3. 板书形式与学生特征的匹配程度

板书是为学生课堂学习服务的，它的表现形式能否为当前知识背景和认知发展水平下的学生所接受，会直接影响板书效果的发挥。一般来说，要点式、总分式等较抽象的板书形式适用于高年级学生；线条式、图解式等较形象的板书形式易为低年级学生所理解。

4. 板书的适时性

前面曾提到教师板书书写过程体现了教学活动的流程，反映了师生考虑问题的思路。板书提前或滞后均会破坏正常的教学节奏，干扰师生共同的思维，造成学生注意力分散，甚至引发学生的问题行为。整个板书过程中，帮助学生复习旧知识、激发学生产生疑问、明确需解决的问题、疏理解决问题思路、归纳最后结论等环节的板书适时性尤为重要。教师应根据班内中下水平学生的反应，在上述各关键环节及时提供板书。有研究认为，教师是根据中下水平学生的反应来调整教学思维活动跨度和教学节奏的。如果这部分学生听懂了，教师则转向下一教学步骤。教师随时把握这些学生的心理状态并及时提供板书，能够保证教学过程的顺畅进行。

(三) 板书的运用策略

教师在设计或应用板书时，应该考虑的因素很多，在这里我们提出以下较为重要的五点建议。运用板书的关键还在于教师要依据具体的目标、内容、学生特点、课堂情境以及自身的素质特点，作出灵活、合理的策略选择。

1. 教师在课前要预先设计好板书

预先设计的板书类型应与教学目标、教学内容和学生认知发展水平等相一致；板书整体

框架要条理清楚，有系统性；板书内容要重点突出；板书语言要准确、简洁。

2. 教师在课堂中要不断地观察学生的反应

教师在课堂教学时，应随时随地注意观察课堂中学生对板书的需求反应，尤其是中下水平学生的反应，从而决定何时或提供多少（详或略）板书、是否修正原先设计好的板书。

3. 教师书写板书时应做到字迹清晰、醒目

板书字体应为正楷，字体大小应以后排学生能看清为宜；根据“黑”板的颜色选用恰当的彩色粉笔，以形成鲜明对比。

4. 教师应尽量避免分散学生注意力、干扰学生注视板书

如，黑板周围不放显眼的东西；书写时身体应尽量站在黑板一侧，避免挡住板书内容，避免粉笔和黑板摩擦发出尖锐的叫声；不在黑板裂隙或边框上写字；及时擦掉不用的字迹；建立使用黑板的常规；为重要内容或特别提示开辟固定的专门区域等。

5. 不要连续长时间板书

较复杂的图、表可提前在黑板上用虚线画出浅浅的轮廓，需要时再用实线画出来。如果需要呈现给学生的文字材料太多，也不要过度依赖黑板，可利用复印或油印材料。

三、声像呈示行为

声像呈示行为是教师运用视觉和听觉媒体帮助学生获得感性认识，学习知识的行为。随着视觉、听觉媒体，尤其是电子计算机的迅猛发展，这些媒体不再仅仅停留于向学生提供某种具体、形象的感性材料，而是逐渐与教学中的某些要素相结合，在教学过程中的作用不断扩大，甚至在一定范围内已开始“独立地”对学生进行“教学”。教师的声像呈示行为将成为今后提高教学成效的重要因素。

（一）声像呈示行为的功能与表现形式

利用各种教学媒体进行声像呈示，可以使学生各种感官得到延伸，把学生的感官所难以感觉到和不可能感觉到的事物、现象、事件，直观、形象地再现给他们，拓展学生认识客观世界的时空广度。同时声像呈示还可改变知识的抽象、概括化层次，适应学生的认识发展水平，便于学生接受。如果教师将各种教学媒体或教学媒体的组合，配上适应特定知识水平学生的学习材料，还可实现个别化教学。随着计算机辅助教学的不断发展和智能化水平的提高，计算机已能部分代替教师的教学行为，进行一对一的个别教学。

声像呈示行为的表现形式根据所利用的呈示媒体性质和感觉通道不同，可分为两大类：

一类是单向式声像呈示行为，即指信息的传播方向是单一的，信息从教学媒体传向学生，学生只接受信息，他们不能向媒体发出反馈信息。单向式声像呈示行为又可分为四种：

① 听觉/音响类呈示行为。利用录音机、收音机、语言实验室及其听觉材料等向学生呈示的行为。

② 视觉/影像类呈示行为。利用普通直观教具（包括标本、图片、挂图等）和现代电化教具（包括幻灯机、投影仪及其视觉材料等）向学生呈示的行为。

③ 视听/音像类呈示行为。利用电影机、电视机、录放机、VCD 机、闭路电视及其视听材料等向学生呈示的行为。

④ 多媒体呈示行为。运用上述两种或两种以上视听媒体组成的多媒体系统（如录音—幻灯组合系统、电影—录音带系统、多媒体学习包等）向学生呈示的行为。

另一类是交互式声像呈示行为，这时信息的传播是交互的，即不仅教学媒体向学生发出信息，而且学生还可以向媒体发出反馈信息，媒体再依此对学习内容和学习步调作出相应调整。交互式声像呈示行为所运用的交互媒体有：程序教学机、交互式视盘系统、电子计算机及其教学材料等。目前，较为典型的交互式声像呈示系统是计算机辅助教学（CAI）。

(二) 声像呈示行为的维度分析

1. 感官通道的利用程度

学生是通过各种感官来接受外界信息的。声像呈示行为运用学生感官通道的程度决定了学生获取信息总量的多少。有人推测，人们从外界获得的信息中来自视觉的占 83%，来自听觉的占 11%，来自嗅觉的占 3.5%，来自触觉的占 11.5%，来自味觉的占 1%。[①] 通过各种感官所获得的信息各有特点，它们之间难以互相替代。

感官通道的利用程度还会影响对学习材料的短时和长时记忆的效果。据研究，通过听觉学习材料学习，3 小时后保持率为 60%，3 天后的保持率为 15%；仅通过视觉学习材料学习，3 小时后保持率为 70%，3 天后为 40%；而当视觉、听觉并用学习时，3 小时后保持率上升至 90%，3 天后保持率上升至 75%。当然，各种视听媒体简单地组合在一起向学生提供多种感官信息，其教学效果并不一定好，它们的组合也要符合学生的认识规律。

2. 影响视觉/影像呈示行为的维度

我们可以从视觉材料的逼真度、学生的年龄特征和文化背景等方面来分析。

视觉材料的逼真程度是影响学生学习效果的一个重要方面。为了让学生认识某事物而又防止视觉传播的失真，首选的做法是直接呈现实物本身，而没有实物时，就要运用实物的直观图像。但是不是直观图像越接近原物，逼真度越高，学习效果越好呢？据研究，答案是否定的。直观图像等视觉材料与学习效率之间不是直线而是倒 U 形曲线关系，所以中等程度的逼真度才是最佳的。这是因为高度逼真的视觉材料中包含了过多的细节，许多无关信息分散了学生的注意力，干扰了他们对有关信息的学习。

除了视觉材料本身的特性外，学生的年龄特征是影响视觉呈示行为的又一因素。学生年龄特征对视觉材料感知过程的影响主要体现在对有关信息的选择能力、视觉材料的整体感知能力和对绘画中所运用的视图规则的理解能力上。一般来说，学生年龄越小，上述能力越差。

① （原）国家教委电教司编译：《教学媒体与教学设计》，高等教育出版社 1990 年版，第 73 页。

例如，年龄较小的学生难以从大量细节中区分出相关信息和无关信息；视觉材料的过度逼真对他们的学习干扰也较大；他们往往不能从整体上感知画面，而只是看到其中的具体部分；他们受经验限制，往往看不懂运用某些视图规则画出的线条，从而影响对视觉材料的学习效果。

与学生的年龄特征类似，学生的文化背景也影响他们对视觉材料的感知过程。这里的文化背景主要包括学生的知识水平、生活方式、种族和地域特征等。它的影响主要表现在对视觉材料的选择和理解上。例如，不同文化背景下的人对同一视觉材料有不同的注意内容选择和不同的注视区域选择。西方文化背景的人注视区域的高频区是左上角，而阿拉伯文化背景的人注视区域的高频区是右上角。文化背景不同的人对视觉材料的同一种颜色可能有不同的诠释，他们对颜色也有各自不同的偏爱。

3. 影响听觉/音响呈示行为的维度

影响听觉/音响呈示行为效果的因素主要有以下四个：

① 听觉材料的质量。包括与教学目标的一致性、对学习内容的表现力、语音的物理特征对学生的适应水平、所用词汇对学生的适应水平等。而这些又主要受制于教师对语音的组织和表达能力。

② 学生听觉器官的健康状况和听力水平。例如，由疾病引起的听觉障碍、外界噪音引起的听力疲劳等均会影响听觉材料的传播效果。

③ 学生的倾听技巧。如果学生缺乏集中注意的技巧，以及区分有关听觉信息和无关听觉信息等听觉分析技巧的话，听觉材料所传播的信息也会受到损失。

④ 学生的知识背景。学生没有理解听觉材料所必备的知识基础，自然也谈不上传播效果。

(三) 声像呈示行为策略

1. 单向式声像呈示行为策略

依据教学目标、学习任务、学生特点和媒体的功能与特点等因素，选择恰当的呈示媒体或媒体组合。对媒体类型的选择是很复杂的，需要综合考虑多种因素。一般的做法是先按两个因素进行选择，而后再把它们结合在一起去考虑另一因素，以作出最后选择。可能的情况下，运用多种呈示媒体能够使它们扬长避短，互相补充，以提高教学效果。

在运用视觉呈示行为时，视觉材料的逼真度以中等为佳；在画面布局上，视觉材料应尽量突出与表现主题有关的内容，避免无关的背景信息和细节；在视觉材料位置的摆放上应依据材料的重要程度，依次安排在左上、左下、右上和右下，如果有困难，则要通过标箭头、画底线、加方框、变字体等提示手段，引导学生注意重要信息。

运用听觉呈示行为时，要保证听觉材料背景干净，声音、语音清晰；如果想让学生注意某一部分听觉材料，可有意识改变它的音量或语调；为了保证每个学生都听到，又没有回响，扬声器应摆放在房间的对角线上斜对学生；对年龄较小学生进行区分相关信息和无关信息、把握要点、细节或结论等听觉技能训练，可减少听觉材料传播过程中的损失，提高教学效果。

2. 交互式媒体呈示行为策略——计算机辅助教学（CAI）的运用

第一，依据教学目标、学习任务、学生知识背景和学校设备条件，选择恰当的 CAI 教学模式。计算机辅助教学常用的有训练与练习、个别辅导、游戏、模拟、发现法、问题解决六种模式。

第二，在已有的课件（计算机程序化的教学内容）库中，选择恰当课件供学生使用。

第三，开始运用计算机辅助教学前，教师应简要说明学习目标、学习课题和注意事项。

第四，监督学生人机对话过程，随时给予指导。

第五，学生学习结束前，教师要检查学习效果。

四、动作呈示行为

动作呈示行为是教师通过示范特定动作或操作，提供给学生模仿，使学生学会相应技能或操作的行为。可以说动作呈示行为是教育史上最古老的一种教学行为，在人类语言尚不发达以前，“身教”是唯一可用的文化传递行为。至今它仍是学校、家庭、工厂传递动作技能的常用行为。动作呈示行为不仅在艺术、音乐、体育等学科，而且在科学、语文等学科也有着广泛的应用。低年级学生的语言尚未充分发展，教师示范学生模仿的学习方式也是必不可少的。

(一) 动作呈示行为的功能与表现形式

动作呈示行为的功能主要是帮助学生学习特定的动作技能和操作步骤或程序。动作技能仅靠教师讲述是无法学会的，必须要有教师的示范和学生自己的大量练习。有研究表明，在动作技能学习的第一阶段，学习者头脑中必须要有一个动作表象，以作为实际操作时的参照标准，而这一表象的形成主要来源于对示范动作的观察。[①] 理科教学中的实验、测量、解剖等操作步骤和程序；数学课中解决问题的步骤和程序、运算的步骤和程序等等内容的学习也有赖于教师的动作呈示行为。尤其是数学课教学，更离不开教师示范。罗森夏因等人总结认为，教师示范、指导练习和独立练习是有效教学的核心组成部分。一般数学课教学中都有教师示范，但所花时间很短。研究发现，小学 4～6 年级的数学课，有效教师花在示范等呈示行为上的时间每天约为 23 分钟，而低效教师所花时间仅为 11 分钟，还不到有效教师所用时间的一半。[②]

作为有效教学重要组成部分的教师示范，其作用范围可能会不断拓宽。目前有些研究正试图把示范应用在阅读理解和高级认知思维技能的教学中。

动作呈示行为的表现形式依据其示范内容不同，主要有：读、说呈示行为（如语文和外语中朗读的语音、语调示范），演唱呈示行为（如音乐课中歌唱的发音、音高、节奏的示范），运动呈示行为（如体育课、舞蹈课中动作和姿势的示范），操作呈示行为（如理科教学中的实

---

① 邵瑞珍主编：《教育心理学》（修订本），上海教育出版社 1997 年版，第 163～164 页。

② Rosenshine，B. & Stevens，R. (1986). Teaching functions. In M.C. Wittrock (Ed.), Handbook D，Research o-Teaching (3rd ed.)，p.376-391.

验、测量等操作要领和程序、步骤的示范），运算呈示行为（如数学课中运算和解决问题步骤和程序的示范），书画呈示行为（如美术课中握笔、运笔等技能的示范）。

（二）动作呈示行为的维度分析

根据国内学者的有关分析，影响动作呈示行为效果的因素主要有以下几个：①

1. 学生对作业目标的明确程度

如果学生对示范动作的学习情景和学习任务能够很好理解，并且形成了符合自己能力水平和任务难度水平的明确目标，那么动作呈示行为的效果就较好；如果相反，那么效果就较差。

2. 动作技能或操作学习的学习策略

动作技能或操作学习的学习策略包括：如何选择、组织基本动作，在头脑中形成连贯实际操作的"目标意象"（指学习者在头脑中形成的连贯的、自认为有效的动作形式）；如何选择动作的力量、速度、节奏等参数；如何对动作进行编码，等等。研究表明，初学者自发产生的策略常常是无效的，而学习策略指导，可提高其作业水平。

3. 学生对示范动作或操作的注意和理解程度

有实验研究表明，学生注意并理解教师的示范动作时，学习效果较好；随着注意和理解程度的降低，学生的学习效果也不同程度地下降。

4. 教师示范的速度和信息量

有关研究结果显示，教师给初学者示范时速度过快，一次呈示的信息过多，不利于他们的学习，示范速度适当放慢，让学生有充分的观察、学习时间和机会，有利于学习效果的提高。

（三）动作呈示行为的运用策略

1. 对示范的动作技能或操作进行任务分析

教师应该对示范的动作技能或操作进行任务分析，明确学生必须具备哪些基础知识、技能，确定有待示范的动作单元序列。如果学生缺少基础知识和技能，那么应首先进行这方面教学。

2. 选择适当的示范方式与创造学习情景

依据动作特点、学生特点和设备条件，在可能的情况下，可选用录音机、录像机、电视机等媒体呈现动作，通过重放、慢放、定格等控制手段，让学生对动作有细致的观察机会；教师亦可有更多时间指导学生，帮助学生理解动作。

---

① 邵瑞珍主编：《教育心理学》（修订本），上海教育出版社1997年版，第167～171页。

3. 按顺序逐一示范分解的动作或操作，并同时给予言语讲解

在示范和讲解时，要特别注意做到以下三个方面：第一，指导学生理解学习情境和学习任务，认识到自己已有的知识和能力水平，以利于学生形成明确的“目标意象”和自己可能达到的作业水平预期；第二，提供给学生有关动作组织、编码等方面的具体、有效学习策略指导；第三，示范的速度不宜过快，每一次示范的内容不能太多。

4. 给学生提供将分解动作结合起来练习的机会

练习时，师生可相互问答。学生通过问答可增进理解，避免失误；教师通过问答可检查学生的理解程度并及时指导、矫正。

5. 通过重复示范和演练，使动作达到自动化程度

通过重复示范、讲解、回答学生问题和演练，帮助学生进一步理解动作、操作的实质，使动作达到熟练化、精确化程度，以便学生在紧急或必要情境下也能恰当地表现出相应的动作和操作。

第四节 师生对话行为

如果说呈示行为主要是由教师控制的话，那么教学对话可以说是师生共同活动的过程，因此，日本教学论专家佐藤正夫称之为“共同解决型教学方法”。① 我们这里着重讨论两种最重要的课堂对话行为：问答行为与讨论行为。

一、问答行为

课堂教学离开师生之间的互动交流（包括内隐的和外显的）是难以进行下去的，而互动交流最常用、最主要的方式是师生问答。教师掌握了课堂问答策略就有了课堂交流的基本工具。

问答行为是一种互动性行为，在这一点上它与讲述行为（一种单向的交流行为）有所不同。在教师问答行为中间有学生行为介入，因而它是间断的系列行为，我们可以把它称为“问答行为链”。这与讲述行为亦有所不同；讲述行为是没有学生行为介入的连续行为。问答行为除最初的发问行为外，行为链的后半部分很大程度上受学生当时回答情况的制约，所以，研究、解释和运用问答行为策略都比讲述行为策略要困难得多。下面我们就尝试介绍一些有关问答行为的基本知识，并对问答行为作简要的分析，最后提供几种有效的问答策略。

（一）问答行为的功能及表现形式

问答行为的功能主要有如下几方面：

① 佐藤正夫：《教学论原理》，钟启泉译，第259页。

第一，诱发学生参与教学。已有研究证实学生对教师引导的问答活动参与程度最高。这可能是由于问答包括听和说的活动，而对多数学生来说，相对于读和写，听和说更有激发作用。

第二，提供线索。问答行为可以给学生提供某种线索，使学生注意教材中的某些特定信息。有意学习（包含问答行为）与偶然学习（不包含问答行为）效果的对比研究和后来的实验研究证实了这一点。

第三，提供练习与反馈机会。学生要回答教师问题，就必须回忆所学的有关内容，并围绕这些内容展开思考，这就给学生对学习任务重复接触或重复反应提供了机会。教师要对学生回答作出某种反应，或肯定、或否定，有时还会修改、补充学生的回答，使之完整、准确。师生问答通过练习和反馈两个过程，巩固了学生已有的知识和技能。

第四，有助于学生学习结果的迁移。课堂中的师生问答形式与单元测验有许多相似之处，学生在教师问答时的回答可直接迁移到单元测验中。

根据师生在问答活动中参与程度、支配权力不同，问答行为的表现形式主要有两种："质问式"问答行为和"对话式"问答行为。在"质问式"中，教师几乎完全控制着问答过程和方向，教师可以提问而学生则不能。教师通过频繁提问，检查学生对教材内容的掌握程度或引导学生沿着教师预先设定的轨道行进。"对话式"问答行为的特征是教师提出问题请学生表达自己的观点，并在学生观点基础上再提出新问题；学生也可向教师提出质疑，就某一问题共同探讨，学生对问答的进程和方向有较多的支配机会。由于"对话式"问答行为类似于课堂讨论的关键特征，所以"对话式"问答行为又可称作"讨论式"问答行为。

（二）问答行为的维度分析

前面曾述及问答行为是反映课堂师生互动的行为，是一系列按一定顺序排列的"行为链"。所以问答行为的维度分析的基本单位也应是"问答行为链"。

对"问答行为链"的分析关键在于行为链的环节或"链结点"的确定。一般认为，"问答行为链"的"链节点"主要有四个：一是组织（structuring），教师提出课题或有待讨论的问题；二是诱导（soliciting），教师诱导一种回答或向一个或更多学生发问；三是回答（responding），学生回答问题；四是反应（reacting），教师对学生回答作出反应。

实际教学中，这四个"链节点"可能会被省略一两个，但教师发问和学生回答是不可或缺的。卡兹登在归纳多项研究基础上提出三个"链节点"：一是发问（initiation），相当于上述的组织和诱导；二是回答（response），学生回答问题；三是评价（evaluation），教师对学生回答作出评价或对某些问题作出进一步阐述。

据此，我们准备从发问、候答、叫答、理答几个维度做简要分析，介绍一些有关研究结果。

1. 发　问

对教师发问的研究集中在这样一些方面：

① 问题的难度和认知水平。教师发问的问题难度和认知水平对学生成绩有怎样的影响呢？研究表明，对小学一至五年级学生而言，低难度问题有效；对高年级学生而言，高认

知水平问题更有效。低年级和高年级学生所处的认知发展阶段不同，各类问题对他们的作用也不同。

② 问题的清晰度。问题的清晰程度显然会影响学生能否回答问题及其回答所能达到的水平。语法结构复杂或包含抽象、笼统、概括化语言的问题，学生一般认为是不清晰的问题，理解起来往往困难。教师一次提出一连串问题，学生从中找不出核心问题，也会使问题变得模糊。

③ 发问次数。大量相关研究和实验研究结果一致表明，教师高频率发问对学生学习有重要的积极作用。① 例如，在一项初中数学教学的相关研究中，在 50 分钟的一节课里，高效教师平均问 24 个问题，而低效教师平均问 8 或 6 个问题。这可能是由于：一是围绕学业问题发问频率高的教师通常有组织和管理好课堂的能力，并把绝大部分时间花在积极教学上，相对而言，其他教师的课堂要么组织得很差要么把时间花在非学业目标上；二是频繁发问的教师实际是在讲述、演示、课堂练习过程中，运用师生问答、讨论等方式给学生提供口头表达的机会。

2. 候答时间

对候答时间的研究可以归纳为下列几点：

① 发问后候答时间——候答时间Ⅰ。教师发问后，学生回答前的候答时间，称候答时间Ⅰ。据调查，美国教师候答时间在 3 秒以内，通常不足 1 秒。有的研究者发现，在实验条件下教师的候答时间Ⅰ增加至 3 秒以上时，教学效果明显提高。其主要原因可能首先在于给学生提供了更多的思考机会；其次是创造了有利于学生思考问题的更为宽松的课堂气氛。

② 学生回答后候答时间——候答时间Ⅱ。候答时间Ⅱ，是指学生回答后至教师对回答作出反应之前的时间。一般情况下，教师往往对学生的回答在 1～2 秒钟内迅速作出反应。当教师把候答时间Ⅱ增至 3 秒以上时，师生之间的问答性质就会由“质问式”变成“对话式”。这种变化有益于学生集中注意，提高成绩。

3. 叫答

对在课堂中教师叫答的研究集中在叫答方式与叫答范围这两个方面。

研究表明，按一定形式（如座次、学号顺序、姓氏笔画等）依次请学生回答的、学生可预见的规则叫答方式要比教师的随机叫答方式教学效果好。因为规则叫答方式可减轻学生焦虑水平，有利于集中注意。而且教师随机叫答多倾向于让好学生回答，这对能力较差学生来说是不公平的。有两项研究结果表明，请自愿回答者回答与学生成绩呈负相关。所以教师应适当控制对自愿回答者的叫答，保证其他人回答问题的机会。

学生自愿回答的一种特殊形式——“大声喊”（即不请自答，未经教师同意，直接说出答案），对不同背景学生有不同影响。在低社会经济地位班级中，与学生成绩呈正相关，而在高社会经济地位班级中，与学生成绩呈负相关。为此，我们建议教师遵循以下原则：学生渴望回答时，教师要适当抑制“大声喊”，让他们学会尊重别人的回答机会；多数学生沉默不语时，

① Rosenshine, B. & Stevens, R. (1986). Teaching functions. In M. C. Wittrock(Ed.), Handbook of Research on Teaching (3rd ed.), p.376-391.

则要鼓励他们参与教学，甚至允许“大声喊”。

有关研究显示，叫答范围越广，教学效果也越好。有人曾对教师叫答单个学生与叫答所有学生的教学效果作过比较研究，结果发现，在叫答所有学生的情况下，学生表现出较多的专心行为，较少测验焦虑，学业成绩也较好。有人在一项合作学习研究中，给予所有学生回答问题的机会，结果发现，与叫答单个学生相比较，学生有更多的专心行为，更好的测验表现，对教学更满足。

4. 理 答

教师对学生回答的反应可能有以下几种行为：

（1）积极反应

教师积极反应的形式有许多种，如口头表扬，表示接受学生观点，运用代币制等。在美国有关表扬的 13 项相关研究中，有 8 项研究结果呈正相关，5 项呈负相关。有研究认为，在小学低年级的能力或社会经济地位较差班级中，表扬与学生成绩呈弱相关；而在能力或社会经济地位较高班级中表扬与学生成绩呈负相关，表扬与学生成绩之间并没有稳定一致的相关关系。此外，理答阶段教师表扬的效果取决于学生怎样理解受表扬的原因，如果学生认为只有能力差的学生才会受到表扬，那么表扬就会失去有效性；如果表扬太频繁，也会失去其价值，尤其对高年级学生更是如此。

接受学生的观点就是充分利用学生的回答继续下一步教学。具体可能表现为：认可学生的观点，对它进一步修改、比较或概括等。有人分析了 9 项相关研究，发现其中 8 项有正相关，相关系数平均为 0.19。接受学生观点不仅有利于学生成绩，而且学生对教师也会有更积极的态度。

代币制一般多用于控制学生问题行为，但有些实验研究发现，代币也能有效增加学生正确回答的比例，提高学生成绩。

（2）消极反应

教师对学生的消极反应有表示不赞成、批评、训斥等。有关教师批评与学生成绩之间相关的 16 项研究中，有 13 项是负相关，3 项是正相关。负相关系数的中数是－0.32，其范围为－0.22～0.61。尽管教师频繁批评与学生低成绩之间孰为因孰为果尚不清楚，但两者经常伴随存在。

（3）转问（redirecting）和探问（probing）

转问和探问是在学生回答不正确或不确切的情况下教师的两种主要反应行为。转问是就同一问题向另一同学发问。据一项相关研究，教师转问次数与中产阶级学生成绩呈正相关，相关系数为 0.54；与低社会经济地位学生成绩呈负相关，相关系数为－0.65。另一项相关研究没有发现两者有相关存在。

探问是对同一学生继续发问。如果学生回答不正确，教师会对原问题重新措辞后提出一个与原问题相关的问题；或者将原问题分解，简化为几个小问题逐一发问；或者提供回答线索；或者问一个与原问题相关的新问题。如果学生回答正确，教师也可再提一个问题，就正确答案进行追问。据研究，探问的几种方式（如对原问题重新措辞、提供线索、问一个新问题等）出现的频率与低社会经济地位和中等社会经济地位背景学生均呈正相关，相关系数约在 0.45 左右。

支持转问和探问与提高学生成绩之间有联系的研究尚不多，但就帮助学生说出一个可接受的回答或进一步改进回答而言，转问和探问至少有利于学生专注于学习活动，因而是值得提倡的。

（4）再组织（restructuring）

再组织是指教师在理答的最后阶段，对学生的回答重新组织概括，给学生一个明确、清晰、完整的答案。教师不应把学生的正确回答和错误回答同时摆在全班学生面前，而应重述正确的答案，这样可以避免班上某些同学误把错误回答当成正确回答。告知学生他们回答的正确性，作为一种学业反馈，与学生学习成绩有正相关。①

(三) 问答行为的运用策略

从“问答行为链”中的几个环节出发，我们对教师的课堂问答行为提出如下建议：

1. 发问策略

问题要清晰。问题的措词精练、具体明了，一次只提一个问题，是保证问题清晰的最基本要求。

保证高认知水平问题的适当比例。最近的研究结果倾向于证明高认知水平问题对学生成绩有积极作用。针对目前课堂低认知水平问题比例较高的实际情况，应提高高认知水平问题的比例。但并不是说高认知水平问题越多越好，低认知水平问题也有其价值。

与学业有关问题的发问频率应维持在较高水平，把学生的注意力集中在与学业内容有关的问题上。

依照具体目的，合理安排低认知水平和高认知水平问题的次序。例如，如果教师想请学生就某一思想提出一项实际应用的建议，而后让学生详细说明具体操作，那么教师就可先提问一个高认知水平问题，随后提几个低认知水平问题。如果教师想让学生注意有关事实再得出一个重要结论，那么教师则可先提问一系列低认知水平问题，随后提一个高认知水平问题。

2. 候答策略

教师发问之后，根据问题的认知水平和具体情境，等候 3～5 秒钟，给学生以思考问题、组织答案的时间。

学生回答之后，教师也要耐心等待，将学生停止说话至教师开始说话（理答）之间的间歇保持在 1～3 秒左右。如果在教师叫答后（尤其是非自愿回答者），学生没有说话，教师也应等待，直至学生给出实质性回答；或请求帮助，或要求教师进一步解释所提问题本身，或直接说“不知道”。当然，有时在班级教学情况下，等候时间会对课的连续性造成威胁，这时可适当缩短等候学生回答的时间，及时采取理答行为。

---

① Gage, N. L. & Berliner，D. C. (1988). Educational Psychology (4th ed.)，p.551.

3. 叫答策略

保证每个学生有尽量多且均等的回答机会，是叫答的基本原则。具体来说，教师可以按固定形式叫答，或者把班级分成小组，小组里学生共同商议答案，教师随机请各小组的某一位学生回答。

4. 理答策略

学生回答不同，教师的理答策略也有所差异。

对于学生迅速而坚定的正确回答，首先要表示肯定。例如，点头；说声“对”，“是的”；重复学生回答。其次在必要时给予表扬；或对正确回答作进一步解释，或者追问一个问题，了解学生是真正理解知识，还是在“背答案”。但在课堂节奏较快的情况下，第二步可省略。

当学生回答正确，但表现出犹豫不决时，教师也要先对回答予以肯定，例如说“对”、“是的”；而后解释回答正确的理由或答案得来的具体步骤。这样可帮助回答者本人和班里的其他学生加深对正确回答的理解。

对于学生不完善或部分正确的回答，教师首先要肯定正确的部分；而后探问学生，向学生提供回答线索或对问题重新措辞。如果学生仍不能得出完整答案，则要转问其他学生或教师自己提供答案。

对于回答不正确的学生，教师在采取具体措施前先要弄清造成这种情况的原因。如果明显是由于粗心或口误而造成回答错误，教师可直接指出并纠正学生的错误，继续教学。对由于缺少知识或对知识不理解而造成的回答失误，教师可依次采取探问、转问和重新教学等处理策略，以便学生得到正确回答。探问的形式有：就同一问题改变提问角度，把原来的问题化解为几个小问题逐一发问，运用比喻启发诱导或提出有利于回答原问题的一个新问题等。学生有了正确回答之后，教师一定要向全体学生再次明确正确答案。

学生不回答是指超过教师候答时间限度而学生仍不能回答教师发问的情况。这时教师应及时处理，否则将威胁课堂教学的连续性。造成学生不回答的原因可能有知识欠缺、问题本身模糊和心理恐惧等。由于知识欠缺而不能回答问题，教师可采取探问的各种方式简化问题，或帮助学生弥补所缺知识，最后获得正确回答。如果问题模糊，学生茫然不知所问，则要改进问题本身，使原有问题明朗化。

有些学生回答问题时怀有恐惧心理，害怕回答错误被老师批评，同学嘲笑，以拒绝回答来对付教师发问。教师问答这些学生时可针对他们的实际水平，问一些他们能成功回答的问题，增强他们的自信心；另外课下还可对他们进行心理疏导。

二、讨论行为

班级内的讨论是班级成员之间的又一种互动方式，他们交流观点以形成对某一问题较为一致的理解、评价或判断。尽管讨论有其他行为所难以实现的功能，但在教学实际中教师却不乐于组织讨论。据对美国中小学调查，有讨论的课在所观察的课中仅占 4%～9%，另一项调查结果还不到 3%。教师不组织讨论的主要理由是讨论不易控制，耗费时间，而且讨论结果无法预料。由此可见，要掌握引导讨论的策略必须作出一定努力，教师既要熟悉基本理论知识，又要多组织讨论，在实践中培养技能技巧。

(一) 讨论行为的功能及表现形式

讨论行为的功能主要有这样几方面：

第一，培养批判性思维能力。讨论要求学生提出自己的观点，并且要学会用事实、概念、原理等进行推理，支持自己的观点。与此同时，还要抓住对方论点、论据和论证过程的错误或失误，与对方交流，最后大家达成共识。通过这一过程，学生批判性思维可得到训练。

第二，帮助解决问题。讨论可帮助学生运用已学过的知识去探索，最终找到解决问题的方法。

第三，培养人际交流技巧。讨论既有师生间的交流，又有学生之间的相互交流，这大大有利于人际交流技巧的提高。

第四，改变态度。通过课堂讨论相互交流，可使学生认识到某一问题具有自己没有认识到的许多侧面，从而丰富对事物的认识，进而改变自己的观点和态度。而且这种观点和态度的变化还较为彻底、稳定。因为课堂讨论是一种公开活动，讨论者一旦作出某一决定，表示接受某种观点，实际上就是公开承诺要把它们付诸实践。

第五，促进学生道德推理能力发展。研究发现，在学生相应的道德推理阶段到来之前，教师提出高一级道德推理的问题，组织不同道德推理阶段学生进行小组讨论，等等，均可有效地促进学生向高一级道德推理阶段发展。

教师在学生讨论时的行为表现形式主要有两种，即发起行为和支持行为。发起行为主要实现任务定向的功能，教师要协调、推进小组活动，保障讨论目标之完成。支持行为主要实现维持讨论小组的功能，教师要加强小组成员之间的联系，如提供热情、友好气氛，调和化解冲突，缓解心理紧张，提供个人帮助等。

(二) 讨论行为的维度分析

教师讨论行为受多种因素影响，而其中最为重要者当推讨论小组。研究表明，每一个小组的特征因素都不同程度地影响着教师讨论行为、成员之间的互动行为和讨论效果。

1. 小组的规模和构成

许多研究表明，随着小组规模的扩大，小组成员会愈加不满足，较少参与讨论，较少合作。小组规模扩大对讨论最大的影响在于每个成员讲话量的减少和主动参与者的数量的下降。这给教师组织讨论带来很大困难。关于多大规模最适宜于小组讨论，尚无一致结论。笔者认为，一般以5～8人为宜。

由性格相近的成员构成的小组，其成员多有满足感，他们之间的关系也比较密切，便于教师引导小组讨论，但讨论效果却不好。价值观念和信仰不合的人在一起很难形成牢固的小组。然而，性格不一致的小组在讨论需要多种理解和综合认识的问题时，效果较好。

2. 小组的内聚力

小组内聚力是成员要求继续留在小组的一种吸引力量。内聚力强的小组，成员之间能够随时准备交谈，更认真地倾听，更经常地相互影响，更频繁地主动讲话，更严格地遵守小组准则。

3. 交流的模式

小组成员讨论时的交流模式主要取决于两个因素：一是成员之间交流是否经过第三者（如教师）；二是座位模式。研究发现，必须经过第三者交流的小组在完成需要小组交流的任务方面较有效，但与直接交流的小组相比满意度较低。有人曾研究小组讨论的座位模式对相互交流的影响。结果发现，圆圈式模式中直接面对教师的学生比教师两侧的学生更多地参与交流；行列式模式中，前排学生比后排学生参与更多，中间学生比两侧学生参与更多。

4. 小组领导方式

小组领导者是小组成员中影响小组实现目标进程的重要人物，可以由小组自选产生、教师指定或教师自己亲自担任。一项有关领导方式的经典研究，比较了专制、民主和放任三种领导方式下小组成员的行为。结果发现，专制领导方式下的小组成员比民主领导方式下的小组成员表现出更多的敌意、攻击和委过于人的行为。

另有研究认为，如果同时运用任务取向、社会—情感取向两种性质不同的领导方式，小组活动会变得更为有效。任务取向的领导方式强调小组目标的实现，而社会—情感取向的领导方式侧重成员之间积极关系的维持。小组中的社会情感方面和任务方面应受到同等程度的重视，如果小组领导人不在组内建立积极的情感关系，小组就会出现消极的情感关系。

（三）讨论行为的运用策略

1. 讨论的准备策略

在讨论前，教师要确定并精确表述有待讨论的主题。原来对可讨论的问题范围有一种误解，认为只有文科等“软”学科中才有讨论的问题，数学、自然学科中没有可讨论的问题，各学科中的事实也都不具讨论的价值。实际上，包括事实在内，所有学科中的问题都可以成为讨论的主题。事实、现成的结论作为讨论主题的价值在于讨论过程中学生自己要对事实作清晰、准确的表述，倾听并评价别人对同一内容的不同表达形式，最终获得准确表述方式。相对而言，答案没有唯一性，每种答案背后又可能有不同逻辑推理、事实依据支持的争议性问题最具讨论价值。这些问题可激发学生搜寻新信息，重新调整自己的思维方式；它们要求学生反驳对方的逻辑、观点；这些问题经过讨论后可增进学生对争议问题的理解。

教师在掌握班内学生之间相互交流情况，彼此喜欢程度的基础上将全班分组，并尽量把相互之间比较喜欢，而经验和观点又不同的同学分在一组。这样既使小组具有较强内聚力，各成员之间又可相互启发共同受益。小组组数一般不宜超过 5 组，组数太多，而教室空间有限，相互之间易产生干扰，从而降低学生对本组讨论的参与程度。小组规模可根据班级规模、分组组数、教学目标、讨论主题等具体情况而定，一般以 5～8 人较为适宜。

小组讨论的座位模式会影响小组讨论功能的正常发挥。据研究，座位模式如果便于成员间的眼神交流，则可增加相互间交流机会。显然，传统的行列式座位模式不适合开展小组讨论。适宜于小组讨论的具体座位模式，请参阅教学组织形式部分。

教师在讨论准备阶段还要帮助学生做好讨论的准备，使学生具备充分地参与讨论的基本条件。学生准备的内容主要包括：

① 乐意与他人一道讨论，形成对有关问题的深入理解、判断或决定；

② 喜欢与别人交流看法；

③ 乐于与他人谈论待讨论的主题；

④ 愿意倾听并尊重别人的意见；

⑤ 拥有讨论主题需要的有关知识和经验；

⑥ 言语、非言语交流和社会交往的基本技能；

⑦ 具有推理的基本技能。

2. 讨论的启动策略

教师首先要向学生说明他们在讨论中应承担的角色。这一点对于首次开展讨论的班级尤为重要，让学生了解自己应该做什么有助于他们学会怎样进行讨论。在讨论中学生应该：

① 说明自己解决问题的办法；

② 在与其他同学交流过程中对自己的想法详细阐明；

③ 为自己的观点辩护；

④ 根据有关思想，修正自己的观点；

⑤ 每人都要评价别人的观点。

而后，教师可把待讨论的主题写在黑板上，对主题作简要解释，说明为什么要把它作为讨论主题。

3. 讨论的组织策略

在讨论过程中教师要专心倾听，并对其谨慎地作出反应。所谓谨慎反应，是指教师尽量少讲话，把更多的讲话时间让给学生，这样学生从讨论中获益较多；另一方面，当教师不得不对小组讨论作出评价时，应做到客观公正，不带有偏见和个人感情色彩。教师提出讨论主题后，主要扮演听众的角色，不应再提其他问题，否则将破坏讨论。教师虽然基本保持沉默，但却要密切关注学生讨论，要作讨论笔记，对讨论进行的逻辑线索，讨论是否切题和讨论的事实基础等适时地予以分析和评价。

教师还要做到适时、适量地介入讨论，以确保讨论不离开主题和顺利进行。教师介入学生讨论过多或过少均会影响讨论效果，那么教师在什么情况下介入才合适呢？我们拟提出以下建议：

① 注意是否枝节问题耗时太多。如果连续几个人的发言离题太远，教师要插入几句简短的话，提醒学生回到讨论主题。

② 注意是否发言之间的间隔时间过长。如果间隔时间逐渐延长，教师要介入并弄清原因。

③ 注意是否出现了事实上的错误。如果真是这样，那么讨论将失去有效性。这时教师应及时指出错误。当然，如果某个学生能发现错误则更好。

④ 注意是否有尚未察觉到的逻辑错误。如果确实存在，教师要及时指出并纠正。

在讨论过程中的某些中间环节上，教师可适时地做简短的阶段小结，明确当前面临的问题。这既帮助学生概括出已走过的轨迹，预示下一步讨论的方向，又教会了学生讨论的方法。

当出现某些特殊情况时，教师应及时予以处理。讨论中，往往由于学生缺乏讨论的基本技巧等原因而出现一些妨碍讨论进行的情况，这些情况主要包括：

第一，个别人发言过多或不参与讨论。据研究，小组讨论中存在个人发言不均现象，而且如果根据每人的发言量不同划分等级的话，发言量不同的等级之间似乎有稳定的比例关系：第二级发言量是第一等级的66%，第三等级发言量是第二等级的66%，等等，依此类推。所以，小组中各人发言不均似乎是正常的，就特定讨论主题而言，学生的知识背景和个人兴趣存在很大差异，这些自然会相应地影响他们讨论的参与程度。然而如果有的学生不管什么主题，都发言过多或不参与讨论，则可能有社会和情感上的原因。教师除课下做好细致工作外，就课堂当时情况而言，应采取以下措施：对发言过多者，要求其概括主要观点，而后转问别人的意见；对没有参与发言者，先问及一个事实问题，而后追问解释性或评价性问题，引导学生发表看法。

第二，无人发言。如果教师提出讨论主题后无人发言，应怎样做呢？等候并打破沉默。安排合理的等候时间是必要的，因为学生需要一定时间把思考的内容加以组织并表达出来，等候30秒或再长一段时间是可以接受的。但如果等候时间过长，则易形成尴尬气氛。因此，教师需要询问沉默的原因，或者大声说出对沉默原因的猜测，例如说："第一个发言的人富于冒险精神。"这可能会促使学生打破僵局。

第三，讨论难以继续。这种情况是指某主题讨论的价值已被全部挖掘出来，继续讨论已不再具有任何教育意义。这种情况的主要表现是：重复已提出的观点，发言的间隙延长，发言不断离题，显露出厌烦情绪等。教师应在这些现象出现之前，转换讨论主题，或讨论原主题的一个新侧面。

第四，出现争执。面对学生之间的争议，教师可采取如下策略：

① 不偏向其中某一方；

② 引导学生认识到双方的一致之处；

③ 提醒学生讨论的主题；

④ 运用幽默化解双方冲突；

⑤ 概括双方观点，提出共同面临问题，把讨论引向深入。

4. 讨论的结束策略

讨论结束时，教师要对讨论结果作总结，归纳学生对讨论主题的新认识或解决办法（不一定有一致的结论），提醒学生面临的新问题，为后面的讨论或其他教学活动做好准备。

第五节　教师指导行为

学生独立学习时，教师的任务并没有改变，甚至可能对教师提出更高的要求，但是教师实现任务的方式已经发生了改变，它既不像呈示行为时教师有绝对的自主性，也不像教学对话时需要师生互动来解决，它是一种独立的教学行为方式，即指导行为，或称辅导行为。随着学生年级不断提高，学习能力的逐步发展，学生自主性学习在学校学习中逐步走向主导地位，课堂教学行为也会从呈示走向指导。这里着重讨论中小学中常用的三种指导，即练习指导、阅读指导和活动指导。

一、练习指导

练习指导是教师通过帮助学生成功地完成课堂练习，达到学会知识或技能目标，保证教学顺利进行的行为。这里的课堂练习是指学生的独立练习，它一般出现在教师讲解、示范和教师指导下的学生练习之后。学生独立练习时教师的指导与独立练习之前的指导有所不同，不仅指导的量减少，而且更强调帮助学生对内容的意义做进一步理解和内化，强调帮助学生提高对知识技能掌握的熟练和自动化程度。使学生集中注意于练习活动且有效地进行练习是教师练习指导的两个核心内容。

(一) 练习指导的功能及表现形式

练习指导主要有以下三方面的功能：

第一，有助于教师了解学生对知识的理解程度和知识、技能运用的熟练程度。教师通过沿教室巡视、察看学生练习过程、询问学生对重点和难点的理解情况等，可以掌握全班各层次学生的学习现状，为下一步教学决策提供依据。

第二，教师对学生指导可及时告知学生练习的成绩，并给予合理评价。对练习出现错误或有困难的学生，教师还可以提供简短讲解。

第三，实施教学管理，使教学正常进行。独立练习给了学生更多的自主活动时间，教师练习指导过程中对练习活动的随时监控，保证教学按预想路线进行。

依据学生练习类型的不同，练习指导有三种表现形式：口头练习指导（包括朗读练习、口头作文练习和各种口头解答问题练习等）；书面练习指导；动作或操作练习指导。

(二) 练习指导的维度分析

1. 学生对独立练习的准备程度

独立练习前，学生在多大程度上为知识、技能的理解和运用做好了准备，直接影响着学生对独立练习的专心程度，从而也就影响了教学过程和教学成效。罗森夏因和史蒂文斯归纳认为，有充分的研究结果说明学生准备程度和专心程度之间的联系。如果教师在示范和指导练习阶段为学生独立练习做好了准备，那么学生独立练习的专心程度就高。有一项研究发现，在 50 分钟的一节课中，最高成效教师花在示范和指导练习上的时间为 24 分钟，而最低成效教师所花时间仅有 10 分钟。假如教师不得不在独立练习阶段再次展开大量讲解的话，说明教师先前的讲解、示范和指导练习并不充分。有研究结果显示，教师在独立练习阶段的大量补充讲解会导致学生练习错误率上升，并且讲解的时间量与学生成绩呈负相关。[1]

2. 练习中问题类型安排的合理性

练习中问题类型的安排主要有两种形式，即同一和变化。所谓同一，是指问题的类型与例子基本保持不变的安排形式；所谓变化，是指问题的类型与例子多样化的安排形式。两种形式各有优点。同一式安排可保证学生对知识、技能的充分练习，提高熟练程度；变化式安排可使学生接触大量变式，有利于把握概念的关键特征，加深对知识的理解，也可提高学生的兴趣，减少分心行为。在对待上述两种安排方式时，过于强调其中任何一种都不利于学习，只有均衡地同时采用两种安排形式，才有助于学习效果的提高。

3. 教师对独立练习的监控

教师的监控主要有两方面内容：一是对独立练习完成情况的监控；二是对专心练习情况的监控。对独立练习完成情况的监控主要是通过沿教室巡视、回答学生问题、提供反馈和简短讲解来实现的。有实验研究证明，教师来回走动，与学生保持接触，是积极教学的表现，有利于提高教学成效。据研究，独立练习时的师生接触还可使学生的专心程度提高约10%。但师生接触和交流时间不宜超过30秒，否则监控和指导其他学生时间就会减少。

4. 独立练习的常规

教师难以同时监控所有学生的专心程度和完成练习情况时，是否有独立练习的一般常规成为关系教学能否正常进行的重要因素。如果学生知道独立练习的常规要求、遇到困难时得到老师帮助的规则、提前完成独立练习后又该做什么的共同约定，那么学生的分心行为会大大减少，独立练习的效果也会提高。

(三) 练习指导的运用策略

1. 独立练习前，帮助学生做好对知识、技能理解和运用的准备。

具体来说包括以下几方面：

① 对学生进行充分的讲解、示范和指导练习，并且保证学生回答指导练习的正确率不低于80%；

② 独立练习的内容应与指导练习的内容相一致；

③ 教师与学生共同完成独立练习中的前一两个问题；

④ 对于较困难的知识或技能，可将其划分为几个小部分，依次讲解、示范和练习。

2. 均衡安排独立练习的题量和题型

练习题量的大小应以学生能够完成又不致产生做“附加作业”（busy work，教师给提前

---

① Rosenshine, B. & Stevens, R. (1986). Teaching functions. In M. C. Wittrock(Ed.), Handbook of Research on Teaching (3rd ed.), p.376-391.

做完作业的学生或为使学生在下课前的空闲时间里有事做而布置的作业）的想法为度；[①] 既要保证学生对同一题型问题的充分练习，又要使他们接触尽量多的题型，而题型的多样性应以不牺牲学生对同一题型的巩固和熟练为前提。

3. 座位模式安排要便于教师监控全班学生

独立练习的座位安排应注意避免学生之间相互干扰；教师沿教室走动时在任何位置停下均能保证绝大多数学生在其视野范围内；各个座位之间留有足够的空间，便于教师接近任何一个需要帮助的学生。

4. 沿教室巡视，监控学生练习

教师主要应做好两件事：首先，向练习中有问题的学生及时提供帮助，如果必须讲解，讲解一定要简短，时间控制在 30 秒以内；其次，定期扫视独立练习中的学生，以保证学生专心于学习。

5. 建立起独立练习的常规

教师要建立两方面的常规：

一方面，建立关于独立练习的基本观念性常规。所谓观念性常规就是指独立练习的目的是进一步理解知识、技能，提高应用知识、技能的熟练化水平。如果师生没有这一基本观念，那他们就可能会把练习的形式放在第一位，而忽略练习的内容。教师可能表现为只满足于学生做练习和做完练习，而不要求学生得出正确答案或只要做了什么答案就行，学生可能表现为只满足做练习和做完练习，而不把练习内容放在心上，甚至想方设法躲避练习所要求的认知加工过程。例如，抄袭作业、编凑答案、请求老师详细解答或要求老师提供一个可用来依样画葫芦的例题，等等。如果师生共同把“掌握内容第一”的观念作为常规贯彻到底，那么双方会分别专注于独立练习指导和独立练习，而且会努力寻求正确答案。

另一方面，建立独立练习时有关程序安排的常规，将其作为师生的共同约定。这些常规可以包括学生独立练习过程中怎样做（例如，安静书写、翻阅笔记本和教材、必要时向教师寻求帮助、不与同学闲谈等），怎样得到教师帮助（例如，举手或在教师指导完另一名学生后而不是在指导过程中走近教师等），学生完成练习后做什么（例如，阅读教材、做补充练习或预习下一单元内容）等。

二、阅读指导

阅读指导是教师在学生独立阅读教学材料时，帮助学生理解阅读内容和学会阅读方法、策略的指导行为。对学校和学生来说，阅读和学会阅读都有意义。在学校中，阅读是学生获得知识的重要途径，学会阅读也是学校教育的目标之一。在未来的“学习化”社会，不具备良好的阅读技能是很难适应社会需要的。对学生阅读方法的指导不仅是语文教师的事，各科教师都应该而且有可能培养学生的阅读技能。

① Anderson L. w.(1989). The Effective Teacher. p.72-73.

(一) 阅读指导的功能和表现形式

阅读指导主要有两大功能：

第一，帮助学生理解特定阅读材料。对于低年级的学生或尚无阅读技能的学生来说，阅读指导的这一功能显得更为重要。随着学生阅读技能的不断提高，教师阅读指导在这方面的直接功能会逐渐减少。教师帮助学生分析阅读材料的过程，展现了教师阅读过程中所运用的技巧和策略，对低年级学生有很好的示范作用。低年级学生多是在教师指导下理解特定材料的过程中，学会某些阅读技能的。

第二，帮助学生掌握阅读的一般方法和策略。这是阅读指导最有价值的功能。随着学生年级的增长，阅读指导也主要转向阅读策略的指导，以使学生能够完全独立地阅读。当然，方法和策略指导功能在不同年级的发挥程度也是不同的，由于受总体认知发展水平制约，某些要求高级认知加工的阅读策略只有经过指导的高年级学生才能学会，而对低年级学生进行训练和指导后，收效甚微。

阅读指导的表现形式主要有"渗透式"和"附加式"两种。"渗透式"阅读指导是指教师结合学生阅读具体材料给予相应阅读策略指导；"附加式"阅读指导是指教师以专门"阅读指导"课形式指导学生掌握阅读策略。据新近的研究结果，"渗透式"的阅读指导更为有效。在学校教学中，两种阅读指导都可能存在，但最常见的是课堂教学过程中的"渗透式"阅读指导。

(二) 阅读指导的维度分析

阅读理解水平大致可分为两大层次：字面理解水平和深层理解水平。字面理解水平只是了解字、词、句，以及它们联合起来构成的整篇材料的表面的、直接的意义；而深层理解能够把握材料隐含的、实质性的意义，并能够在此基础上进行推理、评价和创造。我们这里取后一种理解水平，即学生阅读后能够获得材料的深层意义，也就是学到知识。下面我们将讨论影响学生达到深层理解的主要因素。

1. 学生是否有相关阅读材料的基础和背景知识

有大量研究证实，阅读材料的背景知识是影响阅读理解效果的重要变量。例如，有一项研究是这样的：请两组阅读水平均较高的二年级学生阅读关于蜘蛛的文章，其中一组学生有较多的关于蜘蛛的背景知识，另一组学生则较少。读完文章后请他们回答文章中有明确答案和没有明确答案、需要推理的问题。结果显示，背景知识多的一组比背景知识少的一组在前一种问题上的成绩高出 25%，而在后一种问题上的成绩则几乎高出 3 倍。这说明，如果缺少阅读材料的背景知识，理解水平也会降低。

2. 学生对材料结构框架的把握程度

有许多研究证实，优秀的阅读者善于运用材料的结构框架将材料中信息按重要性排序，充分注意重要信息并记住它们。另外，发现材料结构过程实际上是主动寻找各主要观念之间关系的过程，把握了材料结构也就理解了内在联系。

3. 学生推理的运用程度

要获得对阅读材料的深层理解必须超越材料的字面意义，能够根据有关内容进行推理。推理能力提高后，回答检测深层次理解水平的“推理性”问题的成绩也会上升。有关研究显示，对二年级学生进行 5 周的推理训练后，这些学生回答“推理性”问题的成绩比没经过训练的学生高 26%。

4. 学生对元认知的运用程度

所谓元认知（metacognition），是指人们对认知过程的监控。研究显示，优秀的阅读者在阅读过程中经常使用元认知策略，对自己的阅读理解过程进行监控，并调整自己的阅读行为，以更好地理解阅读材料。他们阅读时常常自问：“我读的内容是否有意义？”“我是否正确理解了原文？”“要点到底有哪些？”，等等。

(三) 阅读指导的运用策略

1. 阅读开始时，先要帮助学生获得有关阅读材料的背景知识

教师最初可以直接向学生讲解有关背景知识，也可以组织讨论，使学生对阅读材料的主题内容有大致了解。经过一定指导后，教师要让学生逐渐学会自己检测并弥补背景知识，以向完全独立阅读过渡。

2. 采取具体步骤，帮助学生学会阅读策略

优秀阅读者在阅读过程中经常采用的阅读策略有三种，即把握结构策略、推理策略和元认知策略。研究表明，除了元认知策略受个体自我意识发展水平制约，训练效果不佳外，其他两种策略均可经训练而掌握。对把握结构和推理两种策略的指导和训练，可有以下步骤：

① 告诉学生并让学生记住策略的基本内容；

② 在教师示范、指导下，学生将策略应用于阅读过程；

③ 经过大量练习，使学生理解应用该策略的适当条件，以实现该策略向不同阅读情境的顺利迁移。

三、活动指导

活动指导行为是指教师对学生独立从事的操作或实践活动的组织、引导和促进行为。学生独立从事的操作和实践活动的场所既可能在课堂内，也可能在课堂外。我们认为，课堂外的学生活动是课堂内学生活动的延伸，两者是统一的。因此我们的讨论并不限于课堂内。学生的自主性实践活动对促进学生各学科知识的融合、能力的迁移和个性养成有着不可替代的价值。学生要在活动中充分发挥积极性和主动性，但这与教师指导并不矛盾，相反，教师合理指导是学生有效自主学习的保证。

(一) 活动指导的功能与表现形式

学生的自主实践活动相对于学科课程下的学习活动而言，是一种自主程度更高的活动，更加强调实践活动的过程。正是由于这种变化，教师指导也由帮助学生获得或有效获得具体知识、技能转到了引导学生成功开展实践活动上来。具体来说，活动指导的功能主要有两方面：

1. 指导学生的自主学习活动

这一功能主要通过设计并组织实施活动方案来实现。教师在方案设计中，对目标要求、学习内容、组织方式和时间分配等作出安排，给学生以活动方向和方法上的引导；在实施方案时，教师要促使学生积极参与并沿着正确方向前进。

2. 提供活动所需的基本条件

一般来说，活动的条件包括物质条件、信息条件和人力条件等。所谓“基本”条件，是指不可缺少的、学生无法通过正常渠道获得的、不完备的条件。教师提供的基本条件要经过学生自己的主动探索、加工后才能发挥作用。例如，仅提供给学生查阅资料机会而不是具体资料。

从学生自主活动的学习类型来看，活动指导行为主要有体验学习指导、探索学习指导和解决问题学习指导等三种表现形式；从学生自主活动的组织形式来看，活动指导行为又有个别活动指导、小组活动指导和班级活动指导等表现形式；从教师对学生指导的作用形式看，有显性的直接指导和隐性的间接指导两种表现形式。

(二) 活动指导行为的维度分析与运用策略

1. 学生活动方案的设计

设计活动方案是体现教师指导的重要方式之一。教师要设计好学生活动方案，至少应注意以下几方面：

（1）教师要确定活动的主题

一般来说，活动的主题有三类：与日常生活和个人发展有关的主题（如家庭生活、班级生活、文体活动、娱乐休闲生活和健康生活等)、与社会生活和文化生活有关的主题（如社区生活、商业与经济生活、人口问题与社会发展等)，以及与科学技术和社会发展有关的主题（如能源的开发与利用、信息技术的发展、通信与交通等)。选择主题总的原则是要接近学生的生活实际和经验。

（2）制定学生活动目标

学生活动目标一般可分为态度、能力和知识三类。表述实践活动目标时，要把重点放在态度和能力而不是知识上；侧重目标的方向和性质而不是量化水平。

（3）设计学生活动的具体内容

学生学习活动的内容设计主要有两种方式：内容分解式和视角变换式。内容分解式设计是将确定的主题所应包括的工作内容进行分解，作为学生活动的具体内容。例如，“生活小区设计”主题的内容设计就是把小区设计包括的工作内容分为选择并标明小区位置、绘出小区平面图、制作小区立体模型、撰写小区设计文字报告等数项，学生的学习活动也同样包括上述几项。视角变换式设计是从不同角度或侧面去思考和尝试解决确定的主题，而构成多种学习活动内容的设计方式。例如，对于“垃圾与我们的生活环境”这一主题，可以从“垃圾的数量与变化”、“垃圾的种类与变化”、“垃圾箱的种类与变化”、“垃圾的运送及处理方式”、“垃圾工人的辛劳”等角度去认识和理解，由此我们可设计出相应的学生活动内容。选择活动的方法和组织形式活动的方法选择主要依据学生的年龄特征。对于小学低、中年级学生来说，较适于选择游戏、模仿、观察、手工制作、动植物养育等活动方法；对于小学高年级及其以上年级学生，选择讨论、查阅资料、调查访问、科技制作、社区服务等活动方法较适宜。活动的组织形式一般采用小组活动形式，如果活动内容较为简单或综合性较强，相应可采用个人或班级活动形式。

学生活动的具体内容、活动的方法和组织形式的设计不应过于细化，而要留有一定余地，以充分发挥学生的自主性。

2. 学生活动基本条件的提供

学生活动的基本条件包括活动本身必需的物质材料等要求，也隐含了教师的间接指导。教师向学生提供可以获得具体指导的机会和条件，可以看做是教师指导的一种延伸。教师提供的活动条件主要包括三方面：物质条件、信息条件和人力条件。物质条件主要包括活动工具（如锤子、锯、米尺、计算器、针等）、活动材料（如木料、布料、种子、花盆等）和活动场所。信息条件包括使用图书馆、观看录像、听讲座、参观访问等机会。

3. 自主活动的引入

引入自主活动时教师应使学生明确活动主题、活动目标和活动内容，并激起学生参与活动的兴趣。教师提出的明确目标和合理要求对学生活动全过程都会有引导作用。为了有效激发学生的活动兴趣，教师可以通过问答、讨论、参观或观察等方式引入课题。让学生讨论或师生共同商讨自主学习活动的方案设计，既有助于学生理解学习目标、内容和安排方式，又可让学生提出自己的修改意见，使他们感到这些活动是自己的活动，提高他们的参与意识。

4. 自主活动的促进

学生的自主活动展开后，教师应把学习的主动权交给学生，教师主要通过间接指导来维持、促进学生积极参与和学习。为此，在学生自主活动过程中，教师应启发学生独立思考，提高小组成员的团结合作意识，让学生力争自己解决遇到的难题；鼓励学生创新、探索、尝试，提醒他们认识到成功的方向；允许学生失败，让学生从失败的体验中认识到计划、分工、合作、方法等因素的重要性；让学生填写“个人活动记录表”和“小组活动记录表”，分别了解个人参与学习的态度和行为表现、小组成员间的合作与交流情况，使学生对活动过程实施自我监控。

5. 成果交流的组织

成果交流的组织形式有报告会、辩论会、表演剧、展览会等，教师可依照活动内容特点和预期结果的形式指导学生选择使用。教师对学生展示成果过程不要施加任何限制，应让学生自由地表现自己的成果。但在展示的内容方面，教师要提醒学生不仅要展示最终的活动成果，也要展示活动过程。

以上介绍了课堂教学的几种基本教学行为，无疑，教师掌握这些基本行为是十分重要的。但教师仅仅掌握单一的教学行为并不能绝对保证取得较高教学成效。因为教学是复杂的，高成效之取得还取决于教师在一定的教学程序下选择何种教学行为，采取哪种表现形式，何时运用某种行为，怎样安排和组合各种行为等因素。另外，我们对有关教学行为的维度分析和策略建议多建立在国外有关研究结果的基础上，所以相应的运用策略的有效性也是有局限的。教师应成为自己教学行为的研究者，在教学过程中不断探索，寻找适合所任学科、年级特点并具有个人风格的有效教学行为策略。

第七章 课堂教学管理

课堂教学管理，是指教师为了保证课堂教学的秩序和效益，协调课堂中人与事、时间与空间等各种因素及其关系的过程。课堂教学管理是课堂教学的重要方面，它不仅有助于维持良好的课堂教学秩序，约束和控制有碍学习的问题行为，而且有助于激励学生潜能的释放，引导学生从事积极的学习活动，提高学习效率。因此，搞好课堂教学管理不仅是课堂教学顺利进行的基本保证，而且是提高课堂教学质量的有效途径。本章主要讨论课堂中的行为管理和时间管理。

第一节 课堂教学规则

课堂的物质空间虽然狭小，但它却是一个特殊的社会舞台。课堂教学要顺利进行，就必须有良好的课堂教学秩序。课堂秩序是课堂教学顺利进行的基础，是有效教学必不可少的条件。要保持良好的课堂秩序，就必须建立制度化的课堂规则，明确规范学生在课堂中的行为。实际上，课堂秩序是在建立有序的课堂规则的过程中实现的。没有适宜的课堂规则，就不会有良好的课堂秩序。

一、课堂教学规则的功能

课堂规则分为若干层次，有些规则可能是全国统一的，适合于所有学校的课堂；有些可能是区域性的，为该区域的学校课堂所遵守；有些却是学校根据具体实际或传统自行制定的；有些甚至是处于特定课堂环境中的教师、学生自行约定的；有些还可能是非正式的和局部的。可见，课堂规则既有共同性，也因区域、学校、特定课堂的不同而呈现出差异。

课堂规则的内容是多种多样的，几乎涵盖课堂的所有方面。依照适用规则的活动性质而言，主要有出入课堂规则、点名规则、上下课规则、课间规则、值日生规则等内容；依照适用规则的项目性质而言，主要有道德方面的规则、秩序方面的规则、人际方面的规则、安全方面的规则和学习方面的规则等内容。

通常设置的课堂教学规则有：

① 按时上课，不迟到、不早退，不随意缺课；

② 因特殊原因迟到者要向教师报告，因事因病无法上课者应请假；

③ 听到上课铃响，立即进教室，准备好书籍用具，静待上课；

④ 按照排定的座次入座，不可私自随意调换座位；

⑤ 上课和下课时随班长或值日生的口令而起立，向教师表示敬意；
⑥ 提问和回答问题要先举手，经允许后才能起立发言，语言要清楚、简洁；
⑦ 课前要预习，课后要复习；
⑧ 上课专心听讲，勤于思考，仔细观察，不看无关的书籍，不做无关的事情；
⑨ 按时完成作业，做到独立思考、书写整洁、字迹清楚、格式规范；
⑩ 离开座位，走动要轻声，不妨碍他人；
⑪ 保持正确的看书写字姿势，注意用眼卫生；
⑫ 保持课堂内外整洁，不乱丢纸屑杂物，不随地吐痰；
⑬ 课前课后，值日生做好教室清洁卫生，要揩净黑板，整理好讲台；
⑭ 尊敬教师，注意礼貌，关心同学，相互帮助；
⑮ 进出课堂要依照次序，保持安静，不影响他人学习，等等。

课堂规则尽管层次多样、内容各异，但作为课堂的行为指导或课堂行为的“先入为主法（antecedent control technique）”，主要具有维持和促进两个方面的功能：

（一）规范课堂行为，维持课堂秩序

课堂规则是课堂成员应该遵守的保证课堂秩序和效益的基本行为要求或准则。课堂规则赋予课堂行为以一定的意义，具有规范、约束和指导课堂行为的效力，使课堂成员明了行为所依据的价值标准，知道应该做什么，不应该做什么。如果课堂成员的行为符合课堂规则，就会受到大家的认可、肯定与赞扬；如果偏离或破坏了课堂规则，就会受到大家的指责、否定与批评，并依据课堂规则而加以纠正。从一开始约束规范课堂成员的行为，有助于维持良好的课堂秩序和及时纠正问题行为，建立良好的课堂内部环境。实践证明，及时而适宜地将一般性的要求固定下来，形成学生的课堂行为规范，并严格监督执行，可以避免课堂混乱，维持课堂良好的秩序；相反，如果教师不注意课堂规则的建立，只凭着不断提出的各种要求、指令维持课堂秩序，就容易造成管理效率低下，时间的无益消耗和问题行为的产生。

（二）培育良好行为，促进课堂学习

学生正处于成长阶段，很多方面都还不够成熟，需要积极的引导，使他们经过不断地学习，逐步做到自我控制和自我调节，养成自律的品质。课堂规则作为一系列明确的具体要求，使课堂中学生之间的互动有了依据。课堂规则一旦被学生所接受，就会逐渐内化为学生的自觉行为，就能唤起学生内在自主的要求和自我管理的欲望，激发学生自我管理的动机状态，形成心理上的稳定感，使学生养成自律的良好习惯。适宜的规则，使学生之间目标一致、相互合作、和谐相处，容易建立情感，形成愉快和谐的群体生活，从而形成和谐、活跃的课堂气氛，引发学生的成就动机与进取心，建立良好行为的积极的正向强化，促进学生发展良好的课堂行为。因此，课堂规则对课堂行为与课堂学习具有导向和激励作用，具有积极的促进意义。

课堂规则的维持功能与促进功能同等重要，但并非所有的规则都能发挥这两方面的功能，这取决于教师对学生的估价。如果教师对学生持正向估价，相信学生在课堂上的行为和学习表现，所确定的课堂规则往往就会偏重激励和促进；如果教师对学生持负面估价，认为学生懒惰散漫，所确定的课堂规则就会侧重于控制与维护，甚至采取一些强加措施或追求一种消极的涟漪效应。教师通常很容易把注意力放在学生问题行为的控制上，容易忽视积极正向气氛的激发。这样，课堂规则常常用来管束或控制学生，尤其是有问题行为的学生，使他们受到约束或惩罚。然而，真正积极的课堂规则应该为学生提供思考自己行为及其影响的指导或标准，应有助于引发学生的成就动机。事实上，“主要指向惩罚的规则常常会引导学生关注消极方面，反而淡化学生的积极动机与态度，从而进一步强化低水平的道德发展，无助于发展学生高水平的、具有社会价值的道德水准。”[①]可见，消极、负向的课堂规则不利于课堂行为与课堂学习，而积极、正向的课堂规则，不仅具有维持功能，而且更能激发课堂的正向气氛，促进课堂行为与学习。因此，建立积极、正向的课堂规则无疑是课堂行为管理的正确抉择。

二、课堂规则的制定

规则是一种指引或约束。订立课堂规则的目的，是要使课堂中的教学活动得以顺利进行，使学生享有愉快、和谐的群体生活。要达到这一目的，就必须认真细致地对待课堂规则的制定工作。

(一) 制定课堂教学规则的依据

课堂规则的制定受多种因素的影响。一般来说，课堂规则的制定主要依据四个方面：

1. 法令与规章

有关的法律法规以及学生守则、学生行为规范条例、学校规章制度等，在很大程度上可以说是课堂教育教学活动的根本指导原则，其中也反映了学校教育目的和培养目标，是制定课堂规则的重要依据。

2. 学校及班级传统

学校和班级长期以来形成的那些对课堂教学活动起着保障与促进作用的优良传统，是经过实践检验并被证明是行之有效的。这些传统虽然并非都适宜于新的课堂，但可以提供一种经验、借鉴或参照。

3. 学生及家长的期望

学生是教育活动的主体，学生的期望自然应该受到重视。只是学生尚不成熟，而且不同年龄或来自不同背景的学生，期望并非完全相同，甚至有可能互相冲突。因此，在考虑学生的期望时要进行选择，并要特别注意正向的、积极的期望。家长往往对其子女有特定的期望与要求，学校虽并非以满足家长的要求为目标，但家长合理的期望对实现学校教育目标是有益的。因此，学校也应重视家长的合理期望。

---

① Jones. V. & Jones，L. (1990). Classroom Management, p.283.

4. 课堂风气

课堂风气即课堂成员间持续而稳定的互动所形成的某些占优势的态度与情感的综合状态。不同课堂往往有不同的风气，有的课堂积极而活跃，有的课堂拘谨而刻板，有的协调而融洽，有的却冷淡而紧张。通常情况下，课堂风气与课堂规则是相辅相成的，课堂规则是否妥帖直接影响课堂风气。反之，课堂风气的状况也影响着课堂规则的制定。例如，如果课堂中存在着学生上课时不认真，吵吵闹闹，课前课后很少预习和复习等风气，在制定课堂规则时就要求侧重学习生活方面的规则，改善学习风气；如果学生太重学业成绩，恶性竞争，甚至钩心斗角，就要求侧重友爱、合作、互助等道德方面的规则，改善学生间的人际关系。

(二) 制定课堂教学规则的原则与要求

制定课堂规则应遵循一定的原则和满足基本的要求，主要包括：

1. 课堂规则应符合四个条件，即明确、合理、必要和可行

例如，“注重自己的行为”，这种规则对于学生而言显然是不明确的，难于起到约束与指导作用。又如，“上课时要坐端正，两手要放在背后”，这种规则既不合理，也无必要，而且是消极、负向的，不利于学生的学习。再如，“上课期间禁止上厕所”，这种规则不但学生很难做到，而且不利于学生的身体健康。有效的规则是必要而合理的，应描述清楚、指向明确，还应正面措词。对于做不到的规则，暂时可以不定，或将其分解成数个次级规则。

2. 课堂规则应通过教师与学生的充分讨论，共同制定

课堂规则不可由教师凭个人好恶独断设立，而应经过学生的讨论与认同。学生通过参与讨论，共同制定课堂规则，就会自觉遵守并乐于承担责任，教师执行起来就会顺利得多。因此，教师应提供机会让学生参与制定课堂规则，并让学生明白这些规则的必要性和严肃性。

3. 课堂规则应少而精，内容表述以正向引导为主

教师要对所讨论的课堂规则进行归纳、删改，避免那些不相关或不必要的规则，制定出尽量简明的、最基本的、最适宜的规则。一般以5～10条为宜。如尚不够全面，也应等学生适应一些规则后再逐步增加。如果一次订得太多，学生一下子难以把握，教师也难以控制。规则内容的表述应坚持正面引导为主，多用积极的语言，多规定“做什么”，少采用“不准或严禁做什么”之类的词语。积极的语言表现出教师对学生的尊重与期望，容易产生良好的心理效应，为学生提供积极的行为目标，产生积极的强化作用。

4. 课堂规则应及时制定与调整

良好的开端是成功的一半。教师应抓住新学期刚开始的机会制定课堂规则。以后要不断进行检查，并根据各方面的具体情况，加以补充、修改或调整。在需要调整或修改的规则较多时，应先从最重要的一、二项开始。

(三) 制定课堂教学规则的方法

课堂规则形成的方法是多种多样的，主要有：

1. 自然形成法

将原已存在并适宜于多数学生的常规加以具体化。例如，对多数学生“进出课堂都要说明理由”、“上课发言能先举手”等自然的良好行为加以强化，经由师生共同讨论，便可成为大家共同遵守的课堂规则。这种方式简单易行，也较容易建立。

2. 引导制定法

将原本不存在或没有引起注意的常规引申为课堂规则，让大家共同遵守。这又可分为三种方式：一是先由学校或教师设计某种规则，再经由学生讨论后形成课堂规则的自上而生法；二是先由学生自己发动，建议设立某种规则再经由教师许可而成为课堂规则的自下而生法；三是由师生在课堂活动实践的基础上针对某种不良行为，共同讨论制定课堂规则的上下交融法。

3. 参照制定法

教师或学生发现其他班级的课堂有某种良好的行为规范，而这一行为规范又正好是本班课堂所缺少或不足的，于是便参照修改，使之适宜于本班课堂活动，从而制定出类似的课堂规则，以养成学生在这方面的良好行为。

4. 移植替代法

将其他课堂中好的规则直接移植过来，作为要求本班学生遵从的课堂规则，或用来替代原有的不合理规则。采用这种方法，要特别注意所移植来的规则是否适合于本班课堂。因为他班的课堂规则是与其特定的课堂环境相对应的，是在其课堂活动的实践中逐步规范起来的。即使是最好的规则，移植到本班课堂，也并不一定是完全适合的，因而移植时要做深入细致的分析，采取谨慎的态度，此法不宜多用。

三、课堂教学规则的执行

要塑造良好的课堂行为，确保良好的课堂秩序，仅有课堂规则是不够的，还必须重视课堂规则的执行。即使好的课堂规则，如果流于形式，或执行不当，也是枉然。

(一) 执行规则前应检查规则是否适宜

不是所有的课堂规则都有利于学生的学习活动。事实上，消极、负向、形式化的规则还对学生的学习起阻碍作用。因此，在执行课堂规则前，应首先对规则进行检查。例如，重要的规则是否都已列出来了，有无遗漏？学生是否明了这些规则的意义？有关的奖惩措施是否恰当？这些规则是否是积极、正向的，叙述是否采用正面方式？规则是否简短易懂，是否简单可行？等等。需通过检查，确信所有规则都是合理的、必要的、可行的，而且适宜于当前具体的课堂环境。

（二）执行规则应始终如一，而且坚决、果断

规则一旦确立，就要坚定地贯彻执行。学生如果遵守课堂规则，就会得到相应的肯定与奖励，如果违背规则或选择不当的行为方式，教师就要立即指出其不良行为理应伴随的自然后果。当然，也不能敌视学生，不可威吓或责骂学生。教师的态度必须是积极的。因为敌视或责骂学生反而容易忽视学生的权利与人格，容易对学生造成伤害，使学生丧失兴趣和安全感。坚决执行规则，不只是针对学生的问题行为，还包含对学生行为作出正向反应。当学生有效遵从规则或其行为有所改善时，教师也应作出反应，使课堂气氛变得更加积极。当教师课堂的果断行为构成一套系列活动时，这项建设才能最终完成。

（三）执行规则既要保持公平一贯性，又要灵活有差异

课堂规则是约束课堂内成员的行为准则，为学生的课堂行为划定了方向，成为引导学生行为的指南。执行规则，能够使学生保持认知、情感和行为上的一致。因此，执行规则首先应保持公平性和处理方式的一贯性。一贯性是指无论在哪一天，执行规则的准则都应是一样的，不要时宽时严，使学生感到迷惑，无所适从。一贯性还指对待每一学生都要使用同样的标准，切不可采用双重或多重标准。学生虽年龄小，但也有特定的价值标准和世界观，教师对于不同学生所表现出来的相同行为，或同一学生在不同时空所表现出来的相同行为，无论是理想行为还是不理想行为，在处理时均应考虑方式的公平性和一贯性，以避免学生误以为教师偏心或喜怒无常，甚至破坏师生关系。同时，适宜的课堂规则是公平一贯地执行课堂规则的基础。这就要求，一方面要考虑课堂规则对学生的适应性，尽量使课堂规则与学生的个人价值趋同；另一方面又要考虑课堂规则与特定社会规范的一致性，使每个学生都能正确处理个人与课堂集体的关系。其次，教师在执行课堂规则时还必须考虑学生的个别差异，采取灵活的方式。执行课堂规则时，标准是同一的，但由于学生有个别差异，他们的家庭背景和以往的生活经验致使他们在对事对人方面有不同的反应。而且学生毕竟是多样化的，同样的不良行为，反映在不同学生身上，其产生的原因及背景、他们的情绪反应和态度都可能是不同的。因此，教师应充分考虑学生的个别差异，设身处地为学生着想，以“假如我是学生”去思考和执行，以积极、正向的态度对待学生的行为。同时要根据学生的不同反应作出不同的辅导，有的需要更多的关怀，有的需要给予较长的时间去适应，有的需要多一些辅导，总之要基于学生的个别差异作出弹性处理，这与执行规则的公平一贯性并不矛盾。实际上，公平一贯性和灵活差异性往往要一并考虑，既不要让学生觉得教师偏心，也不要让学生觉得委屈。这就要求教师依据具体特定的情境作出恰当的抉择。

（四）执行规则应采用积极的方法

心理学研究表明，行为一旦获得适当的强化，如赞许、表扬等，就会增加其强度，增强

其再发生的可能性，并逐渐巩固起来而成为牢固的良好习惯。如果学生在行为上表现良好，教师予以关注、赞赏和鼓励，学生以后就会争取表现得更好，这是很有效的策略。对学生违反课堂规则的行为，教师应多采用间接暗示的方法，让学生在某种暗示情境中自动遵守课堂规则。要尽量避免采用强令禁止的方法，不在迫不得已的情况下，不宜使用惩罚的方法，因为惩罚缺乏正面和积极的教育作用，甚至容易造成学生的恐惧心理，影响师生间应有的融洽交往。有效的方法往往是通过鼓励理想行为去纠正不良行为。对于那些无伤大雅或不具危险性的不理想行为，甚至可以采取宽容态度或不理会策略。切记不可小题大做，以免挫伤学生的自尊和损害师生间的和谐情感，给课堂行为管理造成障碍。

课堂规则指南

1. 规则尽可能经由课堂成员讨论而成；
2. 规则按其重要性顺序排列；
3. 规则控制在10条以内；
4. 规则应正面陈述并且简明扼要；
5. 规则要始终一贯地呈现；
6. 让每一位学生理解规则；
7. 注重对规则实施的检查。

第二节 课堂问题行为管理

课堂教学规则并非一劳永逸，经常会出现失范，从而使教师不能积极有效地实施课堂管理和处理学生行为，往往导致学生迷惑、不满和疏离，不能把握时间，不能完成学习任务，甚至降低学习兴趣、抱负与动机水平，而造成问题行为。事实上，无论什么课堂，问题行为都是难以避免的。课堂问题行为一经产生，又很容易蔓延，诱发许多类似或其他的问题行为。如果处理不当，不仅容易引起教师与学生之间的冲突和课堂纪律问题，影响课堂教学活动的正常进行，而且还会影响学生的身心健康，甚至伤及学生人格的发展。但只要认真而细致地观察和分析，对其予以正确的归因，并采取有针对性的策略，就可以减少或控制问题行为，确保课堂活动有序、有效地开展。

一、课堂问题行为的特性与类型

(一) 课堂问题行为的特性

课堂问题行为是指在课堂中发生的，违反课堂规则、妨碍及干扰课堂活动的正常进行或影响教学效率的行为。课堂问题行为是消极、负面的，而且具有普遍性，程度上也具有差异性。

首先，课堂问题行为具有普遍性。不仅差生、后进生有问题行为，优秀生也会有问题行为。只是他们在数量多少、发生频率和程度轻重等方面不同而已。据西方一些学者对116名学生进行的追踪研究，有三分之一以上的学生曾经发生过分敏感、发脾气、妒忌、特别恐惧、冷漠等问题行为。有人通过系统观察也发现，在典型的课堂里，25%～30%的学生有问题行为。美国近年来对中小学学生课堂行为的研究亦表明，有问题行为的儿童约占调查总人数的53%。① 我国的一些研究发现，有问题行为的高中学生约占半数，而初中学生则占70%。② 可见，问题行为在课堂中是经常发生的，涉及的学生比较广泛，具有普遍性。

其次，课堂问题行为的程度以轻度为主。课堂问题行为具有普遍性，但这些问题行为的程度轻重是不同的。研究表明，课堂问题行为以轻度为主。心理学家瑞格等人曾做过研究，从1020个课堂片断分析出学生问题行为的表现，其中最普遍的问题行为及其比例为：大声说话（38%）、思想开小差（24%）、讲废话（23%）、不恰当地使用教材或设备（20%）、吃零食（12%）、随便走动（11%）、小动作（9%）、故意大笑（6%）、打架（5%）、弄坏课本或设备（1.5%）、不听从教师（1.5%）、侮辱同学（1.5%）、侮辱教师（1%）。库宁的研究也表明，有55%的课堂问题行为属于上课时谈话、喧哗等，有26%属于上课迟到、不做功课和上课任意走动等，另有17%属于看无关的书籍等不专心上课行为，真正程度严重的问题行为只占极少数。③ 我国对中小学课堂违纪行为的调查资料也显示，轻度的占84%，比较严重的占14%，非常严重的仅占2%。④ 可见，无论中外，课堂问题行为都主要表现为轻度问题行为，而且持续时间短，易变性强。

（二）课堂问题行为的类型

由于人们对问题行为的认识不尽相同，因而对问题行为的分类也不尽一致。中外学者从不同角度对课堂问题行为进行了分类。

美国的威克曼把破坏课堂秩序、不守纪律和不道德等方面的行为归纳为扰乱性问题行为；把退缩、神经过敏等方面的行为归纳为心理问题行为。奎伊等人在其研究的基础上，把课堂问题行为分成人格型、行为型和情绪型三种类型。人格型问题行为带有神经质特征，常常表现为退缩行为。例如，有的学生在课堂里忧心忡忡，不信任教师，害怕教师提问和批评；有的学生不相信自己的能力，缺乏信心和兴趣；有的学生坐在教室里焦虑不安，心神不定，常常手足无措，答非所问；有的学生神经过敏，无端猜疑；有的学生在课堂里沉默寡言，胡思乱想，做白日梦，等等。行为型问题行为主要具有对抗性、攻击性或破坏性等特征。例如，有的学生缺少耐心，容易冲动，不能安静；有的学生多嘴多舌，交头接耳；有的学生坐立不安，乱涂乱画，传送字条，扮演怪相，逗人发笑；有的学生尖声怪叫，吵嚷起哄；有的学生动手动脚，欺侮同学，等等。情绪型问题行为主要是由于学生过度焦虑、紧张和情绪多变而导致社会障碍的问题行为。例如，有的学生漫不经心，冷淡漠视，态度忸怩；有的学生过分依赖教师和同学，不敢自作决定，不独立完成作业；有的学生胆小怕事，害怕失败，不敢举

---

① Smith，M. & Misra，A. (1992). A comprehensive Management System for students in Regular Classrooms，The Elementary School Jounal，No. 3，p.353.

② 杨心德：《中学课堂教学管理心理》，杭州大学出版社1993年版，第108页。

③ 李维：《课堂教学技能》，贵州人民出版社1988年版，第229页。

④ 胡淑珍等编著：《教学技能》，湖南师范大学出版社1996年版，第169～170页。

手发言；有的学生情绪紧张，容易慌乱；有的学生则情绪抑郁，心事重重，注意无法集中，等等。这三类问题行为各有其特征，但也有一些重叠交叉。

我国也有学者将课堂问题行为分为行为不足、行为过度和行为不适三种类型。行为不足主要是指人们所期望的行为很少发生和从不发生，如沉默寡言等；行为过度主要是某一类行为发生太多，如经常侵犯他人；行为不适是指人们期望的行为在不适宜的情境下发生，但在适宜的情境下却不发生，如上课时放声大笑等。也有学者把课堂问题行为分为六种，即隐蔽性违纪行为（如上课不认真听讲，思想开小差，漫不经心等）、轻度矛盾冲突（如同座或前后相邻学生发生纠纷，互不相让，相互干扰等）、不遵守作息制度（如迟到、早退，随意离开课堂等）、不服从教师（如因对教师不满导致不与教师合作，甚至故意节外生枝引起哄堂大笑等）、扰乱性行为（如坐立不安、吵吵嚷嚷、乱抛物品等）和恶作剧（如叫老师的绰号，做怪样等）。[①]还有心理学专家认为，根据学生行为表现的主要倾向，课堂问题行为可以分为两大类：一类是外向性问题行为，另一类是内向性问题行为。外向性问题行为是直接干扰课堂正常教学活动的攻击型行为，这些行为是容易被觉察的，主要包括：行为粗暴、相互争吵、挑衅推撞等对抗性行为；交头接耳、高声喧哗等扰乱秩序的行为；出怪声、做怪相以惹人注意的行为；语言粗俗、顶撞其他同学及教师的盲目的逆反行为；迟到、早退、随意离开课堂、随意走动等抗拒行为，等等。内向性问题行为是不容易被觉察，对课堂教学活动正常进行不构成直接威胁的退缩型行为，主要表现：在课堂上心不在焉、胡思乱想、发呆、做白日梦等注意涣散行为；害怕提问、抑郁孤僻等厌恶行为；神经过敏、烦躁不安、频繁活动、胡乱写画等不负责任行为，等等。外向性问题行为直接威胁课堂纪律，干扰课堂秩序；而内向性问题行为虽不直接威胁课堂秩序，不直接影响他人学习，但对教学效果和学生学习质量的影响很大，对学生个人的人格发展也有较大的危害。

二、课堂问题行为产生的主要原因

学生在课堂中表现出来的问题行为可能是家庭问题行为或社会问题行为的延伸，也可能是受同伴团体的不良影响，也可能是不良的课堂教学环境或教师的教学失策导致的。总之，学生的问题行为是其学习、生活环境、社会风气等有关因素相互作用的结果，是各种问题的综合反映，而不是由某种单一因素造成的。综合起来，学生课堂问题行为的产生主要有三方面的原因：

（一）教师的教育失策

学生的课堂问题行为的产生与教师的失策直接相关，甚至有些问题行为还可能是教师直接造成的，因而绝不能把学生的问题行为完全看成是学生自己的问题。教师的失策主要表现为：

1. 指导思想的错误

教师缺乏正确的指导思想，会直接影响教师的教育教学方式，从而引发学生的问题行为。

① 胡淑珍等编著：《教学技能》，湖南师范大学出版社1996年版，第170页。

例如，教师缺乏正确的教育理念，将升学率作为其指导方向，把分数作为唯一目标。在这一思想指导下，不少教师重智轻德，教学上搞题海战术，对学生进行超负荷灌输，无休止地上课、补课、考试，学生成为分数的奴隶，学习成了无边的“苦海”。这样，学生就会产生厌倦情绪、逆反行为，甚至产生较严重的对抗性行为。而且，学生会因考试、课业负担过重、同学间的激烈竞争而产生巨大的压力，这些压力累积到一定程度，就容易导致学生出现问题行为，尤其容易产生内向性问题行为。另外，如果教师缺乏正确的教育观，甚至采取厌恶、歧视的态度，就会伤害他们的自尊心、自信心，使他们产生消极自我概念，引发畏难情绪，由此诱发他们的问题行为，甚至导致外向性对抗行为，这样会直接干扰课堂活动的正常进行，影响教学质量。

2. 管理的失范

教师在课堂中缺乏适当的管理，也是引发学生课堂问题行为的重要因素，主要表现在两方面：

一是教师放弃管教的责任，采取不闻不问的立场，放任学生，使课堂未能形成良好的课堂气氛和教学环境，学生也因缺乏指正的机会而出现违反课堂规则的行为。

二是教师对学生的问题行为作出过敏反应，处处设防，动辄对学生大加训斥，甚至滥用惩罚，让学生在课堂里感到冷酷与摩擦，从而导致行为失常。库宁曾做过实验，要求教师对实验组儿童实施三种行为，即“明确”（教师让儿童自己组织活动，每个人分工明确，对良好行为及时奖励，对不良行为动员全体儿童讨论，并给予改正的机会）、“坚决”（教师规定儿童做什么，儿童必须做什么，一旦出现越轨行为，教师表现出断然的姿态）、“粗暴”（教师对儿童非常厉害，表现出愤怒的面孔和语言），结果发现，效果最差的是“粗暴”的教师，他们实际上助长了其他学生的问题行为。因此，对学生的惩罚越厉害，后果也越严重。滥用惩罚，不仅无助于维持课堂秩序，而且还会大大降低教师的威信，甚至引起学生对教师的反感、怨恨或对立，诱发学生攻击性问题行为。

3. 教学的偏差

教师不认真备课或根本不备课；教学方法呆板，千篇一律，枯燥乏味，不善于激发学生的积极性；对学生缺乏了解，教学内容过难或过易，讲课速度过快或过慢，表达能力较差，语言和要求含糊不清；教师缺乏活力，精神不振，懒懒散散，等等，这些教学上的偏差很容易导致教师在学生心目中的威信降低，引起课堂问题行为。研究表明，教师的威信是一个重要的因素，教师在学生心目中的威信越高，学生越不易产生问题行为。相反，威信越低，就越容易导致学生的问题行为，也越难控制或纠正学生的问题行为。据调查，有六种教师最容易失去其在学生心目中的威信，这六种教师分别为：

① 业务水平低、教学方法差；

② 对教学不负责任，懒懒散散；

③ 对学生的要求不一致，提出要求后也不检查；

④ 向学生随意许诺，但总不兑现；

⑤ 软弱无能，缺乏魄力；

⑥ 缺乏自我批评精神，明知错了也要强词夺理。

由此可见，教师教学的偏差，是教师失去其在学生心目中的威信的关键因素之一，也是学生问题行为产生或扩展的重要因素。

(二) 学生的身心因素

课堂中大量的问题行为同学生的身心状况直接相关，是由学生自身的因素引起的。即使同一年龄阶段的学生，其问题行为也因其身心条件的差异而表现出不同的特征。

1. 性别差异

学生的性别特征对问题行为会产生一定的影响，这在低年级中尤为明显。相对于女孩而言，男孩精力旺盛，活动量大，又喜好探究，而他们的自我控制能力相对较低，集中注意的时间也更短，因而会更容易产生问题行为，特别是外向性问题行为。女孩易接受暗示，缺乏果断，较少自行其是的能力，而且集中注意的时间相对较长，因而她们的问题行为，尤其是外向性问题行为，相对男孩而言要少一些。美国心理学家曾将男女孩的性别差异与纪律问题作了比较研究，结果表明，男孩在纪律问题上要比女孩“勇敢”得多，违反纪律的现象或次数也更多。还有人用实验证实了上述的结论。但是否由此可以得出结论，女孩在问题行为方面绝对少于男孩呢？心理学家克里布斯曾做过实验，结果发现，女孩在诚实方面不如男孩，女孩在考试时作弊的现象大大超过男孩。[①]可见，女孩在某些方面优于男孩，但男孩出现的内向性问题行为较女孩少，这是由性别差异决定的。

2. 生理障碍

学生生理上的障碍使学生容易产生问题行为。例如，学生视、听、说等方面的障碍，会削弱学生的学习能力和动力，妨碍学习活动的正常进行，学生在课堂上常常出现不敏感、不专心、退缩、低沉，甚至烦躁不安、自行其是等问题行为；学生发育期的紧张、疲劳、营养不良等也会导致学生在课堂上精神不振、担心害怕、神志恍惚，进而产生问题行为。此外，神经发展迟缓或神经功能障碍也会造成学生的“多动症”，心理学把这种现象称为MBD，即脑功能轻微失调。这种现象容易导致学生注意涣散、活动过度、冲动任性，从而在课堂上难以控制自己的行为，出现活动过多、情绪不稳、大声怪叫、注意力不集中等多种问题行为。

3. 心理缺失

心理缺失也是构成学生问题行为的重要原因，它主要反映在焦虑、挫折和个性等方面。焦虑是一种恐惧和不安的情绪体验。学生课堂上的焦虑通常是由于过多的压力和不和谐的人际关系而导致得不到他人的尊重以及自尊心受到威胁而引起。由于焦虑，学生往往会出现灰心丧气、顾虑重重、徘徊不定等退缩性问题行为，也会出现厌烦、烦躁不安、无理发怒等逆反性问题行为。挫折是目标或期望受阻而又无法克服阻碍时产生的一种紧张状态和情绪反应。挫折会引起学生情绪波动，如焦虑不安或者不满、冷漠、敌视等心理，使他们失去兴趣，将

① 李维：《课堂教学技能》，第236～238页。

注意力转向非正常活动上，导致说谎、欺骗、公开顶撞、故意发泄等攻击性行为以及压抑、退缩、逃避等行为反应。而且，挫折后的情绪反应，在一定条件下会直接转化为课堂问题行为。研究表明，学生个性方面的问题也会导致学生在课堂上的问题行为。例如，性格过于内向的学生，往往容易产生抑制性退缩行为，而性格过于外向的学生，往往容易产生攻击性逆反行为。

(三) 环境的因素

课堂问题行为的产生，除了取决于教师和学生方面的因素外，还与环境影响有关。心理学家勒温关于行为的研究表明，行为是人与环境的函数，这一研究结果揭示了人的行为与环境之间的内在联系。环境影响主要包括家庭、大众媒体、课堂内部环境等方面的影响。

1. 家庭因素

许多心理学家关于离异家庭子女的行为研究表明，单亲家庭对孩子的行为会产生消极影响，这些孩子在行为上常表现为自制力差、极易冲动，迁怒于人，容易产生对抗性逆反行为。有研究表明，父母不和、经常打闹的家庭的孩子，在课堂上也经常会表现为孤僻退缩、烦躁不安，甚至出现挑衅滋事的行为。另外，家长的教育方式也会影响学生课堂上的行为。有的家长娇惯溺爱、纵容放任，对子女百依百顺，这种方式容易使子女养成以自我中心，甚至玩世不恭、放荡不羁；有的家长粗暴严厉，动辄打骂，这种方式容易使其子女习惯于弄虚作假、消极对抗，或表现为冷漠孤僻、情绪异常。所有这些都会对其子女在课堂上产生问题行为起到促成作用。

2. 大众媒体

在当今信息时代里，社会各种信息通过多种信息媒体大量涌入学校，学生的知识总量中，有一半左右是通过学校以外的大众媒体获得的。大众媒体传播的信息并非都是积极的、正向的，也有很多诸如暴力、色情、凶杀、追求感官刺激等庸俗的、商业性的、低级趣味的内容。学生受这些内容的影响，耳濡目染、潜移默化，甚至盲目模仿和具体尝试其中的动作与行为，这些行为也常延伸到课堂中。据帕克等人的研究，在其他生活条件相似的情况下，观看暴力电影的学生比其他学生有更多的攻击性行为出现。彼得森等人对 7～11 岁学生的调查显示，常看暴力电视节目的学生具有更多的恐惧感。消极的媒体内容还会导致学生产生性格障碍。所有这些都会导致学生在课堂上出现问题行为。

3. 课堂内部环境

课堂内部环境，诸如课堂内的温度、色彩、课堂气氛、课堂座位的编排方式等都会对学生的课堂行为产生十分明显的影响。课堂中温度适宜、色彩明亮、气氛融洽，学生就可能产生一种愉悦的感受和积极的情绪，从而减少问题行为；相反，如果课堂环境恶劣，气氛紧张，学生就可能会产生昏昏沉沉、懒懒散散的消极情绪，从而增加问题行为产生的可能性。而且，课堂中的色彩、温度、气氛等如果趋于定势，学生的问题行为就会形成习惯，成为无意识行为。此外，课堂座位的编排方式也与学生的问题行为有关。早在 20 世纪 30 年代，沃勒就做过研究，结果表明，坐在前排座位的学生大多在学习上过分依赖教师，其中也可能有一部分是学习热情较高的，但坐在后排座位的学生，通常有捣乱和不听讲等问题行为。英国教育理论家曾对课桌椅的排列方式做过观察实验，结果显示，秧田式排列时，学生学习的努力程度是圆桌式的2倍，而坏习惯（如心不在焉等）的出现频率，则圆桌式是秧田式的3倍。由此可见，学生座位的编排方式对学生问题行为具有一定的影响。

影响英国综合中学学生问题行为的归因分析

不安定的家庭环境	49.6%
同伴压力	35.6%
缺乏科学兴趣	30.7%
对学校厌倦	30.5%
学生的心理或情感障碍	29.4%
在课堂活动中表现无能	21.9%
对成人权威的反抗	20.8%
缺乏自尊	13.7%
讨厌教师	12.7%
使用药物	4.9%

（资料来源：Cohen，L. & Manion，L.，1989，p.215.）

三、课堂问题行为的管理策略

课堂问题行为是教师经常遇到而又非常敏感的问题，处理不好，就会损害师生关系和破坏课堂气氛，影响教学效率。课堂问题行为的恰当处理，取决于教师对于管理策略的有效运用。

（一）运用先入为主策略，事先预防问题行为

学生的问题行为，有些是出于无知，有些是出于故意，有些则是出于初始时的不慎。事实上，一些课堂问题行为是在课前就注定了的，而不是因为课堂活动过程中的运作所致。学生一旦产生了问题行为，则事后的消解远比单纯学习新行为困难得多。因此，最有效的管理，就是采取先入为主的方法，预防在先，以防止许多不必要的问题行为，或使问题行为没有产生的机会和条件。

先入为主策略就是在问题行为产生之前，采取措施优先实施预防性管理，避免或减少问题行为产生的可能性。它主要关注于明确的行为标准、建设性的课堂环境、良好的教学设计、和谐的师生关系等方面。

1. 确立学生的行为标准

明确学生的日常行为标准，是一种有效的先入为主方法，因为这样可以事先确立起对学

生在课堂中的期望行为，让每一个学生都知道什么行为是好的，什么行为是不好的，哪些行为是大家认同的，哪些行为是大家不能认同的。教师通常是在学期或学年初期阶段，通过与学生共同讨论的方式，对课堂行为提出明确而具体的要求与规范，并依此作为共同遵守的准绳。这种行为规范和要求的主要表现形式就是课堂规则。确立学生的行为标准时，应考虑这样几个问题：

① 所确立的行为要求是否有利于学生的身心发展?

② 行为要求是否影响课堂秩序和学生的学习?

③ 行为要求是否体现了对课堂成员的尊重?

④ 行为要求是否切实可行?

⑤ 行为要求是否具有改变或修正的可能性?

课堂行为标准确立起来之后，还要及时加以巩固，必要时还要予以修正。

2. 促成学生的成功经验

学生的成功经验，通常会激发他们的愉悦情绪，降低挫折水平，从而避免或减少问题行为的发生。学生的失败所导致的挫折感往往是某些问题行为产生的原因。因此，教师要确保学生在课堂活动中适当的成功率,尤其是将课堂活动规划在既不太容易也不太难的适度范围。因为太容易会导致厌倦，太难会导致挫折，它们都有导致问题行为产生的可能性。一般而论，我们可以把课堂活动按学生掌握程度划分为四个层次：第一个层次的活动是让学生 100% 掌握，这种活动只是偶尔出现在作业中；第二个层次是让学生掌握 90%～99%，这可体现在大多数的活动中；第三个层次是让学生掌握 70%～90%，这主要出现在以教师为中心的活动中；第四个层次是让学生掌握不到 70%，这种活动应尽可能少一些，而且要求教师提供额外的教导，或者把活动划分成更小的、容易让学生掌握的单元。教师对学生学习材料和学习活动的适度选择，有助于学生体验到成功的感觉，从而减少问题行为的产生。

3. 保持建设性的课堂环境

课堂行为与课堂环境直接相关。有效的课堂行为管理，在很大程度上是以良好的课堂环境为基础的，因为良好的课堂环境不仅可以减少问题行为产生的可能性，而且可以消解许多潜在的问题行为。保持建设性的课堂环境，首先要保持课堂的整洁、秩序与优雅，增强课堂环境的秩序感、责任感。一个杂乱无章和死气沉沉的课堂环境本身就为问题行为的产生提供了土壤。其次，要科学合理地安排调整学生的座次。必须打破按高矮次序或学习成绩排位的简单方式，而要综合考虑学生的生理特点、个性特长、学习习惯、行为特征、同伴关系等多种因素，做到优劣搭配、合理组织，达到以长补短、以优补劣、互相促进的效果，而且要依据学生和学习目标的不同而选择适当的座位排列形式。最后，要把握课堂的情绪环境，即搞好教学设计，在课堂活动之前确定好教学目标、教学方案与教学策略；采用悬念和讨论的方法，不断变换刺激角度，集中学生的注意力；合理安排课堂活动的内容和节奏，控制学生的疲劳度。此外，还要建立和谐的师生关系，打破认为师生间仅仅是上下级关系、是管理与被管理关系的狭隘认识，正确对待教师的权威。教师的权威是示范和行为指导能否生效的保证，但这种权威的基础不是教师的地位，而是他本人的学识、品行与才能。因此，教师应平等地对待学生，充分尊重学生的人格，对学生充满爱心，尤其要关心“差生”或“后进生”，以实现师生之间的情感互动。

建立和谐师生关系的方式

课外：迎面遇见学生，主动前去与学生交谈；
休息或用餐时，同个别或群体学生闲聊；
对诸如俱乐部、运动等课外活动表现出兴趣；
留意困难学生，主动与他交谈；
寻找适宜的机会会见学生的父母；
了解学生的不同环境，理解学生的生活方式；
真诚地关心学生面临的社会问题；
熟悉并理解学生的闲暇爱好。

课内：学生进入课堂时友好地与他们说话；
以个别方式检查学生的课堂活动；
了解、记住和称呼学生的名字；
与学生分享玩笑与幽默；
培养对学生成绩的集体自豪感。

(二) 运用行为控制策略，及时终止问题行为

先入为主策略对于预防问题行为尽管非常有效，但不可能完全消除问题行为。因此，课堂问题行为管理就必然会面对已有的问题行为。对这些行为，必须给予有效的控制，使之得到及时的处理；否则，这些行为将会扩展或蔓延，甚至引发其他问题行为，造成意想不到的后果。行为控制策略包括强化良好行为和终止已有问题行为两个方面。

1. 鼓励和强化良好行为，以良好行为控制问题行为

有效的问题行为管理，应积极鼓励学生的良好行为，因为良好行为一旦得到鼓励或赞扬，就会得到强化，并逐步巩固下来，成为课堂其他成员学习或模仿的榜样。同时，通过鼓励和强化进行中的良好行为或新的良好行为，可抑制或终止其他问题行为。教师通常采用社会强化、活动强化、行为协议和替代强化等方式。

（1）社会强化

社会强化包括面部表情、身体接触、语言文字等，如向学生微笑、亲切地轻拍学生的头或背、称赞学生能干或告诉学生你很欣赏他的活动等。运用社会强化必须遵循四个原则，即针对目标行为、指向已完成的行为、强调学生的努力、不断变化形式。

（2）活动强化

活动强化就是当学生表现出具体的期望行为时，允许学生参与其最喜爱的活动，或提供其较好的机会与条件，如允许参加俱乐部或兴趣小组活动、提供设备的优先选择权和使用权、提供课堂活动或体育运动中的领导角色等。这在很大程度上也可以说是对学生良好行为的具体鼓励方式，并由此强化其这方面的行为。教师在采用活动强化时，应注意选择那些能够控制学生但又是学生最喜爱的活动，并要考虑学生的年龄、活动动机、兴趣、特长及实际活动

能力等多种因素。

（3）行为协议

教师与学生订立旨在鼓励和强化期望行为的协议，它可以是口头的，也可以是书面的，但必须经由教师和学生的共同认可，而且一旦确定，就要切实执行。通常采用“如果……就……”的陈述方式。例如，“如果上课积极发言，就奖励一朵小红花”，“如果课堂作业做得好，就可以免做家庭作业”等。通过这种方式，不仅在所有学生面前强化了期望行为，而且可以鼓动学生在课堂中积极表现。运用行为协议，应注意将语言或文字表达得简单、清楚、积极，同时还可以争取学生家长的参与与合作。

（4）替代强化

学生的良好行为并非都是从教师那里或直接在活动中习得的。事实上，有些技能通过观察和模仿比仅仅通过解释和教学更容易获得。只要给学生提供某种具体的行为范例，学生就会不自觉地进行模仿，并朝着这样的行为而努力，这就是所谓的替代强化。一般而言，如果教师讲的与实际做的之间存在差异，则学生会更多地受实际所做的行为的影响。同样，如果教师所说的或所期望的行为同他所允许的行为之间存在差异，学生会更多地受他所允许的行为的影响。

2. 选择有效方法，及时终止问题行为

学生的问题行为，大多以轻度为主，因而大部分问题行为只需教师运用一定的影响方法便可得到制止。通常采用的影响方法包括：

① 信号暗示。对发生问题行为的学生提供信号，如突然停顿、走近学生、用眼神暗示等，用以提醒、警告学生，进而终止刚刚发生的问题行为。

② 使用幽默。当课堂气氛沉闷，学生注意力下降，产生问题行为时，教师可用轻松幽默的语言来调节气氛和提示学生，以防止问题行为的出现和制止或纠正已有的问题行为。

③ 创设情境。有些学生在课堂中容易走神，这时可适当创设一些活动情境，让学生参与一些活动，或让他做一些相关的别的事情，如小竞赛、小表演、小制作等，以避免问题行为乘虚而入。

④ 有意忽视。某些学生的问题行为隐含着想赢得他人注意的愿望，如果教师直接干预，可能正好迎合了他的目的。因此，教师有意忽视，学生会自觉没趣而改变其行为。

⑤ 转移注意。对于那些自尊心比较强的学生产生的问题行为，如当面直接制止，可能会出现相反的效果或产生后遗症，这时可运用比喻，声东击西加以暗示，使之转移注意，从而停止其问题行为。

⑥ 移除媒介。有时学生在课堂中做不相干的事，如读漫画书、玩电子游戏玩具等，教师可将这些东西拿走，清除媒介物，从而制止这种行为。

⑦ 正面批评。如果很多方法对制止学生的问题行为都不奏效，那就要正面严肃批评，指出其缺点，制止其行为。当然，正面批评要建立在尊重学生的人格基础上。

⑧ 劝其暂离课堂。有时学生之间发生对抗性冲突，引起怒气冲天的状态，直接影响到课堂教学的顺利进行，教师可以劝他们暂时离开课堂，让别的教师照顾一下。等下课之后，学

生的情绪缓和，再作决断。

⑨ 利用惩罚。对于有些较严重而又难以制止的问题行为，可适当利用一些惩罚措施，如运用得当，亦可起到制止问题行为的作用。但惩罚运用不当，不但不能制止问题行为，反而造成逆反或对抗性行为。因此，必须慎用惩罚，不到迫不得已最好不用。

对于学生的问题行为，教师既不可不闻不问，也不可急躁武断，而应根据具体行为分析其产生的原因及后果，选择适宜的方式方法，并在实践中创造性地加以运用。

(三) 运用行为矫正策略，有效转变问题行为

课堂问题行为矫正，是指利用多种知识与方法，帮助学生认识和改正问题行为，养成良好行为的过程。行为矫正也是课堂问题行为管理的重要策略。

1. 课堂问题行为矫正的原则

课堂问题行为矫正是一个复杂的过程，需要做深入细致的工作。在整个过程中应遵循特定的原则。

教师对学生课堂问题行为的反应

言语制止	61%
训斥	25%
宣布纪律	20%
走近学生	20%
使学生忙于功课	16%
威吓	10%
脸部表情暗示	8%
停止上课	7%
手势暗示	5%
轻拍学生	3%
使用幽默	2%
讥讽	1%
体罚	1%

（1）奖励多于惩罚的原则

奖励和惩罚是矫正学生问题行为最常用的方法，但在课堂教学实践中，教师面对学生的问题行为，往往首先把惩罚作为优选方法，这是不恰当的。实践证明，奖励的矫正作用远远大于惩罚，多奖少惩对于矫正课堂问题行为能起到更有效的作用。动辄惩罚反而会对错误行为起强化作用，无意中助长了问题行为，而且还会导致学生为逃避惩罚而产生新的问题行为。再者，过度惩罚，会使学生变得粗暴和具有破坏性，产生对抗性严重的问题行为。美国心理学家于 1988 年曾做过一个实验，他让一个有经验的教师照管 55 个纪律散漫的儿童，要求教师对儿童的违纪行为紧追不放，处处抱怨，每每训斥，时时苛责。结果发现，8 天后儿童的

问题行为有增无减，每个儿童都有150次左右的攻击性行为，而且很多行为是指向教师的，造成师生间的冲突。之后，他对一切攻击行为不予理会，而对每一次良好行为及时给予奖励，结果发现，到12天时，儿童的攻击性行为戏剧性地下降了，而师生间的合作却上升了。可见，在矫正过程中应以奖励为主。

（2）坚持一致性原则

课堂问题行为的产生是由多方面因素引起的，因此，课堂问题行为的矫正就不能仅仅只考虑课堂内部因素，还要同家庭因素、大众媒体因素等联系起来。这就要求教师协调有关人员，按统一目标行动，保持一致性，以避免各自为战、互相抵消矫正效果的不利倾向。

（3）与心理辅导相结合的原则

课堂问题行为的根本矫正不仅在于改变学生的外部行为表现，形成新的行为模式，而且要把良好的行为模式内化为学生的自觉意识与行动。这就要求在矫正过程中做好学生的心理辅导工作，以调整学生的自我意识，排除自我潜能发挥的心理障碍，以及帮助学生正确认识与评价自己，从而真正转变问题行为。尤其是比较复杂的问题行为，更需要进行心理辅导。把行为矫正与心理辅导结合起来，无疑会收到更好的效果。

2. 课堂问题行为矫正的内容

课堂问题行为矫正主要包括三个方面的内容：

（1）认　识

正确认识问题行为是行为有效矫正的前提条件，没有正确的认识，就不可能进行有效的矫正。首先，教师明确问题行为对于课堂秩序和教学活动的消极影响，但同时又不要过分夸大问题行为的严重性，不宜把有问题行为的学生等同于差生或品行败坏的学生。实际上，课堂问题行为是普遍存在的，即使是优秀学生也仍然会产生问题行为。其次，应认识到学生问题行为的矫正，从根本上要由学生本人来进行。如果学生本人并不认为自己的行为是问题行为，那么他们不仅看不到矫正的价值与意义，不密切配合，而且还会对矫正产生新的对抗性问题行为。因此，启发学生本人的正确认识，在矫正过程中是不可忽视的。

（2）消　退

消退就是清除、纠正严重的、习惯性的问题行为。这就要求教师首先要进行观察与了解，判明问题行为的性质、轻重及后果；其次要运用多种知识，分析问题行为产生的原因或背景，形成对问题行为的正确态度；然后要选择适宜的方法进行消退。此外，由于从根本上消退问题行为并非一时之功，需要付出很大的努力，而且问题行为还会出现反复，因此，教师还要有相当的耐心。

（3）塑　造

消退学生的问题行为，是仅仅从消极方面着眼的结果。实际上这只是行为矫正的一部分。积极的、理想的矫正不但要消退学生的问题行为，而且要塑造和发展学生新的、良好的行为模式。这不仅是矫正学生问题行为的理想目标，而且也是巩固矫正成果，使学生达到可持续发展的需要。由此可见，完整的行为矫正包括认识、消退和塑造三个不可缺少的方面。只有在认识并消退课堂问题行为的同时，使学生学会和形成良好的行为模式，行为矫正才宣告完成。

3. 课堂问题行为矫正的基本步骤

凡事预则立，不预则废。学生课堂问题行为的矫正亦然。矫正行为应有计划、有步骤地进行，一般而论，它包括六个方面的环节：

① 觉察课堂中的问题行为和潜在的问题行为是矫正的第一步。如果教师根本未能觉察问题行为，就没有矫正的必要与可能。因此，教师要善于观察与分析，敏锐地发现问题行为。

② 诊断。发现问题行为，就要立即运用有效的方法，如访问、谈话、测验等深入了解问题行为产生的原因。准确了解这些原因是合理矫正的基础。通过了解，判明问题行为的性质及严重程度。

③ 目标。在诊断的基础上制定矫正目标，并确立为达到这一目标所要采取的有效的矫正措施和方法。

④ 改正。目标和方法确定之后，就要改正问题行为。由于学生的行为是各种强化物综合作用的结果，因而在改正的过程中既要排除强化问题行为的刺激，又要选择适当的新的强化物和强化方式，给予积极强化。

⑤ 检评。对问题行为改正的成效应及时加以评定，如发现效果欠佳，应进行检查，看觉察有无缺失、诊断是否正确、目标是否合理、改正过程是否得当。

⑥ 追踪。消除了问题行为，还要进行追踪，进行新的强化，塑造和发展良好的行为，直至良好行为的表现趋于稳定。

处理问题行为应注意的问题

1. 教师应避免下列误解：以为学生愈安静，学习效果愈好；以为教师的权威建立在学生对教师命令的服从上；以为学生的行为即代表学生的品性。

2. 教师应了解儿童。儿童就是儿童，不是小成人，不可用成人的行为标准来要求他们。

3. 教师应认清真正的问题行为之所在。

4. 教师应确认，处理的对象是学生所表现的行为，而不是学生本身。教师只是不喜欢他的行为，而不是不喜欢他这个人。

5. 教师应教育学生知道如何表达其情绪，尤其要避免压抑，以促进身心健康。

6. 教师处理问题行为时，务必先了解症结所在才能作有效的处理。

7. 教师在处理问题行为时，不宜伤其自尊，以避免新的问题行为。

8. 注意方法的运用，如发现原先使用的方法经一段时间后仍无效果，则应转换方法，以免错失良机。

第三节　课堂教学时间管理

课堂教学中的时间因素，与学生在课堂中的学习行为及学业成就有着极为密切的关系，因而也是课堂管理中不容忽视的重要内容。教育学家往往把时间视为教育王国的金钱，把教育视为发生在时间长河中某个瞬间的过程。经济学家把时间视为课堂的一种资源。心理学家则认为时间是学习过程中的一个决定性因素。因此，时间可以作为一种用以研究教师行为与意图及学生学习活动的分析维度。

一、课堂教学时间的研究

早在20世纪初，西方学者就提出了课堂中教学时间的问题，并把时间作为影响课堂教学成效的重要变量。此后，许多学者便把时间作为课堂教学中独立的变量来研究。近年来，时间在课堂研究中变得越来越重要，被越来越多的人所关注。

(一) 卡罗尔的学校学习模式与课堂时间研究

把时间作为课堂上的一种心理学习变量，可直接归因于美国学者卡罗尔的学校学习模式。卡罗尔把时间作为学校学习中的中心变量，提出一个包含五个要素的模式，其中三个要素均与时间有关：所需时间、所许可时间、所用时间。就某一特定学习任务而言，学生学习程度是学生所用时间与所需时间之间的比例函数：

学习程度＝f（所用时间/所需时间）

所用时间就是指学生定向于学习任务并积极专注于学习的时间，而学生积极专注于学习的时间和掌握学习任务所需时间均取决于某些特定因素。具体地说，所需时间取决于能力倾向、理解教学能力和教学质量三个因素，所用时间由所许可时间和毅力两个因素组成。学生所需时间少，则能力倾向较高；所需时间多，则能力倾向较低。所许可时间除受学校时间分配规定的限制外，还受教师分配的每一具体学习任务的时间所制约。能力倾向、毅力和所许可时间三个变量都可直接用时间来表示。

卡罗尔学校学习模式为教学时间与教学成效之间关系的研究作出了开拓性贡献。他明确地把教学时间作为影响教学成效的独立变量，并为教学时间开辟了专门研究领域，而且就教学时间与教学成效之间关系提出了第一个理论模式。

(二) 布卢姆的掌握学习模式与课堂时间研究

布卢姆的掌握学习思想直接来源于卡罗尔的学校学习模式，尤其是卡罗尔把能力倾向定义为在最优教学条件下掌握学习任务所需时间的思想，对布卢姆影响甚大。如果说卡罗尔提出了学校学习层次与时间变量关系的概念模式，那么布卢姆则试图把这一概念模式转化为工作模式，即寻找一种教学策略，这种策略一方面可依照学习者不同需要提供相应足够的学习时间，另一方面又减少学习迟缓者所需的学习时间。根据卡罗尔的理论，能力倾向是学习速度的预示变量，所以只要向学生提供足够的学习时间，保证教学质量，学生对特定学习任务一定能达到掌握水平。然而，学校所许可的学习时间毕竟是有限的，于是布卢姆掌握学习策略意在缩减学生所需要的学习时间。布卢姆把学生学习结果和学习时间的差异归因于学生的认知状态、学生情感准备状态和教学质量等三个变量。认知准备状态是指学生掌握已学过的、完成新学习所必需的基础知识技能的程度；情感准备状态指学生参与学习过程的动机激发程度；教学质量指教学适合学生的程度。布卢姆掌握学习策略的要义即向学生提供所需的足够的学习时间，提供适应准备状态的教学，最终达到对学习任务的掌握水平，并逐渐减少学习时间。学习时间既是学习结果的影响因素，其自身又是学习结果。未掌握学习任务前，学习时间是学习结果的影响因素，因此应提供学生学习所需的足够时间以保证其掌握。同时，学生掌握学习任务所需时间又是可变的，学生若掌握学习任务则相应具备积极的准备状态，这不仅使学生学得更好，而且学习所需时间会越来越少，学习迟缓者与学习迅捷者之间所需时间差距也会越来越小。

布卢姆的掌握学习模式提供了缩减掌握学习任务的学习时间，提高可得到的分配时间利用率的有效教学策略。他更强调了时间因素对学习过程中其他因素的依赖和与其他因素的密切联系，把时间与学生特征、学习内容等密切结合在一起。这样，学习时间就不再是一个独立的变量，而是随学生认知特征、情感特征、教学质量而变化。

(三) 哈尼施费格和威利的专注时间与课堂时间研究

20 世纪六七十年代的一些研究报告针对分配给每学年的教学时间内令人失望的学习表现，提出学校教育无效论。哈尼施费格和威利正是针对这些报告的论点提出了一种专注时间或积极学习时间的概念。他们认为，教学时间对学生学业成就产生影响经历了一系列中介环节，即学生的参与程度、学生积极学习时间的长短、所许可时间与学习动机、分配时间与所用时间、教学因素。学生的学业成就取决于学生的参与程度。学生的参与程度集中体现于积极学习时间的长短及学生的所许可时间与学习动机，所许可时间取决于可能的分配时间及所用时间，把所许可时间转换成积极学习时间的动机取决于教学因素。

哈尼施费格和威利尝试性地提出了教学对学生学业成就影响以时间为中介的作用机制，提出了积极的学习时间的概念，即积极学习时间是专注时间与分配时间的比值。他们批评了过去模式中以分配时间来计算积极学习时间的做法，强调实际用于教学活动的时间，为以后课堂教学时间的研究提供了可参照的概念框架。

(四) 伯利纳的研究模式与课堂时间研究

伯利纳等人认为，促进学生对某一特定内容学习的教师行为，只有当学生专注于恰当的课程内容时才是重要的。于是，他们提出了“学术学习时间（academic learning time）”的概念。所谓学术学习时间，就是指学生专注于适合自己水平的教学活动并达到较高掌握程度所用的时间。伯利纳他们把这一学术学习时间作为教学活动与学生学业成就之间的中介变量，提出了新的时间研究模式。这一模式强调，教师行为首先影响学生的行为，再由学生的行为影响学生学业成就。因此，学生的学术学习时间是影响学生学业成就的重要变量。

伯利纳等人提出的学术学习时间概念，不仅继承了哈尼施费格和威利等将时间与教学内容相结合的思想，把学术学习时间作为直接影响教学成效或学生学业成就的时间变量，而且又融入了“成功率”的概念，将学生在教学活动中的实际掌握程度作为重要的因素，对课堂教学时间的研究产生了积极影响。目前，教学时间研究方向也是围绕着两个方向展开，一是“教师行为—学生专注行为”的相关研究与实验，二是“学生专注行为—学业成就”间的相关研究与实验。

二、课堂时间与学业成就

（一）学校及课堂中的时间

时间可以是多样化的，依据不同的视角可以把有限的课堂学习时间区分为不同的类型。如我们可以把学校时间按其包容程度划分为五种：名义时间、分配时间、教学时间、专注时间和学术学习时间。

学校活动的总时间量通常是由政府确定的，例如，一所学校每学期多少天，每天多少小时，这一时间量就是我们所说的名义时间。这一时间既包括学术性活动的时间，也包括非学术性活动的时间。在名义时间中，有的时间用于学科的教学活动，有的是用于用餐、课间休息、集会等活动，用于这些活动中每种活动的时间，通常就是我们所说的分配时间。例如，每天分配 1 小时用于阅读，1 小时用于整理房间等。一般而论，中学比小学更倾向于把时间多分配到学术性活动上，而小学生常常需要把更多时间用于发展其社会及个人技能上。教师将课堂活动的时间转换成建设性的学习活动时间，这就是我们所说的教学时间。即使教师尽其所能，也不可能使所有学生都一直专心于学习活动。例如，有些学生即使坐在座位上，却可能在做白日梦，有些学生心不在焉，思想开小差，有的学生提前完成学习任务等。这样，在教学时间里就有了我们所说的专注时间，也就是学生专注于指定活动的实际时间。在专注时间中，学生积极地参与学习过程，包括读、写、听及问题解决。如果学生实际上并不专心于学习过程，那他当然就不是在学习。专注时间取决于课堂实践、学生动机、教学质量等多种因素。课堂管理的重要任务之一，就是通过保持学生专注于学习活动，提高课堂时间的质量。但是，专注时间并非总是积极的。实际上，学生有时专注于某一活动，只是停留在表面上，而没有真正地投入和理解学业学习。例如，学生虽然在阅读课文，但却很少把注意集中在阅读的内容上。这就有一个学术学习时间的问题，即学生花费在学业任务上并取得成功的时间，它不包括学生听不懂或理解错误的那些时间。据美国一些心理学家研究，如果学生每天在校时间为 5 小时，学生学术学习时间最多的班级平均为 111 分钟，而最少的班级平均才 16 分钟，几乎相差 7 倍。虽然不可能要求学生将在校的每一分钟都用于学习并获得成功，但学生不宜将过多时间花费在活动转换、学习准备、做白日梦、课堂上嬉闹等方面。因此，教师要激发学生的学习动机，使专注时间变得更为积极，也就是要将学生的学术学习时间最大化。

实践证明，在课堂中，很大一部分教学时间被浪费了。例如，有些教师常常把每堂课的前 5～10 分钟用于检查学生的出勤和讲述规则；有些教师不考虑学生的学习特点，随意使用电影、计算机等教学设施来填满教学时间；有些教师缺乏教学设计，花费过多时间在课程程序及其过渡上；有些教师在课堂纪律上耗费过多时间，打乱和影响教学活动时间；有些教师计划不周，教学内容安排不当，提前结束教学活动，等等。当然，要想判明学生是否专注于学习活动，或是否不集中，并非易事，教师必须具有较强的观察和判断能力。

(二) 课堂时间与学业成就

来自不同国家的研究先后都证实，课堂时间同学生的学业成就之间存在着很强的相关性，而且这一相关也显示出较大的复杂性。

1. 分配时间与学业成就

1897 年，在美国进行了一项教育研究，对花费 10 分钟或者 1 小时对拼写成绩是否产生任何影响进行了调查。尽管发现两者没有多大的差异，但此后出现了针对分配时间与学生学业成就之间的关系的大量研究。首先，学校总学时数通常被认为与学业成就呈正相关，这已被哈尼施费格和威利于 1976 年的研究所证实。但英美等国也有一些研究认为，学校总学时的长短对学生的学业成就没有多大影响。其次，名义上分配的教学时数往往由于教师或学生缺勤等原因而无法实现。有关研究显示，学生实际接受的教学时间量与学生学业成就之间呈正相关。这说明，学生缺课对学生的学业成就是有影响的。此外，学生在校时间并非全部用于课程学习，而只是部分时间分配到特定课程或单元学习。这在多大程度上影响学生的学业成就，不仅取决于这一时间量，而且取决于特定的情境。

2. 专注时间与学业成就

有关专注时间的研究中所用到的记录专注时间的方法主要有两种：一是侧重根据学生内隐思维活动来判断学生是否专心学习的“刺激回忆法”，这种方法要求对课堂教学进行录音或录像，课后向学生重放，让学生根据重放的录音录像回忆当时自己的思维活动和注意情况，并以此作为专注时间；二是强调根据学生课堂上的外显行为来判断专注活动的直接记录法。许多的研究结果都认为专注时间与学生学业成就存在着正相关关系。

3. 学术学习时间与学业成就

学术学习时间强调三方面的内容：一是学生要专注于学习；二是学生在其所专注的活动方面要取得成功；三是该活动应与达到诸如年终学业测验等某一外部标准相联系。它指向程度不同的三个层次，即分配时间、专心率和成功率。分配时间仅仅是学生可以得到的学习时间。专心率表示分配的时间中学生用于注意学习任务那部分的百分率。学生具有高成功率的那部分专心学习时间就是最理想的学习条件。成功率可定义为可利用的教学时间中学生用于学习任务上获得高、中、低水平成功的那部分百分率。研究表明，学术学习时间与学生的学业成就有相当稳定的正相关关系，学术学习时间的多少直接影响着学生的学业成绩。

三、课堂时间的优化管理策略

课堂教学效率，实质上就是在单位时间内花费最少的精力，获得最有效的成果。要提高课堂教学的效率，就必须坚持时间优化意识，注重课堂时间管理的策略。

(一) 坚持时间效益观，最大限度地减少时间的损耗

由于名义时间和分配时间都是有限的，而且世界各国大都对分配时间的形式有最低量的限定，因而不可能无限地开发利用课堂时间。要提高课堂时间的效益，就必须建立合理的教学制度和增强教师的时间观念，将教师、学生可能造成分配时间流逝的人为因素降至最低限度，保障规定的有限时间落到实处，提高时间的利用率：第一要做好课前的充分准备，包括精心设计教案，备好所用教具设施；第二要按时上课，不迟到、不早退、不占用教学时间批评学生；第三要适时安排学生自学讨论，并注意效果，做到实而不死、活而不乱，以防学生处于失控状态；第四要精心提问，紧扣重点关键问题，启发学生思考；第五要讲究语言艺术，语言精练，不拖泥带水，重在引导点化。

(二) 把握最佳时域，优化教学过程

教师对每一课程时间的预先分配一般体现在学期教学计划、单元教学计划和课时教学计划之中，教师可依据教学大纲、课程内容、课程类型、学生能力基础及已有的知识准备，合理分配时间，把握课堂的最佳时域。据心理学家研究，一节课学生思维的最佳时间是上课后的第 5 分钟到 20 分钟，这一时间段可以说是课堂教学的最佳时域，教师如果不能很好地把握这一时域，就很难提高课堂教学的效益。事实上，一些课堂教学就是因为未能合理分配时间和把握最佳时域而导致教学效益不高。其主要原因有两个方面：一是教师未能很好地分析理解教材和确定主次、把握宗旨，结果偏离教学目标，20 分钟过去了却还没有进入或搞清重点内容；二是教学思想和方法陈旧，学生情感得不到激发，浪费时间精力。要提高课堂的时间效率，就必须保证在最佳时域内完成主要任务，解决关键问题，并辅以精心设计的方法，使教学过程一直向着预定目标进行，学生也一直处于积极的专注状态。

(三) 保持适度信息，提高知识的有效性

课堂教学一定要给学生足够的信息量，并要形成序列刺激，激活学生的接受能力，保持其积极进取的活跃情绪。现代心理学认为，学生在课堂的学习是一个获得并加工信息且不断调节完善认知结构的过程。课堂信息量过少，环节松散，会导致时间的浪费；信息量过多，密度过大，超越学生的接受能力，教学效益低下，也是浪费时间。因此，教师要做深入细致的分析，保持单位时间内适度的信息量。此外，教师课堂传授的知识要尽可能有效，以防止教师教学中因无用知识而导致的无效劳动。课堂教学中无效知识多了，也会导致学生的思维缺乏方向和深度，造成学生能力贫乏、智力低下。因此，要提高课堂教学效益，就要提高学生的有效知识量。

(四) 提高学生专注率，增强学生的学术学习时间

专注率是伯利纳在分配时间和专注时间基础上提出的概念，即分配时间内学生专注于某项教学活动时间所占的百分比。提高学生的专注比率意在增加专注时间，使其尽量接近于分

配时间。提高学生的专注率，一是要抓住可教时机及时施教，二是选择恰当时机处理学生行为，防止出现破坏课堂规则和形成冲突的情境。尤其是要提高过渡时间效率，保障教学各项活动的顺利衔接。此外，要提高课堂时间效率，还要在提高学生专注率的基础上，提高学生学术学习时间的效率。学生学术学习时间除了强调学生专注于学习活动外，还要求高水平地掌握学习内容。这就要求首先保持轻快的教学节奏，也就是要选择适宜的课堂密度、课堂速度、课堂难度、重点度、强度及激情度；其次要保证学生学习的高成功率。学生只有在学习活动中体现出较高的成功率，才能证明其学术学习时间是有效的。

第八章　辅助教学技能

辅助教学技能是指教师在课堂上为完成那些以学生学习状况或教学情景问题为定向的任务所表现出来的辅助行为。它是为主要教学行为策略服务的，与主要教学行为不同，后者直接关注的是教学目标或教学内容。在表现形式上它们也有所区别，主要教学行为往往是直接的，外显的，经过专门设计的；而辅助教学技能通常表现为间接的，有时是内隐的，而且偶发性较强。这里主要讨论四种辅助教学技能：培养和激发学生的学习动机；有效的课堂交流；课堂强化技术和积极的教师期望。

第一节　培养、激发学生的学习动机

培养和激发学生的课堂学习动机，是教师面临的一个相当重要而困难的任务。而且，随着学生生活中高强度诱因刺激的增加，课堂学习很容易被学生认为是单调、呆板、没有生机的。所以，培养和激发学生学习动机的原理和策略，对于课堂教学的意义将越来越重要。

一、动机的过程模式

一个完整的动机概念包括三个方面的因素，即动机的内在需求、外在诱因和自我中介调节作用。这样，动机可以定义为在自我调节的作用下，个体使自身的内在需求（如本能、需要和驱力等）与行为的外在诱因（如目标、奖惩等）相协调，从而形成激发、维持行为的动力因素。在这个定义中，自我调节作用十分重要，它使个体内在需求与行为的外在诱因相协调，从而使这种内在需求获得动力和方向；行为目标和诱因也通过这种调节对个体具有某种意义，从而转化为个体的内在激励因素。自我调节反映了个体内在需求与行为目标、诱因之间相互作用的内在机制。

具体地说，我们把内在需求、外在诱因和自我调节三者之间的作用理解为一种动机过程。在这个动机过程模式中，需要是在心理潜能的基础上通过学习而产生的。需要通过自我调节与外在诱因相联系，从而具有一定的方向性，并调动自身的能量，引起一定的情感反应，形成驱力。同样，驱力在自我调节的作用下，使个体努力去实现目标。外在诱因通过自我调节作用而转化为个体内在的动因。自我调节包括预期、自我效能信念、意志和反馈等一系列循环过程，它发动、维持和调节行为。对行为结果的成功与失败归因，则成为有关后继行为的主要动机因素之一，如此引起新的需要，形成一系列螺旋式循环动机行为。

王晓鸣同学认识到音乐能陶冶人的情操，弹好钢琴能成为受人尊敬的音乐家，于是她产生了苦练钢琴的需要，并决定参加不久将举行的青少年钢琴选拔赛。这样，其需要转化为强有力的内驱力，同时唤起对行为目标（比赛获奖）强烈的情绪、情感。这时，自我调节的中介作用过程就包括她对参加比赛获奖的预期和通过对自身能力的估计而产生的自我效能感，以及树立坚强的意志，决定参加比赛，并把参加比赛的状况及时地反馈回去等。她通过自我调节，发动、维持和调节参加比赛的行为。赛后，她还会根据自己的比赛结果进行一系列的归因解释，如把自己的成功归于能力等，这将成为她以后钢琴练习、比赛的促动因素之一，她很可能会提高自己的抱负水平，去努力取得更大的成绩。[①]

动机过程模式理论为我们从动机的内在需求、外在诱因、中介自我调节和归因等几个方面来探讨学习动机的培养与激发提供重要的理论依据。

二、内在需求的培养与激发

动机源于个体的内在需求、内部唤醒状态。需要的形成和转化是有效地培养和激发个体内在需求的主要途径。除了极少数纯粹的自然需要之外，个体所具有的有社会意义的内在需要是通过学习而产生的。这种需要主要来自学校教育、家庭教化和社会要求等。个体在社会化过程中通过直接经验和间接学习逐步地将社会对个人的外在要求，如个人的社会责任和义务等，转化为自己的内在需要。于是个体为适应复杂多样的社会生活就形成了各种各样的内在需要。由于个体先天的潜能、心理倾向的差异性和社会环境、教育的复杂性，个体所形成的社会需要千差万别，如理解、尊重、交往、利他、攻击、学习、权利、友爱、工作、成就等需要。可见，需要是具有社会历史性和差异性的。不同时代、不同社会文化背景的人，其需要是不同的，不同个体的需要也存在着明显的差异性。

个体复杂多样的需要有合理需要与不合理需要之分。如何引导学生产生合理的需要，消除不合理的需要，努力将社会所提倡的合理要求转化为学生的内在需要是学校教育与教学工作的重大责任。个体在某一时期、某一种社会实践活动中，会有一种主导需要，它是个体行为的主要促动因素。因此，原则上讲，学生学习动机的激发要从学生个体在某一时期的主导需要出发。

需要的满足与激发是同时存在的，马斯洛的需要层次理论有助于我们理解这个问题。马斯洛曾把人类复杂多样的需要区分为从低到高的七大类。并把其中的生理需要、安全需要、归属和爱的需要、尊重需要称为基本需要或缺失性需要；把较高级的认知需要、审美需要和自我实现需要称为心理需要或生长需要。按照马斯洛的观点，基本需要在满足之后，便不再感到需要，而生长需要的特点是越满足越产生更强的需要，并激发个体强烈的成长欲望。马斯洛还指出，满足个体的基本需要，有助于更高层次需要的激发。因此，要激发学生的学习热情、学习兴趣和学习需要，就要首先满足其基本的生理、安全、归属和爱、尊重等需要。更为重要的是，只有当学生的需要进入较高层次时，学生才能真正安于学习、进步迅速。

---

① 资料来源：张爱卿，《论人类行为的动机》，《华东师范大学学报（教育科学版）》，1996年第1期。

个体内在需求的激发还与其对行为目标的认识有关。个体的内在需要在与目标相联系的情况下，就由一种缺失性需要状态转化为唤醒状态，形成具有一定能量和方向性的驱动力。而驱力是行为的直接动因。因此，应该使学生对其学习目标有相应的明确认识，通过对学习目标的清楚认识来加强学生的内部唤醒状态，提高其学习的内在驱力水平。

关于对学生学习的内在需求的培养与激发有一点必须注意，即当学生尚未表现出对学习有适当的兴趣或动机之前，没有必要推迟学习活动。对于那些尚无学习动机的学生来说，教学的最好方法应当是，不管他们当时的动机状态如何，都要集中注意于尽可能有效地去教他们。一旦学生尝到甜头，学生就会产生学习的动机。所以，在某些情况下，提高学生学习动机的最好方式是把重点放在学习的认知方面，而不是动机方面，依靠富有成效的教学工作使学生从内心体验到学习本身的乐趣。

三、外在诱因的设置与运用

外在诱因主要是指行为目标和奖惩等。心理学的研究证明，设想绝大部分学生能在没有严格而明确的教学要求下自觉地进行学习，完成规定作业，安分守己地接受考核，这只能是幻想。那么，如何通过目标设置和奖赏强化等手段来培养和激发学生的学习动机呢？

（一）教学目标的设置

众所周知，行为目标对个体有一种激励作用。但是，如何使行为目标发挥最大的效能呢？综合当今有关的研究成果，我们认为教学目标设置应注意以下几个方面：

1. 教学目标的设置应根据学生个人的实际情况进行

行为目标往往是行为者根据自己的需求自行设置的，在这种情况下，个体会在目标设置的过程中使内在的需要进一步激发，并形成驱力。然而，在许多时候，行为目标却是外部规定好了的，教学目标就常常属于这一类目标。在这种情况下，就一定要使学生个体明确该目标，参与具体的教学目标的设置过程，这样学生在行动之前可以进行自我调节，如果感到目标过高，不能一下子完成，就会主动地分解目标，逐步完成。

2. 教学目标的设置应远近结合

学生既应该有自己长远的目标追求，也应根据这种长远目标设立近期目标，这样可以在实现近期目标的同时，逐步逼近长远目标。近期目标能更好地激发个体的内在兴趣，而长远目标始终引导着个体努力的方向。

3. 教学目标的设置应稍高于学生已有发展水平

由于个体达到一定的目标之后，往往会提高其自我效能信念。因此，使教学目标与学生实际水平之间保持一定差距，使学生产生适度的内部紧张状态，更能调动学生学习的积极性。否则，教学目标过高或过低都无益于调动学生学习的积极性。

(二) 强化的运用

强化主要包括外部的奖赏作用。奖赏可分为两大类：一种是物质的，如奖金、奖品等；一种是精神的，如表扬、鼓励、赞赏等。一般的研究认为，强化有助于个体动机的激发。行为主义者还对强化问题进行了专门的研究，并提出变化比例强化优于固定比例强化，变化间隔强化优于固定间隔强化等规律。外部强化作为学生学习动机的一种重要激励手段，为广大教师所广泛采用。有时，在严格而明确的教学要求的前提下，失败的威胁也是教师用以调动学生学习动机的一种策略。考核就是这样一种策略。有些心理学家指出："考核的动机力量，更多的是在于失败的威胁，而不是在于成功的希望。"不过，不可走向极端，不应让学生一直遭受学业上的失败。如果一直成绩不好，学生就会产生焦虑或导致不切实际的志向水平，从而破坏甚至丧失学习动机。①

新近的研究进一步证实，外部强化对学习动机的影响是复杂的，并不是完全的正相关关系。当学生把外部强化视为控制时，他们的内在动机就会降低，而只有在学生把外部强化视为积极的反馈时，他们的内在动机才会得到加强。因此，在现代心理学中，一般认为强化手段宜谨慎使用，对学生的学习动机的激发应以内在动机为主，外部强化只能作为一种辅助手段。

四、自我调节能力的培养

在动机的概念中，自我调节发挥着重要的作用，它是联结和协调动机的内在起因与外部诱因的中介桥梁。通过它，个体的需要被激发，并进而获得能量和朝向目标的方向性，形成驱力，从而引发和维持行为。目标、强化等外在诱因也通过这种调节作用转化为个体的内在驱动力。总之，自我调节起着协调动机模式中各因素之间相互关系的作用，模式中的其他因素也通过自我调节的中介作用而发挥其功能。事实上，许多学生学习动机不强、学习动力不足的一个很重要的原因就是缺乏自我调节的意识和能力。因此，应该高度重视学生自我调节能力的培养与发挥。

(一) 合理预期的调动

预期是指人对其行为目标实现的可能性大小及其价值的估计。它是动机的一种中介认知因素，是个体在行动之前对行为的结果产生的认识。人们通过事先的思考预计到行为的可能结果，然后再根据这种预期来调整自己的动机水平、行为目标等，使行动方案符合个体的内在要求。

动机的预期理论认为，学生做某事的动机取决于他对自己成功机会的估计，以及他对成功价值的评估。用公式表示就是：

动机＝估计的成功概率×成功的诱因价值

① 邵瑞珍主编：《教育心理学》(修订本)，上海教育出版社1997年版，第300页。

在这个公式中，最值得注意的是“乘号”。这意味着，如果学生认为成功的机会等于零，那么成功的价值再大也等于零；反之，如果学生认为成功了也无价值，那么成功的机会再多也等于零。而且，在某些情况下，成功的概率太高对动机也是有害的。只有当成功的概率处于适中状态时，才会有最强的动机。例如，当两个球员的水平相当时，双方都会尽心尽力。如果他们的球艺相差悬殊，劣势者即使极想赢（诱因价值高），但终因成功可能性极小而放弃努力；而优势者对赢球不会看重（诱因价值低），因而也无需努力。[①] 由此可见，教师给学生的任务既不能太难也不能太容易。

需要提醒的是，预期理论并不仅仅是在探讨学习任务本身的难易问题，而且还涉及成功的标准（如评分的标准）问题。如果学生无论怎么做都不能获得满分的话，那么他就不可能会有最大限度的学习动机；同样，如果学生的经验表明无论怎么努力也肯定会不及格时，他的学习动机基本上就没了。因此，这就要求教师在实际运用中，适当掌握评分的标准，使之与学生的实际发展水平和需要紧密结合起来，使学生对成功机会和成功诱因价值的预期始终处于有利于激发学习动机的良好状态。

(二) 自我效能信念的培养

自我效能信念是一种反映个体对自己有能力成功地完成某项活动的信任程度的心理特性，也称自信心。它是个体自我调节的一个重要因素。通过自我效能信念，个体在进行某一活动之前，对自己能否胜任该活动进行判断。因此，学生的自我效能信念直接影响到教学目标的确立、学习动机中各因素之间的协调等。自我效能信念强的学生，往往给自己确立较高的学习目标，而自我效能信念差的学生则相反。正如班杜拉通过实验所得出的结论，“那些高自我效能感的人给他们自己设立要完成的更高的挑战性目标，那些对他们能否再次达到同样的实验努力水平存有疑虑的人，给他们自己设立仅能试图达到先前追求水平的标准。而那些虽然经过努力已取得成功，却判定自己无法再重复这一成就的人，会降低他们的抱负水平。”[②] 由此看来，学生自我效能信念的培养是激发学习动机的一条有效途径。

日本有一个很有名的能力开发研究所，所长名叫坂本保之介。他在上初中一年级的时候，在全校 500 名学生中名列第 470 名。他讨厌学习，喜欢嬉玩，一直被认为是脑子笨的学生。坂本的父亲很善于培养孩子的自信心。比如，坂本的父亲有时和坂本一起下棋，把规则教给孩子以后，父亲故意输给自己的孩子，还鼓励说：“你的棋艺进展挺快呀！下棋是一项非常紧张的智力操作活动，你没有高度发展的智力，是不可能这么快就能战胜我的。”父亲就是这样非常及时地发现了孩子的优点，并加以强化，后来这个孩子逐步树立了自信心，并且表现到学习方面。初中二年级以后，他的考试成绩急剧上升，常进入前 10 名。再后来成为一位著名学者。[③]

① 施良方：《学习论——学习心理学的理论与原理》，第 48 页。
② 转引自张爱卿：《论动机的培养与激发》，《教育研究与实验》，1996 年第 2 期。
③ 资料来源：阴国恩等：《非智力因素及其培养》，浙江人民出版社 1996 年版，第 198～199 页。

影响学生自我效能信念的因素有以下几个方面：

1. 学习成功与失败的经验

学生的直接经验对其自我效能信念的建立影响很大。一般说来，成功的学习经验会提高学生的自我效能信念。相反，失败的学习经验则会降低学生的自我效能信念。因此，对学生学习成功的训练能帮助其建立起稳固的自我效能信念。例如，美国篮球巨星乔丹拥有非常强烈的自我效能信念就是与他一次成功的投篮有关。

在比赛中，我经常是毫不畏惧投那种决定胜负的球。因为当我还是孩子时，我就成功地投中了一次。那是1982年的事了，我常说，我的篮球生涯就是从那一次投篮开始的。……我经受住了每次考验，终于脱颖而出，有什么能比你刚进大学就为你的篮球队投中了决定胜负的一球更紧张的呢？那一球开始了我的篮球生涯，为什么呢？因为我有了信心。谁也夺不走我的这种信心、我过的那道关口。

——NBA巨型飞人乔丹自述

2. 替代性经验

除了直接经验的学习之外，学生还通过观察示范者的行为来形成自我效能信念。当学生看到与自己水平相当的其他同学学习成功时，会增强自我效能信念。相反，当学生看到其他同学失败时，则可能降低自我效能信念。

3. 言语说服

言语说服，即个体可以通过他人的教育、建议、劝告、鼓励等来提高自我效能信念。不过，这种自我效能感一般不太稳定。

(三) 意志的磨炼

意志作为心理过程的一个方面，它对动机行为的作用是十分明显的。由于个体的动机行为总是与克服一定的困难相联系的，这就需要个体有坚强的意志，从而提高动机水平与力量来达到预期目标。假如教师不能帮助学生养成坚强的意志，没有训练学生在自己不感兴趣的事情上贯注精神，那么教师便没有尽到应尽的职责。因为所谓学习动机，绝不仅仅只是合乎学生口味的动机，课堂学习也不大可能成为公共娱乐场所活动，更不可能说，课堂教学的一切方面都会由于学生的学习动机而变难为易。所以，意志的磨炼对于学生良好学习动机的形成具有重要意义。现代教育中受到普遍重视的挫折教育、耐力训练等方法，对于学生意志力的培养是非常有利的。然而，值得一提的是，目前有些学校所进行的耐力训练，只重形式，不考虑实质，是磨炼不了学生的意志的。

(四) 反馈的运用

反馈是保持自我调节功能运转不可缺少的一环，对于动机的整个形成过程都有一定的影响。学生通过教学反馈所得到的信息，能够及时地调整动机各个因素之间的关系和行动方案等。许多研究也证明了学习反馈能提高学生学习动机的表现水平。因此，在课堂教学中，应保持教学反馈信息的畅通，让学生及时地了解学习的进展和结果，获得相应的评价，从而更好地调节自己的学习动机和学习行为水平。

五、结果成败归因的训练

结果成败归因的重要作用在于,通过产生一定的成功预期和情感而影响后继行为的动机，并且不同的归因方式会产生不同的效果。比如，个体把某项活动中的失败归因为缺乏能力，就会产生消极的情绪，降低甚至丧失成功的预期，进而降低相应的后继行为的动机水平。但如果归因为自身努力不够，个体则会保持较高的预期，并增强后继行为的动机水平。

同样，归因还会影响到学生的自我效能信念。如果学生把学业失败归因为缺乏能力，那么学生的自我效能感就会降低。因此，如何归因对学生来说关系重大。对学生进行归因训练的目的，就是通过中介干预，使不利于学生提高后继行为的动机水平的动机归因模式转化为有利于提高学生动机水平的归因模式，经常保持积极的情感和较高的成功预期。

消极的归因模式显然不利于个体的后继行为,然而在我们的教育教学中却是普遍存在的。有经验的教师往往制定一套训练程序，在教学活动中，通过有目的、有计划、有针对性的训练，运用说服、讨论、示范、强化等措施，使学生通过归因产生积极的情绪和较高的学业预期与自我效能，目的在于使学生改变消极的归因模式，使之转化为积极的归因模式。

在实际的教学中，教师通过归因训练，解决学生的认识问题，改变学生的归因方式，从而调动学生的积极性。例如，学生由于考试成绩不好而灰心丧气，老师的辅导、鼓励主要在于帮助学生作出恰当的分析，进行努力不够或其他诸如难度大等外在归因，以便使学生改变自己的归因方式，提高认识水平，激发起学习的热情。

第二节　师生教学交流

众所周知，教学即交流，没有课堂交流，课堂教学就不可能发生，良好的课堂交流是教学成功的基本条件。因此，教师要善于掌握和运用课堂交流的原理和策略。

一、师生教学交流的模式

教学交流是课堂情境中教师与学生之间的教学信息传递与反馈的行为过程。教师、学生和课堂教学信息是构成课堂交流的基本要素，三者之间的关系状态是决定课堂教学质量高低的主要因素。其中，教师是教学信息的主要发送者和控制者，学生是教学信息的主要接收者；教师不断地把教学信息发送给学生，也不断地接收由学生发送的各种教学信息。从这个意义上讲，教师和学生又可以互为教学信息的发送者和接收者。

与一般的交流过程一样，课堂交流经过四个类似的阶段：发送者把教学信息编码成一种易于理解的形式，传递出去；接收者接收并解码这种传递过来的信息，把它编码成自己的反应形式；接收者把反应形式回传给发送者；发送者对这种反馈的信息进行解码并作出相应的反应，或继续传递新的教学信息，或调整、重复原来的教学信息。如此循环，使课堂交流不断地进行下去。

例如，教师认为某个问题对于学生很重要时，他就会编码和发送这样的信息："这个问题很重要，必须记住。"学生接收老师传递过来的信息并解码为"下次考试可能会涉及这个问题"，于是做好笔记。老师在看到学生做下笔记后，就会判断问题的重要性信息已经为学生所接受了，又开始传递新的教学信息。但如果老师发现学生并未注意这个问题，就会重新编码和发送这样的信息："这个问题很重要，所以我要再说一下。"

这个例子就是要说明，为了使学生准确解码教学信息，教师对教学信息的编码和反馈是非常重要的。课堂教学信息由教学内容信息、教学状态信息和课堂环境信息三个部分组成。

① 教学内容信息，即教材与课程的信息，这是一种根据培养目标，经过挑选和教学方法改造而组织起来的符合教学目的的知识信息的静态集合，包括知识的意义信息、知识的逻辑结构信息和知识的符号信息。

② 教学状态信息，这是一种与教学内容相关联的教学双方的活动状况，包括师生双方向对方作出的反应结果，以及体现出个体活动能力水平和个性特征而表现在行为上的方式方法和观念等。

③ 课堂环境信息，它包括课堂教学的一般设施，如教室及其中的布置、教具等自然条件和偶然的自然变化，还有一定范围内以人际关系为基础形成的班级风气、个人背景等社会性因素。

这三种信息只要不符合教学目的或不利于教学过程推进的都是一种干扰和噪音。在课堂交流过程中，常常会出现噪音和干扰，为了保证教学信息的准确传递，必须设法克服课堂噪音和干扰。

值得注意的是，在一般系统中，信息和噪音是两个对立面，但在教学系统中，教学信息却是两个方面的混合体。同一信号或消息，由于接收者的主观因素的不同和时空的改变，既可以是教学信息，又可能是教学噪音。教学噪音的形成主要来自于教学双方的混乱状态。在教师方面，有诸如由消极情绪导致的教学行为，对教材所作的错误理解，教学环节的紊乱安排，不符合教学内容和学生学习特征的教法，对教学环境的不恰当选择等因素；在学生方面，则有诸如消极的情绪、错误的动机、薄弱的知识基础、混乱的思维过程、低效的学习方法、不良的学习习惯以及与学习内容不一致的兴趣等因素。

在课堂交流中，由于教师是课堂教学信息的主要发送者和控制者，因而要有效地防止教学噪音的产生，就要促进并保证教师教学状态的优化，通过教师积极主动的工作，去消除学生心理上的"意义障碍"、个性上的消极特征和知识上的缺陷等。

二、教学信息的编码与反馈

（一）教学信息的编码

教师对教学信息的编码主要有如下三种形式，它们共同构成一个完整的教学信息编码系统。

1. 知识信息的加工

教师根据教学任务和学生实际把教材编码转换为教学工作计划和教案的内容。这实际是对由一定文字、符号和逻辑构成的知识作出的主观设计，并以适当的语言和逻辑顺序作一次改造。这种编码要求教师明确教学目的要求，准确理解教材内容，熟练掌握学生身心特点、发展水平和状态。对教学信息编码的突出要求是“清晰明了”。

2. 活动信息的形成

教材或教案都还是知识信息的静态集合，要使教学信息产生效用，还在于要把静态信息编码成动态信息，课堂交流是实现这一过程的主要环节。对形成活动信息的编码过程的突出要求是“生动易懂”。

3. 效绩信息的体现

教学信息编码的目的就是要有效地促使信息交流的双方获得最优的效绩。教师要不断地根据课堂教学信息反馈，有效地控制和调整教学信息的发送，保证课堂交流的顺利进行和教学任务的圆满完成。这个教学信息编码过程的突出要求是“切实有效”。

(二) 教学信息的反馈

反馈是指信息发送者把经过编码的信息传递给接收者后所产生的结果再接收过来，以对再发送的信息产生影响的过程。教学信息交流过程一旦发生，其中的任何一次信息交流都可以看做是上一次信息流通后对接收者的反馈。课堂交流中如果没有教学信息的反馈，就会产生失控现象，走向无序紊乱状态，课堂活动的效率也就无法获得优化。教学信息反馈在课堂交流中主要有三个方面的功能，即动力功能、检测功能和调控功能。

1. 动力功能

教师根据学生的反应，依据一定的教学目的向学生提供一定的反馈信息（肯定、否定或启发、指点），学生则从教师的这一反馈中提高或降低自尊感和自信心，唤起新的获得成功（或放弃努力）的需要，引起下一步进行学习活动和课堂交流的积极性（或消极性）变化。同样，学生根据教师的教学，也依据一定的学习目的向教师提供一定的反馈信息（理解或疑惑、肯定或否定、接受或拒绝等），教师也从学生的反馈中增强（或减弱）了自信程度和积极性，并又作出相应的适合于学生学习或维护教师尊严的反应。教学信息反馈的这种增强或者降低课堂交流积极性的属性，我们称之为教学信息反馈的动力功能。

2. 检测功能

教师根据学生发出的反馈信息（作业、试卷、行为、表情、语言等），分析并判断学生的学习效绩，同时检测课堂教学的有效程度，对教学作出预测。同样，教师根据学生的反应，也向学生提供不同的反馈信息（反问、回答、叙述、指点、解惑、批评、表扬等），学生据此分析自己的学习效率，判断自己的行为与教学目标或教师教学期望之间的差异，同时也判断出教师教学工作的效果。教学信息反馈的这种促进教师和学生判断课堂教学效绩的属性，就是教学信息反馈的检测功能。

3. 调控功能

学生根据教师的教学信息反馈判定自己的行为效绩，并对自己的行为活动作出调整和控制。同时他们的个性、年龄特点及个体心理发展的一般规律，又反过来制约着教师的教学行为过程，客观上调整和控制了教师的教学活动。同样，教师也根据学生的学习反馈判定自己的教学效绩，并对整个教学过程作出调整和控制，如决定是否需要重新解释、再次举例或改变教学方式等。教师根据教学信息的反馈不仅能调整自己的教学行为，也能调整整个教学行为的策略，如改变教学计划，修订教学目标，完善教学组织形式，优化教学方法甚至于整个过程的每一个环节，以保证能采取最适宜而切实有效的策略。此外，学生也根据教学信息反馈，在调整特定的学习活动的同时，不断调整整个学习行为的策略，如端正学习动机，修订学习目标，制订学习计划与步骤，完善智能活动，改变学习习惯，改进学习方法，转移学习兴趣，改变知识结构等，以便根据不同学科的学习特点和不同教师的教学特点采取与之相适应的灵活有效的策略。没有教学双方的相互适应并对自己行为与策略的积极调整和控制，课堂交流就难以维持，教学系统就会趋于紊乱和解体。教学信息反馈的调控功能，就是这种反馈所具有的制约教学行为进一步发展的方向、水平与策略的属性。

为了积极有效地发挥教学信息反馈的功能，在教学实践中，教师可以采取一些基本的教学策略：

① 以正面启发和肯定为主，对学生进行教学信息反馈。要使教师对学生的教学信息反馈有利于纠正破坏学习系统和偏离教学目标的行为活动，使之趋向于稳定有效的状态，就要以正面启发和肯定为主，去激发和保持学生积极的学习动机。当然，只要能使教学系统平衡，适当地运用有针对性的“激将法”、批评等方法也未尝不可，但这需要有一定的教学机智和对学生的准确了解。

② 正确评价教学效绩，以利于学生更好地掌握自己的学习状态。了解自己是改造和发展自己的前提，教学信息反馈要有利于学生正确地认识自己，就要坚持以教学目标为标准的一般评价和以学生个人起点为根据的特殊评价相统一，以启发促进为目的和以监督约束为目的的评价相统一，教师的评价与学生的自我评价相统一，中肯公正与严格要求相统一。

③ 培养学生自我组织的能力，以促进教学过程的协调发展。教学过程是教与学的统一体，其发展有赖于教学双方的合作，而双方的合作又以各自的自我组织能力的形成和提高为基础。因此，教师作为教学信息的主要发送者和控制者，要特别重视培养学生的自我分析、自我调整、自我定向和自我控制的能力，以使教学过程的稳定发展具有积极主动的坚实基础。

④ 进行有针对性的及时反馈。这一策略要求教师对学生的学习状态的评价具有确定性，不能模棱两可；教师对学生的引导要有效地指向具体问题，即根据不同的学生和同一学生的不同情况，给予细致的指导，以使学习者在接受了肯定（或否定）的同时，还知道下一步该怎么做；教师对学生学习的评价和帮助，要不失时机，恰到好处，把握有利于学生发展的最佳机会。

三、课堂言语交流

课堂言语交流中，教学信息的发送与接收主要通过言语、声音、身体或情境等言语交流和非言语交流的方式来完成。言语交流和非言语交流的技术与方法是教师必须熟练掌握的课堂交流的基本策略。大量的师资培养计划都强调阅读和写作的技能，不大注意说的技能，几乎没有考虑到非言语交流和听的技能。但是，那些卓有成效的教师，都是不仅有良好的阅读和写作的技能，而且有良好的谈话、观察和倾听的技能。这一情况，应引起我们的足够重视。

(一) 言语交流

言语交流是指人们运用语言工具传递信息的交流过程，有口头言语交流和书面言语交流两种形式。由于课堂交流的特殊性，我们尤其强调口头言语交流的重要意义。

良好的言语交流有三个基本特征：一是可接受性，即交流双方均需了解对方已有的认识水平和心理状态，考虑对方能否听懂或看懂；二是合作性，即交流双方互为受众，互为发言者，彼此既要有诚意平等相处，又要有耐心和虚心，尽量使自己的言语表达准确、明了、易懂；三是情境性，即言语交流者应针对当时的情境，充分利用表情、动作、声调或上下文关系等来表达自己的意思。

1. 言语学习

在言语的相互作用中，习得什么取决于学习者说话时所包含的意义。这种意义随着学习者的不同经验和对这些词的不同理解而不同。例如，关于学校的重要性的讨论，每位学习者由于不同的经验，就会习得不同的意义。言语学习除了要考虑语言的习俗和正式的定义外，还必须尽可能地与学生的经验联系起来。

与言语学习有关的交流大致有如下几个方面：

① 组织。组织得好的言语信息容易学得更好，在交流开始和结束时传递的言语信息保持得更好。

② 信息面。正反两面对比呈现的言语信息容易学得更好。语言强度偏离中等强度的言语信息容易学得更好。

③ 明确程度。具体明确的信息易于学得更好，但要注意不能丢失基本的概念。

2. 声音学习

人类的声音把语言带入了生活。声调、声高、声响、语速、节奏等方面的变化，不仅影响信息的重点，而且可能改变词语的意义。如“好”或“来”，不同的声响、声高、声调就传递出不同的意义。

尽管不是每个人都拥有动听的声音，但是教师必须学会与学生交流，用声音来强调重要的信息。重要的是，要善于发挥自己的声音优势，并设计出一种独特的声音模式，让全班同学都能听到且易于理解。

语速也是非常重要的。语速太快，则传递的信息往往不被注意，太慢则使学生昏昏欲睡。教师要经常根据学生的反应，调整自己的语速，控制好教学的节奏。

声调、声高和节奏，也能影响言语信息的传递。声调和节奏可以传递语言的严肃性，如当我们说“我的意思是，你坐下!”“我对这个班已失去了信心!”你的声调或节奏就传递着你的严肃性。高八度的声音会导致解码者心理紧张，以致不敢言语；太尖的声音则会分散对信息的注意。

(二) 言语交流的策略

1. 述义（paraphrasing）

述义是指听过对方说话后，我们再按照自己的理解，用自己的话说出对方的意思来。这样，可以帮助我们确切地了解对方的真实意图，可以使他知道我们对他的话感兴趣，更可以使他愿意和我们交流。

2. 行为描述（behavior description）

行为描述是指说话时只客观描述可观察到的可能改变的对方行为。对不可能改变的行为则不予描述，对对方的动机、态度、人格特质不宜作价值判断，更不宜妄加批评，以免对方产生防卫心理，中断交流，甚至损害双方的友善关系。

3. 情感描述（feeling description）

情感描述就是清楚而具体地描述自己的感情，好让对方了解自己现在内心的感受。这样，就可以避免对方的不理解或误解，也可以避免对方的猜疑。

4. 印象核实（impression checking）

对方不说明，我们很不容易了解其内心的感情。所谓印象核实，就是根据对方的表情或语言来推测其感情，并向对方核实是否推测正确。这样，就不会因猜测错误影响双方的人际关系。

教师如能经常练习这些技巧，并且真正以关心的态度来对待学生，师生间的交流将变得卓有成效，这对良好师生关系的建立将有很大的帮助。

四、非言语交流

课堂交流中除了言语交流外，非言语交流也是非常重要的。据一些研究者估计，非言语交流占我们全部交流的 80%。

我们通常通过各种姿态传递各种不同的信息，如我们站、看、动的方式，运用声音、重音的方式，运用空间甚至语言的方式。这些非言语信息可以强化、修正我们的言语信息。教师应不断地积累这方面的经验，善于运用非言语交流的原理和策略。

(一) 面部语

就交流者的内部情感而言，面部语言是人的第二语言，它们可以强化、修正口头语言，甚至可以与口头语言相冲突。

明显的面部表情通常是有目的的，习惯上用来传递一种信息，或掩盖真实的情感。这些表情都是由面部的肌肉运动构成的，例如，皱眉表示沉思，提眉表示惊讶等。

不随意的面部表情，通常发生在表现强烈情绪的时候，如恐惧、愤怒、高兴、惊奇等。在学习情境中，这些表情常常是一闪而过，或很快被其他表情所掩盖。然而有时，教师需要运用这些表情传递一种信息给学生，如运用生气的表情来控制有错误行为的学生。

眼睛的运用也许是最有意义的非言语交流通道。因为，我们的目光和视线可以是移动的，不可捉摸的，既可以传递怨恨、害怕、内疚等，也可以表达支持、信任和友爱，甚至还可以打开、延长或关闭我们的课堂交流。

有经验的教师常常运用目光和视线接触来控制课堂中的相互作用。当他们需要学生说话时，就通过与学生的目光直接接触来表示鼓励和期待。教师还可以通过目光接触来判断学生是否回答问题、是否完成作业、是否认真听讲，等等。

凝视也可以用来改变行为，凝视与沉默连在一起使用，可以有效地引起正在做小动作或注意力不集中的学生的注意。凝视可以导致学生适当的课堂行为。教师在课堂教学中，如果总是低着头或仰视天花板，不与学生发生目光接触，那么课堂交流的效果将受到严重的影响。

(二) 体态语

头、臂、手和其他身体部位组成的体态是广泛的非言语交流通道。如当我们的手在空中形成一种模式，就可以表达一种信息；当我们交谈时点头，可以起到强化作用；当我们轻叩黑板时，可以突出重点；当我们敲击讲台时，可以引起注意。这些行为都能传递某种信息，但教师应注意不可滥用体态语，因为用得过多会使学生分不清主次，或者只注意体态本身，而忽略了教师想要传递的信息。

站立的姿势能够交流信息。紧张的体态往往表示封闭和不安全的信息；舒展的四肢则表示开放和友好。说话者的身体方向（正面朝向）也可以交流信息，直接面对学生暗示着对学生的喜欢或友善。身体接触是一种很有效的非言语通道。不过，对教师而言，这种交流与学生的年龄有关，对小学低年级学生是合适且必要的，但对小学高年级和中学生就不太合适了。

(三) 服饰语

服饰语也是一种典型的非言语交流形式。它载有反映社会风气、历史条件及人的精神风貌等方面的信息，更是个人的性格气质特征与审美能力的重要而直接的表现形式。通过服饰，可以了解一个人，也可以让人了解自己。不过，教师的服饰除了反映教师个人的审美情趣外，还必须受到社会正统文化的规范，受到学生心理发展水平等因素的制约。因而，教师的职业服饰宜以整洁、美观、大方为基本特征。

(四) 空间和运动语

教师怎样运用空间和安排学习环境，也可以是一种交流信息。学习环境通常是有区域的，教师的讲台构成教师的领地，学生的课桌椅构成学生的领地。这种安排通常让人想到是否会否侵犯他人的领土。这种安排也限制了课堂交流而导致师生间产生一种隔离感。

教师的运动可以促进或阻碍课堂交流的过程。教师如果亲近学生，表明教师对与学生的交流感兴趣，如果疏远学生则表示对学生缺少兴趣。因而教师的运动既可能终止师生间的交流，也可能延长师生间的交流进程。

课堂环境的布置，可以创造一种气氛，影响课堂中的相互交流。据研究，在优雅的课堂环境中，学生更多地表现出舒服、愉快、自豪和喜欢的反应；而在布置不良的课堂环境中，学生则更多地出现单调、疲倦、头痛和偏激等反应。这些原理告诉我们，布置良好、令人愉快的课堂环境能更好地促进课堂交流和教学。

五、课堂倾听

倾听既是一项技术，也是一种艺术。教师一旦掌握了课堂倾听的技能，就会得到事半功倍的效果。倾听是一个主动的过程，它可以分成三个部分，即注意、理解和评价。

第一是注意过程。集中注意学生和学生说出的信息，关注信息的适当、正确、强度及传递的时间和情境。

第二是理解过程。它是对接收的信息进行心智加工的过程。倾听者基于对信息的适当程度和价值的判断，主动地选择和组织信息。

第三是评价过程。就是对信息进行权衡，包括衡量信息的信度、怀疑说话人的动机、思考呈现的思想、怀疑信息的有效性、归纳说话人的主题思想、获知省略的内容、思考怎样完善信息等。

有效的课堂交流要求教师学会反审性倾听。在进行反审性倾听时，教师好像一面镜子，通过教师的反应，诸如描述、澄清性盘问等形式，帮助学生弄清自已的真实感受，特别是在言语与非言语活动中所暗含的意义。教师的反审是为了避免误解或进一步澄清、确认学生发出的信息。教师要把这些暗含的意义解码为完整的信息，包括内容信息与情感信息，并恰当地表述出来，从而促进师生之间的相互理解，促进课堂交流的深入进行。

第三节　教学强化技能

重复快乐的行为是人的天性。当学生学习是为了获得或者避免某种“东西”时，则这种东西就成为他学习的强化物。不同的学生可以有不同的学习强化物。教学强化就是增强学生某种课堂行为重复出现可能性的过程。任何行为一旦重复就有可能被强化。教学强化是对学生课堂理想行为的强化，是教师教学的一项重要技术。正确地掌握和运用教学强化技能，可以提高教学的成效。不过要注意，如果过多和过于频繁地使用同一种强化物，其效果将会降低，特别的是，如果教师无意中强化了学生的不良行为，教师的教学效绩将会受到影响。

一、教学强化的基本策略

课堂强化的基本策略可以表现为两种不同的方式，即积极强化和消极强化。

积极强化是指教师在使用奖赏性刺激物激起学生某种行为动力时采取的强化策略。奖赏可以是有形的或物质的奖赏，也可以是无形的或精神的奖赏，如分数、自由活动时间、奖品、欣赏、表扬或荣誉等。有时，学生认为是奖赏的东西，教师可能并不理解，因而无意中强化了学生的不良行为。所以当学生的不良行为屡屡发生时，我们就要设法找到我们无意中呈现的强化物。

消极强化是指教师通过取消不愉快的刺激物来激起学生的某种行为动力时采取的强化策略。这些刺激物都是学生企图避免的，如课后留下来或惩罚的威胁等。学生如果表现好，教师就会取消不愉快的刺激物，学生就可以摆脱不愉快的境况，例如，只有准备妥当后才准坐下，完成作业后才能休息，解题正确才能自由活动，等等。在使用消极强化时学生处于控制状态，只要他们表现好，就可以避免或消除消极的境况。需要指出的是，我们不能把消极强化与惩罚混为一谈。对学生来说，不管是积极强化还是消极强化，都是激起和增强其行为动力的有力手段，而惩罚却是他们不能选择的。

教师如果掌握了课堂强化的正确方法，学生的不良行为就会大大减少，理想行为就会显著增加。

二、常用的教学强化类型

常用的教学强化技术主要有言语强化、非言语强化、替代强化、延迟强化以及局部强化五种类型。每一种教学强化的效果，因学生个性、年级水平、学习行为和教师特点等因素的不同而有所不同。

(一) 言语强化

教师在学生作出行为和反应后给予学生某种积极的评价就属于言语强化。常用的言语强化，往往只是用“好”、“很好”、“对”、“很对”之类的词语作出评论。要注意不能过多地使用这些简略的强化物，否则就会失去强化的作用。还有，如果对所有的学生都使用言语强化，那么言语强化的作用将很快降低。因此，不宜过多地单一地使用言语强化，只有经常改变其使用方式，才能使之保持生机和意义。

言语强化还有一种容易忽略的方式，就是采纳学生的想法。当学生在应用、比较、归纳、扩充等方面提出自己的见解时就可以采用这一技术。采纳学生的想法，可以向学生表明他们的言语是重要的，这样做可以提高学生的参与水平。

(二) 非言语强化

教师通过某种非言语动作传递一种信息，对学生的某种行为表现表示赞赏和肯定，这种强化就是非言语强化。这些非言语的动作，可以是目光接触、点头微笑、靠近学生、体态放松或作出某种积极的姿态。在课堂中要善于运用非言语强化，因为它有时比言语强化的作用更大。研究表明，当教师的言语信息与非言语信息不一致时，学生倾向于接收非言语信息。

(三) 替代强化

人们通过观察向他人学习。在人们观察到他人的行为受到强化而又向往得到这种强化的时候，人们就会采取与他人同样的行为。这种强化就是替代强化。例如，A 同学因某种行为受到老师表扬，而 B 同学也想受到同样的表扬，于是就模仿 A 同学受到表扬的行为。有效地使用替代强化的例子是很多的，例如，老师说“我喜欢张华同学发言前先举手”，“刘文利同学的理科成绩很优秀”以及“范朋朋同学的作业总是全对”之类的话，都是运用了替代强化的技术。替代强化的效果类似于我们所说的榜样的作用。一般说来，替代强化对低年级的同学更有影响，但只要认真挑选强化物，即使对高年级的同学，这一技术也同样有效。

替代强化能够起作用，是因为理想的行为已被仿效而不需要再教了。如果强化物选择和运用得恰当，那么替代强化就可以用来教会新的行为，激励已有行为，削弱、抑制不良行为。

(四) 延迟强化

教师一般要对学生的理想行为表现予以及时强化，但有时也对学生前一段时期的行为进行强化。这种强化不但可能，而且有时效果还特别好。这种对以前行为的强化就是延迟强化。教师通过延迟强化向学生表明，有些行为不应忘记，而且仍然很重要；同时，也向学生表明了老师对学生早先的良好行为是非常重视的。

(五) 局部强化

如果学生的行为表现只被部分认可，我们就可以采用局部强化，即只强化我们认可的那部分行为以及相应的欲望，激励学生继续完全实现理想的行为和欲望。例如，一个学生在黑板前解错了一道题，我们就可以强化他的解题思路是对的，或者强化他的努力是好的。又如一个学生提出了一个与讨论无关但却很有趣的想法，教师也可以运用局部强化。局部强化是激励那些腼腆和能力较差的学生积极参与课堂活动的有效技术。

(六) 教学强化中的“代币制”方法

课堂强化中可以使用一些更加形式化的方法，其中“代币制”方法就是非常成功的例子。教师常常使用这种方法使学生表现出教师期望的良好行为。这些行为既可以是学科行为，也可以是一般的课堂行为。所谓代币，可以是些五角星、小卡片、游戏币等类似的东西，这些代币积累一段时间就可以“购买”或“兑换”奖励。奖励可以是自由活动、少做作业、食品、实物、荣誉称号、游戏、课外读物，等等，或者学生想要而又合理的任何东西。也可以给学生提供一些奖励清单，学生可以根据自己获得的代币多少，来“选购”自己想要的奖励。一般情况下，获得的代币少，可供选择的奖励就差一些，而获得的代币多，则可供选择的奖励就更诱人一些。这样，学生就会更加努力，争取更多的代币来兑换更好的奖励。

使用代币制等类似的形式化课堂强化方法，其长处就在于它使所有学生都自觉或不自觉地接受强化，这种强化在小学和初中课堂教学中的运用效果都非常成功。

教师在课堂教学中要根据具体情况来选择相应的课堂强化手段。每一种强化方法，只要运用恰当，都可以获得良好的效果。

三、教学强化的安排

(一) 教学强化物的选择

在进行课堂强化的安排时，教师应该针对不同学生的特点，精心挑选恰当的强化物。因为不同的学生所理解的强化物是不同的，所以，对学生来说，最好的强化物就是他们自己挑选的强化物。教师可以通过多种途径来了解适合学生的强化物，如通过观察、访谈和问卷调查等。

对多数学生来说，教师的关注是一种有效的强化物。它包括言语上的关注和非言语上的关注，即教师既可以用言语陈述也可以用非言语动作来表达自己对学生行为的赞赏。总之，要对学生予以关注。即使是批评，也是一种关注的形式。有些缺少关注的学生，甚至采取破坏性行为来得到教师的否定性关注。

选择最有意义的强化物时，有一个重要原理，即用爱好的行为作为不爱好的行为的强化物。通俗地说，就是先做要你做的，然后才可做你想做的。这两者的先后顺序不能颠倒。

在与学生的交流中，教师可以使用多种不同的强化物，可以授予特殊权利、物质奖励、自由活动，可以允许交谈、少做作业、免于考试，可以让学生阅读杂志、玩游戏，也可以对表现好的行为予以直接表扬。不管使用什么方法来奖赏学生，强化物都应该经过精心挑选。

(二) 教学强化的安排

在强化理论中，根据强化的时间和频率，对强化的安排一般有连续强化和间歇强化两种选择：

① 连续强化，即对学生每次出现的理想行为反应都予以强化。连续强化可以使学生的学习加快速度。

② 间歇强化，即并不是每次正确反应之后都给予强化，而是有所间隔。连续强化通常安排在学生学习的初期，理想行为一旦形成，就该安排间歇强化，即对学生的理想行为表现经常给予强化，但并不是每次都给予强化。

间歇强化可以根据理想行为出现的次数比例和时间间隔来作出进一步的选择，即进行比例强化安排和间隔强化安排。前者根据一定比例进行强化，例如，学生理想行为每出现 5 次就进行一次强化；后者根据一定时间间隔给予强化，例如，每隔 5 分钟对学生的理想行为给予一次强化。

比例强化安排又可以分为固定比例强化和变化比例强化两种安排。例如，在学生理想行为每出现若干次（如 5 次）之后，给予 1 次强化，或者是每第 5 次（或第 3 次）出现后给予 1 次强化，这是固定比例强化。如果在出现 20 次理想行为的范围内，给予 4 次强化，至于哪一次出现后给予强化则是随机安排的，这便是变化比例强化安排。

间隔强化安排，也可以分为固定间隔强化和变化间隔强化两种安排。例如，每隔若干时间（如 5 分钟）对学生的理想行为进行强化（当然这期间学生要有理想行为出现），这就是固定间隔强化。如在 20 分钟内给予 4 次强化，至于何时强化则是随机安排的，这属于变化间隔强化。

大致说来，运用间歇强化来形成良好的行为，所花时间较长，但它有一个重要优点就是减退缓慢，在良好行为形成之后即使不予强化也能维持较长时间。还有，运用变化比例强化安排和变化间隔强化安排比固定比例强化和固定间隔强化安排更能阻止行为的减退。因为学生不知道什么时候有强化安排，所以对强化的行为可以维持更长的时间。例如，学生在自习，老师要来检查，但学生并不知道老师什么时候来，也许随时可能来，所以学生就得集中注意力完成自习任务，但如果学生知道老师到来的确切时间，那么学生就可能只在老师来的那个时候集中注意力自习，而其他时候就未必那么认真。由于比例强化偏重于结果，而间隔强化偏重过程，所以在想获得结果时，宜采用固定比例强化安排和变化比例强化安排；如欲使学生维持良好的学习过程，则宜采用固定间隔强化和变化间隔强化安排。

四、教学强化的误用

教学强化必须慎重地使用，因为强化并不一定总是能够带来良好的课堂学习和良好的课堂行为。教学强化一旦误用，反而会影响整个教学效果。比如，下面的误用我们就要尽量避免。

第一，强化手段单一，如教师总共只使用一二种强化方法。同样的强化方法使用过多之后，就会很快失去作用。再者，过多地使用同一种强化，会使学生只注意追求强化物本身，而不去注意学习过程。

第二，强化的对象不具体，如强化学生的所有行为。错误的课堂行为是不应该强化的，只有其中的良好意向和正确的行为部分才是应予以强化的（局部强化），应将正确的行为与错误的行为区别开来。同样，强化成绩优异学生的没有价值的行为反应也属于强化的误用。这些学生往往被看成各方面都优秀的学生，因而他们的无价值的行为反应也被当做良好行为予以表扬或纵容。

第三，强化过于急切与频繁。因为强化过于急切，会分散学生学习的注意力，妨碍或干扰学生正常的思路，所以我们应当确保在学生把自己的想法表达完成之后，再予以强化。同样，过于频繁地使用强化手段，也会干扰学生相互之间的交流，因为学生会把注意力集中在教师要呈现的新的强化物上去。所以应该在确定所有学生完成之后，才进行个人或小组强化。

此外，关于教学强化的误用，还有一种说法，即认为教学强化削弱和减缓了学生内部动机的发展，造成学生对外部动机的依赖。换句话说，教学强化使得学生的学习只是为了获得外部的奖赏，而不是求得内心的满足。不过，只要慎重而恰当地使用课堂强化，这种错误是可以避免的。教学强化更多地只适用于需要额外诱因的学生，适用于良好行为的形成还不普遍、还有困难的时候。当学生都稳定地表现出理想的行为时，也就没有必要使用课堂强化了。

第四节　教师对学生的期望

教师对学生期望是影响课堂教学成效的一个重要因素。这一节，我们将从剖析教师对学生期望效应的过程入手，探讨教师对学生期望效应的特点，并对其在课堂教学中的运用提出一些基本的建议。

一、教师对学生的期望效应

从20世纪50年代后期开始，有关教师期望的自我应验效应研究逐渐受到重视。其中，心理学家罗森塔尔和雅格布森（1968）的研究尤为引人注目。他们对小学各年级儿童进行“预测未来发展的测验”，然后向教师提供了一份名单，说名单上的“这些孩子有发展的可能性”。实际上，这份名单是随机抽取的。8个月后，教师就像预期的那样，发展了这些孩子的智力。实验结果表明，教师的期望对学生的行为产生了影响。于是，这种教师期望对学生行为所产生的影响被称为皮格马利翁效应。

皮格马利翁是古代希腊神话中的塞浦路斯国王。传说他在雕塑一座少女雕像时爱上了这位少女，最后竟使这座少女雕像变为真人与他结为伴侣。罗森塔尔借用这个典故来称谓教师的期望效应。后来，学术界也把教师的期望效应称作罗森塔尔效应。

教师的期望效应告诉我们，当教师对学生所要达到的心理、智力、知识、能力、行为状况或变化有着某种预先设定时，教师的这种内在主观倾向往往反映在其外在行为上，从而给学生造成某种特定的心理环境，影响学生的自我概念和学业成绩。

不过，教师对学生期望效应的实现过程是相当复杂的，它受到许多因素的制约。

二、教师期望效应的实现过程

教师期望效应是在师生的相互作用中实现的。由于教学中教师的心理因素、教学观点和教学态度的个别差异，学生的个性特征、智力水平、学习动机、学习成绩以及对教师期望的敏感性的差异等因素，致使教师期望的实现过程相当复杂。具体看来，教师的期望效应实现过程大致包括教师形成期望、教师传递期望、学生内化教师期望以及教师维持和调整期望等四个基本环节。

(一) 教师形成期望

教师的期望作为教师对学生施行教育教学的一种特殊方式或策略，在一定程度上规定、制约着学生的发展方向。如果没有期望存在，期望效应就无从谈起。因此，教师期望效应的实现过程是从教师对学生形成期望开始的。

教师的期望往往是对于来自各个方面的信息加以过滤、评价、整合后形成的，这个过程既受到教师自身的生理、心理、经验以及对学生的了解程度等主客观因素的影响，也受到来自学生的各种信息的影响。“关于测验成绩、所处的轨（track）或组、课堂行为、身体外表、种族、社会经济地位、民族特征、性别、语言特征，以及各种不同的诊断性的或特殊的教育标签方面的信息，都能显著地影响期望。”[①] 这里，我们着重分析学生个体的一些影响因素对教师期望形成的意义。

1. 年龄差异

教师往往对年龄不同的学生存有不同的期望。心理学家皮亚杰曾经指出，教师大多认为年龄大的孩子有能力做难度更大的工作，并在潜意识中对他们抱有更大的期望；一些调查也表明，教师往往认为年龄较小的学生有更多的行为困难，并更容易在学习中分心。这表明教师对不同年龄的学生确有不同的期望，他们认为年龄大的学生更成熟，更能理解教师的教学安排。

2. 社会地位的差异

学生的社会背景也会对教师行为产生影响，它是教师对学生持有期望的一个不可忽略的重要来源。有研究发现，教师对于他认为成功的学生予以更多的关注，而这些学生大多来自环境条件较好的家庭。教师往往容易认为，那些家庭环境条件好的孩子有更高的能力，他们因而在认识评估中得到较高的分数，并且在阅读和写作中有更大的进步。那些家庭环境困难和来自单亲家庭的孩子则被教师认为有更多的行为困难。这表明教师对不同社会背景的学生有着不同的期望，并不完全反映学生的实际发展程度，他们一般不会认为社会背景差的孩子会有超乎寻常的表现。

3. 性别差异

一些研究发现，女孩子在中小学时，在许多方面表现出比男孩子更高的发展水平，并取得更好的成绩。国外有研究证实，在小学，女孩子在写作语言领域，即自我陈述、事实陈述、想象写作和运用参考文献方面表现出较高的能力，而男孩子则在这些领域表现出更严重和更持续的困难。有趣的是，尽管女生在某些方面明显地取得了更好的成绩，但当要求教师对个别学生的能力进行评价时，他们却认为男生的能力比女生强，而且他们更多地相信或期待男

---

① 罗森塔尔等：《课堂中的皮格马利翁：教师期望与学生智力发展》，唐晓杰、崔允漷译，人民教育出版社 1998 年版，第 230 页。

生有更好的表现。

4. 能力差异

多数研究认为，教师期望与学生的能力有着密切的关系。一般说来，能力强的学生更容易取得好成绩，更容易达到较高的发展水平，也更少有行为困难，因而容易获得教师更高或更多的期望；而能力差的学生获得的教师期望则较少或较低。

5. 行为差异

教师对一个学生的评价不仅与学生的能力和性别等因素有关，也与学生的行为表现有关。实际上，教师相当重视学生具体的行为习惯和表现。在教师的教学目标陈述中，认知因素和那些关于个体社会性的发展因素都占有重要位置。教师在课堂管理中也非常重视学生的行为控制。所以，当学生的行为好坏有所差异时，教师对学生的期望和行为方式就有所不同。当然，更为重要的是，人们往往将行为与能力联系起来，很少有人将那些行为习惯差的学生看作能力高、有发展潜力的人。因此，教师也就很难对这些学生寄予良好的期望。

综上所述，由于受到多方面因素的影响，教师对学生的期望，有时候并不能真正反映学生的发展能力和水平。研究也表明，“教师的成绩期望因学生的特征而不因学生的成就潜力本身而异”[①]。因此，教师要对学生形成合理而又适当的期望，必须排除一些干扰因素的影响，从学生的实际出发，尽可能地给予他们客观的评价。

(二) 教师传递期望

教师根据各方面不同的信息，对学生形成不同的期望，但教师的期望不会自动地自我实现。要实现教师期望，一定要付诸行为，将期望有效地传递给学生，从而影响学生的自我期望。教师传递自己期望的途径是多种多样的，大致可以归纳为以下几个方面：

1. 给不同的小组以不同的教学活动

教师将学生分组，使教学活动能适合不同学生的不同发展水平，这是教学活动中的常见现象。调查表明，许多老师准备了不同水平的功课，按照学生的能力布置不同的任务。其中，教师对学生分组的依据，相当部分来源于教师对学生的期望。教师正是根据预计学生可能达到的水平将学生归入不同的组内，不同的期望水平带来的必然结果就是不同的学习任务。如果一个学生在最初的阅读中表现出困难，那么教师预计他在以后的学习中会有更多的障碍，便逐渐给他比别的同学更为简单的材料。又比如在单元测验之后，教师通常会给取得较高成绩的学生以提高水平的习题，而对那些尚未掌握该单元知识的学生进行复习和基础知识的传授。总之，分组可以表达教师对学生的不同期望。

2. 与不同期望的学生有不同的接触

如果单从接触量来看，教师对于期望高的学生与期望低的学生并没有多大的差异，其主

---

① 罗森塔尔等：《课堂中的皮格马利翁：教师期望与学生智力发展》，唐晓杰、崔允漷译，人民教育出版社 1998 年版，第 228 页。

要的差异体现在接触的具体内容上。一般说来，教师与较差的学生的接触多是个体的和单独的，而在群体中，较好的学生与教师的接触更多。此外，人们还发现，教师与学业较差的学生的接触，除了谈论一些学业问题外，更多的是一些与学业无关的问题，包括一些额外的关于日常生活的建议以及对其行为的评语等。这也反映出教师相当重视对那些低期望学生的行为的控制。应特别指出的是，教师与男女生接触的差别量较大，无论是男教师还是女教师都对男生予以更多的关注。

3. 对不同期望的学生评价态度不同

赞扬与批评直接表达了教师对学生行为的评价态度，而赞扬与批评的运用同样受到教师期望的影响。在早期的一些研究中，人们认为教师一般对于期望高的学生以更多的表扬和更少的批评。可是近来的研究表明，情况并不是那么简单。人们发现，教师批评能力高的学生多于能力低的学生，而表扬能力低的学生多于能力高的学生。这或许是因为，教师难以接受那些他认为可以取得较好成绩的学生所表现出的较差的学习结果；同样，教师对于一些学生本来就期望较低，才给予了更多的表扬。

总之，不同的教师期望引起不同的教师行为反应，也正是凭借这些反应，教师的期望才能传递给学生，在学生身上产生效果。

(三) 学生内化教师期望并调节自己的行为

教师期望只有为学生主动积极地了解和接受之后，才能打破原有的心理平衡状态，唤起心理上的新需求，激发起内在驱动力，进而产生并推动他们实现教师期望的行为活动。

对于一个学习成绩好的学生来说，他了解了教师对他的期望，大多会尽力使自己的行为跟教师的期望相吻合，能够在课堂里更好地集中注意力，经常正确地回答教师的提问，努力学习，独立完成作业，并逐步使教师的期望得以实现。而对于一个教师寄予低期望的学生，他如果认可了教师的期望，他就很可能降低对自己的期望值，放松对自己的要求。同时我们也应该看到，学生本身也可能会采取某种方式不接受或抵制教师的期望，从而阻碍教师期望的实现。

(四) 教师维持或调整期望

教师要完整地实现自己的期望，在传递出自己的期望之后，还必须学会根据学生对教师期望的反应结果或内化程度等各方面的反馈信息，及时而恰当地调整或维持自己原来的期望，再对学生施加影响。因此，教师要对学生的行为进行及时评价，使学生的良好行为得到强化，不良行为得到纠正，对学生进行良好的倾向性反馈，并在此基础上形成新的期望，使教师期望效应始终处于良性循环之中。

教师要维持原有期望相对说来较为容易，而调整则比较困难。学生行为有规则的重复，则可能会不断地强化教师的原有期望，同时期望一旦形成，教师便很容易只注意收集与该期望相吻合的一些行为，而忽略其他行为，比如看不到甚至不相信低期望学生的良好行为表现，或者对高期望学生的不良行为表现视而不见甚至纵容，等等。对此，教师要有清醒的认识，注意保持客观公正的态度，相信学生的发展变化，不断地对自己的期望进行检查和调整，保证教师期望效应积极而圆满实现。

教师期望效应实现过程的各个环节是紧密联系在一起的，并最终形成一个循环往复的环状结构，从而不断地对学生造成影响。

三、教师期望效应的特点

教师期望效应的特点主要有以下几方面：

(一) 暗示性

教师把从各方面得到的学生信息汇总和加工后形成对学生的基本看法和期望。教师在传递自己期望的时候，往往意识不到自己对高期望的学生与低期望的学生有着不同的态度和行为方式。也就是说，教师期望的传递通常是相当隐蔽的，教师通过各种态度、表情和行为方式将其暗含的期望以相当微妙的方式传递给学生。

教师期望的暗示性可以体现在以下几个方面：

1. 教师的自我暗示

各种学生信息给教师以暗示，教师对学生的期望又产生自我暗示。这时，教师要注意两点：其一，尽可能地相信学生的发展潜能，相信学生的可教育性；其二，明确自身的教育教学职能。这样有助于教师形成正确的自我暗示。

2. 教师的趋向暗示

教师期望形成后，在自我暗示的影响下，总是通过各种形式有针对性地指向自己所期望的那些学生，而不是指向自己没有期望的那些学生。期望高低不同，趋向暗示的时间、数量与质量也不一样。

3. 学生的自我暗示

学生接受到教师的趋向暗示之后，将教师的期望暗示内化为自我暗示，进而采取相应的行动。这是教师期望效应的关键因素。

期望的暗示性特点表明，教师期望的实现多是一种无意识或者相当隐蔽的行为。但无论如何，它确实存在并发挥着重大的影响。

(二) 层次性

教师期望效应具有很强的层次性，具体表现在以下几个方面：

1. 年龄层次

对于一个学生群体来说，教师对不同年龄的学生就可能持有不同的期望。比如说，对于

10 岁和 12 岁的学生所应达到的认识水平，教师的期望就可能有所不同。

2. 基础层次

即使在同一年龄层次中的学生，由于学生的性格、能力、行为表现等方面各有差异，教师也会对他们进行分类或分群，这种划分的依据就是基于学生群体的共同基础，如共同的兴趣爱好、知识基础、生活背景、个性特征、行为表现等，教师根据自己的判断，对同一年龄组的学生进行不同的期望，而且在同一期望层次中也存在对于各个不同学生的个性化的期望。这就是说，教师期望与学生已有的发展基础密切相关。

3. 时间层次

教师不仅对不同年龄组、同一年龄组的学生有着不同的期望层次，即使对同一个学生的不同时期也存在不同的期望。这种期望层次与学生的能力发展的序列密切相关。

(三) 情感性

教师期望转化为学生的内在需要，也是一个情感活动过程。一方面，当学生感受到教师真诚的期望时，就会倾向于接近教师，缩短师生之间的情感距离；另一方面，教师期望要为学生所接受，也必须贯注教师的真诚与爱心，学生一旦体会到教师的期望，就会主动地去接受、理解并努力实现教师期望。反过来，师生间的情感距离则会不断地拉大。

(四) 激励性

教师期望效应的激励性，也许更多地来自于师生间的相互理解。理解是期望的基础，而期望又是理解的具体体现。因此，教师如能对学生进行全面正确的分析，充分理解和尊重学生的长处，形成切合学生实际的期望，就能更好地创造条件，促进学生最大的发展。师生间的相互理解，有助于激发学生内化教师期望的积极性，激励其形成良好的行为表现。

四、积极的教师期望策略

教师期望效应在教育教学中有着重要的意义。为了有效地发挥教师期望的应有效应，可以根据教师期望效应的特点采取一些基本的策略。

(一) 在客观基础上积极期望

所谓在客观基础上积极期望的策略，是指教师的期望目标应该以学生已有的发展水平为客观基础，不能超出其发展的可能性，否则教师期望就会因失去现实依据而成为空想。同时，教师的期望目标又不能停留在学生已有发展水平上，要适当高于学生已有的现实发展水平，相信所有的学生都具有发展的潜力，从而造成教师期望目标与学生已有发展水平之间的必要张力与冲突，为促进学生积极主动地向更高水平的目标发展提供动力。由于教师期望效应的暗示性特点，这种建立在客观基础上的积极期望，将创造一种良好的“暗示环境”，促进教师积极的自我暗示和趋向暗示，并使之较好地转化为学生的自我暗示，从而促进学生健康向上的学习行为。

(二) 始终以教学为主要职责，倾注教师的良好情感与真诚爱心

教学活动为教师期望的实现提供了主要的空间和时间。对于学生而言，他们的一个主要任务是学会学习，如果脱离了具体的教学活动，最美好的教师期望都将变得抽象和空洞，其效应的发挥就会受到限制。所以，教师一定要把教学活动作为自己的主要职责，有效地帮助学生学会学习，完成教学目标。那种把空洞的说教作为教师期望实现的主要途径的策略是不可取的。同时，由于教师期望效应的实现过程具有情感性特点，它本身就是一种师生间的情感交流过程。人们之所以把教师期望效应称为皮格马利翁效应，也是与教师期望的这种感化作用分不开的。所以，教师在发挥期望效应时，除了以教学为主要职责外，还应该在教学过程中倾注积极的情感和真诚的爱心，用情感和爱心去感染和打动学生，让他们伴随着丰富而快乐的情感体验，参与教学过程，积极主动地内化和实现良好的教师期望。

(三) 合理实施教学目标，与学生共享教学的乐趣

教师期望的目标最终是为了促进学生最大限度的发展，期望目标的实现需要具体体现在教学目标的完成之中。因此，教师要合理地分解教学目标和期望目标，采取措施帮助学生顺利实现目标。特别是那些学习成绩差的学生，其目标的分解和实现，尤其需要教师深入细致的有效帮助。每个学生都会因目标的完成而享受到成功的快乐。教师也要学会欣赏每位学生的成功，与学生共享教学的乐趣，从而形成师生之间相互信赖与激励的良好期望氛围，促进学生身心发展水平的不断提高。而且，教师期望的目标也应该随着学生发展水平的提高而不断地调整和变化，努力实现学生最大限度的发展。这一策略是教师期望效应的层次性、暗示性、情感性和激励性特点的综合反映。

给课堂教师的建议

1. 扩大上课与活动的目标，学生不仅需要练习和掌握基本的内容与技能，而且需要有应用的机会。

2. 更多地注意学生的思想与兴趣，并鼓励学生在评定他们自己的成绩中发挥更大的作用。

3. 增加学生主动参与教学活动的机会，并且有意义地使用教学材料。

4. 不能只问常规的事实问题，还需要问学生一些要求思考、分析、综合或者评价思想的问题。

5. 把注意力集中在学习的积极方面，通过注意小组在学习目标上的进展情况来鼓励和强化，把学生之间的公开比较（如按分数排队）降至最低限度。

第九章 德 育

第一节 德育概述

一、德育的概念

德育是教育者按照一定社会的要求，有目的、有计划、有系统地对受教育者施加教育，以形成个人品德和自我修养能力。德育是我国全面发展教育的一个重要组成部分，是学校工作的一项重要内容。

我国现在实施的德育包括三个组成部分：品德教育、政治教育和思想教育。在这三者中，培养学生的道德品质是基础。因此，在学校教育中，不能忽视培养学生良好的基本道德品质，应使这三者能够相互促进，发挥其最佳作用。

德育是我国全面发展教育的一个重要组成部分，和智育、体育、美育、劳动技术教育等是并列的概念，不可或缺，它们共同构成以提高人的素质为宗旨的全面发展教育。同其他各育相比，德育有着自己的特点。德育主要引导学生掌握社会主义道德规范，形成正确的道德价值观，而如果仅有对道德规范的认识，没有内心情感的需要，那么社会的道德规范是很难调节个人的行为的。因此，德育更要注重培养学生正确的道德价值观，引导学生把一定的道德规范内化为自身的需要。

二、德育面临的问题

随着生产力的提高，市场经济不断发展，社会主义现代化建设进入了一个新阶段。在社会的发展过程中，世界各国重视的最大问题就是教育，而德育作为教育的重要组成部分，在这一时期，面临着新的问题与挑战。

(一) 中外文化的冲击、经济发展带来的思想困惑和道德失准

我国正处在对内深化改革、对外进一步开放、社会经济体制转型的历史时期。但在社会发展变化的过程中，物质文明和精神文明并非总是同步和谐发展的，有时两者会产生脱节，甚至出现矛盾、冲突，人们为此而感到困惑。

市场经济遵循价值规律，实行优胜劣汰，以经济利益为导向，使得人们片面追求利益的获得。容易导致“一切向钱看”的拜金主义、极端功利主义思想滋长，市场经济实行自我保

护原则，强调个人价值，有利于调动积极性和创造性，但也容易使人形成“自我中心”心态，自私自利，产生无视国家、集体和他人利益等利己主义思想。除此之外，诚信缺失、假冒伪劣、欺骗欺诈、封建迷信、邪教、黄赌毒、享乐主义、以权谋私等现象的出现，也将给青少年的成长带来不可忽视的负面影响。

另外，对外开放使得西方的文化、理念包括生活方式广泛地渗入我们的精神领域和生活领域。其中虽然不乏积极进步的因素，但也存在消极腐朽的东西。东西方价值观念的冲突，传统文化出现断层，引起人们文化认同的危机感，造成思想上的混乱和选择上的困难。

(二) 信息时代对德育提出新的挑战

我们正生活在信息时代，一方面，大众传媒的普及使青少年能够简捷迅速地获得大量信息，这就使得传统以学校和教师作为主要信息源的地位面临严峻挑战。教师必须要重新树立正确的学生观，并且积极吸收新知识、新观念，努力缩短和学生在思想上的差距。

另一方面，信息渠道的多样化，尤其是网络的发展，对德育提出了新的挑战。青少年好奇心、求知欲极强，而判断力却较差，在获得的大量信息中，难免有腐朽、有害信息，这些都会直接影响到青少年的身心健康。网络成瘾已成为如今青少年健康成长面临的一大问题，在此情况下，德育就必须介入，这样才能防止网络问题如病毒般扩散，把网络危害降到最低程度。当然，网络作为新生事物，它的产生有积极的一面，也有消极的一面。网络这把“双刃剑”，在给德育工作造成诸多麻烦的同时，也给它带来了巨大的发展机遇。网络教育所拥有的信息的丰富性、传播的便捷化、表现的多样化、交流的互动性、时空的无限制性和虚拟化等特点，都为德育的深化发展提供了有利的条件。关键是我们如何用好这把“剑”。或者说，网络不仅仅对德育提出了挑战，它还具有一种潜在的促进功能。网络教育能够为德育的深化发展提供有利的条件，因而如何控制、如何使用网络，使其健康发展才是最重要的。

上网成瘾是伴随现代社会信息技术高度发展而产生的一种对网络过分依赖的行为。正如赌博、酗酒、吸毒一样，上网成瘾已逐渐成为一种社会问题，严重危害着人们的身心健康。国内外的大量研究证明，上网成瘾会对人的工作、学习、社交、身体、身心等方面产生严重影响。对青少年来说，网络的可获得性强，许多学校和家庭都给他们提供了上网的条件。而且他们也有足够的时间和精力来上网。再者，青少年正处在身心发展的关键时期，他们普遍存在发展性问题，有些具有社交恐惧倾向的学生在现实生活中很难与他人建立社交关系，便转向网络寻求网上友谊。第三，也是一个与发展性相关的问题，即同一性的建立。处在青少年时期的学生特别是高中生已经开始注意自己的价值、人生目标、生活方式、需要及其他相关因素的能力。有的学生可能利用网络来建立一种积极的自豪感，在虚拟现实中，他们把自己定位得更加积极，他们甚至相信这些虚拟的东西会变成现实。鉴于以上原因，青少年很容易卷入网络中。一旦他们上网成瘾，必将影响他们的学习，正常的社会交往活动，严重的还会导致抑郁、焦虑、肩膀颈椎疼痛、头痛、视力下降等心理和生理疾病。

一旦上网成瘾，患者将表现出以下主要特征：需要明显增加上网时间才能获得满足感；一段时间停止上网后，会产生失望、焦虑、忧郁、愤怒等消极情绪，强迫性地思考有关网络的事情或手指不自觉地做敲击键盘的动作；上网的次数比计划的多，时间比计划的长；想控制自己的上网时间但没有成功；把大部分的时间用在与网络有关的事情上；为了上网宁愿承受身体、社交、工作或学业上的损失等等。专家研究指出，有情绪问题，性格自闭、社交能力及自我控制能力较弱，或患有注意力缺损症的人更容易患“网络成瘾症”。

那么，我们怎样才能帮助青少年预防上网成瘾呢？以下几点不妨作为参考：

1. 不要一味简单地制止青少年上网，不要压抑他们上网的欲望，以免促成逆反心理。

2. 将电脑摆在家中明显位置上，例如书房，不要让青少年闭门单独上网。

3. 适当地控制上网的时间和方式。如制定上网的时间表，避免深夜上网等。

4. 经常了解青少年上网情况，与他们共同讨论网络趣事。

5. 在电脑上安装禁止访问不良网址的软件，删除信息垃圾。

6. 丰富青少年的业余生活，鼓励他们平时多参加各种活动，如外出旅游，参加社会公益活动、参加体育锻炼等，培养他们对某种活动的兴趣，防止陷入“非上网不可”的泥潭。

7. 保持正常的社会交往活动，不要让网友代替现实生活中的人际关系。

8. 在饮食上应注意多吃些胡萝卜、豆芽、瘦肉、动物肝脏等含维生素A和蛋白质的食物，经常喝些绿茶，这些都有利于电脑操作者的健康。

9. 更重要的是了解青少年的心理需要，关心他们的成长，及时帮助他们摆脱心理困境，避免他们去寻求网络上的帮助。

10. 一旦发生“网络成瘾症”还应立即找心理医生进行咨询和治疗。

(三) 重智育轻德育的教育误区

从一般认识上看，人们对德育是重视的，都希望自己的孩子是一个有道德的好人。然而，当我们把德育、智育、体育、美育等分成若干细目，要求选择当前最关心、最重要的教育内容时，人们不约而同地把热点目标指向了学习。

有人把品德问题与智力、学习问题割裂开来，认为品德问题可以慢慢来，只要不出什么大毛病就行，多抓学习才是最实际、最实惠的。或者认为只要学习好了，知识多了，道德品质自然也就好了。教育家但丁说过：道德往往可以弥补智慧的不足，智慧常常不能填补道德的空白。事实上，我们不难发现：一部分接受过学校教育的学生，知识丰富，智力超群，但品德方面却差强人意，甚至出现了不少非道德现象，都足以说明这种危害极大。

三、德育对人成长的意义

重视道德教育，将德育置于学校教育改革和发展的重要地位，一个重要原因就在于德育对于人的成长和发展，对于提高国民的素质，具有特别重要的意义。而个人的成长、国民素质的提高，又直接关系到国家的发展和民族的兴衰。

(一) 德育有助于促进人的全面发展

教育，特别是基础教育的任务，在于引导受教育者在成长过程中得到全面的发展。各人的全面发展是指受教育者在德、智、体、美、劳各方面都受到良好的教育，得到健康的发展。德、智、体、美、劳并不是孤立存在的，而是相互密切联系。其中尤其是德育对其他各育的影响格外突出。

良好的道德教育，可以使人具有理想、使命感、责任心和好学、勤奋、坚毅等优良品德，而这恰恰是接受其他各育的坚实基础。因此，德育既是全面发展教育中的一个重要内容，同时也是进行全面发展教育的基本前提。

在教育过程中，要重视德育的地位。德育于其他各育处于并列地位，都是人的全面发展不可或缺的内容。我们不能把德育看作其他各育之外的一个辅导手段，不能将德育放在可有可无的地位，德育是必不可少的教育。在教育工作中，曾经出现过一些片面的观点，如将教育狭隘地理解成科学文化知识的教育，只重视智育，轻视德育。即使在今天，也存在忽视思想政治素质教育的问题。德育工作一直是学校教育中比较薄弱的环节，思想认识还不到位，内容陈旧，方法简单，灌输说教，这些问题不迅速加以解决，势必会影响青少年学生的健康成长，影响科教兴国战略的实施和现代化建设的成功，使我们党的事业和民族的未来蒙受损失。

（二）德育有助于促进个人的社会化

“个人社会化”指的是人通过教育，学习各种社会知识、技能和规范，逐渐获得一定的社会文化和价值观念，并在实际的社会交往中，逐渐学会自觉遵守和维护一定的社会文化和行为方式，由自然人逐步转化为社会人。

加强德育，有助于促进个人社会化这一进程，因为德育归根结底就是要教育、引导人正确地看待和处理个人与他人、社会、国家乃至人类的关系，而这本身正是人的社会化的一个重要方面和过程。由于德育于社会化存在着这样的内在关系，因此学校作为人的社会化的重要场所，要特别重视和加强德育。

学校的德育不仅仅局限在课堂上，更要善于引导学生参加社会实践，在实践中进行德育。

（三）德育有助于青少年有效抵制不良影响

青少年学生在成长过程中，总体上说受到家庭、学校、社会的积极影响是其健康发展的客观条件。但任何一个社会，任何一个时期，来自家庭、学校、社会的影响，都会有不良的甚至是腐朽的、消极的一面。为了抵制这些消极不良的影响，创造青少年成长的良好客观条件，从实际出发，可以采取各种文化的、经济的、行政的、法律的手段进行管理，但重要还是加强对青少年自身的道德教育。

现阶段德育正面临着各种问题和挑战，使我们这个具有悠久良好道德的“道德之邦”面临道德教育的各种新课题。我们只能从实际出发，针对青少年的实际情况和特点，加强道德教育，帮助青少年树立正确的道德观，明确社会主义道德规范，提高青少年自身对社会不良影响的免疫力和抵制力，才能使青少年在面对各种不良风气的诱惑时，能够坚定自己的立场，并坚决地与之进行斗争。

第二节 德育的任务和内容

一、德育的基本任务

中学德育工作的基本任务是把全体学生培养成为热爱社会主义祖国的具有社会公德、文明行为习惯的遵纪守法的公民。在这个基础上，引导他们逐步树立科学的人生观、世界观，并不断提高社会主义思想觉悟，使他们中的优秀分子将来能够成长为共产主义者。

首先，把学生培养成为合格的公民，树立坚定的政治立场，形成社会主义和共产主义道德观。包括培养学生具有坚定正确的政治方向，具有辩证唯物主义的世界观，具有共产主义的道德品质。

其次，使学生养成良好的道德行为习惯。通过对学生守则、学生日常行为规范的详细讲解和练习，使学生熟练掌握学校生活中最基本的行为方式，培养学生具有独立地、主动地选择道德行为方式的能力，以形成良好的道德行为习惯，成为个人的品德。

最后，培养学生高尚的道德情操。注意引导学生在实践活动和社会生活中，激发出道德需要，并在道德需要的基础上产生道德情感体验，以形成高尚的道德情操。

二、德育的内容

根据《中学德育大纲的规定》，德育包括以下工作内容。

(一) 初中阶段德育内容要点

1. 爱国主义教育

① 热爱祖国的版图河山、语言文字、悠久历史、灿烂文化和著名民族英雄、爱国志士、革命先驱、文化名人的教育。

② 中国近代、现代历史和社会主义新中国伟大成就的教育。

③ 初步的国家观念——尊重国家标志，维护国家尊严、荣誉的教育；完成祖国统一大业的教育。

④ 尊重兄弟民族，加强民族团结的教育。

⑤ 国防和国家安全及热爱和平，同各国人民友好交往的教育。

2. 集体主义教育

① 尊重、关心他人，集体成员之间团结友爱的教育。

② 爱班级、爱学校、为集体服务、维护集体荣誉的教育；正确处理自我与他人、个人与集体、自由与纪律关系的教育。

3. 社会主义教育

① 初步的社会主义现代化建设常识和社会主义初级阶段党的基本路线的教育；

② 初步的社会发展规律教育。

4. 理想教育

① 学习目的教育;
② 初步的职业理想教育;
③ 社会主义共同理想教育。

5. 道德教育

① 中华民族优良道德传统的教育;
② 社会公德教育和分辨是非能力的培养;
③ 初步职业道德、环境道德教育;
④《中学生日常行为规范》的教育与训练。

6. 劳动教育

① 劳动创造世界的观点教育;
② 热爱劳动，尊重劳动人民的教育;
③ 勤劳俭朴，珍惜劳动成果的教育;
④ 以校内生产劳动和社会公益劳动为主的劳动和劳动习惯的培养。

7. 社会主义民主和遵纪守法教育

① 我国公民基本权利与义务的教育;
② 宪法及有关法律常识和法规的教育。
③ 知法守法，运用法律武器自我保护的教育;
④ 遵守学校纪律和规章制度的教育。

8. 良好的个性心理品质教育

① 自尊自爱、诚实正直、积极进取的教育;
② 青春期心理卫生、性道德和男女同学正常交往、真诚友爱的教育;
③ 健康的生活情趣和发展个性特长的教育;
④ 坚强的意志品格和自我约束能力的培养训练。

(二) 高中阶段德育内容要点

1. 爱国主义教育

① 中国人民斗争史、革命史、创业史和继承发扬爱国主义光荣传统的教育;
② 社会主义现代化建设发展前景和报效祖国的教育;
③ 进一步的国家观念——国家利益高于一切，个人利益服从国家利益的教育，完成祖国统一大业的教育;

④ 加强民族团结，反对民族分裂的教育；
⑤ 正确认识中华民族优秀思想文化传统，汲取世界先进文明成果的教育；
⑥ 维护国家主权，反对霸权主义，发展国际友好合作关系的教育。

2. 集体主义教育

① 尊重、关心、理解他人，集体成员之间团结协作的教育；
② 关心社会，为家乡、社区的公益事业贡献力量的教育；
③ 以集体主义为向导的人生价值观教育。

3. 马克思主义常识和社会主义教育

① 以建设有中国特色的社会主义理论为中心内容的经济常识、政治常识教育；
② 初步的辩证唯物主义和历史唯物主义常识和科学思想方法的教育。

4. 理想教育

① 勤奋学习、立志成材，树立社会责任感的教育；
② 职业理想教育和升学就业指导（正确的人生理想教育）；
③ 建设有中国特设的社会主义的理想信念教育。

5. 道德教育

① 中华民族优良道德传统教育；
② 自觉遵守社会公德的教育和道德评价能力的培养；
③ 进一步的职业道德教育和环境道德教育；
④《中学生日常行为规范》和现代交往礼仪的教育与训练。

6. 劳动和社会实践教育

① 勤俭建国、勤俭办一切事业的教育；
② 勤劳致富、用诚实劳动争取美好生活的教育。
③ 质量、效益、服务观念的培养教育；
④ 以参加社会公益劳动，学工、学农、军训为主的劳动及社会实践锻炼和艰苦奋斗精神的培养教育。

7. 社会主义民主观念和遵纪守法的教育

① 我国社会主义民主政治制度和公民权利与义务的教育；
② 遵守宪法，尊重人权，维护社会稳定的教育；
③ 知法守法，抵制违法乱纪行为的教育；
④ 自觉遵守学校纪律和规章制度的教育；

8. 良好个性心理品质的教育

① 自尊自爱、自强自立、开拓进取的教育；

② 健康生活情趣和健全人格的培养教育；

③ 青春期心理健康、友谊、恋爱、家庭观的教育和行为指导；

④ 坚强意志品格和承受挫折能力的培养训练。

初、高中除以上各系列内容的教育外，还要随着经济、政治形势发展进行形势任务和时事政策的教育。

第三节 德育过程

德育过程是指教育者有目的、有计划地对受教育者施加道德影响，并通过受教育者主动、积极地进行道德认识和道德实践，使其养成教育者所期望的品德的过程。由于德育过程要引导受教育者品德的发展，并最终使其具有良好的品德。因此德育过程与品德发展之间具有内在的联系。

一、品德的形成

(一) 品德和道德

品德，又称道德品质，是指社会道德现象在个人身上的反映，在言行中表现出来的稳固的心理特征。

道德是社会意识的特殊形态，是每个社会为维护人们共同生活利益而规定的基本准则。

品德和道德是两个不同的概念。首先，道德是社会现象；品德是个体现象。其次，从其范畴上看，道德是伦理学、社会学研究的对象，品德是教育学、心理学研究的对象。最后，研究道德要研究它的社会性、阶级性；研究品德除了研究社会性之外，更重要的是要研究它的心理和生理发展的规律。

但二者又相互联系，个体品德离不开社会道德，社会道德也离不开个体品德。当个体品德被社会承认时，个体品德可以转化为社会道德。

(二) 品德的发展阶段

美国心理学家柯尔伯格在皮亚杰研究的基础上，用“道德两难故事法”对儿童的道德判断问题进行了大量的追踪研究（每隔三年重复一次，追踪到 22、23 岁）和跨文化研究。也扩展了皮亚杰的理论，对儿童道德判断的研究更加具体、精细和系统，并提出了“道德发展阶段理论”，认为儿童的道德判断是按三个水平、六个阶段向前发展的。

1. 前习俗水平

这一水平的儿童的道德判断着眼于人物行为的具体结果和自身的利害关系，包括两个阶段：

阶段Ⅰ：服从与惩罚的道德定向阶段。这一阶段的儿童以惩罚与服从为导向，由于害怕惩罚而盲目服从成人或权威。道德判断的根据是是否受到惩罚，认为凡是免受惩罚的行为都是好的，遭到批评、指责的行为都是坏的，缺乏是非善恶的观念

阶段Ⅱ：相对的功利主义的道德定向阶段。这一阶段的儿童对行为好坏的评价首先是看能否满足自己的需要，有时也包括是否符合别人的需要，稍稍反映了人与人之间的关系，但把这种关系看成类似买卖的关系，认为有利益的就是好的。

2. 习俗水平

这一水平的儿童的特点是，能了解、认识社会行为规范，意识到人的行为要符合社会舆论的希望和规范的要求，并遵守、执行这些规范。包括以下两个阶段：

阶段Ⅲ：和谐一致，“好孩子”的定向阶段。此阶段的儿童以人际关系的和谐为导向，对道德行为的评价标准是看是否被人喜欢、是否对别人有帮助，是否会受到赞扬。为了赢得别人的赞同，当个好孩子，就应当遵守规则。

阶段Ⅳ：维护法律和社会秩序的定向阶段。此阶段的儿童以服从权威为导向，服从社会规范，遵守公共秩序，尊重法律的权威，以法制观念判断是非，知法守法。

3. 后习俗水平（自主的或有原则的水平）

该水平特点是，道德判断超出世俗的法律与权威的标准，而以普遍的道德原则和良心为行为的基本依据。包括以下两个阶段：

阶段Ⅴ：法定的社会契约（法制）的定向阶段。这一阶段的儿童认识到法律、社会道德准则仅仅是一种社会契约，是大家商定的，是可以改变的。一般他们不违反法律和道德准则，但不用单一的规则去评价人的行为，表现出一定的灵活性。既强调法律，也强调个人的价值和权利。

阶段Ⅵ：普遍的伦理原则的定向阶段。此阶段的个体判断是非不受外在的法律和规则的限制，而是以不成文的、带有普遍意义的道德原则为导向，这些原则包括普遍公平原则、人权平等原则、尊重个人人格尊严的原则等。

柯尔伯格进一步研究发现，儿童道德发展具有如下特点：

① 每个人的道德发展都要经历这几个阶段，但发展速度有快有慢。例如，美国 9 岁儿童中 94% 处于第一水平；10 岁儿童中 60% 处于第一水平，38%处于第二水平，只有 1%～2% 达到第三水平；16 岁儿童中 21% 处于第一水平，56% 处于第二水平，23% 达到第三水平。因此，柯尔伯格认为：0～9 岁大致属于前习俗水平；9～15 岁大致属于习俗水平；16 岁以后部分人向后习俗水平发展。但达到这一水平的人数并不会很多，即并非每个人都能达到道德发展的最高阶段。

② 各发展阶段具有质的差异和不变的顺序，不能跨越任何一个发展阶段。

③ 道德发展与逻辑思维发展有关，即道德推理发展阶段不能超越逻辑思维发展阶段。

④ 道德发展与不同社会环境的刺激及儿童与社会环境的交往有关。柯尔伯格调查发现：生活在孤儿院的儿童到了青少年阶段还不能达到第 3 阶段，而生活在适当的集体农庄的青少年则能达到第 4、5 阶段。他通过跨文化研究发现：美国的城市中产阶级儿童 16 岁时有 25% 达到第 5 阶段，而墨西哥只有 10% 的 15 岁儿童达第 5 阶段，土耳其则只有 2%。

⑤ 道德认知发展与道德行为有一定的关系，即成熟的道德判断是成熟的道德行为的一个必要条件；但不是充分条件。在一项研究（Kohlberg，1975）中发现：前习俗水平70%的人有欺骗行为，习俗水平55%有欺骗行为，后习俗水平15%有欺骗行为。在另一项研究中发现：道德判断发展处于习俗水平而又有欺骗行为的人中意志坚强的只占26%，而意志薄弱的却占74%。

柯尔伯格不仅研究道德发展的理论问题，还强调把他的研究运用到教育实践中去，认为道德教育不能采用行为主义的机械教育，也不能采用成熟主义的放任自流，主张根据儿童的年龄特点，创设使儿童不断与道德问题相接触的环境，编制道德两难故事，接触学校和社会中的两难问题。引起儿童的道德认知冲突（失平衡），通过讨论的方式解决认知冲突，促进儿童的道德发展。他提出道德教育的任务是提高儿童的道德认知水平，培养他们在面临道德问题时能明辨是非，具有作出正确道德判断和道德抉择并付诸行动的能力。

柯尔伯格通过研究还正确地指出，不同的文化和社会环境，个体道德的发展水平也有不同。这些不同的发展速度与社会环境的影响有关。社会环境和教育虽不能改变发展的顺序，却可以加速或延缓这种发展。

二、德育过程是知情意行协调发展的过程

德育过程是培养受教育者品德的过程，从品德的心理结构来看，包括道德认识、道德情感、道德意志、道德行为四个因素，因此德育过程也是培养学生知、情、意、行的过程。

（一）道德认识

道德认识是人们对于社会道德现象、行为准则及其意义的认识。从广义上讲道德认识指人们的道德思想观念的总合，狭义的道德认识被人们界定为一种道德观念。所谓道德观念，指的是社会道德行为准则的特殊形式，是关于“应当”的一种思维形式。

道德认识是后天学习的结果。道德认识是在人们的交往活动中逐步习得的，现代学生的道德观念的形成不再限于自己直接接触的事物，信息的发达使得网络、媒体对其产生巨大影响。此外，儿童道德观念的形成有赖于成人对其行为的褒贬及自身产生的感受和体验，因此教师要注意道德评价的示范，经常利用典型事例为学生作出简明而正确的评价。例如，班杜拉和麦克唐纳曾以5～11岁儿童作为被试做过一个实验，让儿童在进行道德判断时，交替看一个成人道德评价榜样如何进行评价，结果与没有榜样组相比，有成人榜样组儿童的道德判断水平显著提高。我们不仅要让学生会评价别人的行为，而且还要引导学生由对别人的评价过渡到对自己的评价。

培养学生的道德认识应注意以下几个问题：

① 组织学生在实践中形成道德认识。学生只有通过本人或在集体的实践中证实并体会到道德要求的正确时，才能理解道德要求的真正含义，并从感性认识上升到理性认识。教师可以通过课堂教学、班或团队会的讨论、三好学生的评选等，使学生在实际活动中提高道德认识。

② 良好的师生关系是促使学生道德认识形成的重要条件。教师要能真正了解和正确对待学生的需要，才能有所针对性地培养学生形成正确的道德认识，在发现学生出现道德认识上的偏差的时候，才能及时纠正。

③ 学校、家庭和社会在道德教育上要保持一贯性和一致性。学校要给学生提出明确具体的道德规范，并使这种道德规范保持一贯性，不能今天一个标准，明天变成另一个标准。学校的道德教育还要和家庭、社会取得一致，使学校的教育效果在学校以外的环境中得到巩固和加强，而不是相互矛盾，相互抵消，只有这样才能使学生形成稳定的是非、善恶标准。

(二) 道德情感

道德情感是人们按照社会道德标准去处理相互关系和评价他人、自己的行为的时候产生的内心体验和主观态度。

道德情感是在道德认识的基础上产生的，包括自尊感、责任感、羞耻感、荣誉感、集体主义感、爱国主义情感等。道德情感是品德心理的重要组成部分，没有道德体验就不会把社会的道德要求内化为个人的道德需要，没有高尚的道德情感的支持，就不会产生高尚的道德行为。人们在认识社会道德现象，进行道德评价或将要进行采取某种态度和行为时，总是伴随着某种情绪体验，当行为符合社会的道德规范和个人的道德观，个人便会感到愉悦、满意的肯定情绪，反之，便会产生到痛苦、厌恶的情绪体验。在德育过程中，要重视对道德情感的培养，否则即使个人有了一定的道德认识，但是缺乏相应的道德情感，也难以激起个体的道德行为。

青少年道德情感是一个不断发展的过程。首先，道德情感最早来源于对自然界的体验，随着逐渐参与社会生活，青少年对社会生活的体验便开始影响到道德情感；其次，随年龄的增长，青少年的情绪体验逐渐深刻，到了高中阶段，学生的情绪体验接近于成人。

培养学生的道德情感，一方面，要注意在具体情感基础上，明确道德要求的概念与观点，引导学生的情感体验不断概括、不断深化，通过对其晓之以理、动之以情，达到情理交融，使学生逐渐理解道德现象的实质，使道德情感成为一种自觉的、稳定的、具有激励作用的动力因素。

另一方面，注意培养学生对情感的自我调节能力。青少年的情感不够稳定，容易产生激情，而激情既有积极作用，也有消极作用。教师要使学生意识到消极激情的不良行为后果，提高预见能力，并教给学生适当的方法以缓解、克服不良情绪的产生，学会对情感的自我调节，做自己情感的主人。

学生在日常学习生活中的行为表现既有符合规范要求的，也有不合要求的，这时教师可以通过言语启发，给学生以赞扬或批评，也可以通过集体舆论对学生的行为作出评价，这样，学生会及时获得道德需要的满足，产生积极的或否定的情感体验。

(三) 道德意志

道德意志是人们为了达到某种道德目的而产生的自觉能动性。道德意志在道德过程中起重要的调节与控制作用。在人们从事某种道德行为时，道德意志推动和维持着个体始终朝向其道德目标，并在这个过程中，当个体遇到外在诱惑可能违背其道德目标时，道德意志能排除各种干扰和障碍，使道德行为能够坚持下去。

沃尔斯特（美）曾于 1963 年进行过抗诱惑实验，被试为 5 岁儿童，实验分为三个阶段。第一阶段，将儿童带入放有玩具的房间，让他们参观，并告诉儿童说："这些玩具禁止玩，但可以翻字典。"第二阶段，让儿童看一部短的影片，这时，儿童被分为三组，第一组为榜样奖励组，看到的影片是：一个男孩在玩一些被告知不准玩的玩具，不久，男孩的妈妈进来了，夸奖他并和他一起玩。第二组为榜样训斥组，看到的影片是：男孩在玩被禁止的玩具，男孩的妈妈进入房间后，严厉训斥孩子违反禁令，男孩显出害怕的样子。第三组为控制组，不看影片。第三阶段，让每个孩子都在有玩具的房间单独待 15 分钟。实验者通过单向玻璃观察发现：第一组儿童很快屈从于诱惑，约在 80 秒后便动手玩玩具；第二组儿童能克制 7 分钟，有的甚至坚持完 15 分钟而不去玩玩具；第三组即控制组儿童平均克制约 5 分钟。研究表明，抗诱的能力不是与生俱来的，可以通过对榜样的观察进行学习和改变，使个体获得愉快情绪体验的坏榜样能够大大减弱个体抗诱惑的能力，而使个体获得痛苦情绪体验的正面榜样，能够增强抗诱惑能力。

对青少年道德意志的培养和锻炼要注意几个问题，首先，要激发意志锻炼的自觉性，树立正面榜样。教师应经常向学生推荐道德意志的榜样，如在危险或困难面前挺身而出的英雄人物等；其次，在实践中锻炼学生的道德意志，如在学生的日常生活的各种实践活动中，有目的地创设一些困难的情境，给学生布置一些不能立即引起兴趣，同时又比较难以完成的任务，引起学生内心的矛盾和意志上的紧张，从中经受意志的锻炼和考验，提高坚持性、自制力和抗诱惑能力；再次，严格要求和有规律的生活制度。养成良好的学习、生活和工作习惯有助于培养和锻炼人的意志力。学生按照学生守则的要求，严格约束自己，遵守纪律和各项规章制度，并坚持经常做自我检查、监督和自我评价，有助于培养自觉性和自制能力，自觉地发扬优点、克服缺点。

(四) 道德行为

道德行为又称为道德行动，是人在一定的道德意识支配下所采取的有道德意义的行动。它是人的道德认识、情感和意志的外在具体表现。

道德行为习惯是稳定的、自动化的道德行为方式。道德行为习惯的形成是品德形成的重要外部标志。

学生道德行为习惯是逐渐形成和发展的，其特点是：小学低年级儿童没有养成必要的道德行为习惯，中年级以后才逐步养成某些道德行为习惯，但水平偏低；中学生养成道德行为习惯的人数随年龄的递增而上升，初三前后为 60%，高中阶段为 80%，而且稳定性也进一步增加，初三之前带有更大的不稳定性和可塑性，初三之后带有更大的自动性和稳定性。另一方面也发现，随着年龄的递增，良好道德习惯与不良习惯的两极分化也在增加。

道德行为习惯是在反复的练习和实践中逐渐形成的。教师在培养学生道德行为习惯时要注意以下几点：

① 激发学生养成良好行为习惯的意向和自觉性。

② 通过良好校风和班风的建立，创设使学生产生或重复良好行为的情境，不给重复不良

行为的机会。

③ 提供道德行为的良好榜样，启发学生模仿。

④ 开展活动，让学生在活动中有意识地练习良好的行为习惯。在练习过程中，要使学生明确练习的目的、意义和具体要求，并通过适当的评价（表扬或批评）给以强化。

⑤ 帮助学生克服不良行为习惯，要使学生认清坏习惯的害处，并教给学生一些用来延缓、抑制坏习惯出现的方法，如“活动替代法”，“铭记警句法”等，增强克服坏习惯的信心。

第四节　德育的原则和方法

一、德育的原则

德育原则，是教师对学生进行德育必须遵循的基本要求，是处理德育过程中一些基本矛盾和关系的基本准则。

（一）因材施教原则

因材施教原则是指对学生进行思想品德教育时，要根据学生的年龄特征、个性特点和当前的思想实际，提出不同的教育要求，采取不同的教育方法，使每个学生的品德都能得到最好的发展。

我国古代就有因材施教的教学思想。孔子对自己的学生就很了解，他能够说出学生的性格特点和智力水平，并且针对不同的特点，用不同的方法进行教育，把学生培养成各种不同的人才。宋代朱熹在《论语》的注解中指出：“孔子教人，各因其材。”这就是“因材施教”一词的来源。《学记》指出：学生常犯四种毛病，或贪多务得，或孤陋寡闻，或浅尝辄止，或畏难而退，其原因在于“心之莫同”，即个性差异。教师要“知其心”，“长善而救其失”。一定年龄阶段的学生，他们的心理特点和智力水平既有一定的普遍性，又有一定的特殊性，针对学生的共同特点和个别差异因材施教，有利于扬长避短，长善救失，有利于多出人才，早出人才，快出人才。

贯彻因材施教原则的基本要求如下：

1. 深入了解学生的个性特点和内心世界

要从学生特点和实际出发，进行工作和教育活动，针对学生的个性特点，提出不同的要求，分别设计不同个性特点的学生成才的最优方案，使其个性得到充分的发展。

2. 根据学生个人特点有的放矢地进行教育

由于每个学生都有不同的生活经历、成长环境和个性特点，我们在进行德育的过程中，对学生的一般知识水平、接受能力、学习风气、学习态度和每个学生的兴趣、爱好、知识储备、智力水平以及思想、身体等方面的特点，都要充分了解，以便从实际出发，有针对性地教育。

美国教育心理学家布卢姆谈到如何认识学生的个别差异时说："当我开始涉足教育研究和教育测量领域时，最流行的观点是：① 学生有好有差；② 学生有学得快的有学得慢的。在过去十年中，我和助手进行了导致下述结论的研究：只要有合适的学习条件，绝大多数学生在学习能力、学习速率和继续学习动机等方面将变得十分相近。儿童特点的主要决定因素是大人在家里与儿童交往过程中的行为，而不是父母的经济水平、教育水平等方面的特点。……学习中的个别差异是一种观察得到的现象，这种现象可以用多种不同的方式来预测、解释，并加以改变。……学生的部分差异是由于家庭和学校中所用的特定做法而产生的，……造成学校学习中的个别差异的最重要的因素之一，是班级教学的集中性。……学习中的差异和学生的学习水平是由学生的学习史和他们所受教育的质量决定的。若这两个方面进行适当改变，就可大大缩小差异，提高学习水平，并在减少所花时间、精力的意义上提高其学习效率。"这是很值得我们思考的。

3. 根据学生的年龄特征有计划地进行教育

一般认为，个体从出生到成熟大约经历了六个时期：乳儿期（0～1 岁）、婴儿期（1～3 岁）、幼儿期（3～6、7 岁）、童年期（6、7～11、12 岁）、少年期（11、12～14、15 岁）、青年初期（14、15～17、18 岁）。学生的年龄特征就是指个体在这些心理发展的年龄阶段中的特征，我们要掌握每个阶段学生的思想认识和品德发展的特点，保证德育符合各年龄阶段心理特征发展的顺序性和系统性。

(二) 知行统一原则

知行统一原则是指在进行德育时，既要向学生传授系统的政治思想观点和道德规范，提高其思想觉悟，又要引导学生进行实际锻炼，把认识付诸行动，使学生做到表里如一、言行一致。

自古以来，中国有不少教育家虽然对教育目的、任务持有不同见解，但是都重视知行统一的原则。孔子要求弟子"讷于言而敏于行"(《论语·里仁》)，认为"言而过其行"(《论语·宪问》) 是可耻的。墨子提出"强力而行"的主张，认为"士虽有学，而行为本焉"(《墨 子·修身》)。王守仁主张"知行合一"，认为"知是行之始，行是知之成"(《王文成公全书》卷一《传习录》上)，要人们注重"真知即所以为行，不行不足谓之知"(《王文成公全书》卷二《答顾东桥书》)。王夫之的"行可兼知，而知不可兼行"(《船山遗书》第十一册，《尚书引义》卷三《说命》) 的观点，要求行先知后，知行并进，反映了古代教育家注意行为实践的思想。

我们进行德育的知行统一观，是以辩证唯物主义的认识论为理论根据的。辩证唯物主义的认识论认为人们的思想品德是在社会实践中形成的，但共产主义的思想、观点不可能在实践中自发形成，必须通过有意识的、系统的培养。因此，在思想品德教育中必须把理论教育和实践锻炼结合起来。

贯彻知行统一原则的基本要求如下：

1. **组织学生学习**

必须组织学生系统地学习马列主义、毛泽东思想的基本理论，使他们逐步掌握社会的道德规范，提高其道德认识。

理论是实践的前提，我们必须注意培养学生掌握社会主义的道德规范，形成正确的道德认识，使这些通过传授、学习获得的理论知识能够更好地指导学生的实践行为，也使学生在从事道德行为的时候具有相应的道德评价能力和判断标准。

2. **组织学生参加各种社会实践活动**

德育除了进行通过政治理论课或思想品德课教学外，还必须要通过共产主义青年团、少年先锋队组织的活动以及各种社会实践来实施，要在学生中树立言行一致、实事求是的思想作风，引导学生把获得的政治思想和道德观点、信念转化成为行动。学生的道德认识、道德情感都需要在实践中得以加深和巩固，高尚品德的形成也离不开道德行为的实施。

3. **全面评价学生的思想行为**

我们倡导理论要联系实际，在检查和评定学生的思想品德时，既要听其言，更要观其行。如果德育只停留在道德规范和理论的表面传授，而不重实践、不从小培养学生的基本道德行为和习惯，德育也将以失败而告终。

(三) 发扬积极因素、克服消极因素的原则

发扬积极因素、克服消极因素原则，是指进行德育要调动学生自我教育的积极性，依靠和发扬他们身上的积极因素去克服他们身上的消极因素，实现品德发展内部矛盾的转化。

我们要全面地看待学生的积极因素和消极因素两个方面，辩证地看待优点和缺点。既要正确地认识，积极、热情、耐心地做学生的教育工作，又要善于教育帮助学生发现自己身上的消极因素，向他们提出更高的要求。

贯彻此原则的基本要求是：

1. **“一分为二”地看待学生**

我们要正确地看待学生的积极因素和消极因素，首先就要避免只看到学生的优点而忽视其存在的缺点和不足之处，或者只看到学生的缺点，否定他所有的优点。对于学生的优点要给予肯定和发扬，对于他们的缺点，要及时纠正、鼓励其进步。我们不仅要看到学生积极的一面，也要发现其消极的一面；既要看到学生过去的表现，也要发现他的变化预测其发展；既要看到优秀学生的不足，也要看到后进生的闪光点，促进每个学生不断进步。

2. **长善救失，通过发扬优点来克服缺点**

《学记》里提出：“教也者，长善而救其失者也。”明确指出教育的任务，就是要增长优点而改正过失的。教育者要了解学生的优点和缺点，避免对学生要求过高，看学生浑身都是毛

病，而看不到他们的优点。在教育过程中发掘学生的潜能，发挥学生的长处，补救学生的缺陷。

3. 引导学生自觉评价自己，进行自我修养

教师对学生的认识、评价对学生的进步虽然能起到一定的主导作用，但是主要还是靠学生的自我教育和自我评价，自觉地发扬优点克服缺点。所以，教育者要帮助学生形成自觉的、正确的自我评价，进行自我修养。

(四) 严格要求与尊重学生相结合原则

严格要求与尊重学生相结合原则，是指在德育工作中，教育者既要向学生提出合理的要求，又要充分尊重、关心和爱护学生。

贯彻此原则的基本要求是：

1. 教师要爱护、尊重和信赖学生

对学生严格要求，耐心帮助，热情关怀是对教师的基本要求之一，但是对学生的严格要求不等于粗暴简单地对待学生。身教重于言教，教师作为学生直接参照的榜样，在德育工作中要发扬民主作用，严禁体罚和侮辱学生人格，以宽容、理解和尊重建立平等合作的师生关系。

两个孩子和两个老师

相同的是，两个孩子都是上小学六年级，都偷拿了同学的10元钱，不同的是他们遇到的是两个不同的老师和两种不同的处理方式。

对于陕西省华阴市工程机械厂子弟学校的小学生王某，他的班主任兼语文老师崔某把他带到办公室，当着另外两个同学的面，将他的头按到墙上，残忍地用锥子在他的右面颊上刺了个“贱”字，以示“训诫”。事发后，王某爷爷到当地派出所报了案，这位给孩子脸上刺字的老师被派出所拘留。(见1999年9月21日，9月23日《北京青年报》)

而另外一个孩子就幸运多了，当北京市光明小学的王老师知道自己的学生中有人偷拿了别的学生的钱后，她来到班上，不慌不忙地说：“我知道钱是怎么丢的了，是讲台拿了这10元钱！”

孩子们惊愕地瞪大了眼睛，王老师笑眯眯地说：“咱们全班每个同学都走过来对讲台说一句话，提醒它改正缺点，好吗？”

聪明的孩子们立刻明白了老师的意思，有的说：“讲台呀，拿别人的东西是不对的，我们应当从小养成良好的品质。”有的说：“我相信你是一时糊涂，可改正后就是好孩子！”

王老师最后总结说：“大家讲得很好！讲台已经知道自己不对了，相信明天它一定会把钱放回原处！”

第二天，丢钱的孩子果然在书包里发现了那10元钱。王老师开心极了，激动而高兴地说“直到今天，我也不知道是谁拿了钱，可这有什么关系呢？改了就行了。这件事肯定让这孩子记一辈子。”(见1999年7月12日《中国青年报》)

2. 教师对学生提出的要求要合情合理，明确具体，宽严适度

教师对学生提出的要求必须要符合学生的实际情况，目的明确、要求具体，并且通过学生的努力是能够达到的。如果制定的目标远远超出学生自身的能力范围，那么即使学生很努力也难以完成这些要求，反而会挫伤他们的积极性和信心。在学生完成任务的过程中，不能一味强调必须完成任务，还要注意当的确有特殊困难造成任务无法完成时，教师要给予宽容和体谅。

3. 合理的要求一经提出，要坚持到底

由于学生的自控能力较差，遇到困难容易产生一些消极自卑的情绪，做事可能半途而废，所以教师就要起到一个监督和促进的作用，贯穿始终地坚持对学生的严格要求，促使学生完成能够完成的任务，不断前进。

(五) 集体教育与个别教育相结合的原则

集体教育与个别教育相结合原则是指在德育工作中要注意培养学生集体，并通过集体的活动、舆论、优良风气和传统，教育影响集体中的每一个成员；同时抓好个别学生的教育以促进集体的形成与发展，把集体教育和个别教育结合起来。

集体教育是依据社会的思想行为规范和道德价值观念，针对从若干个体中抽象概括出来的思想品德问题，进行有组织、有计划、相互协调的教育。个别教育则主要针对特殊个体的具体年龄特征、思想状况和道德修养水平，是在一定条件和一定情境中进行的相对独立的教育。二者的统一性主要表现为：目标一致，都是为了提高受教育对象的思想素质，促进其全面发展；内容相同，在社会主义德育中，运用的都是马克思列宁主义、毛泽东思想和邓小平理论，宣传的都是党的路线、方针和政策；效果一样，最终都应取得用科学理论取代非科学理论，用正确思想克服错误思想，树立正确的世界观、人生观和价值观的效果。集体教育与个别教育的对立统一关系要求我们在德育中将二者结合使用。只抓集体教育不抓个别人的问题，会使工作流于一般化。这不仅会影响个别人的进步，还会影响集体的巩固和发展；反之，只抓个别教育，不抓集体教育，也会使工作陷于被动，不能形成健全的集体，也就不能发挥集体的教育作用。显然，集体教育与个别教育相结合的原则在社会主义发展的新阶段，仍然具有强大的生命力，它必将为新时期的德育工作提供更大的指导作用。为了更好地把握这一原则，使它的实践指导价值尽可能地发挥出来，我们还必须深入研究该原则的科学性依据。

贯彻此原则的基本要求是：

1. 教育、培养好学生集体

集体这一概念属于社会学的范畴。每个人都是生活在社会中的，都有一定的目标和需求。一些目标和需求相同的人，经过多次相互交往和相互影响，形成一定的社会关系，就构成了社会群体。要想发挥集体的作用，首先就要教育、培养好学生集体，培养学生集体的过程也就是对学生进行教育、促使学生品德形成的过程。

2. 善于发挥学生集体的教育作用

集体教育要对集体成员提出必须遵守的基本行为规范、道德要求和纪律约束，要求每一个成员都无一例外地遵守和履行。所以，通过对集体提出要求，其实最终还是在教育学生个人，教师在德育过程中要注意形成一个集体的良好风气，以集体的力量影响学生，使学生集体的每个成员都能够受到集体的教育和帮助，自觉地遵守集体的规章制度，更好地维护集体的荣誉。

3. 抓好个别教育工作，把集体教育和个别教育结合起来

学生个体作为集体的成员，既受到集体的影响，反过来个人也会影响集体。所以，我们要做好集体的教育工作，同时，也要抓好学生个别教育，注意通过学生个人的转变来影响、培育集体，促使集体与个人相互促进。集体教育和个别教育缺一不可。

马卡连柯的教育思想

“集体运动规律”：在实践中他发现，先前的目标达到后，若不及时给学生新的目标，有的学生就放松了纪律，觉得无所事事、没有意思，集体内聚力也削弱了。有的竟逃走了，离开了集体。于是他提出了“集体运动规律”。认为集体不应有一点停滞，一旦失去奋斗的目标就会停滞不前，甚至瓦解，所以要不断为集体提出新的目标，使集体不断运动下去。

平行影响的原则：他认为教师培养集体不应该压抑学生个性，也只有在集体中，个人的才能、禀赋才能得到充分的发展，应将两者统一起来。也就是当教师对集体中的个人施加影响时，也就给其集体施以了影响；当教师对集体施加影响时，也就给集体中的每个成员施以了影响。

(六) 教育影响一致性和连贯性原则

教育影响一致性和连贯性原则是指影响学生的各方面要相互配合，协调一致。同时，教育内容和要求应循序渐进，前后连贯，有目的、有计划、有系统地进行。

思想品德教育的不连贯和教育要求的不协调，是造成教育效果不大，甚至完全无效的重要原因之一。学生思想品德的发展有阶段性，不同阶段有它特殊的矛盾，各阶段之间又是互相联系的。因此，在对学生进行思想品德教育时，应注意教育内容的相互衔接和前后连贯，体现出其螺旋式上升的趋势，即便在同一个阶段的思想品德教育内容和要求，也不能忽视前后的连贯性，而要逐步提高。学生思想品德的成长，是学校、家庭和社会多方面影响的结果。在中国社会主义制度下，家庭、社会影响和学校教育理应是一致的。但是，由于社会和历史的原因，家庭、社会不可避免或多或少地存在一些与学校教育不一致的因素。因此，学校要发挥专门教育机构的职能，同家庭建立多种形式的联系，统一思想，密切配合；采取措施，对社会的影响加强控制和调节，把社会中的积极因素组织到学校思想品德教育过程中来。教师要在保持、维护思想品德教育的连贯性和一致性中起主导作用，确保学生的品德按社会的要求健康成长。

贯彻此原则的基本要求是：

1. 组建教师集体，使校内教育影响一致

一方面，学校领导要协调、统一校内各方面教育力量，使全体教职工，按照统一的培养目标和工作要求，分工合作，共同育人。“一切为了学生，为了一切的学生。”同时，在班级内，班主任和各科教师对学生的教育影响必须一致。特别是班主任要积极主动地争取各科教师的配合，各科教师要自觉地承担起教书育人的责任，既教书，又育人，共同育人。另外，还要注意良好的校风、班风建设。建设良好的校风、班风是保持校内教育影响一致的重要举措。

2. 发挥学校教育的主导作用，使家庭、学校和社会对学生的教育影响相互配合

家庭是社会的细胞，是人类个体发展的第一个重要环境，父母是儿童的第一任和终身的老师，他们在人的一生成长中具有举足轻重、不可代替的作用。随着信息社会的到来，社会教育对人的影响也越来越大。在今天的社会，要想很有效地培养一个人，光靠学校教育是远远不够的。但学校是承担教育工作的专门机构，在青少年的身心发展中起主导作用，所以学校教师，尤其是班主任老师，完全有责任引导和协调家庭和社会的教育影响，使家庭教育、社会教育和学校教育保持一致。

3. 教育者要做到言行一致

米斯切尔等人于 1966 年做过一个实验：把儿童被试分为两组，玩有规则的滚木球游戏，投中得分，得 20 分以上就可获奖。实际上，如果严格遵守游戏规则，得分机会很少，如果不严守规则，就可投中得分。一开始，两组儿童分别和一位成人一块玩。第一组成人扮演言行一致的角色，既要求儿童遵守规则，自己也严守规则。第二组成人扮演言行不一致的角色，严格要求儿童守规则，自己则常常不守规则。这时两组得分差别不大，说明第二组被试并没有立刻按成人的低档标准行事。第二阶段：实验者有意让两组儿童分别单独玩这种游戏，并自报成绩。结果发现：第一组儿童得分很少，表明他们还是严守规则的，而第二组儿童得分高。表明他们一旦离开成人，就会仿效成人，不严格执行规则。第三阶段，实验者让两组儿童一块玩，结果发现：第一组儿童由于受第二组儿童的影响，也降低了标准。

由此可见，如果教育者只在口头上要求儿童，而做起事来言行不一，那么儿童接受和模仿的就会是不良行为。而且不管是成人还是同辈的不良行为对儿童均有影响。

二、中小学常用的德育方法

德育方法是指为了实现德育目标，实施德育内容所采用的具体手段。我国中小学常用的德育方法有以下几种：

(一) 说服教育法

说服教育是教育者通过摆事实、讲道理，向学生传授正确的政治思想观点和道德规范，

以提高学生的道德认识的方法。

在德育实践中，说服教育可以表现为不同的形式，除讲述、讲解、讲演、报告等系统的说理方法外，谈话、讨论、辩论、参观等也是重要的方式。说服教育的应用很广，无论运用哪种德育方法，都离不开结合运用说服的方法。

说服要从学生的实际出发，明确目的，针对学生的个别特点做到有的放矢，切忌单调、空洞、唠叨。进行说服教育时要注意把握教育的时机，和学生产生情感的共鸣，使教师所讲的道理能够被学生所接受。我们倡导的说服教育法是一种民主的、平等的、对话式的说服方法，而不是强调绝对服从说教的旧模式。

(二) 榜样示范法

榜样示范法是教育者以他人的模范行为和英雄事迹来影响引导学生的教育方法。榜样的力量是无穷的，它具有极大的感染力，能激励、调节、矫正学生的活动。榜样多种多样，可以是历史上的伟人、革命先烈、教育者的示范、学生中的先进人物等。

运用榜样要注意选好学习的榜样，让学生获得前进的明确方向和巨大动力。由于青少年学生富有模仿性，所以，树立好的榜样，激起学生对榜样的崇敬之意，有助于学生对榜样产生情感，从而受到良好的影响。

(三) 实践锻炼法

实践锻炼法是指组织学生按照德育要求参加各种实际活动以形成良好思想品德的方法。锻炼包括校内外各种各样的实践活动，以及学生直接接触社会的社会调查、军训、夏令营等活动。

有效的锻炼必须坚持严格的要求，遵守一定的规章制度，学生才可能得到锻炼和提高。由于锻炼主要是学生参与的活动，因此必须激发起学生的主动性、积极性，只有调动起学生自身的主动性，才能真正得到锻炼，有所收获。

(四) 陶　冶

陶冶是通过创设或利用有教育意义的情景，对学生施以潜移默化的影响，使其耳濡目染，心灵受到感化，从而形成良好品德的办法。

教师要善于创设良好的情景，使学生身临其境，同时还要改变和消除对学生可能产生不良影响的各种情境。比如，班级文化和校园文化的建设，正是为了对学生进行长时间的熏陶、感染。除此之外，教师还要引导学生积极参与情景的创设，组织学生为自己创设良好的学习与生活的情境。

(五) 品德评价法

品德评价法是通过对学生思想品德的肯定或否定，促进学生发扬优点、克服缺点的一种德育方法。其中以表扬奖励、批评惩罚最为常见。表扬与批评两者相辅相成，缺一不可，二者的运用要适当，符合实际，一般以表扬为主、以批评为辅。

德育方法是一个完整的、科学的体系。各种具体方法之间存在着互相联系、互相渗透、互相促进的辩证关系。任何一种方法都不应脱离整个方法体系而孤立地加以运用，任何方法的作用如果不受同时和他一起运用的其他方法的制约，就不可能成为行之有效的方法。成功地选择和运用德育方法，不仅取决于教育者是否有正确的教育观与学生观，而且有赖于教育者是否有强烈的事业心和责任感，有赖于教育者是否有较高的职业素养，也有赖于教育者是否有较好的教育技巧和开拓精神。

三、德育的途径

中小学的德育通常通过以下三个途径完成：

① 通过教学活动进行德育。教学活动是我们对学生进行德育的基本途径，主要通过思想政治课和其他各科教学完成。有目的、有计划进行的课堂教学，能够引导学生掌握系统的科学知识和社会主义的道德规范，有利于提高学生的思想认识、形成他们的道德观点、奠定他们科学的人生观和世界观。

② 通过课外、校外活动以及共青团、少先队和学生会组织的活动进行德育。学生课外、校外活动在实施德育过程中是以愉悦的、娱乐的、轻松的形态出现，它是一种能让人在轻松愉快的气氛中增长知识、陶冶情操、提高修养的活动。课外、校外文化活动能培养人的健康情感，使人成为感情与理性良好结合的完美的人；能增强人对美的追求，使人成为心理结构完美的全面发展的人；能活跃人的思维，发展人的形象思维能力，增强人的想象力，有利于使学生成为开拓型、创造型人才。

③ 班主任工作。德育能不能在班级的日常学习、生活中得以实行，关键要看这个班的德育管理是否落实，只有班主任将德育管理真正落到了实处并严格执行，德育才有了基本保证，从而对学生品德的发展产生巨大的影响。

第十章　班主任和共青团工作

这一章主要论述班主任工作与共青团工作的原理和方法。任何一个中学班主任都可能成为团队的组织者，所以班主任与共青团工作是密切联系的。加强班主任和辅导员工作建设是加强和改进学生思想政治工作的重要条件。教育工作者只有通过学习，认识到班团队工作的重要性，培养担任班主任和共青团辅导员的责任感和荣誉感，具备担任班主任和辅导员的素质，才能为将来做好班主任打下坚实的基础。

第一节　班主任工作

一、班级管理

（一）班级管理的含义

班级是学校教育和管理的基本单位，也是班主任进行教育教学工作的依靠力量和组织保证。一般认为班级管理是以班级为单位进行的一切教育活动及作为班主任的一切职责的总称；另有一种观点认为："是指以一定的价值为目标，求得具备一定要素的业务的完成。"（[美]杜克主编《班级管理》）因而班级管理是班级教育的总和。对班主任来说，成功管理班级是非常重要而艰巨的任务，因班级里的每个人都是独特的个体，每天都有可能有意想不到的事情发生，处理事情都要处理得恰当，如若不然就会造成深远的影响。因此，要把班级管理搞好，就需要做大量深入细致的工作；需要坚强的毅力和持之以恒的耐力；需要有对学生真诚的爱和关心；需要掌握和灵活运用班级管理理论知识；需要班主任各方面素质的提高，等等。

（二）班级管理中的班主任

在班级管理中，班主任是班级管理的领导者、组织者、教育者、管理者和实施者，是学校对学生实施教导工作的依靠力量和基层骨干，是联系各科教师的纽带，是沟通学校与家庭、学校和社会的桥梁。在班级管理中，班主任工作是一种义务、一种责任，更是一种艺术。做好班主任工作是一个教育工作者应尽的职责，也是班主任人生价值的体现。班级管理中班主任工作可概括为四个字"德、爱、严、勤"，称为"四字方针"。

1. 以“德”治班

这里讲的德有两层含义，其一是班主任的道德与师德，其二是学生的思想品德教育。在我国古代，有很多著名教育家论述过道德与师德的关系，教育家孔子曾经说过：“其身正，不令则行；其身不正，虽令不从。”这里的“正”可理解为教师的行为符合道德规范，这句话体现了班主任的行为对建设好一个班所起的重要作用，这就要求教师遵守职业道德。它体现在班主任身上，就是思想进步、对学生的教育符合时代的发展要求、言行一致、以身作则、关心集体、关心学生、行为磊落、语言文明、严谨治学、科学施教等。在现代社会，教师的言行一致主要表现为讲诚信，教师要对自己的学生起到表率作用。中学生正处在从不成熟向成熟的过渡阶段，世界观正在逐渐形成，在这个阶段，对他们实施思想品德教育十分重要。在日常生活和学习中，班主任要不断地进行爱国主义、集体主义思想教育。在教育过程中，说教是班主任对学生实施教育的一种手段，但不是唯一的最好手段，班主任应多方位、多角度、多层次地对学生进行思想品德教育。班内每一件事的发生、每一次活动的开展、每一种舆论的形成，都体现着不同的思想观念和道德水平，作为班主任要抓住、利用好每一个教育契机。

2. 以“爱”治班

“对学生的热爱，是班主任在履行培养社会主义新人这一崇高职责对教育对象产生的强烈的情感，是衡量班主任道德水准的标志，是班主任心灵美的最主要的表现。”原苏联教育家赞科夫说过：“当教师必不可少的，甚至几乎是最重要的品质就是热爱儿童。”对学生的爱是教师必须具备的职业道德，没有爱的教育是空洞的，苍白无力的。曾经有位名人说过这样一句话“爱比责任更重要。”还有教育家说：“即使你没有高深的学术的修养和丰富的知识，但是，只要有爱，就是对工作和学生负最大的责任，便是一位称职的教育工作者。”班主任更是如此，他对学生实施的教育和对班级的管理如果不是建立在对学生爱的基础上，那么他的工作不会有任何效果。所以，班主任在工作中必须面对每一个学生，尊重关心、教育、引导好每一个学生，基础教育课程改革提出三个“为了一切”：“一切为了学生”、“为了学生的一切”、“为了一切的学生”，这应该而且必须作为班主任工作的理念。应特别指出的是，只有发自内心的对学生的爱，才容易被学生理解与接受，从而产生对学习和生活的热情和力量。在班级管理实践中，班主任明白了解学生是对学生实施教育爱的基础，尊重和信任学生是热爱学生的先决条件。

3. 以“严”治班

中学生思想活跃，行为易受情绪支配，难免会作出一些不该做的事，甚至形成一种错误思想，这对学生的成长是极为不利的。教师要教好书，还要育好人，班主任更是如此。因此，班主任对学生的教育要“严”，但要严而有“格”、严而有“宽”。这里的“宽”主要是宽容，有时合理的宽容是对学生的一种激励。学生时期是不成熟时期，难免会犯错误，无意识犯错误或明知故犯都有可能。即便是成年人也不会事事都做得符合要求。所以在对学生严格要求的同时，给他们犯错误—改正错误的时间和空间，也同样会达到教育的目的。

同时，也要把严格管理和思想教育结合起来，这是教育与管理的结合。学生中的问题，表面上看，或者是思想认识问题，或者是行为管理问题。其实不然，学生中的大部分问题既是思想认识问题，又是行为规范问题，因为人的思想支配行为，行为受思想支配，思想教育的效果要靠规范化管理作基础来巩固。总之，要紧紧抓住结合点不放，工作才能做得好，例如，思想教育与学生活动结合，在活动中，既让学生学到集体主义的思想，又增强了班级凝聚力。

4. 以“勤”治班

众所周知，班主任工作是辛苦的工作，其付出远大于经济上的回报，但作为教师，当好班主任是职业的要求，是当好教师的先决条件。要做好班主任工作主要的一点是要“勤”。首先，“勤”具有示范作用。教师的勤体现在各个方面，但不论哪一个方面，都会潜移默化地影响学生，这个方面是“身教重于言教”的体现。其次，“勤”具有培养敏锐的观察力的作用。班主任要带好一个班，必须准确摸清各方面情况，包括学生的家庭情况、学生的来源与班级风气等。班级工作做到有预见性、作出的计划有可操作性，适时抓住每一个教育契机，比如班级“偶发事件”，也可称为“突发事件”，从而使工作有的放矢，而这些都离不开一个“勤”字。班主任只有“勤”才能透过学生的日常行为表现判断他们的内心活动，捕捉其真实思想，窥探学生心灵的奥秘，以便在工作中扬长避短，使教育具有实效性。

上述四点是从事班主任工作的基本要求和思想基础，但班主任工作是复杂易变的，随着时代的发展、社会的进步，学生的思想、行为都在变化，班主任工作有确定的指导思想，但没有模式化的方法。因此，班主任应该在工作实践中逐步完善，提高工作能力，以适应时代发展的要求。

二、班级、班主任与班集体

（一）班　级

班级是现代学校制度的产物，是按照班级授课制的培养目标和教育规范组织起来的，以共同的学习活动和直接性的人际交往为特征的社会心理共同体。① 在教育学中认为，同一年龄阶段、发展水平相当的一群学生根据学校的安排固定地聚集在一起，形成了“班”，又因为“班”处在一定的教育阶段上，这就是“级”。总之，班级是一定年龄阶段、发展水平相当的一群学生组成的学校教育基层组织。

中学班级是中学的基层教育组织，具有如下几个特点：第一，中学班级是共青团青年的学习组织，中学班级的年龄特征一般在 12～18 岁左右，年级一般处在七年级和十二年级的层次上，这个层次的青少年儿童基本上是共青团员；第二，中学班级中有平行的共青团组织。中学班级不仅是青少年学习文化科技知识的组织，还同时建立了青少年学习共产主义的组织—共青团。

（二）班主任

有了班级授课制的存在，就产生了班级管理者的需要，即班主任。中学班主任则是中学

① 古人伏等：《小学班队工作原理与实践》，华东师范大学出版社 2001 年版，第 33 页。

班级的管理者，要在学校校长的领导下工作，贯彻国家的教育方针，根据一定年龄阶段学生的身心发展特点，对班级实施的学校教育教学计划以及其他各项工作进行管理。

1. 中学班主任的特点

中学班主任与中学任课教师相比，具有以下几个特点：

第一，一般来说，在中学班主任既是教育者，承担着语文、数学教学任务，或实施分科教学，又是中学班级的管理者；另外，班主任又拥有一种特殊的管理者角色，他们的教师角色和管理者角色常常是融合在一起的。通常可以这样说，班主任是在管理中实施着教育，在教育中实施着管理。

第二，班主任是双重组织的管理者。中学班级是一个双重性质的组织，它既是学校实施教育教学的组织，也是中国共产主义青年团的基层组织。这种双重组织的性质，决定了中学班主任承担着双重管理的任务、具有双重管理者的身份。

2. 中学班主任的职责

班主任的地位和作用大致可以分为三个方面：从班主任与班级的关系看，他是班集体的组织者、教育者和指导者；从班主任与学校教育的关系看，他是学校领导的助手；从班主任与各方面教育力量关系看，他是组织者、协调者。班主任在学校中全面负责一个班级学生的思想品德、学习生活、身心健康等方面工作。在实际工作中，要按照德、智、体、美、劳全面发展的要求，开展班工作，培养学生成为有理想、有道德、有文化、有纪律、体魄健康的公民。班主任工作对学校教育至关重要。班主任的职责具体有如下几条：

第一，开学初，根据学校和年级计划，结合本班实际，订好班主任工作目标和计划，期末做好班主任工作总结。

第二，上好每周一次的班会课，要求有目的、有课题、有教案，向学生进行思想政治教育和道德教育，开展多种形式的生动活泼的德育活动，讲求实效，要经常了解学生思想状况，尤其是心理变化，及时做好后进学生的教育转化及有心理偏差学生的疏导工作，培养学生良好的道德品质、心理素质，对学生的健康成长全面负责。

第三，对学生进行学习目的、学习态度、学习方法的教育，教育并督促学生努力完成各科学习任务，主动向科任教师了解学生学习情况，共同采取措施，开展分类推进工作，发现和培养学习尖子，热情关心和帮助学习困难的学生，促进整体学习质量的提高。

第四，认真学习现代教育理论与德育科研，认真研究学生思想和心理特点，学年拟定自己的德育科研专题，并在实践中探索。

第五，经常在课内、课外期间巡视学生，按照《中学生守则》《中学生日常行为规范》和校风、校纪要求，抓好学生常规教育和管理，培养良好的学风、班风，建设“文明班集体”。

第六，教育指导学生参加学校规定的劳动课，包括清洁卫生，美化绿化校园工作，协助学校贯彻实施《体育卫生工作条例》，教育学生积极参加体育锻炼和艺术活动。上好两操、两课（早读、午间歌）活动，并要下班督促检查。

第七，组织学生参加科技、文体活动，组织好社会实践和各种外出的集体活动，发展学生的爱好特长。

第八，负责领导和指导班委会开展工作，有计划培训班干部，培养和提高全班学生自我管理意识和能力，组织好值班工作，关心支持和指导共青团开展工作，组织好学生开展创“三好”活动。

第九，组织家长会，向家长通报学生情况和组织家长交流教育子女经验体会，通过家访等各种渠道和方式了解学生的家庭环境及在家表现，及时与家长取得联系，掌握学生思想行为变化及商讨教育对策。

第十，毕业班班主任要认真指导学生参加升学考试，教育他们服从国家需要填报志愿，热情关心学习有困难的学生，加强心理辅导。

第十一，学年结束前写好学生评语，并做好每学期的德育评语，德育评定和“三好”学生、各类积极分子的评选工作。

第十二，管理好学生的请假事宜，做好学生奖惩工作，处理好日常班务和偶发事件，并报告有关领导。

第十三，按时、按要求填写和发放学生家庭手册，教育、指导学生完成寒暑假作业。

3. 中学班主任的任务

班主任的任务是班主任在工作中必须完成的基本内容，具体有以下几点：

第一，培养学生良好的道德品质。道德品质是社会道德在个体身上的反映，是人们根据一定的道德规范行动时，表现出来的经常而稳定的倾向和特征。良好的道德品质是作为一个学生、一个人基本的素质要求。在我国，规定学生要达到的全面发展的目标中，一般是把“德”放在首位的。中学生的道德品质，主要表现在日常生活中以及与周围人的相处中表现出来的思想态度和行为习惯。道德教育的内容，一方面是让他们了解人与人之间正确相处的基本道德规范，即具有基本的道德知识；另一方面是要让他们身体力行。

第二，教会学生学会学习。在教育目的的描述中，“智”是放在第二位的，“智”主要是指学习。在现代信息化时代里，计算机的发展给人类带来了崭新的世界，小小的一张光盘可以装下一部厚厚的百科全书。科技的发展不仅给人类带来了丰富的知识和大量的信息，而且知识的更新也日新月异，这就要求人们必须学会学习，并且有终生学习的理念。在学校里，教育工作者的主要任务就是要让学生学会学习，做学习的主人。学会学习最重要的一点就是自学，要教会他们自学的方法以及如何培养自学的能力。美国未来学家阿尔温·托夫勒在《未来冲击》一书中指出：“自学将成为学习的主要形式，自我教育也将成为教育的主要途径。”①

第三，关心学生的身体健康。健康的含义在现代社会里，不仅指生理的，而是指“生理、心理以及社会适应的良好状态，不仅仅是没有疾病而已”。然而身体健康是基础，素质教育目的是促进学生各方面素质的和谐发展，身体素质是科学文化素质、思想道德素质、个性心理素质、劳动技术素质、审美素质发展的基础和保障。另一方面，学生的心理健康和社会适应性方面也很重要。所以，班主任要关心学生的身体健康、心理健康和社会适应性。

第四，发展学生的个性特长。基础教育课程理念的“三个一切”，就是充分尊重学生的主体性，尊重学生的个性特长，帮助每个不同的个体发展。在教育实践中，我们教育工作者要遵循“三个一切”，尊重每个学生的个性差异，让每个学生发展自己的个性特长。

---

① 古人伏等：《小学班队工作原理与实践》，华东师范大学出版社2001年版，第60页。

(三) 班集体

1. 班集体的含义

一个班的学生不是一群学生的简单组合，而是按一定的教育目的、教学计划和教育要求组织起来的学生群体。但是，一个班的学生群体还不能称为真正的班集体。因为由班群体发展为班集体有一个培育与提高的过程，是群体发展的高级阶段。

关于班集体的定义，现代教育科学从教育社会心理学的意义上对班集体的本质内涵提出了一个操作性定义。

第一，班集体是一个以学生亚文化为特征的社会群体，它传导和积淀班级制度的社会文化基因（教育目标、规范和组织模式）。

第二，班集体又是一个以教学为中介的共同活动体系，它以课堂教学为中介，整合学校、社会、家庭的教育影响，社会化的共同学习活动是班集体形成和发展的主要整合因素。

第三，班集体还是一个以直接交往为特征的人际交往系统。交往和人际关系，动态地反映了集体与个体、个体和个体、集体和环境的相互作用，它标志着集体形成的过程。

第四，班集体是一个以集体主义价值观为导向的社会心理共同体，集体心理的统一性和社会成熟度综合反映了集体主体性的水平。这样的规定，有利于人们在班级制度的背景下考察班集体形成和发展规律，为人们系统分析班集体的构成要素及其特征提供了可操作的理论模式。

2. 班集体的教育功能

班集体具有多种教育功能，可以帮助班主任管理好班级。

第一，班集体不但是教育的客体，而且是教育的主体，具有激励的功能。发挥班集体激励功能，是中学“和谐教育”模式的需要。班集体是学生在校最基本的归属单位，是满足学生诸多心理要求的最佳场所，是促进学生主动发展的沃土和摇篮。它既是教育的载体，又孕育着丰富的教育内涵。激励功能如同磁场的辐射与穿透，对于全体学生的主动发展、全面提高是大有裨益的。而我们注重的激励功能，既解决了班集体建设中的动力问题，使班集体充满活力，又为“和谐教育”提供了更为广阔的舞台。激励功能具体有：

① 目标的导向激励。当班集体的目标与学生个体的目标一致时，班级体的目标期望效应便能激活学生进取、发展、成功等需求，即产生所谓目标的导向激励。

② 活动的发展激励。班集体活动可诱发、培养、满足学生参与、表现、成就、发展等需求，即产生所谓活动的发展激励。

③ 规范的同化激励。班集体规范由纪律、舆论、班风诸要素形成。它是班集体内各个成员的行为准则，是班集体价值导向对学生个体的行为规定性，为学生个体的发展提供了标准、规则、参照。当班集体规范转化为学生个体的自我期望时，就产生所谓规范的同化激励。

第二，班集体也是促进学生社会化和个性化的重要条件。班集体按照学校的要求，根据学生年龄特点和身心发展规律开展丰富多彩的活动，为学生的全面发展提供条件。一方面，每个学生通过师生交往，生生交往，不断积累集体生活的经验，向集体服务并承担责任，形成集体意识，促进其社会化；另一方面，学生通过参加自己热爱的活动来发挥自己的个性特长，更加个性化。在集体中，学生个人的社会化和个性化是相互促进的。

第三，班集体还能培养学生的自我教育能力。最初的班级是依靠管理的，等到班集体形成以后，具有良好的班风、学风的时候，学生就比较有自我教育能力了。他们能够自己组织制定集体活动计划，自主展开各种工作与活动。这种活动能有效锻炼和逐步提高学生的自我教育能力。随着学生自我教育能力的提高，即使离开班主任的监督和指导，班集体也能独立开展活动和有效地自我管理。

三、中学班主任工作的内容和方法

作为班主任，工作的内容是繁多而复杂的，特别是对于“偶发事件”，也称为“突发事件”的处理。所以，班主任只有耐心细致地做各方面的工作，灵活掌握多种工作方法，并掌握班级管理的艺术，才能有效地做好班主任工作。

（一）了解和研究学生

班主任的工作是建立在对学生深刻的爱、关心和真正理解的基础上的。只有真正理解和了解学生，才能更好地管理好班级。了解和研究学生包括两个方面：一是了解学生个体，如年龄、身体状况、学习、品德、特长、个性、家庭等；二是了解学生群体，如学生总数、男女生比例、独生子女的比例、班集体的特点、家长职业状况、所在社区环境等。总体来说，要了解：学生的自然情况、学生来源及家庭情况；学生世界观、人生观、价值观以及日常关心的问题；学生课外生活、特长、身体情况及主要优缺点；学习情况和班风等。

群体有正式群体和非正式群体之说。班级是一个正式群体，是为了实现一定的目标而有目的、有计划组建的群体。其他还有学习小组、劳动小组、学科小组等，这也是一种正式群体。正式群体得到学校的支持和班主任的指导，它的目的与任务明确，成员稳定，有一定的组织纪律与工作计划，经常开展活动。非正式群体是学生自发形成或组织起来的群体，有多种类型，包括学习型、功利型、玩乐型、违规型、人际吸引型。班主任要公正、热情地对待各种学生群体，不可偏爱正式群体、忽视非正式群体，要关心、正确引导非正式群体朝着良好的方向发展。

（二）组织和培养班集体

班集体不是自发形成的，它需要一个发展过程。由松散的学生群体转变为良好的班集体，需要经历三个阶段。

第一阶段，组建阶段。新组建的班级，教师和学生之间、学生和学生之间都很陌生，班主任在这个阶段要及时引导和教育。首先，应该了解全班学生的整体和个别情况，注意发现和选拔积极分子；其次，要建立班级规章制度，对学生的学习和生活提出切实可行的要求，制定出学生明确遵循的规章制度；再次，组织和开展班级活动，促进同学们之间的交流和了解，增强班级的凝聚力。

第二阶段，初步形成阶段。师生通过交流和了解，友谊加深，学生积极分子开始出现并团结在班主任的周围，班级核心初步形成。班主任应该及时组建班委会，让班干部来组织班内的活动，并努力培养他们独立完成任务的良好习惯。严格执行规章制度，培养学生自觉遵守行为规范的习惯，为形成良好的班风打下基础。

第三，形成和发展阶段。学生普遍关心，热爱班集体，能积极承担集体工作，参加集体活动，维护集体荣誉，班级目标已经成为学生个体的奋斗目标，正确的舆论与良好的班风逐渐形成，这标志着班集体已经形成。

(三) 做好个别教育工作

班主任在加强班集体教育的基础上，还要努力做好个别教育工作。因为每个学生的个性都是独特的，班级集体与个人又是相互影响、相互促进的。如果忽视个别教育，就会影响整个集体；如果不重视集体中的个人，也组建不好班集体。个别教育工作大致包括三个方面：

第一，面向全体，培养优秀生典型。在集体的活动中，每个学生的优点和缺点，长处与不足都将充分表现，如何表现他们的优点、避免缺点，达到全面发展，这是班主任个别教育工作的一项重要的任务，要树立同学们群体中的榜样和优秀生的典型。

第二，做好后进生的思想转变工作。后进生是指那些思想品德和学习成绩都有比较严重的缺点、表现比较落后的学生。后进生的特点主要表现为：自卑感强、逆反心理较强。所以，在具体的工作中，要动之以情、晓之以理，使其消除戒备心理；对后进生要给以特别的关爱，而不是鄙视；要尊重信任，唤起自尊心。在工作中，班主任对他们的要求要适度，不能过高和过低，并让他们获得成功，激发他们的自信，让他们展示自己的长处，充分发挥自己的才能。在挑选班干部的时候，可以适当让他们参加。

第三，做好偶发事件中的个别教育。

(四) 营造良好的班级环境

环境是一个人生活和学习的场所，有社会环境、家庭环境和学校环境。学生在学校里的环境，主要是指班级环境。班级环境是否良好，直接关系到学生个人是否得到良好的发展，所以，在班级管理中，要注重营造良好的班级环境。有特色的班级，对学生具有潜移默化的教育影响和感染力，而且这种作用是深层次的，它可能使学生终身受益，也可以让学生有所缺憾。那怎么样建设一个良好的班级环境呢？首先要从教室布置开始。布置要考虑学生的年龄特点和学习特点，宜简洁优雅。“班训”最好张贴在教室前方，治学格言等悬挂在两侧，学习园地布置在后面。其次要办好板报，板报办得好，可以促学风、树新风。再次是办好图书角、生态角、作品角等，既能美化环境，又有利于学生身心健康。除此之外，还要营造良好的心理环境。良好心理环境的营造是通过设立有创新能力的小组，创设一种积极的班级心理环境，通过心理暗示作用，使学生不断受到自我激励和同辈群体激励，从而实现对发展水平的超越。

(五) 协调各种教育影响

教育教学、班级管理离不开各种教育的影响。教育影响包括任课教师、家庭成员以及社会环境和社会力量等各种影响。班主任要把这些对教育产生影响的因素协调起来，只有各方面的影响协调一致，才能使班级集体教育功能达到最好。首先，对于家庭成员，主要是孩子的父母，他们有的不了解教育学、心理学方面的知识，做违反教育常规的事情，所以，我们学校要给家长讲解教育学、心理学方面的知识。另外，班主任要有计划地与家长保持联系，一般可以采用家访、家长会等形式。其次，班主任与任课教师的关系要协调，平时要多与任课教师交流，看看本班学生的优点有哪些，缺点有哪些。有的学生在班主任面前表现得很好，但是离开班主任就表现得不一样了。再次，对于社会环境，要多向学生宣传安全知识，介绍一些社会现象，好的社会现象我们吸取，不好的我们要杜绝和摒弃。

(六) 做好学生的操行评定

操行评定其实是对学生思想品德等的评价活动，它是中学德育工作不可缺少的一个环节。操行评定既是班主任的工作内容，也是班主任教育学生的方法和手段。操行评定要有一定的依据，主要依据是中学素质教育的培养目标，体现在《中学德育大纲》、《中学生守则》、《中学生行为规范》等相关的教育文件中。操行评定的原则：首先要体现素质教育思想，其次要公正、客观，再次要能促进学生的发展。操行评定的内容和形式：内容一般包括政治思想觉悟、道德品行、学习、身心健康等几个方面；形式一般采用评语方式，有时还评定等级。操行评定的基本写法：有谈心式、描述性、过程性、情感性等。

(七) 做好班主任工作计划和总结

制定班主任工作计划和总结，是班主任工作达到预期目的、总结经验、探索规律的重要保证。班主任工作计划，应根据国家的教育方针、教育目的、中学培育目标、学校工作计划和班级实际制定，要求内容全面、目的明确、条理清楚、语言简洁、操作可行，可分为学期计划和具体执行计划。班主任工作总结也分为两种，全面总结和专题总结，内容涉及经验、教训、努力方向、工作建议等。班主任工作总结不应是过程的表述，而应该从理论高度总结工作，积累经验，探索规律。班主任工作对学生的成长影响非常大，教师的师德人格、组织能力、交往能力、处理复杂问题的能力，研究学生的能力在班级管理中得到了挑战和发挥。因此，我们必须真正理解班主任工作原理和指导班级活动的方法，锻炼班级管理能力。

第二节 共青团工作

做好共青团的工作，在学校和班集体的管理中也是非常重要的。作为中学班主任，了解共青团的历史、性质、基本任务以及相关理论知识是非常关键的。这一节主要论述了共青团工作方面的理论。

一、共青团的历史、性质、基本任务

(一) 共青团的历史[①]

中国共产主义共青团成立于1922年5月。其前身是1920年8月在上海成立的中国社会主义青年团。中国共产主义青年团的最初组织是在俄国十月社会主义革命的影响下，在伟大的“五四”运动之后，由中国共产党的发起组织——共产主义小组——发起和创建的。它的诞生地在上海，最早的名称叫做中国社会主义青年团。1921年7月中国共产党诞生后，中共中央十分重视青年团的工作，在中共一大上专门研究了在各地建立和发展社会主义青年团的问题。1922年5月，中国社会主义青年团第一次全国代表大会在广州召开，团的一大召开时，全国已在17个地方成立了青年团组织，团员达5 000余人，社会主义青年团的建立和发展，使中国青年从此有了自己的领导核心，而且对建党工作在某种意义上起了思想上和组织上的推动作用。青年团成立以后，在中国共产党的领导下，带领广大青年积极投入反对帝国主义和北洋军阀的斗争。

1925年1月，为了响应党迎接中国革命高潮的号召，表明青年团是真正代表无产阶级利益的革命青年组织，在青年团第三次全国代表大会上决定把中国社会主义青年团改名为中国共产主义青年团。1927年，蒋介石发动“四·一二”反革命政变，共青团中央在任弼时同志领导下，同中共中央坚持正确路线的同志们一起，坚决反对陈独秀的右倾投降主义，并遵照党的“八七”会议精神，动员广大团员和工农青年参加了党所领导的八一南昌起义、秋收起义和广州起义，为创建农村革命根据地和工农红军而斗争，在保卫和建立红色革命根据地，建立和发展工农红军的事业中作出了重要的贡献。

从1934年开始，在红军二万五千里长征的艰苦岁月中，红军中党、团员冲锋在前，不怕牺牲，冲破重重艰难险阻，胜利到达陕北，开创了中国革命的崭新局面。1935年，日本帝国主义大举进攻华北，中华民族各界青年抗日，1936年11月，中共中央决定将共青团改造成为广泛的群众性的青年抗日救国组织。于是各地先后建立了中华民族解放先锋队等青年抗日救国团体，推动了青年抗日统一战线的形成和发展。抗日战争胜利后，蒋介石在美帝国主义支持下发动全面内战，中国面临着两种命运、两种前途的决战，革命军队中的青年，为保卫人民革命的胜利果实和解放全中国立下了不朽的功勋。国统区的青年在党的领导下，发动反帝反蒋爱国主义运动，给国民党反动统治以沉重打击。1946年10月，根据中国革命形势发展的需要，党中央发布了关于建立民主青年团的提议。经过2年的努力，试建青年团工作遍及各解放区。青年团在参军支前、土改、建立民主政权的斗争中发挥了积极的作用。

1949年元旦，中共中央公布了《关于建立中国新民主主义青年团的决议》，成立了以党中央书记任弼时同志为首的全国青年团筹备委员会。同年4月，在北京召开了中国新民主主义青年团第一次全国代表大会。从此，中国青年运动进入了新的历史阶段。新中国成立后，青年团在党的领导下，走在社会主义革命和建设的前列，带领广大青年成为处处发挥主动精神和创造精神的英勇突击队。建国初期，广大团员青年积极参加党所领导的一系列民主革命、恢复国民经济和“保家卫国”的斗争，为巩固新生的人民民主政权作出了贡献。在我国国民

① 《共青团的历史》，http://zhidao.baidu.com/question/1704181.html，2005年12月。

经济进入有计划建设时期的过程中，青年团在广大青年中开展了争当社会主义建设积极分子活动，极大地焕发了青年的建设热情，涌现出一大批技术革新能手和青年突击队。

1957年5月，新民主主义青年团第三次全国代表大会在北京召开，大会决定将中国新民主主义青年团改名为中国共产主义青年团，并将改名后的共青团全国代表大会与历史上历次团的全国代表大会衔接起来，依次排列，确定下一次全国代表大会为共青团“九大”。60年代初期，共青团响应毛泽东同志“向雷锋同志学习”的号召，在全国青年中广泛开展了学雷锋活动，促进了青少年的健康成长和良好社会风气的形成。1964年6月，共青团“九大”在北京召开，大会号召全国广大团员青年，为把我国建设成为一个具有现代农业、现代工业、现代国防和现代科学技术的社会主义强国而奋斗。1978年10月，在党中央的关怀下，共青团“十大”在北京召开。在共青团“十大”中提出的“为伟大的新长征贡献青春”的口号的号召下，各级团组织带领团员青年以振兴中华为已任，积极地投身到新长征突击手活动和“五讲四美三热爱”活动中，朝气蓬勃地战斗在各条战线上。1982年12月，共青团“十一大”在北京召开，大会进一步明确了以“四化”为中心全面活跃团的工作的指导思想，号召广大团员青年为“四化”建设英勇劳动、勤奋学习、开创新风，把自己锻炼成为有理想、有道德、有文化、有纪律的一代新人。1988年5月4日，共青团第十二次全国代表大会在北京召开，这次大会进一步明确了改革开放时期团的工作的指导思想。在党的领导和共青团组织的不懈努力下，我国青年在社会主义现代化建设的伟大实践中，逐步成长为推动改革开放的积极力量，建设“四化”、保卫祖国的突击力量，倡导新风、建设社会主义精神文明的先锋力量。1993年5月，共青团第十三次全国代表大会在北京召开，这次大会号召全体共青团员和共青团干部，认真学习贯彻党的十四大精神，用邓小平建设有中国特色的社会主义理论武装思想，坚定不移地贯彻执行党的以经济建设为中心，坚持四项基本原则，坚持改革开放的基本路线，进一步解放思想，积极投身到改革开放，努力探索社会主义市场经济条件下的共青团工作，为建设有中国特色社会主义的伟大事业，推动共青团事业的不断发展而英勇奋斗。

(二) 共青团的性质

共青团究竟是一个什么样的组织呢？团章上规定：“中国共产主义青年团是中国共产党领导的先进青年的群众组织，是广大青年在实践中学习共产主义的学校，是中国共产党的助手和后备军。”

1. 党领导的先进青年的群众组织

① 共青团必须接受中国共产党的领导。因为中国共产党是中国工人阶级的先锋队，是中国革命的领导核心，是中国各族人民利益的忠实代表，共青团是在党的直接领导下建立和发展起来的，党是共青团的组织者和领导者。

② 共青团的先进性。在思想政治上，共青团坚决拥护中国共产党的纲领，坚持走社会主义道路。在组织上，按照民主集中制的原则建立组织，有严密的组织生活和严格的组织纪律。

③ 共青团的群众性。共青团是团结教育广大青年的群众组织，团的组织基础比较广泛，团的活动内容和工作方式提倡青年化、群众化。比如说：凡是思想进步、学习努力、工作积极、承认团章的青年，自己提出申请的都可以加入团组织。

2. 在实践中学习共产主义的学校

这里必须明确“共产主义”的含义，一般我们是讲“共产主义制度”。

共产主义不仅指将来要实现的社会主义制度，而且指我们正在参加的共产主义运动。要引导青年投身于共产主义运动。

3. 党的助手和后备军

共青团是党的助手。她坚决拥护党的领导，积极执行党的路线，带领青年完成党交给的各项任务，她是党联系广大青年的纽带。(共青团吸收先进青年加入，同时又为党输送了大批优秀干部。) 在党的领导下，共青团积极主动地、独立负责地工作，协助党，积极帮助青年解决种种实际问题，紧紧地把广大青年团结在党的周围，紧跟党前进。

共青团是党的后备军。建团以来，共青团始终担负着为党培养新生力量和向党输送新鲜血液的任务，一直发挥着党的后备军作用。

(三) 共青团的基本任务

关于这一点，团章上有明确规定：“中国共产主义青年团的基本任务是以共产主义精神教育青年，帮助青年用马克思列宁主义、毛泽东思想和现代化科学文化知识武装自己。引导青年，在社会主义现代化建设的实践中，锻炼成为有理想、有道德、有纪律、有文化的共产主义事业接班人。”在中国共产主义青年团第十五次全面代表大会作部分修改的团章程中规定，现阶段的基本任务是：坚定不移地贯彻党在社会主义初级阶段的基本路线，以经济建设为中心，坚持四项基本原则，坚持改革开放，在建设中国特色社会主义的伟大实践中，造就有理想、有道德、有文化、有纪律的接班人，努力为党输送新鲜血液，为国家培养青年建设人才，团结带领广大青年，自力更生，艰苦创业，积极推动社会主义物质文明、政治文明和精神文明建设，为全面建设小康社会，加快推进社会主义现代化贡献智慧和力量。①

二、共青团活动及指导思想

(一) 共青团活动的基本内容和形式

学校共青团活动的内容概括起来有以下几个方面：

第一，经常对青年进行马列主义、毛泽东思想基本理论教育、革命理想教育、共产主义道德教育、革命传统和纪律教育、热爱科学和热爱劳动教育，帮助青年树立共产主义世界观。

第二，帮助青年明确学习目的，勤奋钻研、刻苦攻关，努力做到又红又专。

第三，关心青年的生活和健康，促其德智体全面发展。

第四，加强共青团本身的思想建设和组织建设，充分发挥共青团的模范带头作用和在集体中的核心骨干作用。

---

① 共青团知识学习手册编写组：《团干手册》，中国致公出版社 2003 年版，第 329 页。

共青团组织应根据青年热情高、精力充沛、努力学习、上进心强、可塑性大等特点，开展各种喜闻乐见的活动。例如，请革命前辈、英雄模范、科学家和工程师作报告，组织社会调查、参观、访问；开展学习雷锋和各种社会性服务活动、公益劳动；举办各种科学技术讲座、学科竞赛、成绩展览、读书报告会、经验交流会；开展团日、团的基本知识学习和组织发展等活动，使青年们在有意义的丰富多彩的活动中学习、锻炼和提高，沿着又红又专的大道前进。

共青团活动的开展应具有独立性。独立性主要表现在要不断加强自身的建设；要按照青年的特点生动活泼地开展工作；要关心和维护青年的各种特殊要求和切身利益；要根据党的方针政策的要求开展适合青年特点的工作。共青团通过自己组织的独立活动联系和团结了广大青年，充分发挥了党的助手作用。

(二) 现阶段共青团工作的指导思想

中国共产主义青年团第十五次全面代表大会表明了共青团工作的指导思想：中国共产主义青年团坚决拥护中国共产党的纲领，以马克思列宁主义、毛泽东思想、邓小平理论为指导和“三个代表”重要思想为行动指南，解放思想，实事求是，与时俱进，团结全国各族青年，为把我国建设成为富强、民主、文明的社会主义现代化国家，为最终实现共产主义而奋斗。[①]

(三) 共青团建设的基本要求

中国共产主义青年团第十五次全面代表大会表明了共青团建设的基本要求：

第一，坚持党的基本路线不动摇。全团要用邓小平理论、“三个代表”重要思想和党的基本路线统一思想和行动，团的各项工作都必须服从和服务于经济建设这个中心；必须把坚持改革开放和坚持四项基本原则统一起来，使党的基本路线在团的工作中得到贯彻。

第二，坚持党建带团建。把党的要求贯彻落实到团的建设之中，使团的建设纳入党的建设总体规划。

第三，坚持先进性和群众性的统一。教育、引导青年坚定正确的政治方向，发挥团员的模范作用；广泛团结青年，与青年保持密切的联系。

第四，坚持把竭诚服务青年作为团的一切工作的出发点和落脚点，更好地吸引和凝聚青年。

第五，坚持民主集中制。民主集中制是共青团根本的组织原则。

第六，坚持不懈地抓好基层建设。基层组织是团的一切工作的基础。

三、共青团辅导员的职责和基本条件

加强辅导员队伍的建设是做好共青团工作的前提和关键。辅导员既是共青团的指导者，

① 共青团知识学习手册编写组，《团干手册》，中国致公出版社2003年版，第329页。

也可以是他们的亲密朋友，是做好共青团工作的主要力量。

(一) 共青团辅导员的职责

辅导员一般是团里面的优秀分子或者学校聘请的思想进步、作风端正、热爱青少年的优秀教师或者各条战线上的先进模范承担。辅导员的职责是“以共产主义精神教育青少年，辅导共青团的全部生活，使团员成为德、智、体、美、劳、全面发展的一代新人，成为社会主义现代化建设的预备队和共产主义事业的接班人”。各级辅导员总的职责是一致的，但由于工作岗位不同，具体职责也稍微有些不同，所以各级辅导员要认清各个具体阶段和级别的目标。在处理与共青团关系的时候，要在适当的时候给予指导，适当的时候像知心朋友，并成为学生的人生导师。

(二) 共青团辅导员的基本条件

当一名共青团辅导员，只有具备良好的思想、理论、知识、能力、作风和品德等全面的修养，才能取得家长的信任，社会的承认和支持，团员的信赖、尊敬和热爱，才能完成党交给的任务。只具有良好的思想、理论等方面的知识，对于一名优秀的辅导员来说，还是不充分的。

要成为一名优秀的辅导员，必须做到以下几点:

第一，热爱青少年，献身事业。热爱青少年、热爱团员工作是辅导员的基本品质，是做好共青团工作的动力源泉。主要可以概括为四心：热心、细心、耐心、知心。

第二，严于律己，以身作则。辅导员是他们的榜样，他们的思想、作风、言行、仪表对队员起着潜移默化的作用。

第三，勤奋学习，精通业务。辅导员是共青团活动的参谋和顾问。辅导员勤奋学习，有精湛的修养和良好的作风，那么，也会促进共青团员勤奋学习。

第四，潜心研究，不断创新。共青团工作是比较复杂的，所以，辅导员在工作中应该深入群体中调查研究，面对突发事件有创新的方法解决。

要成为一名优秀的辅导员，还应具有以下几种观念:

第一，学生主体观。在教育教学和管理中，要坚持以“学生为本”，一切为了学生的发展，充分发挥学生的主体和创造性。

第二，公平观。要平等地对待每个学生，特别是对弱势群体更要给以特别的关心。

第三，情感观。对学生要倾注感情，像对待自己的孩子那样对待自己的学生。

第四，服务观。辅导员是班级的管理者、组织者，但最终的本质是为学生服务的。要树立服务的观念。

第五，诚信观。对学生和社会要诚信，诚信也就是对自己的行为负责，要言行一致。在学生面前起到表率的作用。辅导员按照上述要求去做，才会成为一名优秀的辅导员。

第十一章 课外活动和校外活动

第一节 课外、校外活动的意义、任务和特点

一、课外、校外活动的意义

课外活动是指学校在课堂教学之外，有目的、有计划、有组织地对学生进行的多种多样的教育活动。这种活动如果是在校外进行，则称为校外活动。校外活动是由校外教育机关领导和组织的，为学生开展多种多样的教育和培养训练活动。

课外、校外活动的形式生动活泼，内容丰富多采，符合青少年的兴趣爱好，容易为他们所接受。它同课堂教学一样，对促进学生思想品德、知识与智力、体质等方面的全面发展具有不可忽视的重要意义。它是实现我国教育目的，培养具有真才实学的各级各类现代化人才的一条重要渠道，也是实现教育“三个面向”的重要途径。

(一) 有利于扩大学生的知识领域，发展学生的兴趣爱好和智慧才能

中小学的课程、教材主要是帮助学生掌握系统的基础知识和基本技能，它们是相对稳定的。课外、校外活动则不受课程和教材的束缚，它不仅可以丰富、加深和巩固学生在课堂上所学的知识，而且可以通过报刊、广播、电视、电影、课外读物、专题讲座、青少年科学讨论会、科技活动成果展等，促使学生较早地接触文化和科学技术方面的最新信息。开阔学生的视野，扩大知识领域，并使理论与实际相结合，从死记硬背变为动脑动手，使学生掌握比较完全的知识，大大提高学习效率。

青少年学生都有各自的兴趣爱好，但课堂教学是严格按照教学计划和教学大纲的规定进行的，是一种“标准化”、“同步骤”的教学组织形式。它很难适应同一年级中不同发展水平和具有多种不同兴趣爱好的学生的个别需要。而课外活动正好能弥补这一缺点。它不受教学计划和教学大纲的限制，让学生根据自愿的原则参加活动，这样就为他们发展自己的兴趣爱好和特长创造了有利条件。

课外、校外活动是在教育者的指导下学生独立自主地进行的实践活动。学生既要动脑，又要动手动口，这就十分有利于培养学生的观察力、思考力、想象力以及自学、表达、操作、科研、社交、组织管理等能力，有利于发挥他们的智慧才能。许多事实证明，参加课外活动的学生，一般都具有思路宽、领会快、爱钻研、能动手、独立工作能力强等特点。

(二) 有利于丰富学生的精神生活

学生精神生活的需要是多种多样的。生动活泼的课外、校外活动可以充实、丰富学生的课余生活，把他们旺盛的精力、浓厚的兴趣爱好，引导到有利于德、智、体、美、劳健康发展的轨道上来。绚丽多彩的活动内容，富于科学性和思想性，学生从中可以受到思想品德教育和辩证唯物主义世界观教育。例如集体、社会、大自然、科技、体育、艺术等活动，对于提高学生认识，培养学生的劳动观念、劳动习惯，使学生身心愉快、积极、奋发、自信、陶冶情操、磨炼意志、修养品行，都是有益的，有助于学生树立正确的人生观和世界观。

(三) 有利于增强学生体质

组织学生积极参加课外和校外的各种文娱、体育和艺术活动，能使他们合理地使用剩余时间和精力。不仅可以避免不良的影响，而且可以使他们的课余生活过得更加丰富、愉快，精神更加振奋，使他们得到积极的休息，促进他们体质的增强。

(四) 有利于发现人才，因材施教

课堂教学不可能充分展露每个学生的天赋、兴趣爱好和特长，而课外、校外活动为学生施展才能提供了最广阔的场所。教师要善于发现和培养各种人才的幼苗，引导他们在全面发展的基础上，通过课外和校外活动，充分发展他们的兴趣爱好，尽量发挥他们的聪明才智。为他们确定志愿、选择职业创造条件。许多事实证明，学生未来的职业兴趣和专业选择，往往与他们在青少年时代所参加的课外、校外活动有密切关系。

二、课外、校外活动的任务

开展课外、校外活动，其总的任务是要坚持“三个面向”，为我国经济和社会的发展，培养能够坚持社会主义方向的各级各类合格人才。具体说来，有以下几项基本任务：

① 培养学生远大理想，进行共产主义道德品质教育。引导学生积极参加社会主义物质文明和精神文明建设的社会实践，使学生有更多的机会接受实际锻炼，爱祖国、爱人民、爱劳动、爱科学、爱社会主义，进行道德练习，形成良好的道德行为习惯，树立远大理想。在生动活泼的活动中培养学生的人生观和世界观。

② 帮助学生理解、巩固和运用课堂上所学的基础知识和基本技能，丰富他们的实际知识，不断扩大学生的知识领域，尽可能地使他们接触到最新的科学成就，发展学生的聪明才智、兴趣爱好和特长。在各种活动中培养学生的独立工作能力和勇于创造的精神。

③ 组织学生从事有益的娱乐体育活动，培养学生审美感、审美观点、审美能力，并发展学生的体力，锻炼他们体育运动的技能技巧，增进他们的身心健康。

④ 使学生参加一定的生产劳动实践。帮助学生掌握一定的生产技术知识和使用一些生产劳动工具的技能，培养学生的劳动观点和劳动习惯。

三、课外、校外活动的特点

课外、校外活动与课堂教学是密切相关的。两者的教育目的是统一的，都是为了提高民族素质，培养有理想、有道德、有文化、有纪律的社会主义公民。课堂教学为课外、校外活动的开展奠定精神和物质的基础，提供有利的条件，课外、校外活动既可巩固、扩展和加深课堂教学所学知识，并能使学生获得难以在课内做到的运用课堂知识于实践的机会，以补充课堂教学的不足。在课外、校外活动中学生获得的直接经验，又可作为上课时掌握理论知识的准备。它对课堂教学质量的提高起着不可缺少的保证和促进作用。两者是相互配合、相互补充、相互促进的关系。

课外、校外活动与课堂教学又有区别，它不是课堂教学的延续，而有自己的特点：

① 学生参加课外、校外活动的自愿性和选择性。从性质来看，课外、校外活动是由学生自愿参加的。学生可以根据本人的兴趣爱好和特长自由选择参加活动，有利于教师因材施教。课堂教学则不同，它要求每个学生都必须按照规定去上课。

② 课外、校外活动内容的伸缩性和多面性。从内容来看，课外、校外活动的内容丰富多彩，不受教学大纲的限制。它有较大的伸缩性，既可多，也可少；既可深，也以浅；既可比较深入地研究已经学过的某些问题，也可接触尚未学过的内容；既可直接结合各门学科组织活动，也可不结合学科开展活动。它可以在德、智、体，美、劳等方面开展多种多样的活动。它不像课堂教学那样，受着教学计划、教学大纲的限制。

③ 课外、校外活动方法的独立性和自定性。课外、校外活动是以学生为主体，在教师、辅导员的指导下，由学生独立自主地进行的活动。它鼓励学生开动脑筋，自己组织，自己动手，尽可能让学生进行自我教育，自治，自理。它不像课堂教学那样，容易使学生处于被动地位。

④ 课外、校外活动组织形式和成绩考核方式的多样性和灵活性。课外、校外活动的形式多种多样，异彩纷呈，可以根据实际需要灵活运用。既可以是全校的或班级的形式，也可以是小组或个别的形式。它不受班级上课制的限制，许多活动，特别是小组活动，都是以学生的兴趣和特长为参加条件，可以不分年级，活动的规模与时间的长短，可根据学生年龄特征、知识水平和要求、指导力量、设备条件等灵活安排。

课外、校外活动的成绩考核也与上课不同。它不采取考试评分的方法，而往往采用展览会、汇报会、经验交流会、读书报告会、演出会、运动会、墙报、黑板报、不定期的小报刊等形式进行。

第二节 课外、校外活动的内容、形式和要求

一、课外、校外活动的内容

课外、校外活动是实施德、智、体、美、劳五个方面教育的共同途径，因此它的内容也是多种多样，丰富多彩的。基本内容大体有以下几种：

① 科学技术活动。科学技术活动的主要目的是加深学生对课内所学科技知识的理解和运用，扩大眼界，尽可能使学生了解一些课本上所没有的而又能为学生接受的科学技术的最新

成果，满足学生旺盛的求知欲和多方面的兴趣爱好，发展他们创造才能。科技活动的具体内容有：无线电、电工、电视、航模、摄影、气象、良种培育、地震测报、机械等。

② 文化艺术活动。文化艺术活动的主要目的是丰富学生的文化生活，培养学生的审美情趣，提高学生的艺术欣赏水平，发展学生的文艺才能。如对小说、诗歌、音乐、舞蹈、电影、戏剧、绘画、书法等文学艺术作品的欣赏评论，进行文艺创作等。

③ 体育活动。体育活动的主要目的是发展学生的体力，增强他们的体质，提高运动技能，培养他们勇敢、坚强、勇于进取的精神和对体育运动的兴趣。具体内容有：田径、体操、武术、游泳、滑冰、滑雪、球类、棋类等。

④ 劳动工艺活动。劳动工艺活动除了培养学生的劳动品质、劳动习惯外，还应让学生根据各人的兴趣爱好和专长，搞些工艺美术活动，制作一些有教育意义和美学意义的工艺品，使学生掌握一部分工艺品的制作技术，学会美化生活美化环境的本领，并培养心灵手巧，勤劳细致的品质。具体内容有：雕刻、刺绣、编织、剪纸、泥塑、贝雕等。

⑤ 社会活动。组织、引导学生参加社会活动的主要目的是使学生接触社会。组织学生接触社会、参加社会实践的要求和做法，要分层次，要因校、因地、因学生的年龄不同而不同。使学生将学到的书本知识运用于实践，寓教育于各种活动之中。具体内容有：参观访问、社会调查及宣传活动，社会服务及公益劳动，勤工俭学等活动。

二、课外、校外活动的形式和方法

课外、校外活动的方式方法灵活多样，可以分为以下三种类型；

(一) 群众性活动

这种活动形式通常是由学校行政部门和校外教育机关来领导、组织。有全校性和校际性的，有全班性的或班际性的。它经常运用于普及各种科学知识，进行思想政治教育和开展文娱体育活动，也用于学生广泛参加的公益劳动。群众性活动的特点是可以同时让多数学生参加，并从中受到教育，对于活跃学校生活也有很大的作用。其具体形式有：

1. 集会活动

这种形式的主题内容是丰富多样的，如举行英雄模范事迹报告会、时事政策报告会、文化科学演讲会、各种专题讲座，等等。报告人要事先了解学生的知识水平和思想特点，明确规定报告的目的和要求，以使报告的内容具有针对性，符合学生的实际需要。报告的内容要生动有趣，通俗易懂。报告时间不宜过长，以免学生疲劳。全校集会以每月一次为宜，全班集会每月至多两次。会场布置要注意艺术性，既简朴严肃，又新鲜具有吸引力，富有特色，与集会的主题合拍。报告人可由学校领导、教师担任，也可请专家、英雄模范人物或优秀学生主讲。

2. 座谈会和讨论会

这种形式适用于高年级学生。例如，与科学家、英雄模范会面座谈，就当前重大时事问题进行讨论。开展这类活动，教师要事先了解学生实际情况，帮助学生对座谈讨论的主题作准备，写好发言提纲。在座谈讨论中，要给予引导、鼓励和帮助，使他们围绕主题敞开思想，有所收获。结束时，要帮助他们进行小结，以巩固座谈、讨论的效果。

3. 节日纪念会

如元旦、“五一”国际劳动节、“五四”青年节、“七一”党的生日、“八一”建军节、“九十”教师节和“十一”国庆节。举办这种活动，既要注意思想性，又要力求丰富多彩，生动活泼。

4. 社会实践活动

要根据青少年的特点，引导他们参加一点力所能及的社会实践活动。例如，参观工厂、农村，远足旅行，接触大自然，游览各种名胜古迹，访问英雄人物，参加必要的公益劳动、社会服务和家务劳动等。在社会实践中帮助他们明确学习目的、树立远大理想，培养热爱祖国、热爱社会主义的美好感情，激发建设祖国、振兴中华的雄心壮志，形成良好道德品质。有的学校组织学生开展绿化校园、拥军优属，以理解、尊重、关心、帮助残疾人，树立社会主义人道主义良好道德风尚为主题的“树新风、送温暖”的社会服务活动等，大大提高了学生为人民服务的自觉性，增强了学生对工作的责任感。

5. 文娱体育活动

群众性的文娱活动包括唱歌、舞蹈、器乐、集体表演、游戏、看戏和看电影等。体育活动包括各种单项比赛、体育表演和全校性运动会。这种活动是学生学习生活中不可缺少的一种经常性活动。经常开展各种形式的文娱体育活动。可以培养学生的艺术兴趣，发展创造能力，也可以使学生得到积极的休息，提高学习积极性，促进身心健康发展。

6. 墙报和黑板报

这是学校和班级的重要宣传阵地，也是学生施展智慧才能，进行自我教育的场所。要鼓励学生自办、自写、自编，通过墙报和黑板报反映学校生活，指导学生的学习和劳动，传播最新科学技术知识和各种信息，介绍新人新事，宣传古今中外科学家、杰出人物的贡献、治学态度和学习方法，表扬先进和批评不良行为等。这种活动，可以培养学生的写作能力、分析判断能力和独立工作能力，可以养成他们关心国内外形势和学校生活的习惯，可以树立集体舆论；还可以促进他们自觉地遵守纪律，以助于形成巩固的集体。

墙报和黑板报的内容要短小精悍，符合当前形势要求。形式上要多变化，有趣味、富于艺术性，能吸引读者。要留心学生是否看墙报和黑板报。

(二) 小组活动

小组活动是课外、校外活动的基本组织形式。它小型分散，便于开展灵活多样的活动，满足学生不同的兴趣和爱好，以发展他们各自的才能，为将来的升学和选择职业打下基础。小组的活动形式有:

① 学科小组：如文学、哲学、数学、物理、化学、生物，等等。它以课堂教学为基础，

扩大和加深本学科的有关知识。但又不是课堂教学内容的机械重复，要反映本门学科知识的最新发展。

② 科技小组：如航模、电脑、机械、无线电、园艺栽培、气象观测、地震测报小组等。

③ 艺术小组，如歌咏、舞蹈、民乐、美工小组等。

④ 体育小组，如田径、体操、武术、球类等。

小组活动根据不同的内容，采取不同的方法。例如，科技小组经常采用的方法是观察、实验、制作；文学小组经常采用的方法是阅读、访问、调查、写作；美工小组经常采用的方法是写生、练字、绘画；体育小组经常采用的方法是训练、竞赛、表演。

(三) 个人活动

个人活动是学生根据个人的兴趣爱好和特长，在课外进行单独活动的形式，如阅读课外书籍、报纸、杂志、记日记、看电视、练习创作、书法、演唱、采集制作标本以及进行各种体育锻炼等。它有利于有特殊才能的学生得到充分的发展，但它通常是和群众性活动和小组活动相结合的，由小组或班级分配任务，个人单独去执行。个人活动是学生了解科学技术的新信息、丰富自己的知识以及进行自我教育的重要环节。

三、课外、校外活动的基本要求

(一) 要有明确的目的

组织课外、校外活动要有利于实现社会主义全面发展教育目的。学生虽是自愿参加，但自愿不等于放任自流。每项具体活动必须有明确的目的和计划，不能为活动而活动。要做到定人、定时、定地点、定指导教师，使学生通过活动，提高思想，丰富知识，增长才干，增进健康。

(二) 要适合学生的年龄特点、兴趣和特长

活动的内容和形式要能为学生所理解、所胜任。内容要丰富多彩，具有知识性、科学性、趣味性和新颖性的特点。形式要多样，富于吸引力。同一性质的活动，高低年级的要求应有所不同。在同一年级，还要考虑个别特点，不可强求一律。对某些有特殊才能的学生要予以照顾。

组织学生参加课外、校外活动，要尊重学生的个人愿望。一方面不要硬性规定学生参加某项活动；另一方面学生要求参加的活动，要尽量允许他们参加。不应以学科成绩不良而加以限制。应根据他们的兴趣爱好，因势利导，促使他们健康成长，达到“课内打基础，课外出人才”的目的。

(三) 要让学生成为课外、校外活动的主人

课外、校外活动是自愿参加的，活动成功与否，在很大程度上取决于学生的主动性、积

极性和创造性。所以，要让学生成为活动的主人。让他们开动脑筋，亲自动手，独立工作，通过活动受到教育和锻炼。辅导教师的作用在于学生制订活动计划、步骤时，对其给予必要的指导。在学生遇到困难时，给以帮助。发现学生有创见，要给以表扬和肯定，激励学生进一步探索。防止包办代替或放任自流。

(四) 要因地制宜

开展课外、校外活动，要从实际出发，因时、因地、因校制宜。不顾条件，强求一律，只能导致形式主义。条件较好的城市中学可以开展各种课外、校外活动的项目，包括一些先进科学技术项目，如电子计算机、激光技术、遗传工程等。条件较差的农村中学和边远山区中学，要充分挖掘潜力，可根据当地的需要和条件，因陋就简，先把能开展的活动搞起来，如气象观测、种植养殖以及木工、泥瓦工、电工、金工、缝纫、编织、刺绣等小组活动。这些活动对于学生的发展和今后的就业都会产生积极的作用。

参考文献

[1] 傅道春. 教育学——情景与原理，北京：教育科学出版社，2006.
[2] 施良方，崔允漷. 教学理论：课堂教学的原理、策略与研究. 上海：华东师范大学出版社，2005.
[3] 郑国庆. 教育学. 北京：教育科学出版社，2002.
[4] 叶澜. 教师角色与教师发展新探. 北京：教育科学出版社，2001.
[5] 朱德全，罗志惠，谢钢. 小学教育学. 重庆：西南大学出版社，2003.
[6] 柳海民. 教育原理. 长春：东北师范大学出版社，2000.
[7] 全国十二所重点师范大学联合编写. 教育学基础. 北京：教育科学出版社，2002.
[8] 张华. 课程与教学论. 上海：上海教育出版社，2000.
[9] 郭元祥. 综合实践活动课程——设计与实践. 北京：首都师范大学出版社，2001.
[10] 余文森. 新课程背景下的公共教育学教程. 北京：高等教育出版社，2004.
[11] 徐雁，刘岩，郑国庆. 小学教育学. 长春：吉林大学出版社，2006.
[12] 靳玉乐等. 现代教育学. 成都：四川教育出版社，2005.
[13] 郑金洲. 教育通论. 上海：华东师范大学出版社，2000.
[14] 叶澜. 教育概论. 北京：人民教育出版社，1991.
[15] 南京师范大学教育系. 教育学. 北京：人民教育出版社，1984.
[16] 李天燕，李承武. 中国教育法学. 重庆：西南师范大学出版社，1997.
[17] 袁振国. 当代教育学. 北京：教育科学出版社，1999.
[18] 刘金花. 儿童发展心理学（修订版）. 上海：华东师范大学出版社，1997.
[19] 教育大辞典编撰委员会. 教育大辞典（1）. 上海：上海教育出版社，1991.
[20] 江山野. 简明国际教育百科全书·课程. 北京：教育科学出版社，1997.
[21] 钟启泉. 课程与教学论. 上海：华东师范大学出版社，2004.
[22] 古人伏等. 小学班队工作原理与实践. 上海：华东师范大学出版社，2001.
[23] 张济正. 学校管理学导论. 上海：华东师范大学出版社，1990.
[24] 恩·伊·包德列夫. 班主任. 陈友松，李子卓，郃爽秋，译. 北京：北京人民教育出版社，1956.